以评促优：贵州营商环境优化成效与经验

樊　梅　曾宇航　王飞跃　等著

中国财经出版传媒集团

经济科学出版社
Economic Science Press

·北京·

图书在版编目（CIP）数据

以评促优：贵州营商环境优化成效与经验/樊梅等
著．－－北京：经济科学出版社，2023.11
ISBN 978 － 7 － 5218 － 4616 － 4

Ⅰ．①以…　Ⅱ．①樊…　Ⅲ．①投资环境 － 研究 － 贵州
Ⅳ．①F127.73

中国国家版本馆 CIP 数据核字（2023）第 042274 号

责任编辑：李一心
责任校对：靳玉环
责任印制：范　艳

以评促优：贵州营商环境优化成效与经验

樊　梅　曾宇航　王飞跃　等著
经济科学出版社出版、发行　新华书店经销
社址：北京市海淀区阜成路甲 28 号　邮编：100142
总编部电话：010 － 88191217　发行部电话：010 － 88191522
网址：www. esp. com. cn
电子邮箱：esp@ esp. com. cn
天猫网店：经济科学出版社旗舰店
网址：http：//jjkxcbs. tmall. com
北京季蜂印刷有限公司印装
710 × 1000　16 开　32.25 印张　496000 字
2023 年 11 月第 1 版　2023 年 11 月第 1 次印刷
ISBN 978 － 7 － 5218 － 4616 － 4　定价：112.00 元
（图书出现印装问题，本社负责调换。电话：010 － 88191545）
（版权所有　侵权必究　打击盗版　举报热线：010 － 88191661
QQ：2242791300　营销中心电话：010 － 88191537
电子邮箱：dbts@ esp. com. cn）

以评促优：贵州营商环境
优化成效与经验

本书著者

樊　梅　　曾宇航　　王飞跃

鲍庆祥　　陈　程　李　丰

前 言
PREFACE

　　为努力打造"服务和效率高于周边、成本和负担低于周边"的"营商环境新高地"，贵州省率先聘请独立第三方，已于2017年起连续在全省9个市（州）及贵安新区、88个县（市、区）开展营商环境年度评价，结果通过《贵州日报》向社会发布，倒逼各地主动思考并谋求营商环境优化。贵州财经大学公共管理学院受贵州省投资促进局委托，充分发挥高校社会服务职能，作为独立第三方自2018年起承担该课题研究任务。2021年4月，由贵州省投资促进局与贵州财经大学共同组建的"贵州营商环境研究中心"正式挂牌，双方进一步聚焦贵州省委、省政府对营商环境持续优化提升问题的安排部署，通过构建营商环境发展平台开展系统性研究和探索，将更好服务贵州社会高质量发展。

　　2019年3月，受贵州省投资促进局委托，贵州财经大学承担"2019年贵州省省直部门、市（州）、贵安新区及县域营商环境评估"的横向课题。依托该项目，课题组在总结2018年全省营商环境评估经验的基础上，系统研究世界银行及国家发改委建立的营商环境评价指标体系，并针对贵州实际进行本土化改造，拟在实现贵州营商环境持续优化提升的过程中，既要"对标对表"，又要紧密结合地方实际，努力寻求两者之间合理的平衡点。鉴于此，课题组委托贵州多彩宝互联网服务有限公司开发营商环境评估数据系统，承担全省数据采集及验证等工作。课题组共投入18名具有博士学位的青年教师、80余名硕士研究生，历经1个月，对共计34家省直部门、9个市（州）及贵安新区、88个县（市、区）开展覆盖全省的大型调研工作。共计查阅数以万计的政府端行政审批资料及档案，全省开展近百场企业家恳谈会，与近 6000 家企业进行面对面问卷调查及深度访谈，获取大量一手数据。评估结果于 2020 年 3 月 2 日通过《贵州日报》向社会发布，新闻标题为《贵州省 2019 年营商环境第三方评估报告出炉》，引发社会广泛关注，该项目于 2020 年 4 月结项。本书依托 2019 年度全省评估数据，尝试探讨"以评促优"目标引导下，贵州营商环境的优化实践及其成效。

贵州省 2019 年市（州）及县域营商环境评估，参照国家发改委发布的 2019 年中国营商环境评价体系，共计 20 项一级指标。其中，11 项世界银行指标包括开办企业、办理建筑许可、获得电力、登记财产、获得信贷、保护中小投资者、纳税、跨境贸易、执行合同、办理破产、劳动力市场监管（观测指标，未纳入计分）；9 项中国特色指标包括获得用水、获得用气、政务服务、政府采购、招标投标、市场监管、知识产权创造保护及运用、包容普惠创新、企业信心（国家发改委 2018 年评价指标）。本轮评估在遵循世界银行及国家发改委营商环境评估主旨的基础上，结合贵州实际对二级指标进行局部调整。调整方向包括但不限于：一是考虑到全省各地适用的法律法规差异较小，取消法律框架指数类二级指标；二是为进一步了解各地政府"放管服"改革的力度及成效，增加行政审批"申请材料"类二级指标。

课题组通过实地走访各级各地政府相关部门，随机抽取调查规定时间范围内企业成功办结的与评估指标相关的行政审批业务，采取企业端和政府端数据进行比对核验的方法展开广泛调研。政府端查看业务审批档案，并与首席代表核实相关数据；企业端就营商环境问题召开恳谈会，现场访谈企业家代表，综合采集并多方验证客观数据。各项二级指标通过"前沿距离"方法计算得分，一级指标得分为相应二级指标算术平均分。

本书主要包含三类数据：一是行政审批效率方面，测量企业办理有关业务因法律法规要求必须与外部（包括政府及中介机构）产生联系时，所必要的环节、耗费的时间、产生的经济成本、被要求提交的材料；二是监管质量方面，主要考查行业主管部门对市场主体进行监管的目标实现程度及效率；三是企业主观感受方面，全面了解企业对当地营商环境建设的真实感受、意见反馈及企业信心。对数据的运用结果为：前两类数据被纳入计分系统对各地营商环境便利度进行排名，作为当地营商环境改善的客观证据；第三类数据则协助梳理当地营商环境建设中存在的问题，以期为各地进一步优化营商环境提供有益思考。

本书在结构上划分为四章：第一章对营商环境及评估进行简要介绍，并详细阐述 2019 年贵州省市（州）及县域营商环境评估项目的整体设计方案；第二章重点关注贵州省级层面的营商环境便利度情况，通过 20 项一级指标的专项研究报告体现；第三章重点剖析 9 个市（州）及贵安新区营商环境便利度及存在的问题；第四章对全省 88 个县（市、区）营商环境便利度及其表现作简要分析。

特别说明。参与本书撰写的项目团队成员还包括：向雅倩、姚尧、陈文美、宋阳、罗艳、赵金龙、周桂贤、王瑞华、李明镜、宋军卫、涂燊、滕明雨。

目 录
CONTENTS

第一章　营商环境概述

当前新冠疫情在世界范围内持续扩散的势头仍未得到整体控制，国际市场信心低迷，对外贸易不容乐观。就国内经济形势而言，改革开放以来我国通过建立健全社会主义市场经济体制、充分发挥资源禀赋及人口红利等优势，创造了近40年经济持续高速增长的奇迹。但随着土地及劳动力成本等生产要素优势逐渐式微，依靠低要素成本或政策优惠吸引投资者的传统"招商引资"逐渐"失灵"，而以不牺牲公共利益为前提的营商环境优化重要性日益凸显。毋庸置疑，持续优化区域内营商环境仍是今后一定时期内地方政府面临的主要课题，将对当地深入推进"放管服"改革、加快融入国际国内"双循环"的新发展格局产生深远影响。

作为世界上最大的发展中国家，民营经济的蓬勃发展在我国改革开放40多年来的经济持续增长中扮演了重要角色。中国政府和领导人历来高度重视民营经济的健康发展及营商环境优化工作。习近平总书记多次强调要为民营企业发展营造良好营商环境。在世界银行发布的《营商环境报告》中，2018年我国从上年的第78名跃升至第46名，2019年又从第46名提升至第31名，改革成效之显著前所未有，被世界银行列入全球营商环境改革程度最大的十大经济体之一。

贵州省已于2017年率先在国内委托第三方持续开展市（州）及县域营商环境评估。按照党中央国务院关于优化营商环境的决策部署，根据《贵州省营商环境优化提升工作方案》《关于进一步优化营商环境更好服务市场主体的若干措施》等精神，第三方通过独立客观的研究视角，实地调研企业"办成一件事"的真实感受及总体满意度，系统分析当前贵州省营商环境建设中可能存在的问题及短板，通过评估倒逼各地主动谋划改革。

一、营商环境评估

（一）营商环境概念界定

营商环境是与企业营利活动有关的所有要素综合形成的动态体系，涵盖影响企业活动的政治、经济、文化、社会乃至环境质量等方面，在某种程度上等同于所在经济体的综合竞争力①。在我国广泛被使用的"营商"一词，来源于英文词组"doing business"，是对某一经济体中从事商业经营活动的市场主体所处外部环境的统称，是企业决策过程中所有外生因素的总和。狭义的营商环境指企业经营活动中与政府相关的制度环境。广义的营商环境涵盖政务环境、产业（政策）环境、市场环境、投资环境、社会环境、法治环境、人才环境等。市场化、法治化、便利化是优化营商环境的核心内涵。

从综合要素与营商环境的相关程度来看，直接相关要素包括涉企政策及法律法规，诸如税收政策、贷款抵押条件、商业纠纷处理机制、招标及投标条款等；间接相关要素包括 GDP 增长率、人口受教育程度、生态环境等在内的社会经济发展情况。相对于各经济体施行的宏观层面的经济及货币政策而言，营商环境更倾向于从微观层面了解各地商事政策和法律法规的制定及执行情况，致力于推动私营经济在正式部门的发展。

"营商"与传统意义上的"招商"存在本质区别，后者往往通过低要素成本或优惠政策吸引投资者。在现阶段土地资源及人力资本不再具有明显竞争优势的情况下，"营商"以不牺牲公共利益为前提，通过优化区域内的制度环境、社会环境、政府服务等要素吸引投资者，由传统的"价格战"转向更具活力和可持续性的"品牌战"及"服务战"，集中体现制度的质量水平②。私营部门的发展对任何经济体都具有非同寻常的意义，积极活跃的

---

① 王美舒．营商环境评估：国际实践及其中国启示 [J]．师大法学，2018（1）．
② 陈伟伟，张琦．系统优化我国区域营商环境的逻辑框架和思路 [J]．改革，2019（5）．

商业活动将对持续增加就业及减少贫困等社会问题产生正向影响，任何理性的地方政府都高度重视市场主体的发展。

（二）营商环境评估

进入 21 世纪后，私营部门在全球经济发展格局中发挥的作用越来越重要，世界银行在促进全球私营经济发展的过程中发现，宏观经济政策改革与商事法律法规的制定及执行情况，对各地经济活动产生的影响极为明显。鉴于此，多家研究机构开始持续关注各个经济体营商环境建设水平，并定期发布专业研究报告。分别有世界经济论坛发布的《全球促进贸易报告》和《全球竞争力报告》、美国国务院发布的《投资环境报告》等。其中世界银行寻求对各国私营部门发展环境进行评价的年度《营商环境报告》，被多个发展中国家借鉴及引用，影响范围最广，成为营商环境评估的典范。

世界银行为促进不同经济体在商事法规方面的比较及借鉴，于 2003 年发布首份《营商环境报告》，通过 5 个指标对全球 133 个经济体进行评价。截止到 2019 年底，世界银行已持续发布 17 份年度报告，评价指标已逐步增加至 11 项（其中"劳动力市场监管"为观测指标），参评经济体已扩大至 190 个，在全球范围内掀起一轮又一轮的商事政策辩论及改革热潮。世界银行制定的营商环境评价指标体系，囊括企业的全生命周期，11 项指标涵盖了企业家创业阶段、获得场地阶段、获得融资阶段、日常运营阶段及安全商业环境。

营商环境优化提升已成为促进发展中国家新一轮经济增长的重要引擎。依据世界银行系列《营商环境报告》披露的研究结果，美国作为世界头号经济大国，其营商环境便利度排名始终位于全世界前 8 名。得益于政府及国家领导人的高度重视和全面推动，俄罗斯、印度等金砖国家在营商环境优化方面均有优异表现，俄罗斯从 2008 年的第 118 名升至 2019 年的第 28 名，提升幅度达 90 名；印度则从 2008 年的第 132 名上升到 2019 年的第 63 名，提升名次 69 位（见图 1 - 1），为在全球范围内营造友好及高效的私营经济发展环境创造条件。

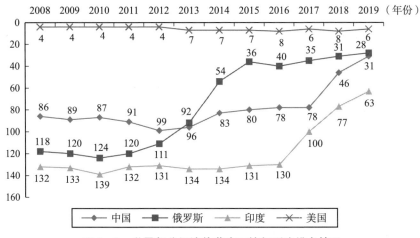

图 1－1　世界部分经济体营商环境便利度排名情况

资料来源：全球经济指标数据网，https：//tradingeconomics.com/。

当前我国经济正处于从高速增长向高质量发展转变的关键阶段，外部面临国际贸易环境不确定性增加，内部存在产业结构升级改造的客观需求，进一步优化营商环境势在必行。营商环境作为一项重要测评指标，不仅用以评价贸易及投资的便利化程度，更是高质量发展的重要考量维度，集中体现了制度质量水平[①]。国家发展和改革委员会积极推动建立中国特色营商环境评价体系，在充分吸纳世界银行评价指标的基础上，结合中国经济发展实际，构建了中国营商环境评价指标体系，引领各地有序开展营商环境建设工作。2019 年 10 月 8 日国务院第 66 次常务会议通过的《优化营商环境条例》第八条表明，国家建立和完善以市场主体和社会公众满意度为导向的营商环境评价体系，发挥营商环境评价对优化营商环境的引领和督促作用。

（三）评估目的及意义

1. 评估目的

世界银行发布的 2009 年《全球营商环境报告》指出，有序的经济活动

[①]　冯杰. 深化"放管服"改革优化税收营商环境 ［J］. 中国行政管理，2018 (10).

需要良好的规则，包括能够建立和界定产权，减少解决商业纠纷成本，提高经济往来的可预测性，以及为合同伙伴提供制止有害行为的核心保护规则等。成熟且持续性强的商业规则有利于纾解企业负担，减轻企业对经营环境不确定性的担忧，有效增强企业信心。

营商环境评估的目的即是为理解和改进不同经济体的商业监管规则提供客观依据，促进政府为具有相应需求的市场主体制定高效且便于实施的监管规则，推动商事活动法治化、透明化。因此，相对于宏观经济评价指标而言，营商环境评估着眼于微观层面的法律法规建设、监管政策执行的严格程度、行政审批效率等客观数据，以期在宏观经济及货币政策之外，提供一个理解不同经济体或不同地区之间市场活动的独特视角。

2. 评估意义

（1）为政府部门提供信息交流平台。

营商环境评估是一项复杂系统性工程，一方面，通过梳理各地政府在商业活动方面制定的法律法规，解读相关法规的执行力度及严格程度；另一方面，大规模调查各地行政审批中的环节流转情况，了解企业在"办成一件事"过程中所耗费的时间及成本，全方位了解各地企业在经营活动中的制度成本及改革情况。埃及投资部部长 Mahmoud Mohieldin 博士表示，"我之所以喜欢《营商环境报告》，是因为该报告建立了一个信息交流平台，毫不夸张地说，我查出每个指标前 10 名的国家，然后请教他们的经验，要说起步晚有什么好处，那就是可以吸取别人的经验教训"①。

（2）激励政府持续进行商事制度改革。

世界银行自 2003 年发布首份全球《营商环境报告》以来，到 2019 年已持续 17 年，其影响力在政府、媒体、学术界不断扩大。营商环境便利度排名有效激励处于不利地位的经济体进行改革，同时也通过分享成功的改革经验，为商事制度相对落后的经济体提供正确方向。世界银行《2007 年营商环境报告》指出，在同一国家的不同省份或城市之间展开商业环境评估的作用尤为明显，它能有效激发各地为争取营商环境最佳表现而展开良性竞争。其原因在于，在相同法律框架下，执政者们很难解释为什么自己

---

① 参见世界银行 2009 年《全球营商环境报告》。

的城市需要更长时间、更高成本来创办企业或登记财产，他们找不到借口。

（3）促进经济系统中正式部门的发展。

世界银行经过长期研究发现，如果某一经济体的监管规则特别烦琐或无序，则该地经济活动的非正式程度偏高，其代价包括效益增长缓慢、难以获得信贷支持、难以雇用员工且工人被排除在劳动法保护范围之外等[①]。如政府建立了相对简单清晰的企业进退机制，则在当地成立正式企业的可能性将大幅度提高，商业法规将会得到更好的执行和发展，商业交易中的制度性成本则会得到相应降低。正式注册企业的增加及运转，将有利于该地区增加就业及减少贫困，促进经济活动进入良性循环系统，一定程度上有助于当地社会保持良性发展。

（四）评估报告的局限性

1. 指标体系固有局限

广义的营商环境包含企业从事经营活动的政治、经济、社会、文化、生态环境等方面，是一个相对复杂的动态系统。然而，世界银行指标体系重点关注企业办事时间与动作的监管效率数据及制定执行法律和监管规则的监管质量数据。贵州省 2019 年市（州）及县域营商环境评估虽然在实现世界银行指标全覆盖的基础上，吸纳了国家发改委拟定的全部指标体系，但仍然与全面评估营商环境存在一定差距。具体表现为，由于贵州各地商事法律法规相对趋同，因此本书并未纳入解读当地商业法规的相关二级指标。此外，本书也未能反映贵州各地与各级金融中心及商业港口距离的远近、社会安全情况、政府信息透明度、劳动力素质等信息。

2. 调研方法局限

世界银行为增强不同经济体之间营商环境的可比性，采用标准案例法进行评估，其主要做法是通过假设和模拟企业活动的真实场景，对各个经济体相关行业的专业人士及中介机构展开调研，从而获得相应经济体营商环境实际的可靠证据。由于同一省域内均执行相同法律法规，相反，由于

---

① 参见世界银行 2009 年《全球营商环境报告》。

各地在执行过程中对政策法规的理解角度及执行力度不同，才是造成各地营商环境差异的主要原因。因此本书采取案例追溯法，通过各地上报调查规定时间范围内与评估指标相关的全部行政审批业务，课题组在每个调研地区按每项指标随机抽取 6 家样本企业进行业务追溯，将 6 家样本企业办理业务的平均表现代表该地区相应指标的营商环境建设水平。通过案例追溯法获取数据真实且严谨，但由于样本量偏小，加上随机抽样过程中存在的偶然性因素，存在样本对各地某类行政审批业务的总体情况代表性不足的可能。

3. 计分方法局限

为深入了解贵州各地营商环境优化提升的实际情况，本书的指标遴选涵盖了世界银行 2020 年营商环境评价的全部指标体系，同时吸纳了国家发改委法规司拟订的 2019 年中国营商环境评价指标体系及 2018 年度的"企业信心"指标。计分方法上，为肯定各地在营商环境建设和各项改革中进行的卓有成效的努力，通过"前沿距离法"计算相对分数的前提下，采取"功效系数法"加以调整。计分过程中，鉴于指标体系与评估方法与世界银行营商环境评估不尽一致，因此所有二级指标的最佳表现及最差表现分值均来源于贵州财经大学 2019 年 12 月在全省范围内进行的营商环境实地调研，所以本书呈现的各项指标得分不具备与世界其他经济体进行对标分析的基础和条件。

4. 企业服务承载力度未能纳入考量

营商环境评估的指标体系多数关系到各地各部门为企业提供服务的效率及质量，在政务资源有限的前提下，企业感受到的营商环境便利度可能与当地企业数量存在一定相关关系，这将直接影响到企业的营商环境满意度。从课题组对贵州省营商环境的调查情况来看，省会贵阳市各区县的企业存量及新增注册企业数普遍高于各市（州）下辖区县，加上市辖区存在部分业务权限在市级单位的情况，导致贵阳市部分企业在办理有关业务时等待时间偏长，可能对营商环境评估带来不利影响，但本书的评估体系未能有效反馈该问题。

5. 业务办理时间差异影响无法消除

近年来，贵州省委、省政府领导各省直部门在全省范围内开展了力度空前的营商环境改革，但由于部分业务办理周期长，其改革成效尚不能在本书调研期间内得到体现。诸如贵州省住房和城乡建设厅领衔进行的工程项目改革，在本次调研的竣工验收项目中，仅有极少部分工程项目的最后环节在工改实施后审批；省市场监督管理局在 2019 年 5 月后实行的新注册企业免印章费用政策，但由于本轮调研周期为 2018 年 10 月 1 日至 2019 年 9 月 30 日，因此随机抽取到各地在实施该举措之前办理的业务，也未能真实反映该情况。相信随着各项改革成效的显现，贵州省整体层面的营商环境会获得一定提升。

（五）报告使用建议

鉴于本书至少存在以上几个主要方面的局限，加之营商环境建设普遍为各级地方政府各个部门的部分工作。因此，课题组对把报告内容及评估结果视为营商环境建设全部任务，甚至扩大为各部门年度工作绩效的做法提出警惕。如果把全部精力放在本书测量的任务上，从忽略营商环境建设中其他同等重要的制度改革或具体工作将是危险的，建议理性看待和使用该报告。

正如世界银行 2016 年《全球营商环境报告》指出的那样，一个经济体在营商环境测量指标上的得分类似于人体检查报告，外行观察者可能不太能理解其重要性，但对经济体的健康和增长却具有长期影响。本书虽然具有上面指出的诸多不足之处，但对各地各部门从事营商环境建设工作的领导干部及关注营商环境的研究者而言，不失为一个重要参考资料。

二、项目实施方案

（一）评估背景

世界银行 2019 年《全球营商环境报告》指出，任何经济体只要没有官僚障碍和严苛的法律法规，都能通过提高监管效率及法规质量，在营商环境便利度中跻身顶级前列。贵州省委、省政府历来高度重视营商环境建设工作，提出按照市场化、法治化、国际化要求，努力打造"服务和效率高于周边、成本和负担低于周边"的"营商环境新高地"。作为全国率先聘请第三方对全省 88 个建制县进行营商环境评估的省份，贵州省 2017 年在全省范围内开展了涵盖 4 项指标的营商环境评估，2018 年评估指标增加到 12 项。

按照党中央、国务院关于优化营商环境的决策部署，根据《贵州省营商环境优化提升工作方案》，贵州省于 2019 年 7 月启动市（州）及县域的营商环境评估。第三方在评估过程中通过独立客观的研究视角，实地调研企业"办成一件事"的真实感受及总体满意度，系统分析当前贵州省营商环境建设中可能存在的问题及短板。评估范围包括全省 9 个市（州）、贵安新区及 88 个建制县，评估指标扩展到 20 项。

随着营商环境评估工作逐步深入，营商环境便利度排名在省内各地及各行业部门引起广泛关注，激励排名相对靠后的地区果断采取改革措施，在全省范围内营造全面优化提升营商环境的良好氛围。部分企业家在访谈过程中表示，近年来企业在行政审批中的获得感明显提高，各地服务企业的水平切实得到提升，但仍存在一定进步空间。

（二）评估指标

本轮营商环境评估参照世界银行 2020 年《全球营商环境报告》和国家

发改委 2019 年发布的《中国营商环境评价指标体系》，共计 20 项一级指标，实现对世界银行指标全覆盖的基础上，全部吸纳国家发改委制定的中国特色营商环境评价指标体系。以期衡量贵州省各地优化营商环境的工作进展和实际效果，力求进一步简化办事环节、压缩办理时限、降低办事成本、减少提交材料，切实提振企业信心。

1. 市（州）本级评估指标

全省 9 个市（州）本级评估指标共 10 项，具体包括：获得用气，跨境贸易，办理破产，保护中小投资者，执行合同，劳动力市场监管，政府采购，招标投标，知识产权创造、保护及运用，包容普惠创新（见表 1 - 1）。

表 1 - 1　　　　　　　　市（州）营商环境评估指标体系

一级指标	二级指标	单位
1. 获得用气	1.1 获得用气环节	个
	1.2 获得用气时间	工作日
	1.3 获得用气成本	占当地人均收入比（%）
	1.4 用气价格	占总营收比（%）
2. 跨境贸易	2.1 出口边境审核耗时	小时
	2.2 出口边境审核费用	元
	2.3 出口单证审核耗时	小时
	2.4 出口单证审核费用	元
	2.5 进口边境审核耗时	小时
	2.6 进口边境审核费用	元
	2.7 进口单证审核耗时	小时
	2.8 进口单证审核费用	元
3. 办理破产	3.1 收回债务所需时间	工作日
	3.2 收回债务所需成本	占债务总值比（%）
	3.3 债权人回收率	%

续表

一级指标	二级指标	单位
4. 保护中小投资者权益	4.1 信息披露透明度	(0~10)
	4.2 董事责任程度	(0~10)
	4.3 诉讼便利度	(0~10)
	4.4 股东权利	(0~10)
	4.5 所有权和管理控制	(0~10)
	4.6 公司透明度	(0~10)
5. 执行合同	5.1 解决商业纠纷的时间	工作日
	5.2 解决商业纠纷的费用	占索赔金额比（%）
6. 劳动力市场监管	6.1 聘用情况	(0~8)
	6.2 工作时间	(0~8)
	6.3 裁员规定	(0~8)
	6.4 裁员成本	占总营收比（%）
	6.5 工作质量	(0~8)
	6.6 就业服务	(0~8)
7. 政府采购	7.1 电子采购平台评价	(0~10)
	7.2 采购流程	(0~10)
	7.3 采购结果确定和合同签订	(0~10)
	7.4 合同管理	(0~10)
	7.5 支付和交付	(0~10)
	7.6 政府采购	(0~10)
8. 招标投标	8.1 互联网＋招标采购	(0~10)
	8.2 投标和履约担保	(0~10)
	8.3 外地企业中标率	%
	8.4 建立公平有效的投诉机制	(0~12)
9. 知识产权创造、保护及运用	9.1 知识产权创造质量	项
	9.2 知识产权保护社会满意度	(0~10)
	9.3 非诉纠纷解决机构覆盖面	个
	9.4 知识产权运用效益	项

续表

一级指标	二级指标	单位
10. 包容普惠创新	10.1 创新创业活跃度	（0～100）
	10.2 人才流动便利度	（0～100）
	10.3 市场开放度	%
	10.4 基本公共服务群众满意度	个
	10.5 蓝天碧水净土森林覆盖指数	%
	10.6 城市立体交通指数	（0～10）

2. 县域层级评估指标

县域营商环境评估指标共计 10 项，具体包括：开办企业、办理建筑许可、获得电力、获得用水、纳税、获得信贷、政务服务、市场监管（见表 1-2）。贵安新区营商环境评价包括市（州）本级及县域的共 20 项指标。

表 1-2　　　　　　　　县域营商环境评估指标体系

一级指标	二级指标	单位
1. 开办企业	1.1 开办企业环节	个
	1.2 开办企业时间	工作日
	1.3 开办企业成本	占当地人均收入比（%）
	1.4 开办企业申请材料	份
2. 办理建筑许可	2.1 办理建筑许可环节	个
	2.2 办理建筑许可时间	工作日
	2.3 办理建筑许可成本	占建设项目价值比（%）
	2.4 办理建筑许可申请材料	份
3. 获得电力	3.1 获得电力环节	个
	3.2 获得电力时间	工作日
	3.3 获得电力成本	占当地人均收入比（%）
	3.4 供电可靠性	（0～10）
	3.5 电力价格	占总营收比（%）
	3.6 获得电力申请材料	份

续表

一级指标	二级指标	单位
4. 获得用水	4.1 获得用水环节	个
	4.2 获得用水时间	工作日
	4.3 获得用水成本	占当地人均收入比（%）
	4.4 用水价格	占总营收比（%）
5. 登记财产	5.1 登记财产环节	个
	5.2 登记财产时间	工作日
	5.3 登记财产成本	占产权价值比（%）
	5.4 登记财产申请材料	份
6. 纳税	6.1 纳税次数	次
	6.2 缴纳税费时间	小时
	6.3 总税收和缴费率	%
7. 获得信贷	7.1 获得信贷环节	个
	7.2 获得信贷时间	工作日
	7.3 获得信贷成本	占贷款总额比（%）
	7.4 征信机构覆盖面	%
8. 政务服务	8.1 网上政务服务能力	（0~20）
	8.2 政务服务事项便利度	（0~10）
	8.3 政务服务满意度	（0~15）
	8.4 国家政务服务平台数据共享	（0~10）
9. 市场监管	9.1 "双随机 一公开"监管覆盖率	%
	9.2 监管执法信息公开率	%
	9.3 政务诚信度	（0~10）
	9.4 商务诚信度	（0~10）
10. 企业信心	10.1 中小企业投资意愿	（0~100）
	10.2 新登记注册企业数	%

（三）调研对象

1. 市（州）本级

（1）获得用气。

2018 年 10 月 1 日至 2019 年 9 月 30 日期间，办结过用气报装业务的中小微企业，工业园区、高新技术产业区等开发区功能性平台内的企业除外。

（2）跨境贸易。

2018 年 10 月 1 日至 2019 年 9 月 30 日期间，办结过进出口业务的企业及代办进出口业务的中介机构。

（3）办理破产。

2014 年 10 月 1 日至 2019 年 9 月 30 日期间，在人民法院办理过破产清算或重整诉讼的破产企业及代理破产诉讼业务的律师事务所。

（4）保护中小投资者。

2014 年 10 月 1 日至 2019 年 9 月 30 日期间，发生过关联交易诉讼的上市公司或拥有多个股东的大型公司及代理过关联交易诉讼业务的律师事务所。

（5）执行合同。

办结过商业纠纷诉讼业务，且在 2018 年 10 月 1 日至 2019 年 9 月 30 日期间执行完毕的原告企业，不包括通过调解或撤诉解决纠纷的企业。此外，为原告代理过商业纠纷诉讼的律师事务所名单也在调研范围内。

（6）劳动力市场监管。

2018 年 10 月 1 日至 2019 年 9 月 30 日期间，处于正常经营状态的中小微企业。

（7）政府采购。

2018 年 10 月 1 日至 2019 年 9 月 30 日期间，履行完政府采购合同并获得政府付款的中小微企业。

（8）招标投标。

2018 年 10 月 1 日至 2019 年 9 月 30 日期间，在政府工程类（包括房屋建筑和市政道路等项目）招标投标项目中成功中标的中小微企业，包括注册地在辖区外的企业。

（9）知识产权创造、保护及运用。

2018年10月1日至2019年9月30日期间，持有知识产权（包括商标权、专利权、版权等）的中小微企业。评价期内持有知识产权是指调查时间规定范围在保护期内的知识产权。

（10）包容普惠创新。

政府填报调查规定时间范围内，关于创新创业、科研及教育机构、外资规模、公共文化设施、生态环境、交通条件、医疗养老等公共服务供给方面的宏观统计数据。

2. 县域层级

（1）开办企业。

2018年10月1日至2019年9月30日期间，新开办的从事一般性经营项目的中小微企业及代办企业注册业务的中介机构。

（2）办理建筑许可。

2018年10月1日至2019年9月30日期间，通过竣工验收的建设工程项目（包括房地产项目、仓库项目、工厂项目）及代办建筑许可业务的中介机构。不包括道路、桥梁、港口等复杂建设工程项目。

（3）获得电力。

2018年10月1日至2019年9月30日期间，办结过申请容量为20~200kVA的低压新装企业及代办电力报装业务的中介机构。工业园区、高新技术产业区等开发区功能性平台内的企业除外。

（4）获得用水。

2018年10月1日至2019年9月30日期间，办结过用水报装业务的中小微企业。工业园区、高新技术产业区等开发区功能性平台内的企业不包括在内。

（5）登记财产。

2018年10月1日至2019年9月30日期间，办结过财产登记的中小微企业，包括企业间转让登记中的买方企业和办理首次登记的企业。此外还调研提供财产登记代办业务的中介机构。

（6）纳税。

2019年10月参与季度报的企业中实际缴纳企业所得税的中小微企业及

提供纳税代办业务的中介机构。

（7）获得信贷。

2018 年 10 月 1 日至 2019 年 9 月 30 日期间，在当地商业银行办理初次贷款且贷款额度高于 50 万元的企业及代办贷款业务的中介机构，各地参与评估商业银行不得低于 5 家。

（8）政务服务。

2018 年 10 月 1 日至 2019 年 9 月 30 日期间，在政务服务中心办结过各类行政审批业务的中小微企业。具体包括住建、消防、税务、不动产、人社 5 个窗口（不限事项）的办事企业。

（9）市场监管。

2018 年 10 月 1 日至 2019 年 9 月 30 日期间，在"双随机、一公开"联合监管中，市场监管部门实际抽查过的企业。

（10）企业信心。

2017 年 10 月 1 日至 2018 年 9 月 30 日期间，新开办的中小微企业。

（四）评估方法

1. 两端核实法

鉴于贵州省各地在商事政策及法律法规方面的趋同性，贵州财经大学营商环境评估课题组在借鉴世界银行"标准化案例"方法的基础上，通过全程追踪企业"办成一件事"的时间流转数据，重点了解各地政府部门执行商事政策法规及为市场主体提供服务时，在监管效率及监管质量上的表现。具体遵循对真实案例进行追溯的原则，请行政审批部门及办事企业就同一业务办理过程进行回顾并分别在评估系统填答问卷，课题组统一对"企业端"及"政府端"数据进行核验后，以具备相互印证及支撑条件的数据作为当地营商环境建设水平的可靠证据。调研主要步骤如下：

（1）"政府端"调研。

课题组依据评估指标涉及的行政审批业务，请各地相关部门就样本企业办理过的业务进行回顾。各部门通过课题组提供的账号密码从电脑端进入网络问卷系统，据实填写各业务环节办理时间、成本及材料等情况，完成政府问卷填报。同时，相关政府部门通过系统上传及优盘转存的形式，将问卷填报过程中涉及的原始审批档案、政策文件、系统截图、相关网址、现场办理图片等印证材料提交课题组，以佐证政府问卷填报数据。

（2）"企业端"访谈。

评估小组依据 9 个市（州）、贵安新区及 88 个建制县报送的企业样本框，在考虑区位、行业、规模的前提下，每个指标随机抽取 10 家样本企业。课题组在全省共组织召开 98 场次企业家座谈会，各地单项指标随机通知 6 家样本企业现场开会。参会企业在课题组的指导下，通过现场扫码登录的形式进入网络问卷系统，根据业务办理的真实情况填写与业务办理环节、时间、成本、材料等相关的手机端企业问卷，并接受满意度调查。

（3）"两端核实"。

课题组通过集中核验的形式，经过集体讨论对相关标准达成共识后，采取"专人负责制"原则，统一标准对各指标数据进行核验。核验过程中主要参考企业端数据、政府端数据及印证材料，对存疑数据通过电话回访企业等形式加以甄别。时间核算方面充分考虑企业等待时间及总体感受，时间计算原则为：当企业端数据大于政府端数据时，以两端数据的算术平均值作为相应环节办理时限；当两端数据相同时，该数值为环节办理时限；当企业端数据小于政府端数据时，以政府端数据为准。环节、成本及材料类数据，均以核实后两端数据中的较大值为准。

2. 深度访谈法

课题组通过请企业现场匿名填答网络问卷，了解当地企业办理相关指标业务的真实情况。通过集中访谈、个别谈话等形式，深入了解全省企业家代表对当地营商环境的真实感受，广泛征集当地企业普遍反映的办事过程中存在的"痛点""难点""堵点"。课题组在全省调研中共获取近 30 万字访谈材料。此外，各调研小组还实地走访各地政务服务大厅等职能部门，了解当地涉企业务行政审批中"一窗通办"的情况。

（五）分数计算说明

1. 指标得分

依据世界银行 2020 年《全球营商环境报告》中"营商环境便利度"分

数计算方法，以"前沿距离"分数表示各市（州）、贵安新区和 88 个县（市、区）营商环境水平。"前沿距离"分数是一个相对性指标，代表各地与前沿水平之间存在的相对差距，单个指标分值在 0 ~ 100，100 代表"前沿水平"，数值越高，说明该地区在该指标上的表现越佳，反之则表现越差。本书中所有指标的最差值及最优值，均来自贵州财经大学营商环境评估课题组在全省采集到的客观数据，各地分数代表其与全省最优表现之间的相对距离。

考虑到各地各部门在营商环境建设中投入的实际工作，本书采用"功效系数法"对前沿距离分数加以调试。"功效系数法"指的是在进行综合统计评价时，根据多目标规划原理，对每项指标确定一个满意值及不允许值，分别作为该指标的上限和下限，计算各指标实现满意值的程度，从而评价被研究对象的综合情况。其计算规则如公式所示：

便利度分数 = 40 + (最差值 − 当前值)/(最差值 − 最好值) × 60

2. 综合得分

综合得分的计算依据世界银行系列《营商环境报告》的简单算术平均原则，即强调在营商环境评估指标体系中，不存在重要程度上的差异，必须对所有方面同时推进才有可能提升当地营商环境便利度。具体标准为：

市（州）本级得分为 6 项（获得用气、执行合同、政府采购、招标投标、知识产权创造保护及运用、包容普惠创新）一级指标算术平均分。

区县得分为 10 项（开办企业、办理建筑许可、获得电力、获得用水、登记财产、纳税、获得信贷、政务服务、市场监管、企业信心）一级指标算术平均分。

"市（州）营商环境便利度"最终得分综合考虑本级得分及辖区内所有区县的得分情况，为加权得分，具体计算依据公式：

市（州）综合得分 = 50% × 市（州）本级得分 + 50% × 区县算术平均分

第二章　专项指标营商环境便利度

贵州省 2019 年营商环境便利度评估，参照世界银行及国家发改委拟定的中国营商环境评价指标体系，一级指标共计 20 项，市（州）本级和县域层面分别评估 10 项。由于"劳动力市场监管"指标为世界银行观测指标，"办理破产""保护中小投资者""跨境贸易" 3 项一级指标在调查规定时间范围内全省普遍缺乏有效样本，无法进行案例追溯。最终参与计分的一级指标为 16 项。

调研结果表明，全省"前沿距离"得分最高的指标为获得电力，为 83.24 分；得分最低的指标为知识产权创造、保护及运用，仅得 62.80 分；最高分与最低分之间的极差达 20.44 分，差距较为明显。从分数段呈现的情况来看，平均分高于 80 分的获得电力（83.24）、纳税（83.04）、获得用水（80.60）、开办企业（80.48）4 项指标，在全省范围内优化提升效果相对明显。相反，知识产权创造、保护及运用（62.80），企业信心（63.16），包容普惠创新（66.90），招标投标（69.59）4 项指标，全省平均分在 70 分以下，为参评指标中营商环境建设的薄弱领域，尤其在知识产权保护及提振企业信心方面，形势较为严峻。各专项指标在全省范围内整体表现如图 2－1 所示（按平均分从高到低排序）。

需要特别指出的是，专项指标便利度得分在参考世界银行《2020 年营商环境报告》"前沿距离"算分规则的基础上，运用"功效系数法"加以调整。鉴于本轮评估以全面了解贵州省营商环境优化提升情况为主要宗旨，因此所有指标的最优表现及最差表现均来源于实地调研中获取的全省 9 个市（州）、贵安新区及 88 个县（市、区）的真实数据。即本书中呈现的营商环境便利度得分与世界银行评估的各经济体指标表现缺乏共同的比较基础，但对于贵州各地在推进营商环境建设中的成效进行横向比较具有重要意义。

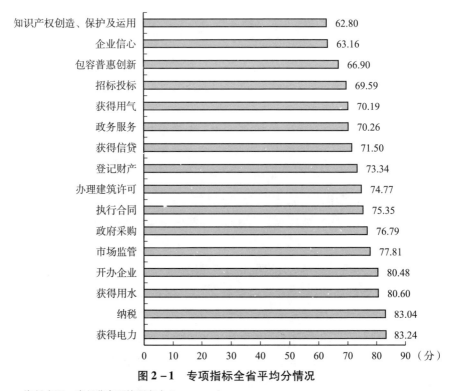

图 2 - 1 专项指标全省平均分情况

资料来源：贵州营商环境研究中心。

一、开办企业

（一）指标解读

"开办企业"是企业生命周期的起点，记录一位企业家开办并正式经营一家工业或商业企业时，官方正式要求或实践中通常要求办理的所有手续，以及完成这些手续的耗时和费用。根据世界银行系列营商环境评价报告及《贵州省营商环境优化提升工作方案》，"开办企业"指标针对企业开办流程中的设立登记、刻制印章、申领发票、社保登记等环节开展评价。

贵州省 2019 年营商环境评估，开办企业属于县域层级指标，共包含开办企业环节、时间、成本、申请材料 4 项二级指标。本次评估环节包括企业创始人与外部人员之间的全部互动，原则上从设立登记（或名称预先核准）开始，到完成员工社保登记为止。各环节时间当日办结按 0.5 个工作日计算，次日办结按 1 个工作日计算。办理成本按企业手续费用占当地 2018 年城镇常住居民人均可支配收入比计算。申请材料按企业及政府填答情况及贵州政务服务网公布的材料清单认定。

（二）评估概况

1. 总体情况

评估结果显示，2019 年全省 88 个县（市、区）开办企业指标平均得 80.48 分，共计 50 个县（市、区）得分超过平均分。从环节、时间、成本和申请材料 4 项二级指标来看，2019 年全省企业开办平均环节为 4.70 个，平均耗费时间为 3.03 个工作日，平均成本占当地人均收入的 0.56%，平均提交材料 12.92 件。具体如表 2 - 1 所示。

表 2 – 1 开办企业指标极值分布

项目	环节（个）	时间（工作日）	成本（%）	申请材料（件）
最大值	6.00	5.96	2.99	18.50
平均值	4.70	3.03	0.56	12.92
最小值	3.83	2.00	0.00	8.33

资料来源：贵州营商环境研究中心。

从极值数据分布来看，开办企业最多环节为 6.00 个，最少环节为 3.83 个，表明各地规定的必需环节存在差异。时间最长为 5.96 个工作日，最短仅为 2.00 个工作日，极差为 3.96 个工作日，表明未能实现当日办结的环节仍然存在。成本最高占当地城镇人均可支配收入的 2.99%，最低零成本，表明部分地区仍未全部免除刻章印章及税控盘费用。申请材料最多为 18.50 件，最少仅为 8.33 件，表明个别地区材料要求仍然复杂。

全省最高得分为黔西南州兴仁县（98.82 分），该县样本企业平均办理环节为 4.00 个，耗费时间 2 个工作日，平均成本为 0.00，申请材料 8.33 份。

全省最低得分为安顺市普定县（47.98 分），该县样本企业平均办理环节为 5.67 个，平均耗费时间 5.96 个工作日，平均成本占当地 2018 年城镇常住居民人均可支配收入的 2.64%，平均申请材料 15.83 件。

2. 分项指标表现

（1）开办企业环节。

全省开办企业平均需 4.70 个环节，最少为 3.83 个环节（贵阳市南明区、黔南州贵定县、黔东南州锦屏县、黔西南州兴仁县）。从全省情况看，大部分县（市、区）开办企业主要涉及企业登记注册、刻制印章、税务登记、申领发票、社保登记 5 个环节。全省开办企业环节较 2018 年大幅度精简，主要表现在：

一是"银行开户"环节改革力度大。2018 年 12 月 24 日，国务院常务会议决定，2019 年内分批次在全国范围内全面取消企业银行账户许可。自2019 年 6 月 10 日起，贵州省新开办企业在银行开户环节不再由中国人民银行进行行政审批、核发开户许可证；而由各银行机构作为平等经济主体，与企业通过协议约定方式自主开设和管理银行账户。此前企业开设基本存款账户，需到银行办理开户申请，银行再提交央行审核，由央行核发"开户许可证"，前后需 4 个工作日。取消许可审核后，企业仅需向银行递交开户材料，账户可立开立用，大大缩短企业开户时间。

二是广泛实施流程再造。各区县积极推行"一窗受理、并行办理"，不断整合市场监管、公安、税务、人力资源和社会保障等部门，确保企业开办数据及时、完整、准确。各区县不断实施流程再造，将在各市（州）、各县（区）的政务服务大厅分设的部门办事窗口，整合为开办企业综合窗口，并将申请人依次向各部门提交材料的传统流程，改造为一次提交、同步办理、信息共享、限时办结的"一窗受理、并行办理"流程。

（2）开办企业时间。

全省开办企业平均耗时 3.03 个工作日，其中最短耗时为 2.00 个工作日（黔西南州兴仁市），最长耗时为 5.96 个工作日（安顺市普定县）。全省时间控制在 3 个工作日以内的有 51 个区县，占比为 57.30%。38 个区县的开办企业时间压缩到 3~6 个工作日内，占比为 42.70%。相较 2018 年，贵州省企业开办时间大幅缩短的原因包括：

一是清晰的目标管理。2018 年省政府办公厅下发《关于进一步压缩企业开办时间的通知》，要求 2018 年底前将全省开办企业办理时间压缩至 8.5 个工作日，2019 年进一步要求压缩至 3 个工作日内。全省各区县明确以压缩企业开办时间为工作目标，按照"能简则简、能并则并、能快则快"原则，进一步缩短企业从设立到具备一般性经营条件所必需的办理时间。

二是努力推进"最多跑一次"和"一网通办"改革。为深入推进全省企业开办便利化改革，贵州省依托贵州政务服务网及"云上贵州"系统平台，于 2019 年 10 月建成全省企业开办"一网通办"平台，全面实现企业设立登记、刻制印章、申领发票等各环节全程网上办理。企业登录该平台，即可自主选择相关业务，统一提交申请材料，切实简化办理手续。

（3）开办企业成本。

从调研数据来看，全省开办企业的平均成本占当地城镇人均可支配收入的 0.56%，最高占比为 2.99%（贵阳市息烽县）。课题组调研发现，在开办企业过程中，除刻制印章外，申领发票及银行开户等业务环节也产生一定费用。

按《贵州省人民政府办公厅关于印发贵州省营商环境优化提升工作方案的通知》要求，从2019年7月10日起，各县辖区内新开办注册企业，可在所属县行政审批服务中心印章窗口，免费刻制"企业行政章""企业法定代表人印鉴章""发票专用章""企业财务专用章"，并公布相应材质和规格。按照此要求，评估组专门梳理2019年7月10日后登记注册企业的刻章成本，发现全省已有83个县和贵安新区实现4枚公章（企业公章、法人章、发票专用章、财务专用章）由企业所在地政府支付，占比为94.38%。其余未实现印章刻制全部费用由所在地政府支付的地区包括：黔东南雷山县（3枚印章免费，仅发票专用章未免费）、铜仁市沿河县（2枚印章免费，发票专用章和财务专用章未免费）、铜仁市玉屏县（1枚印章即企业公章免费）、贵阳市云岩区（1枚印章即企业公章免费）、安顺市西秀区（4枚印章均未免费）。即除少数区县以外，全省基本实现开办企业刻制印章全免费、政府全买单的局面，切实减轻企业的成本负担。

（4）开办企业申请材料。

申请材料的多寡反映业务办理的烦琐程度。从调研数据来看，目前贵州省开办企业平均提交材料12.85件，申请材料最多为18.5件（贵安新区、黔东南州岑巩县、遵义市正安县）。对照全省开办企业申请材料清单，发现企业登记、税务登记、刻制印章、申请领用发票4个基本环节，普遍需要约13件申请材料。具体包括《法定代表人、董事、监事、经理人、联络员信息》《股东（发起人）、外国投资者出资情况》《公司股东决定》《公司章程》《公司股东资格证件》《企业名称自主申报信用承诺书》《企业名称自主申报告知书》《住所使用证明》《财务负责人信息》《企业单位印章备案表》等材料。

（三）评估结果

1. 市（州）排名情况

六盘水市开办企业得90.00分，为全省最高；贵安新区仅得51.54分，排在全省末位。得分在80～90分的有5个市（州），依次为黔西南州、黔南州、遵义市、贵阳市、黔东南州；毕节市、铜仁市和安顺市得分在70～80分（见表2-2）。

表 2 - 2   贵州省各市（州）开办企业指标得分及排名情况

市（州）	得分	排名
六盘水市	90.00	1
黔西南州	85.27	2
黔南州	85.06	3
遵义市	82.29	4
贵阳市	82.09	5
黔东南州	80.12	6
毕节市	79.27	7
铜仁市	72.96	8
安顺市	71.54	9
贵安新区	51.54	10

资料来源：贵州营商环境研究中心。

2. 县（市、区）排名情况

调研数据显示，综合环节、成本、时间和材料 4 项二级指标情况，全省开办企业平均得分为 80.48 分，兴仁县得分最高（98.82 分），普定县得分最低（47.98 分）。22 个县得分在 90 分以上，占比 24.72%；29 个县得分为 80 ~ 90 分，占比 32.58%；22 个县得分为 70 ~ 80 分，占比 24.72%；12 个县得分为 60 ~ 70 分，占比 13.48%；得分在 60 分以下的有 4 个县，占比 4.55%。因此，开办企业指标得分主要集中在 80 分以上，共计 51 个县在此区间内，占比 57.94%（见表 2 - 3）。

表 2 - 3   全省区县开办企业指标得分及排名情况

区县	得分	所属地区	排名	区县	得分	所属地区	排名
兴仁县	98.82	黔西南州	1	清镇市	94.11	贵阳市	5
兴义市	98.82	黔西南州	2	贞丰县	93.58	黔西南州	6
南明区	96.86	贵阳市	3	三都县	93.45	黔南州	7
红花岗区	94.92	遵义市	4	贵定县	93.14	黔南州	8

续表

区县	得分	所属地区	排名	区县	得分	所属地区	排名
长顺县	93.11	黔南州	9	三穗县	84.61	黔东南州	37
平塘县	92.81	黔南州	10	汇川区	84.43	遵义市	38
播州区	92.67	遵义市	11	剑河县	84.38	黔东南州	39
盘州市	91.94	六盘水市	12	平坝区	84.32	安顺市	40
万山区	91.94	铜仁市	13	仁怀市	83.00	遵义市	41
赤水市	91.75	遵义市	14	丹寨县	82.81	黔东南州	42
黎平县	91.45	黔东南州	15	麻江县	82.80	黔东南州	43
习水县	91.10	遵义市	16	金沙县	82.18	毕节市	44
施秉县	90.99	黔东南州	17	务川县	82.18	遵义市	45
绥阳县	90.79	遵义市	18	思南县	81.76	铜仁市	46
水城县	90.71	六盘水市	19	惠水县	81.68	黔南州	47
开阳县	90.24	贵阳市	20	望谟县	81.58	黔西南州	48
独山县	90.22	黔南州	21	观山湖区	81.20	贵阳市	49
六枝特区	90.21	六盘水市	22	镇远县	80.58	黔东南州	50
荔波县	89.26	黔南州	23	福泉市	80.21	黔南州	51
龙里县	88.38	黔南州	24	榕江县	79.95	黔东南州	52
从江县	88.09	黔东南州	25	纳雍县	79.91	毕节市	53
七星关区	87.57	毕节市	26	桐梓县	79.43	遵义市	54
凤冈县	87.48	遵义市	27	紫云县	79.40	安顺市	55
天柱县	87.14	黔东南州	28	威宁县	79.21	毕节市	56
钟山区	87.13	六盘水市	29	晴隆县	78.31	黔西南州	57
大方县	87.11	毕节市	30	松桃县	78.15	铜仁市	58
镇宁县	85.74	安顺市	31	罗甸县	78.13	黔南州	59
册亨县	85.54	黔西南州	32	雷山县	77.93	黔东南州	60
息烽县	85.43	贵阳市	33	花溪区	77.10	贵阳市	61
修文县	85.10	贵阳市	34	云岩区	76.46	贵阳市	62
锦屏县	85.02	黔东南州	35	西秀区	75.51	安顺市	63
黔西县	84.81	毕节市	36	台江县	75.39	黔东南州	64

续表

区县	得分	所属地区	排名	区县	得分	所属地区	排名
余庆县	75.20	遵义市	65	瓮安县	66.93	黔南州	78
湄潭县	74.41	遵义市	66	碧江区	66.68	铜仁市	79
乌当区	74.26	贵阳市	67	黄平县	65.54	黔东南州	80
都匀市	73.40	黔南市	68	德江县	64.87	铜仁市	81
普安县	73.03	黔西南州	69	道真县	63.52	遵义市	82
安龙县	72.48	黔西南州	70	赫章县	63.07	毕节市	83
石阡县	72.10	铜仁市	71	正安县	61.21	遵义市	84
织金县	70.30	毕节市	72	白云区	60.17	贵阳市	85
江口县	70.06	铜仁市	73	关岭县	56.27	安顺市	86
凯里市	69.79	黔东南州	74	岑巩县	55.41	黔东南州	87
沿河县	68.82	铜仁市	75	贵安新区	51.54	贵安新区	88
印江县	67.67	铜仁市	76	普定县	47.98	安顺市	89
玉屏县	67.65	铜仁市	77	—	—	—	—

资料来源：贵州营商环境研究中心。

开办企业得分总体向好，这与全省进一步压缩企业开办时间和降低成本有着密切关系。但与 2018 年相比，平均分呈下降趋势，究其根源在于2019 年增加申请材料考核。事实上，就平均办理时间来看，较 2018 年有大幅缩短，其成本也由政府承担刻章费用而大幅下降。

（四）存在的问题

1. 时限未全部压缩至 3 个工作日内

调研结果显示，虽全省 88 个县（市、区）及贵安新区企业开办平均时间为 3.03 个工作日，共有 51 个区县已实现 3 个工作日内开办企业（占比达57.3%），但仍有 38 个县（市、区）未实现该目标。

2. 企业开办程序依然复杂

开办企业全流程 8 个手续所需申请材料不少于 17 件，即使按 4 个基本环节（设立登记、刻制印章、申领发票、银行开户）考察，也需提交 13 件材料。尤其在办理过程中，不同程度存在反复提交材料、反复跑腿的情况。与此同时，全省基本上实现刻制印章由政府财政承担，但仍有部分县区未能全部实现。

3. 企业开办电子化系统稳定性差

访谈环节新开办企业普遍反馈，网络注册为企业节约了一定时间成本，提高注册便利度。但由于服务器不稳定、网络填报流程不熟悉、反复要求补充上传材料、后台维护及解答不及时等原因，导致申请人不得不前往政务大厅面对面咨询，企业的获得感降低。因为"断网""系统升级维护"等原因导致办事人重复跑腿、拖延办事时间的现象仍然在全省多数地区时有发生。

部分企业反馈，线上申请开办企业时，不同办理事项提交资料不尽相同。经办人在网络提交申请时，由于不熟悉平台操作，不知晓部分专业术语，且未及时得到专业指导，较难准确快速提交申请，存在需要反复修改的情况，从而产生"网上办理比柜台办理更麻烦"的抱怨。

4. 刻制印章中的行业垄断若隐若现

受访企业反馈，政府免费刻制印章确实减轻了企业负担，但也产生新问题。首先，由于刻制印章费用由财政承担，这就要求新开办企业必须到政府指定的刻章企业刻制，刻章行业容易产生寻租及垄断行为。其次，部分企业反映刻章质量未能达到政府要求的标准，企业不得不选择价格较高的收费服务。此外，还存在排队和长时间等待情况。

5. 工作人员业务能力及服务意识待提高

首先，业务水平不够高，部分一线工作人员仍存在政策解释不清晰，导致业务办理时间延长。其次，主动服务意识不足，仍存在工作态度不积极、新员工业务不熟练等问题。最后，业务办理人性化、便利化程度有待提升。诸如企业在政务中心无法实现一张身份证同时等待办理两项业务，也无法实现同一业务一天办理两次；存在人为设置审批壁垒现象及"熟人好办事"的现象。

（五）对策建议

1. 继续提升"一窗通办"水平

一是进一步优化办事流程，积极推进企业开办综合窗口。鉴于"一窗通办"对优化流程、简化环节、压缩办理时限具有明显效果，为让企业只进一扇门，将复杂的环节流转留给相关业务部门，可借鉴清镇市开办企业并联处理会议室。

二是减少不同环节重复提交的材料。调研发现在开办企业不同环节中，诸如身份证、法人信息、公司章程等资料被反复要求提交。这就需要加大"一网通办"力度，并打破部门数据孤岛，尽早实现证照数据共享。

2. 积极推进"一网通办"力度

第一，积极引导企业通过贵州政务服务网企业开办"一网通办"平台申请，统一在线提交材料，增强材料共享共用，真正实现企业开办申请"一次提交、信息共享、同步办理、限时办结"，最大程度压缩企业开办时间。

第二，及时更新网上操作指南和常见问题解答，结合平台使用特征，相关部门应仔细梳理操作流程，编写通俗易懂的操作指南，方便企业在实际操作过程中出现问题时能及时网上查阅。

第三，尽力确保网络畅通稳定。针对企业反馈的服务大厅、网站不稳定等问题，需进行专门维护。

第四，开通营商环境热线，专业人员应及时响应和处理包括网上办理等相关问题。

3. 加强刻制印章监督管理

第一，应建立健全公平、公开、透明的招标机制。政府作为采购人，应对刻章服务项目进行公开招标，杜绝人情关系等有失公允的因素掺杂其中。为体现市场竞争原则、保证服务质量，每1～2年需对该区县提供刻制印章服务的企业进行招标及资质审查等调查，避免刻章企业形成垄断。

第二，要建立健全行业监管机制。对于中标的刻章企业，需严格按要求和行业标准提供刻章服务，行业监管部门应不定期抽检中标企业刻章质量、服务态度、响应时间等，对不符合相关要求、不能按要求提供服务的企业及时更换。

第三，不定期组织办理过刻制印章的企业进行满意度调查，并将客户满意度低的企业实行一票否决，及时重新招标。

4. 进一步强化专业化服务

第一，应强化政府职能部门工作人员服务意识，切实改进服务质量。在年度考核时邀请企业参与评价，倾听服务对象心声，制定相关政策时从企业角度出发，从意识转变为行动，主动站在企业的立场思考问题。

第二，提供更加贴心的全程保姆式服务。依托政务服务大厅为外来投资者提供免费代办行政审批和公共服务事项，设立审批服务代办窗口、并联审批综合窗口，为外来投资者提供及时、高效、便捷的政务服务。

第三，严格落实首问负责制、一次性告知制。继续强化"岗位责任制"等服务规范，从根本上杜绝"多次跑"和"重复提交材料"的情况，针对一线工作人员消极工作和部门间推诿等情况，采取定期约谈制度。

第四，组织开办企业等相关业务培训，做到各级经办工作人员能准确把握、执行政策，打造一支敬业、专业的经办执法人员队伍。

二、办理建筑许可

（一）指标解读

"办理建筑许可"指标记录建筑类企业从取得土地到项目竣工验收及不动产登记全流程中，与政府及第三方之间的所有互动环节。作为世界银行营商环境考察指标体系中涉及部门最多、办理环节最复杂、时间跨度最长、质量要求最高的测评指标，是营商环境评估的重要组成部分。建筑施工类产业作为实体经济的重要支柱和安全生产的关键领域，政府监管尤为重要。然而，严格监管的同时也应确保整个行业高效运转、审批有效进行，从业人员不仅能更好地遵守相关规章制度，也能为社会带来安全可靠的工程项目，实现互利共赢。

办理建筑许可属于县域层级评估指标，本轮评估通过完成建设工程项目（包括房地产项目、仓库项目、工厂项目）竣工验收的样本企业，就办理建筑许可所需的手续、时间、成本及提交材料4项二级指标开展评价。环节涵盖从项目核准备案开始，到完成工程项目不动产登记过程中，施工企业与政府部门及第三方产生互动的全部环节。环节时间当日办结按0.5个工作日计算，次日办结按1个工作日计算。办理成本按全部手续费用占工程造价的比值计算。申请材料通过企业端及政府端填报的数据及印证材料综合认定。

（二）评估概况

1. 改革成效

2018年贵阳市被列为工程建设项目审批制度改革试点城市。2019年5月贵州省人民政府办公厅印发《贵州省全面开展工程建设项目审批制度改革工作实施方案的通知》，工程建设项目审批制度改革全面推开。2019年8月完成审批流程重新整合，依据项目类型、投资类别、规模大小制定不同类型工程建设项目审批流程，发布《关于印发贵州省工程建设项目审批事项清单目录及审批流程图示范文本的通知》。通过实地调研走访，目前各项改革工作正按既定目标稳步推进，主要取得以下进展：

一是贵阳市作为试点城市，工程建设项目审批管理系统实现与国家系统平台互联互通。通过政务外网及各类平台实现市、区两级同步收件和审批办理，实现统一受理、并联审批、实时流转、跟踪督办、信息共享。

二是各市（州）根据省工程建设项目审批管理系统建设的统一部署要求，开发工程建设项目审批管理系统，于2019年下半年陆续上线运行。

三是各县（市、区）全面梳理各部门工程建设项目审批事项，调整审批时序，将工程建设项目审批流程划分为立项用地规划许可、工程建设许可、施工许可、竣工验收4个阶段，每个审批阶段确定一家牵头单位，在政务服务中心设立"工程建设项目审批综合窗口"，采取"前台综合受理、后台分类审批、综合窗口出件"方式，线上线下"一个窗口"，推动工程建设项目"审批不见面、办事不求人、最多跑一次"。

四是各县（市、区）依据工程建设项目资金、投资类别、规模大小等将建设项目分为政府投资类、一般社会投资类（除带方案出让用地项目及小型社会投资项目）、带方案出让用地的社会投资项目、小型社会投资项目，细化了办理流程，编制审批流程图。

2. 总体情况

从评估结果来看，2019年全省88个县（市、区）办理建筑许可指标平均得分为74.77分，超过此平均分的县市区有52个。从环节、时间、成本和申请材料4项二级指标来看，2019年度全省办理建筑许可平均环节为23.07个，平均耗时为183.12个工作日，平均成本为工程造价的3.43%，平均提交材料106.76件。样本企业调研结果如表2-4所示。

表2-4　　　　　　　　　办理建筑许可指标极值分布

项目	环节（个）	时间（工作日）	成本（%）	申请材料（件）
最大值	31.50	291.75	9.19	167.00
平均值	23.07	183.12	3.43	106.76
最小值	17.00	91.00	0.60	63.00

资料来源：贵州营商环境研究中心。

从极值数据分布来看，全省样本企业办理建筑许可最多需要 31.50 个环节，最少需要 17.00 个环节，相差 14.50 个环节。办理时间最长达 291.75 个工作日，最短为 91.00 个工作日，但平均值长达 183.12 个工作日，体现了全省范围内建筑许可办理周期普遍偏长。办理成本占工程造价的最高比重为 9.19%，最低为 0.60%，极差高达 8.59 个百分点，反映出部分地区建筑类企业办理施工许可成本普遍偏高。申请材料最高达 167.00 件，最低仅 63.00 件，平均需 106.76 件，表明企业在业务办理过程中资料准备压力较大等现实困境。

全省最高得分为黔东南州黎平县（90.38 分），样本企业办理环节平均 20 个，平均耗费时间 103.50 个工作日，成本占工程造价比为 2.32%，申请材料 81 份。

全省最低得分为黔西南州兴义市（48.27 分），样本企业办理环节平均 28.50 个，平均耗费时间 231.50 个工作日，成本占工程造价比为 8.92%，平均申请材料 167.00 件。黔西南州晴隆县、铜仁市沿河县、安顺市普定县因为没有合格样本，按全省最低分计分。

但因工程项目建设周期普遍较长，在以区县为单位进行调研的过程中，调查规定时间范围内符合要求的样本数量相对有限，所以在本次评估中工程建设项目审批制度改革的效果体现仍不太明显。

3. 分项指标表现

（1）办理建筑许可环节。

全省办理建筑许可环节平均为 23.07 个。环节最少的是遵义市务川县、铜仁市石阡县、铜仁市玉屏县 3 个县，均为 17 个。从全省情况看，大部分县（市、区）办理建筑许可主要涉及投资项目核准备案、环境影响评价审批、水土保持方案报告书审批、地质勘察、获得施工图审查合格证（含人防、消防、技防）、建设用地（含临时用地）规划许可证核发、用水报装（含施工临时用水）、用电报装（含施工用电）、建设工程规划许可证核发、人防工程质量监督、雷电防护装置设计审核、建设工程消防设计审查、农民工工资保证金、建筑工程施工许可证核发、建设工程规划条件核实、建设工程消防验收、建设工程城建档案验收、广播电视网工程竣工验收、雷电防护装置检测、城镇排水与污水处理设施竣工验收备案、防雷装置竣工验收、建设工程竣工验收备案、到不动产登记部门登记不动产（不动产初次或首次登记）等环节。

（2）办理建筑许可时间。

办理建筑许可时间最短的是黔东南州剑河县，为91.00个工作日，全省平均时间为183.12个工作日。耗时较长的环节涵盖环境影响评价审批、水土保持方案报告书审批、地质勘察、获得施工图审查合格证（含人防、消防、技防）、建设工程消防设计审查、建设工程消防验收等。课题组调研发现部分工程项目的竣工验收已经采用联合验收形式，减少了建设单位多头申报、各部门多头分验，加快工程竣工验收速度。

（3）办理建筑许可成本。

全省办理建筑许可所需成本占工程造价的平均值为3.43%。平均成本最低的是黔东南州剑河县，占工程造价的0.60%。办理建筑许可的成本主要来源于第三方评估费用、检测费用、测绘费用、图审费用、人防工程费用、城市基础设施配套费、劳保统筹费、墙改基金、安全措施费、农民工工资保证金、工伤保险、不动产登记费用等方面。

贵州目前的改革现状为：劳保统筹费、墙改基金分别于2016年、2017年取消征收；农民工工资保证金在部分市（州）已不作为施工许可证办理前置条件，而且在办理竣工验收后可以退回；建筑面积达到规定标准，按规划进行综合配套开发，有配套的市政公用设施和公共服务设施的住宅小区，城市基础设施配套费依据《贵州省城市基础设施配套费征收使用管理办法》可以免缴。取消以上费用减轻企业的前期投入，但因为部分费用按照建筑面积收取，所以对于建筑面积小、单位建筑面积工程造价低的工程项目，其成本占比会相对较高。

（4）办理建筑许可申请材料。

办理建筑许可申请材料最少的是铜仁市德江县，为63.00份。平均所需材料为106.76份。材料包括向管理部门提交的与具体项目相关的全部文件（如建筑图、现场地图和城市规划证书），必需的批准、执照、许可证和证明、通告等。所需材料较多的环节包括：建设用地（含临时用地）规划许可证核发、建设工程规划许可证核发、建设工程消防设计审查、建筑工程施工许可证核发、建设工程消防验收、建设工程竣工验收备案。个别县

（市、区）仅办理施工许可证就需要提交 27.00 份材料。

（三）评估结果

从全省排名情况来看，有 52 个县（市、区）超过了全省平均分 74.77 分，占比为 59.09%。其中，黔东南州黎平县、黔东南州丹寨县、遵义市习水县、黔东南州天柱县等 28 个县（市、区）办理建筑许可成绩优秀，得分超过了 80 分，占比为 31.82%。安顺市平坝区、贵阳市清镇市、黔东南州凯里市、毕节市七星关区等 52 个县（市、区）办理建筑许可成绩良好，分值在 60～80 分，占比为 59.09%。黔西南州兴义市、六盘水市水城县、黔南州荔波县、遵义市道真县、黔南州瓮安县等 8 个县（市、区）办理建筑许可成绩低于 60 分，占比为 9.09%。具体情况如表 2 - 5 所示。

表 2 - 5　　　　　　　　全省办理建筑许可排名

排名	县（市、区）	环节（个）	时间（工作日）	成本（%）	申请材料（份）	总分
1	黔东南州—黎平县	20.00	103.50	2.32	81.00	90.38
2	黔东南州—丹寨县	21.50	125.50	0.93	80.50	89.71
3	遵义市—习水县	20.00	121.50	2.35	85.50	88.36
4	黔东南州—天柱县	19.50	139.00	3.15	71.00	88.29
5	黔东南州—剑河县	24.00	91.00	0.60	102.00	87.13
6	遵义市—赤水市	21.50	122.00	1.73	92.50	86.84
7	黔南州—龙里县	21.50	102.75	0.98	113.50	86.54
8	贵阳市—息烽县	20.00	117.50	2.73	97.00	86.33
9	六盘水市—盘州市	21.00	162.50	1.55	83.00	86.07
10	铜仁市—德江县	25.00	145.00	1.75	63.00	85.76
11	遵义市—务川县	17.00	175.00	3.79	84.50	85.17
12	铜仁市—江口县	21.00	106.00	2.13	112.00	85.02
13	铜仁市—万山区	20.67	179.07	2.64	72.33	84.84
14	黔东南州—锦屏县	19.50	132.25	4.25	86.50	84.63
15	贵阳市—修文县	21.50	142.00	1.84	99.50	84.17

续表

排名	县（市、区）	环节（个）	时间（工作日）	成本（%）	申请材料（份）	总分
16	毕节市—织金县	23.00	141.00	1.46	99.50	83.36
17	黔西南州—贞丰县	18.00	180.50	3.57	91.00	83.18
18	遵义市—仁怀市	20.50	193.75	2.34	84.00	82.78
19	毕节市—赫章县	21.00	203.50	1.41	90.00	82.30
20	毕节市—黔西县	22.00	108.50	4.18	98.00	82.24
21	遵义市—红花岗区	17.50	248.00	1.73	90.50	82.03
22	遵义市—凤冈县	20.00	192.30	3.20	84.50	81.83
23	安顺市—镇宁县	19.00	157.00	3.76	106.00	81.37
24	铜仁市—石阡县	17.00	174.00	1.15	146.00	80.98
25	毕节市—威宁县	21.00	175.05	2.97	96.50	80.73
26	贵阳市—云岩区	18.00	204.71	1.90	118.00	80.42
27	黔东南州—台江县	18.00	146.50	5.70	103.00	80.22
28	毕节市—纳雍县	21.50	146.63	3.10	110.00	80.12
29	安顺市—平坝区	22.00	136.00	4.33	100.50	79.60
30	贵阳市—清镇市	20.00	98.25	5.09	126.00	79.44
31	黔东南州—凯里市	23.00	143.75	3.45	101.50	79.39
32	毕节市—七星关区	24.00	205.00	2.06	81.00	79.25
33	毕节市—金沙县	22.50	192.00	2.93	88.00	79.23
34	黔东南州—三穗县	24.50	139.00	3.20	99.00	78.99
35	黔东南州—黄平县	26.00	144.00	4.34	73.00	78.83
36	铜仁市—碧江区	23.00	200.50	2.59	87.00	78.82
36	黔东南州—镇远县	26.00	147.75	1.42	106.50	78.82
38	安顺市—紫云县	21.00	214.25	2.22	99.00	78.80
39	黔东南州—从江县	24.00	117.75	5.00	93.50	78.71
40	毕节市—大方县	19.50	263.25	3.46	70.50	78.70
41	黔西南州—安龙县	20.00	185.00	6.85	68.00	78.37
42	黔西南州—望谟县	28.00	141.00	1.99	92.00	78.34

续表

排名	县（市、区）	环节（个）	时间（工作日）	成本（%）	申请材料（份）	总分
43	黔西南州—兴仁县	28.00	170.75	1.15	90.50	77.84
44	六盘水市—六枝特区	24.50	174.25	3.67	86.00	77.46
45	黔东南州—施秉县	22.00	179.50	6.06	79.00	76.49
46	铜仁市—松桃县	18.00	234.50	2.97	119.50	76.15
47	铜仁市—玉屏县	17.00	284.00	3.71	93.00	76.09
48	遵义市—桐梓县	23.50	163.75	5.23	90.50	75.89
49	铜仁市—印江县	24.50	154.75	3.04	115.00	75.80
50	安顺市—西秀区	20.50	250.50	3.60	90.50	75.48
51	六盘水市—钟山区	24.50	118.00	3.65	131.00	75.13
52	铜仁市—思南县	19.50	258.00	1.53	123.50	74.81
53	遵义市—余庆县	22.50	162.79	5.68	101.50	74.62
54	黔西南州—册亨县	24.00	229.00	1.04	114.00	74.51
55	贵阳市—南明区	22.44	203.00	3.11	116.00	74.13
56	黔东南州—麻江县	23.00	189.50	3.24	119.00	73.88
57	黔南州—惠水县	25.50	208.50	1.75	109.50	73.87
58	黔南州—福泉市	23.50	119.50	5.89	121.50	73.51
59	黔南州—罗甸县	22.00	161.00	9.19	78.00	72.53
60	贵阳市—开阳县	25.00	237.50	2.80	97.50	72.16
61	黔西南州—普安县	27.50	156.75	2.43	125.50	72.11
62	贵阳市—白云区	22.00	203.50	2.90	135.50	72.10
63	黔南州—长顺县	25.00	280.25	1.51	96.50	71.42
64	贵阳市—乌当区	25.00	275.00	2.19	97.00	70.55
65	黔东南州—雷山县	23.50	163.75	7.94	104.50	69.14
66	贵阳市—观山湖区	24.00	262.00	2.28	123.00	68.63
67	贵阳市—花溪区	24.00	214.75	2.25	148.00	68.54
68	黔东南州—岑巩县	28.50	153.75	2.90	140.00	68.38
69	遵义市—播州区	26.00	198.50	5.28	110.50	67.78

排名	县（市、区）	环节（个）	时间（工作日）	成本（%）	申请材料（份）	总分
70	遵义市—绥阳县	29.00	200.75	1.76	131.00	67.70
71	遵义市—湄潭县	23.00	175.38	3.61	167.00	67.35
72	遵义市—正安县	28.50	204.25	6.16	87.00	66.63
73	遵义市—汇川区	27.50	194.75	3.70	130.00	66.45
74	黔东南州—榕江县	23.50	163.25	8.54	118.00	66.18
75	安顺市—关岭县	21.00	284.50	6.54	105.50	65.17
76	黔南州—平塘县	26.00	246.75	6.75	87.00	65.06
77	黔南州—三都县	24.50	200.88	7.55	114.50	64.62
78	黔南州—贵定县	26.50	291.75	2.07	122.50	64.30
79	黔南州—都匀市	28.00	185.75	2.89	167.00	62.67
80	黔南州—独山县	25.50	283.00	1.78	156.00	61.65
81	黔南州—瓮安县	28.50	218.75	3.43	167.00	58.79
82	遵义市—道真县	31.00	191.00	5.23	158.00	56.40
83	黔南州—荔波县	31.50	240.75	4.23	148.00	55.42
84	六盘水市—水城县	29.00	281.50	3.48	167.00	53.58
85	黔西南州—兴义市	28.50	231.50	8.92	167.00	48.27
86	黔西南州—晴隆县					48.27
86	铜仁市—沿河县					48.27
86	安顺市—普定县					48.27

资料来源：贵州营商环境研究中心。

（四）存在的问题

1. 工程建设项目审批周期长且申请材料冗杂

第三方通过 42 个业务环节对评价期内办理竣工验收的工程建设项目进行调研，结果显示贵州省 85 个县（市、区）办理建筑许可平均耗时 182.54 个工作日，高出北京市、上海市 71.54 个工作日（《2020 年营商环境报告》

显示我国办理施工许可证耗时 111 个工作日）。全省最低时限为 91.00 个工作日，最高达 291.75 个工作日。

访谈环节企业普遍反馈办理建筑许可环节过多、难度较大、程序烦琐，要求提交资料复杂，极端情况下甚至需提交上千页资料，企业准备时间过长。而且存在资料标准不统一、各环节重复提交、纸质版电子版重复提交、在多个平台重复要求上传等情况。

2. 工程建设项目审批系统需完善

企业普遍反映通过工改系统办理施工审批事项，材料齐全后一次性提交，过程透明便利，极大提高企业报建效率。但因系统刚上线，目前存在以下几个方面的突出问题：一是部分业务需同时在一体化平台和政务网平台办理，且报建标准及规范不一致，数据未打通，导致企业需反复准备和提交材料，期待能合并审批；二是系统不稳定、卡顿、升级等易导致丢件问题，重复申请增加企业工作量；三是业务指导力度需加强，若经办人对系统填报标准和流程不够熟悉，在出现填报有误被退回的情况时，错误信息仅能向省厅反映待批复后方可更改，权限须下沉。

3. 第三方机构市场化程度不高且监管力度不足

部分企业反馈中介机构偏少且收费标准较高，如环评机构、图纸设计机构等。部分中介机构因缺乏有效监管导致自我约束力不强，一方面垄断化色彩较重，通过垄断服务提高收费，增加企业负担；另一方面因业务量较多，造成企业等待时间偏长。有企业反馈，同样是第三方中介服务，邻省收费标准比本省某些中介机构低得多，但为了及时审批通过，不得不选择收费更高的服务。

4. 规划打架现象仍然存在

工程建设项目涉及部门多，审批手续复杂。企业反映部门之间审批事项互为前置，影响了项目进度。政府对项目审批把关不严，导致后面办证环节出现土地利用规划与其他规划有冲突，阻碍了项目的正常开展。

5. 项目建设过程中资金周转压力大

项目建设前期费用高，企业压力大。项目在建设前期需要缴纳农民工工资保证金、安全措施费，企业普遍反映农民工工资保证金的缴纳比例偏高，而且工程竣工验收后退回手续复杂。虽然已出台《贵州省城市基础设施配套费征收使用管理办法》，但对于分期项目是否符合减免条件缺乏明确的认定标准和依据。

6. 工程质量管控方面还有待加强

贵州省现阶段处于脱贫攻坚的关键时期，部门工作人员参与到脱贫工作中去，不少企业反映在工程质量管控方面还存在管控检查频次低、管控人员少、专业水平欠缺现象。消防设计审查验收职责移交到住建局后，有些县区住建部门人员承接吃力，审批业务人员的培训机制尚不健全。

（五）对策建议

1. 继续紧抓既有改革政策的有效落地

依据全面开展工程建设项目审批制度改革工作要求，紧盯审批事项、申请材料等配套政策出台、综合窗口运行、审批管理系统建设、区域评估、"多规合一"、多图联审等重点工作，进一步精简审批环节，规范审批事项，确保审批部门严格按照改革精神要求和操作规范落地执行。

2. 持续深化"一站式中心"改革

扩大覆盖面，进一步压减办事时间、环节和费用。推进实施"一次委托、统一测绘、成果共享"的测绘服务领域"多测合一"改革，加快培育健全满足改革需要的"多测合一"服务机构市场。逐步将其他行政许可、备案、涉及安全的强制性评估、中介服务和市政公用服务以及依法由审批部门组织、委托或者购买服务的技术审查等事项，纳入"一站式中心"并行办理。

3. 加强省、市、区/县三级联动

区、县应加快与省、市平台及系统的对接工作，推动工程建设项目审批管理系统的顺畅运行，同时做好对一线审批人员的培训指导协调工作。此外，加强协调推进部门间数据共享，减少重复提交材料现象，化解企业反映的重复提交材料等痛点堵点问题，实现"少跑路、不跑路""材料提交最少"的改革目标。

4. 进一步完善审批系统

通过多种形式及时公开和宣传报道相关政策措施及工作成效，加强舆论引导。做好公众咨询，做好企业报建人员的培训工作，增进社会公众对工程建设项目审批制度改革工作的了解和支持，及时回应公众关切事项，畅通咨询投诉反馈渠道。

5. 优化工程质量安全监督检查工作

综合建设项目的工程规模、类别、施工总承包单位资质及安全风险情况等因素，科学合理确定监督抽查频次，优化质量安全监督检查工作。

6. 加强信用体系建设

建立工程建设项目审批信用信息平台，完善信用记录，全面公开企业和从业人员违法违规、不履行承诺的失信行为，对失信企业和从业人员进行严格监管。

三、获 得 电 力

（一）指标解读

"获得电力"指标主要衡量企业获得永久性电力连接及电力供应的难易程度。该指标属于县域层级评估指标，共包含获得电力环节、时间、成本、供电可靠性、电力价格、申请材料 6 项二级指标。

环节包括企业与外部各方在用电报装过程中产生的全部手续，原则上从用电报装开始，到签订合同并通电为止。主要包括申请报装、供电方案答复、设计审查、办理道路挖掘许可、中间检查、竣工检验和装表接电等。各环节时间当日办结按 0.5 个工作日计算，次日办结按 1 个工作日计算。办电成本按企业必须与外部机构发生的办理环节所产生的全部费用，占当地 2018 年城镇常住居民人均可支配收入比计算。供电可靠性通过企业端对停电频率及当地供电局应对举措的真实感受填写。电力价格按企业实际缴纳电费占当期营业收入比计算；申请材料以企业和政府端填报情况进行认定。

（二）评估概况

1. 总体情况

从指标得分来看，全省 88 个县（市、区）获得电力指标平均分为 83.24 分，得分超过平均分的县（市、区）有 44 个。从具体环节、时间、成本、申请材料、供电可靠性、用电支出 6 个二级指标来看，2019 年度全省获得电力环节平均为 2.00 个，平均耗费时间为 2.70 个工作日，平均成本占当地人均收入的 2.80%，平均提交材料 3.35 件，供电可靠性平均得分 8.42 分，企业用电支出占总营收比例平均值为 2.45%。实地调研情况如表 2-6 所示。

表 2 - 6 　　　　　　　　　　获得电力指标极值分布

	环节 （个）	时间 （工作日）	成本 （%）	供电 可靠性（分）	电力价格 （%）	申请材料 （件）
最大值	2.00	5.58	12.95	10.00	7.27	5.50
平均值	2.00	2.70	2.80	8.42	2.45	3.35
最小值	2.00	1.00	0.00	6.50	0.17	2.17

资料来源：贵州营商环境研究中心。

从极值数据来看：报装时间最长为 5.58 个工作日，最短为 1.00 个工作日，耗时普遍偏短与多数企业未涉及 "办理道路挖掘许可" 环节有关；办电成本最高占当地城镇人均收入的 12.95%，最低为 0.00 成本，表明供电部门降成本效果明显；供电可靠性极差为 3.50 分，表明各地在企业用电保障方面仍存在一定差距；电力价格最高占当期营收的 7.27%，最低占比为 0.17%，极差达 7.10 个百分点，显示出全省不同地区、不同产业类型企业用电成本差异较大；申请材料全省最多为 5.50 件，最低为 2.17 件，表明材料要求尚未做到全省统一，或部分地区存在重复要求提交材料的情况。

全省最高得分为六盘水盘州市（95.48 分）。该州样本企业平均获得电力环节 2 个，耗费时间 1.19 个工作日，成本为 0.00，申请材料 3.38 份，供电可靠性 10 分（满分），用电支出占总营收比的 0.34%。

全省最低得分为铜仁市德江县（72.55 分）。该县样本企业平均获得电力环节 2.00 个，耗费时间 1.50 个工作日，获得电力成本占当地人均收入的 6.65%，申请材料 4 份，供电可靠性 8 分，用电支出占总营收比的 7.27%。

2. 分项指标表现

（1）获得电力环节。

全省所有县（市、区）获得电力环节均为 2.00 个。原因如下：为进一步简化流程优化营商环境，国家能源局于 2017 年 4 月出台《压缩用电报装时间实施方案》、南方电网于 2019 年 1 月出台《进一步优化电力营商环境十项举措》、贵州电网于 2019 年 3 月出台《贵州电网有限责任公司 2019 年进一步优化电力营商环境实施方案》等相关文件。以上文件明确规定精简报装流程，低压业扩办理流程由原来4个精简为"用电申请""现场勘查和装表接电"2个环节，缩减50%；高压业扩办理流程由原来的8个压减为"用电申请""供电方案答复""竣工检验和装表接电"3个环节，缩减63%。从评估结果来看，全省所有县（市、区）均严格执行了相关文件，实现预期目标。

（2）获得电力时间。

全省所有低压非居民样本企业获得电力平均耗费时间为2.7个工作日。耗费时间最少的是黔西南州兴仁县以及黔南州龙里县，均为1.00个工作日。该数据超额实现了贵州电网制定的2019年优化电力营商环境的工作目标。原因有四：一是贵州省各县（市、区）电业局依托互联网统一服务平台，推行远程办理业务；二是下放管理权限，取消审批环节，统一在营业厅、互联网等服务平台向社会公布用电申请资料清单，用户在备齐申请材料后很快能实现装表接电；三是各供电部门通过优化业扩配套项目的计划流程、管理模式、物资供应、营销运营监控平台等方式缩短了客户接电时间；四是各供电部门提供报装前期咨询服务，对暂不具备用电申请条件的客户，给予相关建议，待用电条件基本确定后启动报装程序，报装前期咨询并未纳入业扩报装时限。

（3）获得电力成本。

全省所有低压非居民样本企业获得电力成本在当地城镇可支配收入的平均占比为2.8%。六盘水盘州市等27个县（市、区）获得电力成本是0，获得满分。主要原因包括，贵州电网各供电局自2019年4月1日起执行《省发改委关于取消供电系统对外常规作业服务收费有关事项的通知》，取消低压用户报装工料费、检修费等4个收费项目。2019年贵州省营商环境评估随机抽取到的2019年4月后发生的业务，获得电力成本均为0，显示供电部门严格执行了发改委的文件要求。

（4）获得电力申请材料。

全省所有低压非居民样本企业获得电力申请材料平均3.35件。最少的是雷山县、紫云县、赫章县3个县，平均为2.17件。按南方电网相关文件要求：各供电部门全部取消无法律法规依据的证明材料，低压申请报装精简为客户有效身份证明材料、用电地址物业权属证明材料2件；高压用电报装在低压基础上增加用电工程项目批准文件，共3件材料。用电申请提交资料清单在营业厅、互联网统一服务平台等渠道向社会公布。本轮实地调研结果表明，非居民用户除了提交企业法人营业执照、用电地址物业权属证明之外，还有用电申请表、企业法人居民身份证等材料，由委托人办理的，增加委托书和经办人有效身份证明。部分县（市、区）出现在用电申请和装表接电两个环节重复要求提供材料的情况。

（5）供电可靠性。

供电可靠性的测算方法是各样本企业通过App填报企业问卷，该问卷设置了平均停电频率、平均停电时长、停电是否提前通知、停电是否收到电力公司赔偿4个问题，最终加权平均获得该项二级指标得分。电力供电可靠性全省平均得分88.42分。六盘水市水城县等17个县（市、区）获得满分10分。通过该指标可以看出，全省样本企业对供电可靠性评价一般。其中停电频率、停电时长得分较高，满意度较高。但存在部分企业没有接到停电提前通知，没有收到因系统停电造成损失供电局给予的赔偿，办理业务依然到现场（营业厅）等现象，这些均是失分项。

（6）企业用电支出占总营收比例。

通过企业生产和经营过程中用电支出占总营收比例反映企业的用电成本。全省样本企业平均值为2.45%。其中，贵阳市修文县、黔南州荔波县、黔南州福泉市、黔南州平塘县、铜仁市思南县、毕节市纳雍县、黔南州三都县、黔西南兴义市、贵阳市乌当区等9个县（市、区）用电支出占总营收比最低，均为0.17%。近年来，贵州电网多次调低单一制用电价格，此次调研中，大部分企业尤其是低压企业用户满意度较高。但是，调研也发现中部分企业刚刚成立，还没有正式生产运营，企业营收少，所以出现部分县（市、区）用电支出占总营收比较高，得分较低的现象。

（三）评估结果

1. 市（州）排名情况

从各市（州）和贵安新区排名情况看，超过全省平均分的市（州）有6个，占比60%。六盘水市、黔南州、黔东南州"获得电力"指标得分分别为 89.79 分、85.42 分和 84.21 分，排在全省前三名；铜仁市、安顺市和贵安新区指标得分分别为 80.76 分、77.83 分和 73.35 分，排名全省后三位（见表 2-7）。

表 2-7 　　　　　　　 各市（州）及贵安新区获得电力排名

排名	行政区划	环节（个）	时间（工作日）	成本（%）	供电可靠性（分）	电力价格（%）	申请材料（份）	总分
1	六盘水市	2.00	1.34	2.49	8.92	1.13	3.14	89.79
2	黔南州	2.00	2.55	4.95	9.63	2.75	3.16	85.42
3	黔东南州	2.00	2.80	1.54	8.16	2.48	3.02	84.21
4	黔西南州	2.00	2.30	1.97	7.89	1.66	3.45	83.91
5	遵义市	2.00	2.58	2.46	8.48	2.29	3.60	83.41
6	贵阳市	2.00	3.18	4.28	9.06	1.97	3.55	83.18
7	毕节市	2.00	3.16	1.52	7.79	2.39	3.14	82.28
8	铜仁市	2.00	2.47	2.46	8.06	3.11	3.77	80.76
9	安顺市	2.00	3.04	3.85	7.45	3.68	3.17	77.83
10	贵安新区	2.00	5.25	2.77	8.00	4.10	4.00	73.35
	平均分	2.00	2.87	2.83	8.34	2.55	3.40	82.41

资料来源：贵州营商环境研究中心。

2. 各县（市、区）排名情况

从全省排名情况来看，共计 44 个县（市、区）超过了全省平均分 83.24 分，占比为 49.44%。其中，六盘水市盘州市、黔东南州榕江县、六盘水市水城县、黔南州平塘县、遵义市播州区、黔南州长顺县、遵义市务川县、贵阳市清镇市、黔东南州雷山县、贵阳市修文县、黔南州福泉市、遵义市湄潭县、黔南州荔波县、黔西南州贞丰县 14 县（市、区）获得电力成绩优秀，得分超过了 90 分，占比为 15.73%。黔南州罗甸县、毕节市纳雍县、遵义市绥阳县、遵义市赤水市、黔东南州剑河县、黔南州都匀市、黔西南州兴仁县等46个县（市、区）获得电力成绩良好，分值为80~90分，占比为51.69%；铜仁市沿河县、黔南州瓮安县、黔西南州册亨县、遵义市红花岗区、铜仁市碧江区、遵义市正安县等29个县（市、区）获得电力成绩合格，分值为70~80分，占比为32.58%（见图2－2、表2－8）。

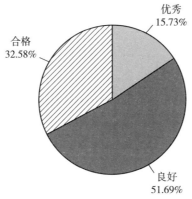

图2－2　全省获得电力得分分布

资料来源：贵州营商环境研究中心。

（四）存在的问题

1. 互联网业务办理推广力度不足

为助力优化电力营商环境，贵州电网推出了"三零服务"，即零上门、零审批、零收费。其中"零上门"，是指客户用电报装可通过互联网渠道申请，客户经理上门收取资料，用电报装"一次都不跑"。在本轮评估中，访谈环节发现部分企业在正式办理业务之前去营业厅咨询材料清单，大部分企业在营业厅柜台办理或在营业厅由工作人员指导线上办理。由此可以看出，网上办理业务渠道还未得到广泛推广，客户对线上办理渠道知晓率不高，未真正给客户带来实质性便利。个别企业反映营业厅工作人员缺少主动服务精神，对不熟悉平台操作的企业指导较少。

在开具发票方面，多彩宝App有电费普票，但没有专票。需要专票的企业只能去当地供电局缴纳电费，对于经营业务分布全州的企业来说，无疑

表 2-8　全省各县（市、区）获得电力排名

排名	县（市、区）	环节（个）	环节得分	时间（工作日）	时间得分	成本（%）	成本得分	供电可靠性（分）	可靠性得分	电力价格（%）	电价得分	申请材料（份）	材料得分	总分
1	六盘水市—盘州市	2.00	100.00	1.19	97.98	0.00	100.00	10.00	100.00	0.34	98.56	3.38	76.34	95.48
2	黔东南州—榕江县	2.00	100.00	1.69	92.65	0.00	100.00	9.67	94.34	0.52	97.04	2.67	88.51	95.42
3	六盘水市—水城县	2.00	100.00	1.04	99.57	5.31	75.40	10.00	100.00	0.36	98.39	2.33	94.34	94.62
4	黔南州—平塘县	2.00	100.00	2.43	84.76	0.00	100.00	10.00	100.00	0.17	100.00	3.20	79.43	94.03
5	遵义市—播州区	2.00	100.00	2.50	84.01	0.00	100.00	10.00	100.00	1.72	86.90	2.67	88.51	93.24
6	黔南州—长顺县	2.00	100.00	1.50	94.67	2.69	87.54	10.00	100.00	0.97	93.24	3.00	82.86	93.05
7	遵义市—务川县	2.00	100.00	2.84	80.39	0.00	100.00	10.00	100.00	0.82	94.51	3.00	82.86	92.96
8	贵阳市—清镇市	2.00	100.00	1.63	93.29	3.65	83.09	10.00	100.00	0.45	97.63	3.00	82.86	92.81
9	黔东南州—雷山县	2.00	100.00	1.27	97.12	0.00	100.00	8.00	65.71	0.76	95.01	2.17	97.09	92.49
10	贵阳市—修文县	2.00	100.00	3.55	72.82	1.95	90.97	10.00	100.00	0.17	100.00	2.67	88.51	92.05
11	黔南州—福泉市	2.00	100.00	3.37	74.74	1.56	92.77	10.00	100.00	0.17	100.00	3.17	79.94	91.24
12	遵义市—湄潭县	2.00	100.00	1.83	91.15	0.00	100.00	8.00	65.71	1.08	92.31	2.33	94.34	90.59
13	黔南州—荔波县	2.00	100.00	2.85	80.28	4.61	78.64	10.00	100.00	0.17	100.00	3.00	82.86	90.30
14	黔西南州—贞丰县	2.00	100.00	1.42	95.52	0.00	100.00	7.29	53.54	0.40	98.06	2.33	94.34	90.24
15	黔南州—罗甸县	2.00	100.00	2.48	84.23	2.30	89.34	10.00	100.00	1.55	88.34	3.33	77.20	89.85
16	毕节市—纳雍县	2.00	100.00	2.50	84.01	1.43	93.37	8.00	65.71	0.17	100.00	2.33	94.34	89.57
17	遵义市—绥阳县	2.00	100.00	2.08	88.49	3.31	84.66	10.00	100.00	1.44	89.27	3.50	74.29	89.45
18	遵义市—赤水市	2.00	100.00	2.29	86.25	0.00	100.00	8.00	65.71	1.39	89.69	2.33	94.34	89.33

续表

排名	县（市、区）	环节（个）	环节得分	时间（工作日）	时间得分	成本（%）	成本得分	供电可靠性（分）	可靠性得分	电力价格（%）	电价得分	申请材料（份）	材料得分	总分
19	黔东南州—剑河县	2.00	100.00	2.17	87.53	0.00	100.00	8.00	65.71	1.82	86.06	2.67	88.51	87.97
20	黔南州—都匀市	2.00	100.00	4.16	66.32	3.96	81.65	10.00	100.00	0.54	96.87	3.00	82.86	87.95
21	黔西南州—兴仁县	2.00	100.00	1.00	100.00	2.82	86.93	8.00	65.71	1.17	91.55	3.00	82.86	87.84
22	遵义市—习水县	2.00	100.00	2.38	85.29	0.00	100.00	8.00	65.71	0.35	98.48	3.33	77.20	87.78
23	黔东南州—天柱县	2.00	100.00	1.68	92.75	0.00	100.00	8.00	65.71	3.41	72.62	2.33	94.34	87.57
24	六盘水市—钟山区	2.00	100.00	1.21	97.76	4.65	78.46	8.00	65.71	0.53	96.96	3.00	82.86	86.96
25	铜仁市—万山区	2.00	100.00	1.30	96.80	2.48	88.51	8.00	62.80	2.06	84.03	2.67	88.51	86.78
26	黔东南州—黎平县	2.00	100.00	2.71	81.78	0.00	100.00	8.00	65.71	2.48	80.48	2.50	91.43	86.57
27	铜仁市—玉屏县	2.00	100.00	2.11	88.17	4.02	81.37	8.90	81.14	0.81	94.59	3.56	73.26	86.42
28	黔西南州—晴隆县	2.00	100.00	2.33	85.83	0.00	100.00	8.00	65.71	1.11	92.06	3.50	74.29	86.31
29	贵阳市—南明区	2.00	100.00	3.32	75.28	4.90	77.30	9.50	91.43	1.95	84.96	2.75	87.14	86.02
30	毕节市—七星关区	2.00	100.00	2.00	89.34	0.00	100.00	8.00	65.71	0.78	94.85	4.00	65.71	85.94
31	黔西南州—安龙县	2.00	100.00	2.33	85.83	0.00	100.00	8.00	65.71	0.64	96.03	4.00	65.71	85.55
32	毕节市—织金县	2.00	100.00	2.33	85.83	0.00	100.00	8.00	65.71	2.15	83.27	3.33	77.20	85.33
33	黔南州—龙里县	2.00	100.00	1.00	100.00	6.27	70.95	10.00	100.00	5.17	57.75	3.00	82.86	85.26
34	贵阳市—观山湖区	2.00	100.00	5.50	52.04	1.45	93.28	10.00	100.00	2.30	82.00	3.00	82.86	85.03
35	铜仁市—思南县	2.00	100.00	3.10	77.62	0.00	100.00	8.60	76.00	0.17	100.00	4.60	55.43	84.84
36	黔东南州—三穗县	2.00	100.00	2.08	88.49	1.65	92.36	8.00	65.71	0.58	96.54	4.00	65.71	84.80

续表

排名	县（市、区）	环节（个）	环节得分	时间（工作日）	时间得分	成本（%）	成本得分	供电可靠性（分）	可靠性得分	电力价格（%）	电价得分	申请材料（份）	材料得分	总分
37	铜仁市—江口县	2.00	100.00	2.10	88.28	1.71	92.08	8.10	67.43	3.36	73.04	2.90	84.57	84.23
38	黔东南州—锦屏县	2.00	100.00	2.97	79.01	3.46	83.97	8.00	65.71	2.45	80.73	2.33	94.34	83.96
39	安顺市—镇宁县	2.00	100.00	2.83	80.50	2.67	87.63	8.00	65.71	1.73	86.82	3.00	82.86	83.92
40	黔东南州—黄平县	2.00	100.00	4.00	68.03	0.84	96.11	8.00	65.71	2.33	81.75	2.50	91.43	83.84
41	黔东南州—岑巩县	2.00	100.00	2.25	86.68	1.28	94.07	8.00	65.71	1.87	85.63	3.75	70.00	83.68
42	黔东南州—麻江县	2.00	100.00	3.92	68.88	0.00	100.00	8.00	65.71	1.38	89.77	3.33	77.20	83.59
43	铜仁市—松桃县	2.00	100.00	1.83	91.15	6.33	70.67	8.00	65.71	0.94	93.49	3.17	79.94	83.50
44	贵阳市—花溪区	2.00	100.00	2.33	85.83	2.42	88.79	9.17	85.77	5.31	56.56	3.00	82.86	83.30
45	毕节市—赫章县	2.00	100.00	3.51	73.25	2.92	86.47	7.50	57.14	1.99	84.62	2.17	97.09	83.09
46	毕节市—大方县	2.00	100.00	4.21	65.79	0.00	100.00	8.00	65.71	0.42	97.89	3.83	68.63	83.00
47	黔东南州—从江县	2.00	100.00	5.58	51.19	2.50	88.42	9.00	82.86	0.55	96.79	3.33	77.20	82.74
48	黔西南州—兴义市	2.00	100.00	3.30	75.49	0.19	99.12	7.83	62.80	0.17	100.00	4.40	58.86	82.71
49	遵义市—道真县	2.00	100.00	3.00	78.69	2.58	88.05	8.00	65.71	0.44	97.72	4.00	65.71	82.65
50	黔东南州—凯里市	2.00	100.00	5.21	55.13	0.00	100.00	8.00	65.71	0.67	95.77	3.33	77.20	82.30
51	六盘水市—六枝特区	2.00	100.00	1.92	90.20	0.00	100.00	7.67	60.06	3.28	73.72	3.83	68.63	82.10
52	贵阳市—开阳县	2.00	100.00	2.17	87.53	5.81	73.08	9.14	85.26	0.73	95.27	5.00	48.57	81.62
53	黔西南州—普安县	2.00	100.00	2.83	80.50	0.00	100.00	8.00	65.71	4.50	63.41	3.17	79.94	81.59
54	安顺市—紫云县	2.00	100.00	1.72	92.33	0.94	95.64	7.86	63.31	7.27	40.00	2.17	97.09	81.40

续表

排名	县（市、区）	环节（个）	环节得分	时间（工作日）	时间得分	成本（%）	成本得分	供电可靠性（分）	可靠性得分	电力价格（%）	电价得分	申请材料（份）	材料得分	总分
55	黔南州—三都县	2.00	100.00	2.77	81.14	9.41	56.40	8.00	65.71	0.17	100.00	3.00	82.86	81.02
56	遵义市—凤冈县	2.00	100.00	2.00	89.34	5.15	76.14	8.00	65.71	0.21	99.66	4.67	54.23	80.85
57	黔东南州—镇远县	2.00	100.00	1.96	89.77	1.68	92.22	8.33	71.37	7.27	40.00	2.50	91.43	80.80
58	黔东南州—丹寨县	2.00	100.00	3.25	76.02	7.19	66.69	7.71	60.74	0.48	97.38	3.00	82.86	80.61
59	贵阳市—云岩区	2.00	100.00	3.37	74.74	5.24	75.72	8.00	65.71	1.20	91.30	3.50	74.29	80.29
60	黔南州—惠水县	2.00	100.00	2.42	84.87	3.25	84.94	10.00	100.00	7.27	40.00	3.67	71.37	80.20
61	铜仁市—沿河县	2.00	100.00	3.09	77.73	1.11	94.86	8.13	67.94	0.82	94.51	5.25	44.29	79.89
62	黔南州—瓮安县	2.00	100.00	1.99	89.45	7.14	66.92	10.00	100.00	7.27	40.00	3.00	82.86	79.87
63	黔西南州—册亨县	2.00	100.00	1.63	93.29	10.42	51.72	8.00	65.71	2.60	79.46	2.67	88.51	79.78
64	遵义市—红花岗区	2.00	100.00	3.81	70.05	6.69	69.00	8.33	71.37	2.78	77.94	2.67	88.51	79.48
65	铜仁市—碧江区	2.00	100.00	2.57	83.27	2.23	89.67	8.00	65.71	5.94	51.24	3.00	82.86	78.79
66	遵义市—正安县	2.00	100.00	2.25	86.68	5.14	76.19	8.00	65.71	3.75	69.75	3.50	74.29	78.77
67	毕节市—金沙县	2.00	100.00	4.40	63.77	0.00	100.00	8.00	65.71	6.35	47.77	2.40	93.14	78.40
68	贵阳市—白云区	2.00	100.00	3.13	77.30	6.55	69.65	8.00	65.71	4.60	62.56	2.50	91.43	77.78
69	黔西南州—望谟县	2.00	100.00	3.58	72.50	2.33	89.20	8.00	65.71	2.67	78.87	4.50	57.14	77.24
70	毕节市—威宁县	2.00	100.00	2.54	83.59	5.80	73.13	8.00	65.71	3.91	68.39	3.67	71.37	77.03
71	遵义市—汇川区	2.00	100.00	2.97	79.01	0.00	100.00	9.00	82.86	7.27	40.00	4.33	60.06	76.99
72	贵阳市—息烽县	2.00	100.00	4.67	60.89	1.51	93.00	9.43	90.23	2.80	77.77	5.50	40.00	76.98

续表

排名	县（市、区）	环节（个）	环节得分	时间（工作日）	时间得分	成本（%）	成本得分	供电可靠性（分）	可靠性得分	电力价格（%）	电价得分	申请材料（份）	材料得分	总分
73	安顺市—普定县	2.00	100.00	4.38	63.98	5.01	76.79	6.50	40.00	1.78	86.39	2.33	94.34	76.92
74	黔东南州—施秉县	2.00	100.00	1.75	92.01	4.27	80.22	8.00	65.71	5.83	52.17	3.67	71.37	76.91
75	黔南州—贵定县	2.00	100.00	3.25	76.02	5.27	75.58	8.00	65.71	5.78	52.59	2.50	91.43	76.89
76	铜仁市—印江县	2.00	100.00	4.20	65.90	0.05	99.77	7.00	48.57	2.43	80.90	4.00	65.71	76.81
77	遵义市—桐梓县	2.00	100.00	2.67	82.20	2.57	88.09	7.33	54.23	5.34	56.31	3.33	77.20	76.34
78	贵阳市—乌当区	2.00	100.00	2.15	87.74	9.33	56.77	7.40	55.43	0.17	100.00	4.60	55.43	75.90
79	毕节市—黔西县	2.00	100.00	3.80	70.16	2.04	90.55	6.80	45.14	3.31	73.46	3.40	76.00	75.89
80	安顺市—关岭县	2.00	100.00	2.00	89.34	7.19	66.69	7.33	54.23	1.98	84.70	4.33	60.06	75.84
81	黔南州—独山县	2.00	100.00	2.33	85.83	12.95	40.00	9.50	91.43	3.79	69.41	4.00	65.71	75.40
82	遵义市—仁怀市	2.00	100.00	3.05	78.15	5.23	75.77	8.00	65.71	1.65	87.49	5.20	45.14	75.38
83	安顺市—西秀区	2.00	100.00	5.31	54.07	7.29	66.22	8.00	65.71	2.03	84.28	3.20	79.43	74.95
84	黔东南州—台江县	2.00	100.00	2.25	86.68	1.76	91.85	7.86	63.31	7.27	40.00	4.17	62.80	74.11
85	安顺市—平坝区	2.00	100.00	2.00	89.34	0.00	100.00	7.00	48.57	7.27	40.00	4.00	65.71	73.94
86	遵义市—余庆县	2.00	100.00	2.38	85.29	3.72	82.76	8.00	65.71	3.76	69.66	5.50	40.00	73.91
87	铜仁市—石阡县	2.00	100.00	2.89	79.86	0.00	100.00	8.00	65.71	7.27	40.00	4.50	57.14	73.79
88	贵安新区	2.00	100.00	5.25	54.71	2.77	87.17	8.00	65.71	4.10	66.79	4.00	65.71	73.35
89	铜仁市—德江县	2.00	100.00	1.50	94.67	6.65	69.19	8.00	65.71	7.27	40.00	4.00	65.71	72.55

资料来源：贵州省营商环境研究中心。

增加了企业的时间成本和经济成本。另外，部分供电局不对商铺单独立户，由物业代收电费，但供电局不提供分表商铺的电费发票，一定程度上影响了企业经营。

2. 单一制电价仍存在改进空间

本轮营商环境评估的样本标准为办结过申请容量 20～200kVA 的低压新装中小微企业，该部分企业实行单一制电价，多次降价后普遍企业对用电成本满意度较高。但在访谈中，仍有部分企业认为用电成本较高，主要体现在以下方面：

一是部分执行两部制电价的企业，尤其是季节性生产制造的企业反映基本电价加重了企业生产成本的负担。以 1250 千瓦的变压器为例，每月需要缴纳（1250 千瓦×26 元）32500 元的基本电费，在此基础上再缴纳电度电费。基本费用不管生产经营与否均需缴纳，并且需预存大额保证金。个别企业反映对于休业期间是否可以暂停用电，以减少电损、降低成本，企业并不知晓。

二是仍然存在转供电环节加价现象。有企业反映其公司电费是由房开商收取，每度电加价 1 元多。另外，某企业反映三产公司收取高压带电作业费较高，最低收费 12000 元/次。对于中小微企业而言，这些情况的存在，加重了企业的经济负担，降低了其盈利能力，不利于企业长久发展。

3. 电力报装申请材料稍多

南方电网相关文件明确了客户办理用电业务必须提供的资料，非居民客户需提交用户有效身份证明（《企业法人营业执照》《营业执照》《组织机构代码证》其中之一）、用地权属证明；非企业法人办理时，需提供委托书和经办人有效身份证件。本轮调查结果表明，大部分企业申请时还提交了用电申请书和企业法人居民身份证。有企业在用电申请和装表接电两个环节重复提交了上述材料，导致该项得分较低。

4. 突发性停电仍然存在

访谈中大部分企业对停电次数、停电时长满意度较高，但部分企业提出仍然存在没有事先得到通知、突发性停电的现象，影响了企业正常生产和经营。对于企业因为断电产生的损失，也无相关赔偿。另外，农村电网用电可靠性与城市电网还有不小差距，有待加强。

5. 个别地区存在相互推诿现象

个别地区用电需求量大的企业反馈，当地供电局、市发改委、区政府之间就报装问题存在相互推诿现象，导致企业用电问题得不到妥善解决后，造成其消费者投诉增多且客户流失。另有电商企业反映，地方政府各部门在网络覆盖方面相互推诿，增加企业压力。

（五）对策建议

1. 强化营商环境优化政策落地

供电局应加大"三零服务"推行力度，全面实现"零上门"，真正使客户"一次都不跑"。拓宽多种渠道，向社会公布申请材料清单，不额外收取其他证明材料，并且保障线上服务的即时性和高效性，全面提升互联网平台的服务水平；加强服务宣传力度，扎实做好客户回访，向客户宣传公司提升"获得电力"的服务举措，收集客户对服务改进的意见建议，增进客户对公司优化电力营商环境的认同感。

2. 切实降低企业用电成本

对于两部制电价，供电局应结合当地企业实际情况，主动上门宣传最新政策，做好"电管家"，积极为其提供"一对一"用电经营分析报告，提供最优惠的合理化建议。在政策允许范围内，让企业在用电时有更灵活、成本更低的处理方式；针对用电量大的企业，相关部门应给予节能技术上的支持，最大限度降低企业生产成本；进一步规范供电局及其三产企业的价格行为，主管部门应加强监管，严厉查处价格违法违规行为。彻底清查转供电环节加价，通过多种方式将国家政策告知转供电主体和转供电用户，鼓励转供电用户通过各种渠道举报违规加价行为，一经查实，严厉处罚。

3. 进一步提升供电可靠性

不断优化配电网结构建设，加强农村电网改造升级，避免重复和频繁停电。消除设备安全隐患，大力推广带电作业，加强供电可靠性和电能质量管理。供电局有计划停电时应提前通知企业，通过微信公众号、张贴停电公告等途径及时通知企业做好准备。突发性停电时，供电局应及时采取措施恢复用电，尽量减少停电给企业带来的损失。对于未保证供电质量或者未事先通知用户中断供电，给用户造成损失的，应当给予合理的赔偿。

4. 加强服务监督管控

广泛借助各种媒体向社会发布投诉、举报平台，确保投诉渠道便捷、畅通、有效。在收到投诉后，认真核实，在规定时间给出明确答复，并对客户进行回访，了解处理结果和客户满意度，努力满足客户合理的诉求。同时，强化监督考核，建立常态化跟踪问效机制，通过实地检查、突击抽查等形式加强对各供电局、供电营业厅等窗口部门的明察暗访力度，对发现的问题严肃问责，督促整改，促进提升。

四、获得用水

（一）指标解读

"获得用水"对企业经营至关重要，特别是对水资源依赖性强的企业。用水报装程序是否便捷透明、供水系统是否稳定都将对企业正常生产和经营产生直接影响。不同行业、不同规模企业对用水需求不一，企业的各个生产部门、辅助及行政部门都存在直接和间接用水，即分为生产用水和生活用水，企业用水量不同，其报装需求、用水成本存在差别。对于一家新成立企业来说，经营的第一步即实现"水电气网""四通"，企业从用水申请到挂表开栓结束，才能实现正常生产经营。在企业获得用水过程中，政府若能减少获得用水环节、压缩办理时限、简化申请资料、优化办理流程、降低报装及实际用水成本等，将能实现政府和企业双赢。

获得用水属于县域层级评估指标，共包含用水报装环节、时间、成本、用水价格4项二级指标。其中环节包括企业与外部各方关于用水报装产生的全部环节。环节时间当日办结按0.5个工作日计算，次日办结按1个工作日计算。成本按企业必须与外部机构发生的办理环节所产生的全部费用，占当地2018年城镇常住居民人均可支配收入比计算。用水价格按企业实际缴纳水费占当期营业收入比计算。

（二）评估概况

1. 总体情况

评估结果显示，2019年全省88个县（市、区）获得用水指标平均得分为80.60分，超过此平均分的县市区有47个。从具体环节、时间、成本和价格4个二级指标来看，2019年度全省平均获得用水环节为4.20个，平均耗费时间为6.39个工作日，平均成本占当地人均收入的4.80%。全省获得用水指标最高得分为黔南州龙里县，平均办理环节为2.00个，平均耗费时间 1.83 个工作日，平均成本为 0，获得用水平均价格占企业总营收的 0.15%。全省获得用水最低得分为贵阳市开阳县，样本企业办理平均环节为 6.00 个，平均耗费时间 17.17 个工作日，平均成本占当地人均收入的 17.00%，获得用水平均支出占企业总营收的 1.00%。全省样本企业调研情况如表 2-9 所示。

表 2-9 获得用水指标极值分布

	环节（个）	时间（工作日）	成本（%）	用水价格（%）
最大值	6.00	17.17	17.00	7.11
平均值	4.20	6.39	4.80	1.21
最小值	2.00	1.83	0.00	0.06

资料来源：贵州营商环境研究中心。

从指标得分来看，全省最高分为 99.81 分（龙里县），最低分为 53.00 分（开阳县），均分 80.60 位列全省所有参评指标的第三名。从数据结果来看，用水报装最多环节为 6.00 个，最少要求环节仅为 2.00 个，表明多数地区在减少用水报装环节方面仍有较大改进空间。报装时间最长为 17.17 个工作日，最短仅 1.83 个工作日，极差达 15.34 个工作日，报装效率差距明显。报装成本最高占当地人均收入比的 17.00%，最低零成本，平均值仅 4.8%，表明部分地区用水报装成本远高于平均水平。用水价格最高占当期营收的 7.11%，最低仅占 0.06%，且全省平均值仅为 1.21%，同样表明个别地区用水成本奇高的现象仍然存在。

2. 分项指标表现

（1）获得用水环节。

全省获得用水环节平均为 4.20 个，开办企业环节最少的是黔南州龙里县、毕节市赫章县、遵义市凤冈县、黔东南丹寨县和锦屏县 5 个县，均为 2.00 个环节。从用水报装环节来看，全省 36% 的县（市、区）需要 4~5 个环节，其余从大到小依次为：3~4 个（27%）、2~3 个（16%）、5~6 个（16%）。从全省情况看，大部分县（市、区）获得用水主要涉及窗口登记、工程设计方案审查、竣工验收和挂表开栓 4 个环节，且有较多地区将竣工验收和挂表开栓进行并联办理，较 2018 年的 4 ~ 6 个环节有一定幅度精简。主要因为 2019 年 6 月 29 日，贵州省政府发布《贵州省营商环境优化提升工作方案》中明确指出优化获得用水办理流程，将办理精简为"申请受理"和"验收供应" 2 个环节，各地区在该方案的意见上对企业申请用水报装的流程进行了相应简化并推出"一窗受理、一次性告知"服务。但由于调研样本企业在办理用水的时间在方案出台以前，并且方案出台之后仍有部分地区没有实现完全的改革和简化也导致了调研结果出现大部分地区在办理获得用水的过程中环节超过 2 项。

（2）获得用水时间。

全省平均获得用水时间为 6.39 个工作日，开办企业时间最少的是黔南龙里县、六盘水市盘州市、黔东南剑河县和锦屏县 4 个县（市、区），均为 1.83 个工作日。从全省情况看，大部分县（市、区）用水报装时间主要集中在 2 ~ 8 个工作日，全省地区占比为 69%，从大到小依次排序为：2 ~ 4 个工作日（24%）、4 ~ 6 个工作日（23%）、6 ~ 8 个工作日（22%）、10 个工作日以上（14%）、8 ~ 10 个工作日（13%）、2 个工作日以下（6%），较 2018 年的 3 ~ 11 个工作日有所压缩。主要原因在于深入推进贵州省企业开办便利化改革，努力打造更加优质的营商环境，大力推进"最多跑一次改革"，各地区在报装环节进行优化之上开设推出"一窗受理、一次性告知"服务，大大缩减了企业办理的时限。

（3）获得用水成本。

全省平均获得用水成本占当地人均收入的 4.80%，其中包括贵阳市修文县、黔南龙里县、六盘水市盘州市和黔东南岑巩县等 21 个县（市、区）的安装成本为零。从全省情况看，大部分县（市、区）为降低企业成本，减免部分费用甚至有部分地区减免户表费和工程中勘察设计等费用，但仍有 14 个地区安装成本占当地人均收入的 10% 以上，高出平均水平的有 34 个地区。出现这一情况主要在于企业在调研的过程中把一些在施工过程中所涉及的材料费、人工费和设计费用填报在内导致。从小到大依次排序为：1% 以下（28%）、3% ~ 6%（20%）、10% 以上（20%）、1% ~ 3%（18%）、6% ~ 9%（13%）。

（4）获得用水价格。

全省平均获得用水支出占企业营业收入的 1.21%，其中贵阳市清镇市、遵义市凤冈县、黔南州平塘县、黔东南州三穗县等 11 个县（市、区）的用水价格占企业营业收入的 0.06%。从全省情况看，大部分县（市、区）主要集中在 1% 以下，占全省比例高达 69%，占比从大到小依次排序为：1% 以下（69%）、1%~3%（19%）、6% 以上（8%）、3%~6%（3%）。

（三）评估结果

1. 各市（州）排名情况

市（州）间分数差距较大，且无高于 90 分的地区。各市（州）获得用水"前沿距离"分数如表 2-10 所示，得分最高地区六盘水市为 87.80 分，最低地区贵安新区为 70.43 分，极差为 17.37 分，相对差距较大。全省获得用水平均分为 78.79 分，六盘水市、黔东南州、毕节市、黔西南州、遵义市、安顺市及黔南州 7 个市（州）超过平均分，占全部市（州）比例的70%。但由于各二级指标得分较低，仅有贵安新区的用水报装成本最高值达到 100 分，其他二级指标最高值和地区分别为：用水报装环节（六盘水市78.14 分）、用水报装时间（六盘水市 90.99 分）、用水报装价格（毕节市96.12 分）。因此在此次评估中无市（州）高于 90 分，全省获得用水得分不高，需要在今后的工作中继续优化企业用水报装的相关环节。通过调研分析贵安新区得分偏低可能的原因在于该地区基础设施相对不健全，在办理用水过程中需要安装的设施较多，所耗时间较长，获得用水成本占营业收入较高所致。

表 2-10　贵州省 2019 年营商环境评估"获得用水"指标市（州）总分排名

排名	市（州）	获得用水得分	用水报装环节（个）	用水报装时间（工作日）	用水报装成本（%）	获得用水价格（%）
1	六盘水市（+2）	87.80	3.46	4.13	3.87	0.56
2	黔东南州（+4）	85.37	3.86	4.17	4.38	0.77
3	毕节市（-2）	84.21	3.80	5.19	5.41	0.52
4	黔西南州（+3）	81.06	4.19	4.73	5.66	1.43

排名	市（州）	获得用水得分	用水报装环节（个）	用水报装时间（工作日）	用水报装成本（%）	获得用水价格（%）
5	遵义市（0）	80.91	3.96	6.85	5.32	1.06
6	安顺市（-2）	79.54	3.70	7.63	4.45	2.18
7	黔南州（+1）	78.84	4.52	7.12	3.31	1.77
8	贵阳市（+1）	76.22	4.77	7.92	5.33	1.36
9	铜仁市（-7）	74.52	5.06	8.25	5.90	1.25
10	贵安新区（0）	70.43	4.33	17.17	0.00	2.80

注：①（+/-）表示相对于2018年排名的变化情况，+表示上升，-表示下降，数值表示上升或下降多少位数，0表示无变化；②贵安新区2018年没有纳入评价中，故排名无变化。

资料来源：贵州营商环境研究中心。

从表2-10可以看出，大部分市（州）排名有所变化，得分较2018年有所下降。除遵义市和最新纳入评价的贵安新区与2018年贵州省营商环境评估结果无变化之外，其余市（州）均有不同程度的变化，其中提升最大的为黔东南州，较2018年上升4位；降低最大的为铜仁市，较2018年下降7位。经分析，铜仁市下降的原因在于该市各区县平均办理用水报装环节较多，平均为5.06个环节，为全省平均环节最多的市（州），从而导致其所耗时间较长。各市（州）得分与2018年比较，得分较2018年有所下降的原因可能在于与2018年相比，二级指标不尽相同。

2. 县（市、区）排名情况

该指标各县市区整体表现较好，同时存在明显差距（见表2-11）。获得用水指标平均分为80.60分，超过平均分的县市区占比53.41%，最高地区为龙里县，分数高达99.81分，最低地区是开阳县，分数为53.00分，极差为46.81分，极差相对较大。研究表明，贵州省大部分县市区在企业办理用水报装的工作中有所改进，初步实现简政便民的成效，大大降低企业在办理过程中的环节、时间和成本。但仍有部分地区得分较低，且有9个地区得分低于70.00分，主要也在于这些地区用水报装环节较多，需要在今后的工作中将办理精简为"申请受理"和"验收供应"2个环节，从而提高当地企业办理时效。

表 2 - 11　　贵州省 2019 年营商环境评估"获得用水"指标县（市、区）排名

排名	县（市、区）	总分	环节（个）	时间（工作日）	成本（%）	水价（%）
1	龙里县	99.81	2.00	1.83	0.00	0.15
2	赫章县	98.41	2.00	3.00	0.00	0.27
3	凤冈县	97.56	2.00	4.33	0.00	0.06
4	丹寨县	96.13	2.00	3.33	2.29	0.24
5	顺县	95.87	2.67	3.33	0.00	0.13
6	盘州市	95.12	2.83	1.83	0.00	0.89
7	岑巩县	94.41	3.00	2.25	0.00	0.73
8	榕江县	94.41	3.00	3.08	0.00	0.35
9	锦屏县	94.31	2.00	1.83	3.87	1.13
10	雷山县	93.00	2.17	3.00	5.53	0.22
11	平坝区	92.33	2.50	3.00	4.91	0.21
12	晴隆县	91.76	2.80	4.06	3.32	0.12
13	七星关区	91.69	3.00	4.25	2.36	0.11
14	钟山区	91.50	3.50	4.07	0.00	0.38
15	正安县	91.39	3.33	4.42	0.00	0.57
16	从江县	91.33	2.60	1.85	7.06	0.14
17	普安县	90.21	4.00	2.35	1.73	0.18
18	定县	89.61	3.25	4.20	1.33	1.10
19	务川县	88.85	4.00	2.00	3.88	0.09
20	修文县	88.66	4.50	3.75	0.00	0.10
21	绥阳县	87.51	4.33	5.67	0.00	0.06
22	六枝特区	87.35	3.50	2.46	7.21	0.08
23	清镇市	87.35	3.83	6.04	1.89	0.06
24	三穗县	86.65	4.83	3.67	1.06	0.06
25	纳雍县	86.23	3.67	6.00	0.00	1.67
26	普定县	86.17	3.17	4.42	1.83	2.55
27	塘县	85.94	5.00	4.70	0.00	0.06
28	金沙县	85.66	3.40	5.70	3.39	1.15

排名	县（市、区）	总分	环节（个）	时间（工作日）	成本（%）	水价（%）
29	万山区	85.29	3.50	6.25	5.37	0.07
30	册亨县	85.28	3.20	3.80	9.16	0.16
31	台江县	84.99	5.20	3.05	1.05	0.48
32	兴仁县	84.96	5.00	3.70	2.17	0.08
33	施秉县	84.87	4.80	3.60	2.95	0.20
34	习水县	84.50	3.50	11.17	0.00	0.41
35	黎平县	84.07	4.00	2.54	8.77	0.06
36	大方县	84.06	4.67	7.83	0.00	0.09
37	兴义市	83.54	5.00	5.20	1.98	0.14
38	思南县	83.14	4.33	9.50	0.01	0.35
39	凯里市	82.68	5.00	4.75	1.86	0.80
40	汇川区	82.35	3.50	3.54	11.73	0.06
41	都匀市	82.02	5.00	8.67	0.00	0.08
42	赤水市	82.01	5.00	7.42	0.00	0.66
43	仁怀市	82.01	4.00	4.25	0.00	3.88
44	白云区	81.84	5.50	6.67	0.00	0.20
45	印江县	81.48	4.83	8.50	0.77	0.39
46	望谟县	80.99	4.83	8.92	1.10	0.29
47	云岩区	80.75	4.74	6.86	3.87	0.36
48	南明区	80.27	5.00	7.00	0.00	1.67
49	西秀区	79.62	5.00	8.00	3.27	0.16
50	剑河县	79.60	3.20	1.83	1.02	7.11
51	沿河县	79.16	6.00	7.50	0.09	0.16
52	红花岗区	78.66	3.33	3.21	17.00	0.06
53	桐梓县	78.32	5.67	8.50	1.08	0.27
54	天柱县	77.69	4.00	9.00	8.84	0.06
55	麻江县	77.36	5.00	4.42	9.72	0.19
56	水城县	77.23	4.00	8.17	8.26	0.90

续表

排名	县（市、区）	总分	环节（个）	时间（工作日）	成本（%）	水价（%）
57	织金县	77.00	4.50	4.50	12.02	0.25
58	贞丰县	76.86	3.00	3.08	12.73	3.32
59	观山湖区	76.21	5.00	7.02	5.33	1.36
60	瓮安县	76.10	5.83	6.67	0.00	2.32
61	黔西县	75.88	4.17	2.83	17.00	0.06
62	黄平县	75.18	5.67	8.42	4.29	0.45
63	镇宁县	74.81	3.00	6.50	4.27	6.22
64	威宁县	74.76	5.00	7.42	8.53	0.53
65	德江县	74.50	5.33	5.33	4.16	2.84
66	玉屏县	74.13	5.00	8.40	6.39	1.26
67	湄潭县	74.03	5.17	10.75	4.00	0.92
68	紫云县	73.05	3.50	13.25	4.62	2.92
69	息烽县	72.62	4.75	11.50	7.88	0.37
70	江口县	72.32	5.75	7.25	5.88	1.53
71	播州区	72.25	3.17	14.33	12.50	0.11
72	松桃县	71.39	5.00	8.50	9.39	1.26
73	关岭县	71.27	5.00	10.60	7.82	1.00
74	三都县	71.16	4.59	14.00	3.44	2.03
75	乌当区	70.82	4.00	6.75	2.12	7.11
76	荔波县	70.70	5.00	4.65	0.33	7.11
77	花溪区	70.67	4.33	6.42	15.17	1.34
78	碧江区	70.56	5.50	7.72	11.22	0.37
79	福泉市	70.34	5.00	5.33	16.74	0.16
80	独山县	69.76	6.00	10.20	6.77	0.57
81	镇远县	69.32	5.25	10.13	11.76	0.06
82	余庆县	68.75	4.50	9.63	14.94	0.56
83	罗甸县	67.68	4.67	5.08	4.68	7.11
84	惠水县	67.06	5.20	16.76	6.42	0.38

排名	县（市、区）	总分	环节（个）	时间（工作日）	成本（%）	水价（%）
85	道真县	64.52	4.00	6.67	9.35	7.11
86	安龙县	54.88	5.67	6.74	13.10	7.11
87	石阡县	53.26	5.33	13.50	15.74	4.27
88	开阳县	53.00	6.00	17.17	17.00	1.00

资料来源：贵州营商环境研究中心。

（四）存在的问题

1. 用水报装信息化进程缓慢

调研发现地区间因供水公司不同，造成用水报装环节不同，报装法定时限也不一致。从评估结果来看，少的地区2个环节，但最多的地区仍然有6个环节，这也导致部分地区企业用水报装时间较长。通过问卷对全省537家办理过用水报装的企业开展调研，结果显示，能通过各类网络终端或平台办理日常业务的企业共414家，占比为77.09%。部分地区水务公司业务管理信息化建设进展缓慢。

2. 一次性告知不到位

企业在调研环节反映，用水报装过程中因手续或材料问题造成延期的现象比较普遍。部分地区材料清单未明确需要加盖公章而导致退回；材料清单公布不够透明，不能从官方正式渠道获取；咨询工作人员时讲解不全面导致企业多跑腿。尽管用水报装环节已简化，报装时间也不断缩短，但仍有企业反映在报装过程中因手续问题或材料问题造成超长延期，甚至个别企业遭遇因设计图纸变更，出现报装流程中止后没有提供正常的工程以及生活用水的问题。

3. 施工材料市场化不足

2019年县域营商环境评估结果显示，获得用水成本占当地人均收入的最高比例为17%，全省平均占比为4.86%，共计21个县（市、区）报装成本为0。部分地区已取消户表费用、勘察设计费等，但仍有个别地区向企业收取不定的包装费用，且施工材料不能通过市场购买，普遍高于市场价格。个别地区只能在规定地方购买，增加企业用水报装成本。

4. 故障处理不及时

目前大部分地区在停水之前都会提前告知，且因为施工断水也会很快恢复用水。但也存在部分地区用水施工多达几天，严重影响企业正常生产和经营，造成企业的损失。同时也有部分企业反映在供水过程中，管理出现故障，供水公司只负责小区或企业所在地区域外的维修，企业区域内在保修期由开发商负责，超出保修期的由居民自己负责。有企业遭遇在区域外的道路水管破裂，企业与村委会多次协调未果，然而相关部门迟迟不予解决，只能企业自掏腰包。

5. 用水成本偏高

部分企业反映上户贵、水价高、污水处理贵、安装材料费用规定不统一，企业用水成本偏高。特别是有些企业反映已经出了污水处理的费用，但处理效果不好，下水道经常堵塞。特别对于用水需要量大的企业，常常因为水压不足，出水较小或无法正常使用。

6. 网络缴费使用率不足

大部分企业均提出用水报装只能去政务大厅申报，乡镇企业尤其不方便。需要开发票的企业在缴费后不能在同一地方开发票或获取电子发票，非常不便捷。

（五）对策建议

1. 进一步简化办理手续

水务公司、住建、城管等用水相关部门应严格按照《贵州省营商环境优化提升工作方案》，将办理流程精简为"申请受理"和"验收供应"两个环节。放宽申报材料要求，压缩内部流转环节，实行"提前介入服务"和"容缺受理"。分类指导精简用户申请材料，对企业内部工作流程进行优化，实现标准化、规范化操作，缩短办理时限，并将办理时限、标准、流程等向社会公开，窗口公示一次性告知清单和报装流程，切实提高自来水用户接入效率，安全保障企业用水。

2. 构建网络平台统一管理

在省级有关部门统筹各自来水公司的前提下，制定相关政策及方案，对接类似于云上贵州等大数据管理公司，构建自下而上的、集用水报装、用水缴费、用水维护等一体的"一网一平台"。增加多种缴费方式，包括微信、支付宝等便捷支付方式。通过网上自动化申请、数据共享、网络审核等多种数字化手段提高用水报装进度，真正实现企业零跑腿。

3. 规范用水市场行为

进一步明确和细化费用标准，探索实施优惠政策。逐步取消不合理收费，降低用户材料费，切实降低用户接入工程费用，减轻用户负担。同时建议借鉴电价实施阶梯水价，特别是降低商业用水单位价格，包括用水量较大的企业。对于用水需求多的房地产企业，可实行按阶段付费，减少相关企业资金负担。对工程材料应进行市场化运作，让企业自主选择购买相应材料。

4. 提高用水可靠性

业务主管部门要加强本行业相关接入事项的指导、协调和监督检查，相关企业作为用户接入工程的实施主体，为用户提供一站式服务。在用水施工时应最大限度减少停水次数和时间，保证用水可靠性。如需停水应提前告知辖区企业，避免给企业造成更大损失，并做好停水预案处置。可开通微信公众号，及时发布停水、报装等相关信息。另外，应提高水质，持续加强污水监督和处理力度，强化水资源保护的宣传和法律普及，对破坏水环境的违规违法行为应严肃处理。强化改革创新，进一步提高用户满意度。

五、登记财产

（一）指标解读

"登记财产"指标记录一个有限责任公司（买方）从另一个企业（卖方）购买财产，实现财产使用权从卖方转移到买方，使买方能将此财产作为抵押物以获取新的贷款，或在必要时将此财产卖掉的所有手续，反映企业在生产经营过程中获得产权保护的程度。

为进一步优化提升登记财产营商环境，国务院办公厅出台了《关于压缩不动产登记时间办理的通知》，自然资源总办公厅印发《不动产登记流程优化图的通知》，贵州省人民政府办公厅相应出台《贵州省优化不动产登记流程进一步压缩办理时限工作方案的通知》，贵州省自然资源厅印发《关于优化不动产登记流程进一步压缩办理时限的通知》等系列政策文件。

"登记财产"属于县域层级评估指标，共包含登记财产环节、时间、成本、申请材料4项二级指标。针对贵州省企业不动产买卖流程中的资格审核（申请）、复审（或核定）、缴纳税费、不动产登簿等环节，主要考察买方和卖方企业之间及其与外部机构之间的任何互动。环节时间当日办结按0.5个工作日计算，次日办结按1个工作日计算。成本为不动产登记所有环节中必须缴纳的费用总和在财产价值中占比。申请材料通过企业端及政府端填报的数据及印证材料综合认定。

（二）评估概况

1. 总体情况

评估结果显示，2019年全省88个县（市、区）登记财产指标平均得分为73.34分，超过平均分的区县有50个。从具体的环节、时间、成本和申请材料4项二级指标来看，2019年度全省登记财产平均环节为3.98个，平均耗费时间为3.89个工作日，平均成本为占当地人均收入的3.86%，平均提交材料 16.67 件。全省最高得分为黔南州贵定县（89.20 分），平均办理环节为 3.50 个，耗费时间 2.69 个工作日，成本为 3.12%，申请材料 13 份。全省最低得分为铜仁市碧江区（50.11 分），样本企业办理平均环节为 4 个，平均耗费时间 8 个工作日，平均成本占当地人均收入的 5%，平均申请材料 21.50 件。全省样本企业调研结果如表 2－12 所示。

表 2－12　　　　　　　　　登记财产指标极值分布

	环节（个）	时间（工作日）	成本（%）	申请材料（件）
最大值	5.00	8.00	5.62	21.50
平均值	3.98	3.89	3.86	16.67
最小值	3.00	2.00	1.97	12.50

资料来源：贵州营商环境研究中心。

从极值数据分布情况来看，全省最多环节为 5 个，最少环节为 3 个，表明部分地区不动产登记流程中并联办理力度存在一定差异。办理时间最长为 8.00 个工作日，最短为 2.00 个工作日，极差达 6.00 个工作日，体现出部分地区不同程度存在业务积压情况。办理成本最高占财产价值的 5.62%，最低占 1.97%，相差达 3.65 个百分点，显示各地不动产交易市场之间价格差异明显。申请材料最高 21.50 件，最低仅 12.50 件，表明全省范围内材料提交标准尚未完全统一。

2. 分项指标表现

（1）登记财产环节。

全省平均登记财产环节为 3.98 个，登记财产环节最少的是贵阳市南明区、贵阳市白云区、毕节市织金县 3 个区县，均为 3 个。从全省情况看，大部分县（市、区）登记财产主要涉及登记申请、复审（包括核定）、缴税、登簿 4 个环节，较 2018 年有一定精简。主要原因包括：

一是国家政策层面将不动产登记登簿和制证环节、缴费和领证环节合并，集成相关办理人员，提高办理效率。本轮调研发现，贵州大部分地区已实现无须申请人到现场领取房产证，仅需在缴费完成后填写个人住址，不动产登记中心制证后将房产证直接寄达申请人。

二是国务院办公厅推动不动产抵押登记全程电子化系统建设，将登记服务场所延伸至银行网点。申请人可在银行现场签订抵押合同的同时提交抵押登记申请，通过网络传输至登记机构，无须再到登记机构提交申请。贵州省各地当前涉税登记业务仅有登记申请受理、缴税、缴费领证 3 个环节；非税不动产登记业务只有登记申请受理、缴费领证或登簿结果告知 2 个环节。调研发现，当前贵州省已有部分县（区）在不动产登记办理的过程中（如贵阳市南明区），已经取消复审（包括核定）环节，申请人仅需按不动产登记中心要求，一次性提交所有材料后即可实现当场办理、即时办结的业务流程。

（2）登记财产时间。

全省平均登记财产时间为 3.89 个工作日。登记财产时间最短的是铜仁市万山区、黔东南州黎平县、遵义市绥阳县、毕节市纳雍县、毕节市七星关区、毕节市威宁县、黔东南州岑巩县、黔东南州黄平县、铜仁市印江县 9 个县（区），均为 2 个工作日。从全省情况看，大部分区县都已经实现了不动产登记时限在 5 个工作日以内，较 2018 年有较大的提升。主要原因包括：

首先，大力推行不动产登记综窗。根据《贵州省优化不动产登记流程进一步压缩办理时限工作方案的通知》要求，2019 年底前全部取消所有单设的不动产登记大厅，不动产登记窗口全部进驻本级综合性实体政务大厅。本轮实地调研发现，全省 88 个县（市、区）均已实现在政务中心设立不动产登记综合业务办理窗口，基本实现全省不动产登记一窗式办理。

其次，实现数据整合。根据《贵州省优化不动产登记流程进一步压缩办理时限工作方案的通知》要求，2019 年 3 月底前，贵州省各地住房城乡建设部门已经将房屋登记电子数据的数据结构详细描述文档提供给同级不动产登记主管部门，并开放房屋管理系统，基本完成不动产登记纸质档案向电子档案转变的过程，进一步实现数据整合。

（3）登记财产成本。

全省平均登记财产成本占其资产价值平均比值为 3.86%。登记财产成本最少的是遵义市仁怀市、黔南州瓮安县 2 个县（区），均为 2.05%。调研发现，贵州省办理不动产登记过程中产生的费用成本主要由两个方面构成：一是不动产登记过程中产生的税费，主要由契税和印花税组成，全部按国家法律规定的相关税率收取；二是不动产证办理过程中所缴纳的登记费和工本费，全省严格遵守国家发展改革委《关于不动产登记收费有关政策问题的通知》和国家发展改革委、财政部《关于不动产登记收费标准等有关问题的通知》的规定，即按住宅 80 元/件、非住宅 550 元/件的规定收取。由于各县样本企业涉及的不动产价值和土地性质有所不同，所以产生的税费有差异，但基本保持在 2%~5%的合理区间。

（4）登记财产材料。

全省登记财产平均所需材料为 16.67 件。材料最少的是铜仁市万山区、遵义市仁怀市、铜仁市思南县 3 个县（区），均为 12.50 件。主要原因为：按《贵州省优化不动产登记流程进一步压缩办理时限工作方案的通知》要求，不动产登记、房屋交易中依法无据的材料要一律取消，各地要将房屋交易、不动产登记、征税法定材料编制形成统一的申请材料目录及正面清单，在互联网和政务大厅向公众公开。本轮调研发现，全省基本实现在不动产登记申请表填写环节向办事群众提供相应材料清单。

（三）评估结果

1. 市（州）排名情况

从各市（州）和贵安新区排名情况看，超过全省平均分的有 4 个市（州），达到 40%。毕节市、黔东南州、六盘水市"登记财产"指标得分分别为 79.66 分、75.54 分和 74.65 分，排在全省前三名；安顺市、铜仁市和贵安新区指标得分依次为 70.39 分、70.00 分和 69.69 分，排在全省后三位（见表 2-13）。

表 2-13　　　　　　　市（州）及贵安新区登记财产排名

排名	市（州）	总分	环节（个）	时间（工作日）	申请材料（件）	成本（%）
1	毕节市	79.66	3.81	3.10	15.94	3.43
2	黔东南州	75.54	3.97	3.05	16.13	4.08
3	六盘水市	74.65	4.00	3.04	16.50	4.09
4	黔南州	74.42	3.92	4.25	16.08	3.74
5	贵阳市	72.24	3.90	5.03	15.80	3.94

排名	市（州）	总分	环节（个）	时间（工作日）	申请材料（件）	成本（%）
6	遵义市	71.85	4.00	3.72	17.54	3.94
7	黔西南州	71.20	4.13	3.11	18.50	3.86
8	安顺市	70.39	4.00	5.13	17.50	3.47
9	铜仁市	70.00	4.15	4.68	16.80	3.84
10	贵安新区	69.69	4.00	4.50	15.00	5.00
平均分		73.34	3.98	3.89	16.67	3.86

资料来源：贵州营商环境研究中心。

2. 县（市、区）排名情况

从全省排名情况来看，有 37 个县（市、区）超过了全省平均分 77.03 分，占比为 42.05%。其中黔南州贵定县、遵义市仁怀市、遵义市绥阳县、毕节市纳雍县、黔南州瓮安县、贵阳市南明区、贵阳市清镇市 7 个县（市、区）登记财产成绩优秀，得分超过 85.00 分，占比为 7.95%。安顺市紫云县、毕节市七星关区、黔东南州麻江县、黔东南州岑巩县、黔西南州兴义市、毕节市威宁县等 17 个县（市、区）登记财产成绩良好，分值为 80~85 分，占比为 18.18%（见表 2-14）。

表 2-14　　　　　　全省登记财产排名

排名	县（市、区）	总分	环节（个）	时间（工作日）	申请材料（件）	成本（%）
1	黔南州—贵定县	89.20	3.50	2.69	13.00	3.12
2	遵义市—仁怀市	89.18	4.00	3.33	12.50	2.05
3	遵义市—绥阳县	88.31	4.00	2.00	13.00	2.85
4	毕节市—纳雍县	87.91	4.00	2.00	15.00	2.15
5	黔南州—瓮安县	86.88	3.50	3.75	15.50	2.05
6	贵阳市—南明区	86.60	3.00	4.13	15.00	2.98
7	贵阳市—清镇市	85.17	4.00	2.38	13.00	3.37
8	安顺市—紫云县	84.85	4.00	2.38	14.00	3.05

续表

排名	县（市、区）	总分	环节（个）	时间（工作日）	申请材料（件）	成本（%）
9	毕节市—七星关区	84.22	4.00	2.00	15.00	3.03
10	黔东南州—麻江县	84.17	3.50	2.50	16.50	3.04
11	黔东南州—岑巩县	83.49	4.00	2.00	14.00	3.60
12	黔西南州—兴义市	82.62	4.00	2.13	17.00	2.54
13	毕节市—威宁县	82.19	3.50	2.00	13.50	5.00
14	黔东南州—黄平县	81.96	4.00	2.00	16.00	3.17
15	黔东南州—凯里市	81.84	4.00	2.25	16.00	3.05
16	贵阳市—云岩区	81.80	4.00	3.00	15.00	3.01
17	遵义市—正安县	81.69	4.00	2.38	13.50	4.00
18	毕节市—黔西县	81.41	4.00	2.25	15.00	3.55
19	黔南州—平塘县	81.30	4.00	3.50	14.50	3.03
20	安顺市—普定县	80.44	4.00	3.75	15.50	2.69
21	铜仁市—思南县	80.17	4.50	3.75	12.50	3.05
22	铜仁市—万山区	80.11	4.00	2.00	12.50	5.00
23	毕节市—赫章县	80.06	4.00	2.63	16.50	3.05
24	黔东南州—从江县	80.03	4.00	4.13	15.00	2.76
25	黔南州—惠水县	79.56	4.00	3.63	15.50	2.97
26	黔西南州—安龙县	79.55	4.00	4.00	15.00	2.95
27	黔东南州—锦屏县	79.39	4.00	2.25	15.00	4.03
28	遵义市—赤水市	78.77	4.00	2.88	14.50	4.00
29	黔南州—都匀市	78.60	4.00	3.13	17.00	2.90
30	黔东南州—黎平县	78.44	4.00	2.00	13.50	5.00
31	遵义市—道真县	77.91	4.00	2.00	20.50	2.35
32	黔西南州—兴仁县	77.46	4.00	2.25	18.50	3.10
33	黔东南州—榕江县	77.35	4.00	3.05	15.00	4.04
34	安顺市—关岭县	77.29	4.00	5.75	16.00	2.05
35	毕节市—织金县	77.26	3.00	6.75	16.50	3.05
36	六盘水市—水城县	77.26	4.00	3.63	16.00	3.32
37	黔南州—独山县	77.09	4.00	2.63	17.50	3.36

续表

排名	县（市、区）	总分	环节（个）	时间（工作日）	申请材料（件）	成本（%）
38	贵阳市—花溪区	77.00	4.00	3.75	16.50	3.11
39	黔西南州—普安县	76.01	4.00	2.25	19.50	3.05
40	铜仁市—印江县	75.94	4.00	2.00	15.00	5.00
41	黔东南州—雷山县	75.37	4.00	3.38	19.50	2.53
42	六盘水市—盘州市	75.31	4.50	2.03	18.00	3.05
43	铜仁市—江口县	75.30	4.00	4.50	17.00	2.87
44	贵阳市—开阳县	75.23	4.00	2.25	15.00	5.02
45	六盘水市—钟山区	74.90	3.50	3.25	16.00	5.00
46	黔东南州—丹寨县	74.69	4.00	2.50	15.00	5.00
47	黔东南州—剑河县	74.69	4.00	2.50	15.00	5.00
48	黔东南州—台江县	74.60	4.00	2.50	17.50	4.03
49	遵义市—播州区	74.22	4.00	5.00	16.50	3.03
50	铜仁市—松桃县	73.91	4.00	5.13	18.00	2.43
51	毕节市—金沙县	73.46	4.00	2.25	21.00	3.06
52	黔南州—罗甸县	73.14	4.00	4.75	15.00	4.03
53	贵阳市—修文县	73.09	4.00	3.75	19.00	3.05
54	黔南州—荔波县	73.02	4.00	2.50	16.00	5.00
55	铜仁市—德江县	72.61	4.00	4.00	14.00	5.00
56	遵义市—余庆县	72.28	4.00	2.13	17.00	5.00
57	六盘水市—六枝特区	71.15	4.00	3.25	16.00	5.00
58	黔东南州—三穗县	70.94	4.00	4.00	15.00	5.00
59	黔西南州—望谟县	70.83	4.00	2.38	18.00	4.80
60	毕节市—大方县	70.80	4.00	4.88	15.00	4.51
61	遵义市—习水县	70.13	4.00	3.75	21.00	2.96
62	铜仁市—石阡县	69.79	5.00	4.13	18.00	2.22
63	黔南州—三都县	69.33	4.00	7.30	15.00	3.42
64	黔南州—长顺县	68.95	4.00	4.13	16.00	5.00
65	遵义市—红花岗区	68.86	4.00	4.13	18.50	4.03
66	安顺市—镇宁县	68.69	4.00	4.88	17.50	4.02

续表

排名	县（市、区）	总分	环节（个）	时间（工作日）	申请材料（件）	成本（%）
67	黔东南州—施秉县	67.61	4.00	5.00	15.50	5.00
68	黔东南州—镇远县	66.74	4.00	3.63	18.00	5.03
69	遵义市—凤冈县	66.66	4.00	4.38	17.00	5.00
70	铜仁市—沿河县	66.43	4.00	7.50	18.00	2.80
71	贵阳市—白云区	65.83	3.00	8.00	15.00	5.62
72	贵阳市—观山湖区	65.11	4.00	8.00	18.50	2.62
73	黔西南州—册亨县	65.01	4.00	5.13	21.50	3.16
74	黔西南州—晴隆县	63.75	4.50	3.00	17.00	5.62
75	遵义市—湄潭县	63.44	4.00	3.00	21.00	5.00
76	遵义市—汇川区	60.61	4.00	6.13	18.00	5.00
77	黔南州—龙里县	59.27	4.00	5.00	20.50	5.00
78	贵阳市—息烽县	59.17	4.00	7.00	16.00	5.62
79	遵义市—桐梓县	58.74	4.00	4.88	21.00	5.00
80	黔东南州—天柱县	57.28	4.00	5.13	21.50	5.00
81	安顺市—平坝区	57.11	4.00	6.88	21.50	4.00
82	黔南州—福泉市	56.77	4.00	8.00	17.50	5.00
83	铜仁市—玉屏县	55.65	4.00	5.75	21.50	5.02
84	遵义市—务川县	54.78	4.00	6.13	21.50	5.00
85	黔西南州—贞丰县	54.38	4.50	3.75	21.50	5.62
86	安顺市—西秀区	53.95	4.00	7.13	20.50	5.00
87	贵阳市—乌当区	53.44	5.00	8.00	15.00	5.00
88	铜仁市—碧江区	50.11	4.00	8.00	21.50	5.00

资料来源：贵州营商环境研究中心。

（四）存在的问题

调研发现当前全省企业家对登记财产总体表现较为满意，共有52个县（区）对当地登记财产的办理过程予以认可或无任何困难反馈，有37个县（区）认为当地在办理登记财产业务的过程中还有提高的空间（见图2-3）。

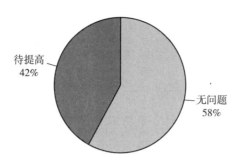

图2-3 贵州省登记财产指标满意度调查结果

资料来源：贵州营商环境研究中心。

根据企业访谈、问卷调查及实地调研等不同渠道获得的信息相互印证，现对贵州省登记财产存在的问题进行归类分析，贵州财经大学营商环境评估课题组发现的问题主要体现在以下几个方面。

1. 办事人员素质有待提高

在反馈问题的43个区县中，共有9个区县反馈政务服务中心一线办事人员素质有待提高，占问题反馈区县的21%。具体反馈事项为：4个区县反映一线办事人员业务不熟悉，无法一次性告知所需提供的材料清单，不同部门之间工作人员互相推诿，导致企业多次跑等现象；4个区县反映当地办理不动产登记业务人员存在脸难看、不够耐心等现象，增加企业家办理业务的抵触心理；1个区县反映一线办事人员普通话不够标准，由于是外地企业，所以在办理业务时出现无法有效沟通的情况（见图2-4）。

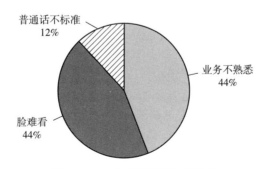

图2-4 工作人员素质问题表现

资料来源：贵州营商环境研究中心。

贵州财经大学评估小组深入调研发现，以上情况主要发生在问题反馈区县新招聘的人员和实习生身上。这是由于岗前培训不够充分，业务量又相对过大的矛盾所导致的。

2. 行政审批资源有待优化配置

在反馈问题的43个区县中，共有12个区县反馈希望当地政务服务中心增加不动产登记办理窗口，或增加一线办事人员数量，占比28%。具体反馈事项为：5个区县反映当地不动产登记窗口办公人员不足，导致办理业务时排队过久；5个区县提出当地不动产登记中心业务办理窗口过少，尤其是转移登记和抵押登记业务；2个区县反映希望增加针对房地产开发企业的企业专办窗口，这样能大大节省房开企业一次性办大批量不动产登记业务的时间（见图2-5）。

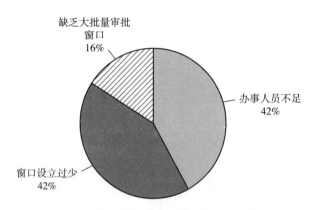

图2-5　行政审批资源配置不合理问题表现

资料来源：贵州营商环境研究中心。

贵州财经大学营商环境评估小组深入调研发现，行政审批资源配置不合理有一部分原因在于部分区县新搬了政务服务中心，相应窗口和人员的配套措施还不够到位。此外最主要的原因在于部分区县缺乏一定的业务分流机制所致。

3. "一网通办"程度仍需提升

在反馈问题的43个区县中，共有6个区县的企业家认为当地的"一网通办"水平仍需优化，占比为14%。具体反馈事项为：4个区县反映现阶段财产登记多部门没有实现数据共享，导致企业重复提交材料，准备大量纸质材料的负担较重，尤其反映不动产登记中心和税务部门没有实现数据共享的问题，在涉及抵押登记和转移登记方面，房产信息调研、多税种税费缴纳等大大延长中间环节时间；1个区县反映当前无纸化收录材料的进程较慢，尤其针对拍卖的转移登记，由于大部分纸质材料没有被电子收录，导致办事企业不得不逐个到部门收集材料；1个区县反映当前贵州省住建管理系统平台仍需优化，其在办理业务时常常由于网络问题卡顿，延长"一网通办"时间。具体占比如图2-6所示。

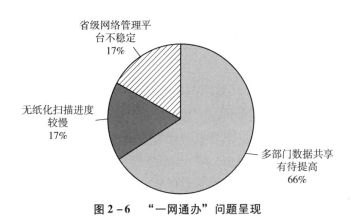

图2-6　"一网通办"问题呈现

资料来源：贵州营商环境研究中心。

贵州财经大学营商环境评估小组深入调研发现，当前贵州省"一网通办"仍需优化的原因主要在于管理平台维护和开发仍然不到位，相关部门之间的数据共享壁垒仍取得实质性的破除。

4. 审批效率仍存在提升空间

在反馈问题的43个区县中，共有17个区县的企业家认为当地的行政审批效率仍需提升，问题反馈区县中占比40%。具体反映事项为：

一是材料提交烦琐。全省共有8个区县不同程度反映提交材料烦琐的问题，出现一件材料在没有统一模板的情况下需准备多份的情况，企业普遍反馈转移登记的材料准备难度最大，如"国土证明"需跑多次才能办下来。

企业普遍认为在准备材料的过程中，首次登记易于抵押登记，抵押登记易于转移登记，认为转移登记材料准备难度最大。

二是行政审批流程不便利。9 个区县期待继续简化行政审批环节，尤其在"抵押登记"方面，由于缺乏集成窗口，往往要遵循先到银行办理抵押手续，才到不动产登记窗口办理登记证明，后返回银行放款的过程，企业非常不便。

三是登记系统需完善。部分区县反映系统录入数据不完善、不能进行批量修改、无法进行网上审批的情况。个别区县也反映不动产登记中心和房管局在签订不动产买卖合同时，无法做到一次性签约，需要两边跑。

四是无现金支付需改进。个别区县反映在政务中心办理不动产登记业务时，无法实现手机支付功能，只能通过刷银行卡和现金支付。

（五）对策建议

1. 强化业务培训监督机制

针对当前各区县反馈的办事人员素质有待提高的问题，首先，要增加一线临聘人员的工资待遇，以降低一线办事人员的人员流动率；其次，出台一定的业务培训与考核机制，增设一定的动态奖励薪酬制度，将一线人员的工资福利与市民服务评价挂钩；最后，通过聘请第三方机构不定期对全省一线不动产登记人员的办事满意度进行评估调研，从本质上消灭现有的脸难看、事难办的问题。

2. 设定动态业务分流机制

针对当前各区县反馈希望增加办事人员、增加办理窗口的需求。首先，各区县可以增设一定的动态业务分流机制，针对排队时间较长、业务办理较复杂的抵押登记与转移登记业务，各区县可以尝试在政务中心增设一定的"潮汐窗口"对相关业务进行错峰办理，最大优化配置现有的行政审批资源；其次，各区县可以尝试在不动产登记中心设置"企业自助"窗口，针对大批量办理不动产登记的房地产开发企业，可以由企业自行在自助终端上传材料，由工作人员后台审核即可。

3. 尽快破除数据共享壁垒

针对当前"一网通办"存在的问题，首先，应尽快打通已有的数据壁垒，实现各部门数据的实时共享，尤其是要实现不动产登记中心、房管局、税务部门、银行四个在办理不动产登记过程中的重要参与部门之间的数据共享；其次，应加速对历史存档的纸质化材料扫描入库的工作，这样不仅有利于企业减少跑腿次数，也有利于不同部门之间材料相互查阅；最后，优化当前的不动登记信息平台，尤其是针对区县反映的网速慢、平台卡顿的问题，以提升平台的办事效率。

4. 尝试集成审批制度

针对当前所反映出的希望精简申请材料与环节的诉求，首先，尝试设立材料联合预审机制，特别是针对企业家认为准备材料较为复杂的转移登记与抵押登记业务，应当联合包括税务、国土局、不动产登记中心各部门实施材料的联合预审机制，企业家可以通过在不动产登记中心设立的自助柜台分批提交个人关于该业务的所有电子化材料，各部门在后台终端提前预审，预审通过后企业家方可提交所有的准备材料，从根本上解决同一材料出现多次的情况；其次，针对例如企业家反映的抵押登记要不停往返银行、税务、不动产登记中心的问题，可尝试针对某些特定业务开展集成审批，开设一定的绿色通道，避免不同地方审批、层层审批、层层推进的现象出现。

六、纳　　税

（一）指标解读

税收营商环境是国家经济软实力的重要组成部分，纳税指标（paying taxes）旨在考察一国（地区）纳税的便利化程度，主要衡量企业在某一特定年份内必须缴纳的各种税项、政府性收费缴费以及因纳税与支付派款而产生的行政负担。

"纳税"属于县域层级评估指标，共包含纳税次数、纳税时间、总税收和税费率3项二级指标。纳税次数主要考察各地企业申报及缴纳主要税款和派款（包括社会保障费、住房公积金等）的总次数及电子申报等情况。纳税时间包括企业申报和缴纳个人所得税、增值税、企业所得税、社保费和住房公积金所用时间。税费率指的是企业在 2019 年前 3 个季度实际承担的总税额（包括税款额和政府性收费缴费额）占企业税前商业利润的比重，反映企业税费成本负担。总体考核贵州省 88 个县（市、区）及贵安新区纳税便利化程度。

（二）评估概况

1. 总体情况

评估结果显示，2019 年全省 88 个县（市、区）及贵安新区纳税指标平均得分为 83.04 分，超过此平均分的县市区有 54 个。从纳税次数、纳税时间、总税收和缴费率 3 项二级指标来看，2019 年度全省企业平均纳税次数为 5.40 次，平均纳税时间为 113.89 小时，平均总税收和缴费率为 9.40%（见表 2 - 15）。

表 2 - 15　　　　　　　　　　纳税指标极值分布

	纳税次数（次）	纳税时间（小时）	总税收和缴费率（%）
最大值	7.83	228.77	38.03
平均值	5.40	113.89	9.40
最小值	3.40	83.08	2.92

资料来源：贵州营商环境研究中心。

从数据分布来看，全省纳税次数最少为 3.40 次，最多为 7.83 次。年度纳税时间最长为 228.77 小时，最短为 83.08 小时，极差达 145.69 小时，与各地税费申报培训及政策宣传力度、电子税务复杂程度不等有关。税费率最高占当期营收的 38.03%，最低占比仅为 2.92%，差距达 35.11 个百分点，显示出各地中小微企业税费负担差异明显。

从指标得分来看，全省纳税指标最高得分为黔东南州剑河县（97.84分），其样本企业平均纳税次数为 3.50 次，平均纳税时间 94.95 小时，平均总税收和缴费率为 3.06%。全省纳税最低得分为毕节市织金县（58.92分），其样本企业平均纳税次数为 7.83 次，平均纳税时间 143.25 小时，平均总税收和缴费率为 25.42%。

2. 分项指标表现

（1）纳税次数。

2019 年贵州全省样本企业平均纳税次数为 5.40 次，铜仁市印江县、黔东南州黎平县、遵义市务川县、黔东南州施秉县和贵安新区 5 个县区次数最少，均为 3.40 次。总体较 2018 年的 6.56 次缩减 1.16 次，也低于 2020 年世界银行对中国评估的纳税次数 7 次，缩减幅度明显。原因有三：

一是贵州推行系列改善税务营商环境改革举措。贵州省税务部门对标国际先进、对接国际通行规则，于 2019 年初制定专项改革任务台账，明确改革目标为纳税次数年均不超过 7 次。

二是贵州省税务部门落实《关于合理简并纳税人申报缴税次数的公告》精神，合理简并纳税人申报缴税次数。不少县市结合本地实际，规范操作流程，细化工作措施，对增值税小规模纳税人缴纳增值税、消费税、文化事业建设费，以及随增值税、消费税附征的城市维护建设税、教育费附加等税费实行按季申报；对随增值税、消费税附征的城市维护建设税、教育费附加、地方教育附加实行零申报；对符合条件的小型、微型企业，实行按季度申报预缴企业所得税。

三是大部分县（市、区）样本企业多为中小微企业，该类企业大多符合《关于合理简并纳税人申报缴税次数的公告》的要求，简并了纳税人申报缴税次数，这也是纳税次数缩减幅度明显的重要原因。

（2）纳税时间。

2019 年贵州全省纳税时间最少的是安顺市镇宁县、安顺市紫云县和六盘水市六枝特区 3 个县（区），均为 83.08 小时。从全省情况看，2019 年贵州全省平均纳税时间为 113.89 小时，较 2018 年贵州全省平均纳税时间 175.64 小时，平均缩减 61.75 小时，纳税时间缩减幅度显著。

2019 年贵州省纳税时间较 2018 年大幅缩短的主要原因有二：一是贵州省政府高度重视压缩办税时限，明确办税时限目标；二是贵州各县（市、区）大力加强"互联网 + 电子税务局"建设，开通网上办税服务厅，使绝大多数税种能够实行电子申报，实现信息采集、申报缴税、发票业务等网上办理，为纳税人提供个性化服务、提高办税效率，节省大量纳税时间。

（3）总税收和缴费率。

2019 年贵州全省平均总税收和缴费率为 9.40%。贵阳市观山湖区、遵义市道真县、遵义市习水县、黔东南州丹寨县、黔西南州册亨县、安顺市普定县、黔东南州黄平县、毕节市金沙县、贵阳市花溪区等 10 个县（区）总税收和缴费率最低，均为 2.9%。从全省情况看，2019 年贵州全省总税收和缴费率较 2018 年的 50.14% 下降 40.74%，总税收和缴费率降幅明显。原因有三：

一是贵州坚决贯彻落实中央大规模减税降费的决策部署，加大减税降费力度。2019 年贵州省税务系统自上而下建立健全"一把手"负总责的工作领导机制，为推进全省减税降费提供坚强的组织保障。据国家税务总局贵州分局网站报道，2019 年贵州新增加的减税额达 265 亿元，减税降费力度明显。

二是本轮评估未纳入公积金和社保费。由于大部分样本企业公积金和社保费缴纳暂未能划分个人上缴和企业代缴金额比例，因此未能纳入计算，这必然大幅拉低平均总税收和缴费率。

三是绝大多数县（市、区）样本企业多为符合税收优惠政策的中小微企业。大部分样本企业享受多项税收优惠政策，减免大量税负，在一定程度上拉低了平均总税收和缴费率。

（三）评估结果

1. 市（州）排名情况

从各市（州）和贵安新区排名情况看，超过全省平均分的市（州）有6个，达到60%。贵安新区、六盘水市和黔东南州"缴税"指标得分依次为91.16分、90.87分和84.84分，排在全省前三位；黔西南州、毕节市和铜仁市得分依次为75.92分、75.80分和72.50分，排在全省后三位（见表2-16）。

表2-16　　　　　　　　各市（州）及贵安新区纳税排名

排名	市（州）	纳税总分	纳税次数（次）	纳税时间（小时）	税费率（%）
1	贵安新区	91.16	3.40	117.00	8.09
2	六盘水市	90.87	4.6	99.11	5.56
3	黔东南州	84.84	5.22	114.98	7.46
4	安顺市	84.49	5.07	102.51	12.23
5	遵义	82.85	5.21	127.58	6.76
6	贵阳	81.47	5.71	118.77	8.56
7	黔南州	76.57	5.41	98.28	8.82
8	黔西南州	75.92	5.72	110.95	9.89
9	毕节市	75.80	6.08	131.43	12.46
10	铜仁市	72.50	5.45	107.59	14.49
	平均分	81.65	5.19	112.82	9.43

资料来源：贵州营商环境研究中心。

2. 县（市、区）排名情况

从全省排名情况来看，有52个县（市、区）超过全省平均分83.04

分，占比为59.09%。其中，黔东南州剑河县、六盘水市盘州市、遵义市道真县等12县（市、区）纳税成绩优秀，得分超过90分，占比为13.63%；黔东南州凯里市、铜仁市思南县、安顺市紫云县、黔南州独山县、安顺市普定县、黔南州平塘县等52个县（市、区）纳税成绩良好，分值在80~90分，占比为59.09%；黔东南州锦屏县、遵义市播州区、铜仁市—玉屏县、黔西南州—晴隆县等18个县（市、区）纳税成绩合格，分值在70~80分，占比为20.45%（见表2-17）。

表2-17　　　　　　　　全省缴纳税费排名

排名	县（市、区）	纳税次数（次）	纳税时间（小时）	税费率（%）	总分
1	黔东南州—剑河县	3.50	94.95	3.06	97.84
2	六盘水市—盘州市	4.17	88.83	3.76	95.26
3	遵义市—道真县	3.90	109.11	2.92	94.17
4	黔南州—龙里县	4.83	83.77	4.77	92.40
5	黔东南州—榕江县	4.00	108.35	5.76	92.20
6	六盘水市—水城县	3.71	112.51	7.22	92.11
7	贵阳市—修文县	4.00	97.43	8.86	91.94
8	铜仁市—印江县	3.40	126.20	7.12	91.69
9	遵义市—凤冈县	4.71	93.56	5.23	91.33
10	黔东南州—黎平县	3.40	111.30	11.93	90.99
11	安顺市—镇宁县	4.60	83.08	10.01	90.54
12	六盘水市—钟山区	4.33	112.00	5.98	90.09
13	黔东南州—凯里市	4.67	114.01	3.46	89.71
14	铜仁市—思南县	4.80	103.37	5.04	89.69
15	安顺市—紫云县	5.42	83.08	5.11	89.63
16	黔南州—独山县	5.00	106.50	3.58	89.19
17	安顺市—普定县	4.83	116.68	2.92	88.93
18	黔南州—平塘县	5.00	98.85	5.89	88.92
19	遵义市—正安县	4.33	118.85	6.94	88.60

排名	县（市、区）	纳税次数（次）	纳税时间（小时）	税费率（%）	总分
20	黔东南州—从江县	5.00	114.08	3.60	88.13
21	贵阳市—开阳县	4.33	126.00	6.14	88.08
22	铜仁市—石阡县	5.40	102.15	3.59	87.97
23	黔南州—惠水县	5.50	96.60	4.24	87.91
24	遵义市—习水县	5.33	109.80	2.92	87.62
25	贵阳市—息烽县	5.33	92.17	7.83	87.24
26	遵义市—务川县	3.40	146.67	10.18	87.13
27	黔东南州—施秉县	3.40	151.68	9.35	86.92
28	黔南州—长顺县	5.60	105.80	3.77	86.46
29	黔东南州—丹寨县	5.50	113.15	2.92	86.39
30	黔东南州—台江县	5.00	125.17	4.03	86.37
31	黔南州—瓮安县	6.00	96.19	3.54	86.11
32	六盘水市—六枝特区	6.17	83.08	5.48	86.04
33	黔西南州—兴仁县	5.83	94.25	5.71	85.91
34	遵义市—仁怀市	5.00	124.95	5.36	85.64
35	黔南州—贵定县	5.33	106.45	7.48	85.48
36	黔南州—都匀市	5.00	92.89	13.45	85.43
37	黔南州—福泉市	4.83	85.00	16.74	85.41
38	铜仁市—松桃县	5.44	115.67	4.76	85.27
39	遵义市—绥阳县	5.50	106.13	7.07	84.99
40	黔西南州—安龙县	4.67	111.82	12.30	84.98
41	安顺市—西秀区	4.00	93.56	22.02	84.97
42	贵阳市—清镇市	6.00	99.10	5.87	84.38
43	贵阳市—观山湖区	6.40	99.25	2.92	84.24
44	遵义市—余庆县	5.50	125.62	3.77	84.20
45	黔南州—罗甸县	6.33	90.82	5.70	84.13
46	遵义市—赤水市	5.67	104.47	7.68	84.10
47	遵义市—桐梓县	5.25	124.33	6.65	83.86

续表

排名	县（市、区）	纳税次数（次）	纳税时间（小时）	税费率（%）	总分
48	黔西南州—册亨县	6.00	115.37	2.92	83.83
49	黔西南州—普安县	5.50	115.58	7.20	83.62
50	毕节市—赫章县	6.17	109.76	3.72	83.38
51	毕节市—金沙县	5.83	124.27	2.92	83.37
52	黔东南州—岑巩县	6.17	103.95	5.36	83.24
53	铜仁市—万山区	5.75	100.43	11.44	82.16
54	贵阳市—花溪区	5.67	138.42	2.92	82.15
55	黔东南州—天柱县	5.83	119.83	6.20	82.12
56	毕节市—黔西县	4.83	155.18	5.64	82.10
57	黔东南州—雷山县	6.00	107.18	7.95	82.09
58	黔东南州—镇远县	5.83	116.10	8.24	81.47
59	毕节市—纳雍县	5.67	117.28	10.36	80.82
60	贵阳市—云岩区	5.60	119.04	10.65	80.73
61	毕节市—威宁县	6.00	116.39	8.42	80.56
62	黔南州—荔波县	6.00	98.97	12.65	80.54
63	黔西南州—兴义市	5.63	109.14	13.31	80.44
64	黔西南州—望谟县	6.13	116.83	7.93	80.19
65	黔东南州—锦屏县	5.67	116.60	12.07	79.94
66	遵义市—播州区	6.50	111.42	7.74	79.37
67	铜仁市—玉屏县	6.67	118.17	5.53	78.93
68	黔西南州—晴隆县	6.00	115.87	11.54	78.85
69	安顺市—平坝区	6.13	108.23	13.09	78.43
70	铜仁市—德江县	4.14	102.15	31.15	77.96
71	黔东南州—三穗县	5.83	111.35	15.98	77.71
72	黔东南州—麻江县	5.83	112.61	16.48	77.25
73	铜仁市—沿河县	5.38	112.12	20.60	77.00
74	遵义市—汇川区	6.14	160.10	4.62	76.09
75	黔西南州—贞丰县	6.00	108.75	18.20	76.03

续表

排名	县（市、区）	纳税次数（次）	纳税时间（小时）	税费率（%）	总分
76	铜仁市—江口县	6.80	85.55	17.66	75.91
77	贵阳市—白云区	7.00	127.37	7.56	75.02
78	黔东南州—黄平县	7.83	119.35	2.92	75.02
79	安顺市—关岭县	5.44	130.42	20.23	74.43
80	遵义市—湄潭县	6.86	122.40	14.32	72.49
81	黔南州—三都县	5.50	117.50	27.50	71.79
82	贵阳市—南明区	6.00	156.45	14.78	71.43
83	毕节市—大方县	7.00	146.95	12.11	69.74
84	贵阳市—乌当区	6.75	132.42	18.03	69.50
85	毕节市—七星关区	5.33	138.33	31.32	67.52
86	遵义市—红花岗区	6.14	228.77	8.91	64.22
87	铜仁市—碧江区	6.67	110.13	38.03	61.52
88	毕节市—织金县	7.83	143.25	25.42	58.92

资料来源：贵州营商环境研究中心。

（四）存在的问题

1. 纳税次数相对较多

从企业缴纳的税费次数看，贵州平均纳税次数为5.40次，较2020年世界银行营商环境评估中国（上海和北京）的7次略低，远低于全球平均纳税次数（22.7次），但对标巴林、新加坡和中国香港地区等的国际先进水平还有较大差距。调研发现当前影响贵州纳税次数的现实问题主要包括：多数县区企业反映并未实现"最多跑一次""网上全程可办"全覆盖；很多企业抱怨现场提交表格只要出现细微问题，就必须再跑一次；不少企业反映办税系统不稳定，网络出现问题后需多次提交或到现场缴纳税费；部分企业还反映，企业符合应简并纳税人申报缴税次数的条件，但实际交税并未并联缴纳，缴税次数并未减少。

2. 纳税时间相对较长

在世界其他经济体中，巴林纳税时间较最短，平均每年仅需 23 小时，对标国际先进水平，贵州纳税时间相对较长。企业反馈的原因包括但不限于：一是虽大部分县市已实现电子税务局、无纸化办税、微信缴税等便民平台，但仍有部分县市无法全部网上申报，部分税种不能电子申报；二是社保系统和公积金缴纳系统未实现与税务系统并网，很浪费时间，高峰期网上办税系统不稳定直接影响企业办税效率；三是办税服务厅人员较少，效率低下，现场排队等待时间较长，企业办税时间长。

3. 总税收和缴费率相对较高

2019 年贵州全省平均总税收和缴费率为 9.40%。从企业端调查结果看，不少样本企业总税收和缴费率都超过 30%（个别样本企业总税收和缴费率甚至高达 51.05% 和 56.54%）。从企业访谈情况看，贵阳市清镇市、云岩区和白云区，贵安新区，遵义市余庆县，安顺市关岭县和普定县，铜仁市思南县，黔西南州普安县，均有企业反映税负较重，希望政府进一步减轻税费负担。

4. 税务宣传及培训不到位

企业普遍反映税收政策宣传不到位，获取政策指引渠道不畅，对专业纳税服务机构了解较少，企业不能及时适应税务政策的变化：一是宣传培训机制不完善，部分县市对新近出台的纳税政策宣传不到位，新的税收政策出台后没有及时向纳税人进行辅导和培训，还缺乏税务服务微博和微信公众号宣传平台；二是服务咨询通道不畅，12366 地方纳税服务热线经常占线，个别工作人员不能较好解答咨询问题，难以便捷和准确提供咨询服务；三是获取政策指引的渠道不够畅通，对网上申报和零申报业务不熟悉，又缺乏必要的学习和培训，对专业纳税服务机构了解较少，致使纳税时间较长。

5. 纳税服务存在的其他难点痛点

一是部分纳税服务主体服务意识不强。不少税务机关工作人员没能从纳税人需求出发，只在纳税人遇到问题咨询后才会有答复，缺乏主动服务意识。而且部分税务工作人员对税务政策不够熟悉，税务政策解释能力、咨询窗口咨询水平和办理业务工作人员业务水平有待提高。

二是税收救济机制不完善。税务执法存在标准不统一、透明度不够、非主观故意失信行为的惩戒力度较大等问题,但退税投诉、税收仲裁、行政复议等税收救济机制不够规范完善。

三是税费部门协作机制不畅通。税务部门、社保系统以及公积金管理部门之间存在信息沟通不畅,业务办理中各个环节没有整合数据平台,导致纳税人办理业务税费时,要经过很多部门的审核审批,重复报送很多资料,程序复杂,环节过多。

(五) 对策建议

1. 大力降低纳税次数

明确贵州纳税次数目标。在世界其他经济体中,巴林和中国香港地区纳税频次最低,由于税制简单,缴税频率次平均每年只需 3 次,新加坡企业年均纳税次数则为 5 次。比照国际先进水平,短期内贵州省难以实现,建议贵州省在近期将纳税次数目标降低为 5 次,让各县市具有明确的奋斗目标和努力方向。

大力降低纳税次数。一要优化贵州电子税务局网上办税功能。在电子税务局开设网上银行转账、手机支付、POS 机刷卡等功能的基础上,增加网上人工客服咨询功能,减少政策变化或者系统升级导致受访人员不熟悉系统而去大厅办税次数;二要加大后台数据中心维护和建设,使系统在申报高峰期仍然保持畅通,提高为纳税人一次性办好纳税业务的能力,减少重新交税次数;三要大力推行全部税种或多个税种并联办理业务,简并纳税人申报缴税次数;四要针对企业规模大小实行不同的申报期制度。可按企业规模大小采用不同区间的交税申报时间,如对大中型企业按季申报,小微企业可按半年申报,或者按照税种划分申报期,使企业所交的大部分税种按半年申报一次或一年一次。

2. 持续缩减纳税时间

对标国际先进水平,明确贵州的纳税时间目标。在世界其他经济体中,巴林和中国香港地区纳税时间较短,其中巴林时间最短,平均每年只需 23

小时，新加坡企业年均纳税时间则为 35 小时，贵州平均纳税时间为 113.89 小时。对标国际先进水平，贵州纳税时间还有较大压缩空间，根据贵州实际，建议将贵州纳税时间目标定为 100 小时。

积极提高工作效率，大力缩减纳税时间。一是加强县市电子税务局建设，优化电子税务局功能，全面实现所有县市能够全部采用网上申报及办理。二是打通部门壁垒，企业与税务部门壁垒。积极推进社保系统入税和公积金缴纳系统接通税务系统，推进"税企直连"，实现税务系统和企业财务系统对接，确保高峰期网上办税系统稳定，提高企业办税效率，缩减纳税时间。三是加强税务政策宣传培训，提高办税人员业务水平，增加专业纳税服务机构宣传介绍，使企业了解熟悉有关纳税政策。四是提高办事厅工作人员素质，充实窗口人员力量，提高办事效率，减少现场排队等待时间。

3. 加大税收优惠力度

加大税收优惠力度。要不断深化"放管服"改革，结合贵州财税实际，注意扩大享受减免税政策的主体范围，特别是要出台针对大中型企业的税收优惠政策，加大税收优惠力度。要合理匹配直接税和间接税，深入推进简政减税减费，下调增值税税率，降低企业纳税成本，依法规范非税收入管理，让市场主体有明显减税减费的感受，提升纳税人获得感。

降低企业社保缴费负担。一方面要增加财政投入，要加快实施《划转部分国有资本充实社保基金实施方案》，调整公共财政支出比例，逐年增加对社会保险费的投入，提高社会保险覆盖面和就业在公共预算支出中的比重；另一方面要完善社会保障制度，通过加大公共财政对社会保障的支持力度，通过深化养老保险制度和医疗保险制度改革，规范和降低养老保险和医疗保险支出比例，降低企业社保缴费负担。

4. 提高税务公共服务水平

要提高税务公共服务水平，完善税务公共服务机制，切实消除纳税服务难点痛点。一是要提升税务服务人员素质。通过加强税务人员绩效考核制度，全面评价税务服务人员的工作态度、政策宣传能力、办税服务水平和业务工作效率、纳税咨询满意度、投诉处理能力，更加全面和客观地将服务植入税务工作人员的日常工作，形成健康的征纳关系。二是要完善纳税宣传培训机制。要明确新近出台税收政策宣传和培训范围，要把所有税务工作者、企业纳税人和纳税代办人作为政策宣传和培训对象，对由于工作繁忙无法到培训现场的人员，也开通视频培训、税务服务微博和微信公众号推广宣传和辅导，将政策宣传到位，提高纳税政策知晓度和熟悉度。三是要畅通服务咨询通道。要增加 12366 平台的人员配备，优化 12366 纳税服务热线，保证 100％ 接通率，确保便捷和准确的咨询通道畅通，保证纳税人咨询需求。四是完善税收救济机制。要加强贵州税收执法管理，统一税务执法标准，提高税务执法透明度，减轻或免除惩戒非主观故意失信行为，同时还要完善退税投诉、税收仲裁、行政复议的制度等税收救济机制，保护纳税人合法权益。五是要强化税费部门协作机制。通过打通税务部门、社保系统以及公积金管理部门壁垒，加强部门之间信息沟通，建立统一的数据平台，整合纳税人办理业务审核审批流程，强化税费部门协作，提高办事效率。

七、获得信贷

（一）指标解读

"获得信贷"指标是指企业为了生产经营需要，按规定利率和期限向银行或其他金融机构借款，主要衡量信用报告制度的优势以及担保和破产法律在促进贷款方面的便利性。具体从信用制度、金融机构服务质量、中小微企业融资能力等方面考察一个地区的融资环境。

"获得信贷"属于县域层级评估指标，具体包含获得信贷环节、获得信贷时间、获得信贷费用和征信机构覆盖面共 4 项二级指标。其中环节包括企业在银行成功获取信贷的全部手续个数。环节时间当日办结按 0.5 个工作日计算，次日办结按 1 个工作日计算。成本为企业获得银行贷款的所有费用在贷款额度中的占比。征信机构覆盖面包括各地征信系统中企业法人及自然人征信信息的覆盖范围及信息质量。

（二）评估概况

1. 总体情况

评估结果显示，2019 年全省 88 个县（市、区）获得信贷指标平均得分为 71.50 分，超过此平均分的县市区有 50 个。从具体的获得信贷环节、时间、费用、征信机构覆盖面、中小微企业申贷获得率 5 项二级指标来看，2019 年度全省平均办理环节为 5.38 个，平均耗费时间为 18.36 个工作日，平均成本占获得贷款的 0.26%，征信机构覆盖面平均得 16.51 分。全省中小微企业申贷获得率为 97.49%，其中中型企业申贷获得率 8.43%，小微企业申贷获得率 89.06%（见表 2 - 18）。

表 2 - 18　　　　　　　　　　　登记财产指标极值分布

	环节（个）	时间（工作日）	成本（%）	征信机构覆盖面（分）
最大值	6.00	37.50	2.00	29.74
平均值	5.38	18.36	0.26	16.51
最小值	4.00	4.38	0.00	9.34

资料来源：贵州营商环境研究中心。

从极值数据分布来看，样本企业贷款最多环节为 6.00 个，最少环节为 4.00 个，是否存在抵押环节为关键点。贷款时间最长 37.50 个工作日，最短仅需要 4.38 个工作日，且平均时间为 18.36 个工作日，表明多数地区企业获贷的环节时间普遍偏长。征信机构覆盖面最高得分为 29.74 分，最低仅得 9.34 分，表明个别地区征信体系建设在覆盖范围及信息质量方面均有待提升。

全省获得信贷指标最高得分为贵阳市清镇市（93.43 分），该市获得信贷环节为 4 个，平均耗费时间为 5.5 个工作日，平均成本占获得贷款的 0，征信机构覆盖面得 21.50 分。

全省获得信贷最低得分为黔南州罗甸县（49.22 分），该县样本企业获得信贷环节为 6 个，平均耗费时间为 37.5 个工作日，平均成本占获得贷款的 1.5%，征信机构覆盖面得 16.78 分。

2. 分项指标表现

（1）获得信贷环节。

全省获得信贷平均环节 5.38 个，环节最少的是贵阳市清镇市，为 4.0 个环节；环节最多的是黔南州平塘县、惠水县、罗甸县，黔东南州三穗县、从江县、凯里市，黔西南州册亨县，安顺市紫云县，遵义汇川区、红花岗区，铜仁市松桃县、碧江区，六盘水市水城县 13 个县（市），为 6 个环节。从全省情况看，大部分县（市、区）获得信贷主要涉及贷款申请、授信审查、办理抵押担保手续、签订贷款合同、发放贷款 5 个环节，较 2018 年有所精简。原因包括：

一是持续优化信贷营商环境。各地持续推进《中国银保监会办公厅关于 2019 年进一步提升小微企业金融服务质效的通知》，加强金融大数据建设，提高征信机构覆盖率，信用贷款占比大幅增加，无资产评估、抵押担保贷款手续，大大精简贷款环节，提高企业融资便利度。

二是持续推进政策性贷款。调研样本中两类政策性贷款较多：其一为新型政银担保"4321"风险分担模式政策性贷款，切实为小微企业和"三农"融资担保提供保障；其二为"贵园信贷通"，支持全省产业园区内有融资需求（1年期以内、1000万元以下流动资金贷款）但抵押担保达不到银行贷款条件的中小微企业。

（2）获得信贷时间。

全省获得信贷平均时间为18.36个工作日。时间最短为遵义市仁怀市，为4.38个工作日；时间最长的是黔南州罗甸县、瓮安县、铜仁市德江县、玉屏县、石阡县、沿河县、安顺市普定县，为37.5个工作日。从全省情况看，大部分县（市、区）获得信贷时间较2018年大幅度缩短。主要原因有三个：

一是各银行加快金融产品创新，推出"互联网＋融资"产品，如建行的"小微快贷"、农行的"微捷贷"等。银行根据企业在本行的金融资产、按揭房贷、纳税等信息，向小微企业发放的快捷流动资金贷款（300万元内），7×24小时随借随还，循环使用。全流程线上操作，不需要提供财务报表、银行流水等资料，最快3分钟可获得贷款资金。

二是"贵园信贷通"等政策性贷款的贷前调查和资产评估环节精简，减少了资产评估环节，时间大大缩短。

三是银行精细服务，主动上门解决企业困难，抵押担保贷款的担保及反担保形式也更为灵活。如采用行业联保（钟山区）、工程合同反担保（盘州市），使得企业贷款时间成本大为降低。

（3）获得信贷成本。

全省获得信贷担保及相关手续费平均占获得贷款的0.26%。铜仁市沿河县、黔南州惠水县等44个县区成本为0；成本最高的是安顺市平坝区、黔东南州施秉县、贵阳市乌当区，为2%。企业反馈整体贷款利率较上年下浮；"贵园信贷通"年利率为4.7125%，利息比其他贷款降低2/3；民贸民品的贴息政策，支持力度很大。从数据看，获得信贷成本较为理想，但要注意到统计样本基数包含了信用贷款，并且很多第三方担保公司的担保费统计遗漏，和实际情况有较大差距。事实上，贵州省获得信贷成本不容乐观。

一方面，尽管多数银行主动承担了资产抵押登记费和评估费用，但是涉及第三方担保公司担保费过高，极个别案例甚至达到 10%，远远高于国家调控的 1.5%～3%；另一方面，贷款平均利率也是一个重要指标，和经济活跃区域相比，贵州省的小微企业贷款利率水平还是走在高位。

（4）征信机构覆盖面。

全省征信机构覆盖面平均得分为 16.51 分。覆盖率最高的是铜仁市万山区、玉屏县，为 29.74 分。覆盖率最低的是毕节市金沙县、黔西县、威宁县、织金县、七星关区、大方县、纳雍县，为 9.34 分。从征信数据的覆盖率来看，全省都不太乐观。征信机构覆盖率是银企沟通的重要指标，也是银行网上授信的重要基础，覆盖面低将间接影响信用贷款发放的额度和效率。

（5）中小微企业申贷获得率。

2017 年 6 月，上海银监局发布的《2016 年上海市普惠金融发展报告》显示，截至 2016 年末沪上小微企业申贷获得率达到 92.66%，连续 4 年达到银监会要求。北京银保监局数据显示，2018 年末北京银行业小微企业贷款余额 11986.38 亿元，同比增长 15.23%；小微企业申贷获得率 90.68%，同比提高 2.39 个百分点。

根据贵州省人民银行提供的 2019 年 10 月统计数据，中小微企业申贷获得率为 97.49%，其中中型企业申贷获得率 8.43%，小微企业申贷获得率 89.06%，与京沪存在一定差距。

（三）评估结果

1. 市（州）排名情况

从全省排名情况来看（贵安新区暂无相应机构未参与排名），有 5 个市（州）超过全省平均分。贵阳市、黔西南州和黔南州得分依次为 76.96 分、76.13 分和 73.47 分，排在全省前三位；遵义市、毕节市和安顺市得分依次为 69.08 分、68.90 分和 63.95 分，排在全省后三位（见表 2-19）。

表 2 - 19　　　　　贵州省营商环境评估获得信贷指标市（州）排名

排名	行政区划	总分	环节（个）	时间（工作日）	成本（%）	征信机构（分）
1	贵阳市	76.96	5.17	18.45	0.32	23.20
2	黔西南州	76.13	5.34	9.11	0.12	15.10
3	黔南州	73.47	5.23	20.08	0.18	18.11
4	六盘水市	72.78	5.38	16.72	0.43	18.81
5	黔东南州	71.68	5.38	17.38	0.25	15.88
6	铜仁市	69.19	5.59	28.89	0.54	24.64
7	遵义市	69.08	5.42	15.86	0.23	11.59
8	毕节市	68.90	5.39	16.91	0.02	9.47
9	安顺市	63.95	5.62	21.06	0.37	11.50
	平均值	71.35	5.39	18.27	0.27	16.48

资料来源：贵州营商环境研究中心。

2. 县（市、区）排名情况

从全省来看，有 49 个县（市、区）超过全省平均分 71.50 分，占比 55.68%。其中贵阳市清镇市、铜仁市万山区 2 县（市、区）表现优异，得分超过了 90 分，占比 2.37%。黔南州都匀市及长顺县、六盘水市盘州市、遵义市仁怀市、黔西南州贞丰县、黔东南州丹寨县及雷山县 7 个县（市、区）成绩良好，分值在 80～90 分，占比为 7.95%。贵阳市修文县、铜仁市江口县、黔东南岑巩县等 42 个县（市、区）表现一般，分值在 70～80 分，占比 47.73%（见表 2 - 20）。

表 2 - 20　　　　贵州省营商环境评估获得信贷指标县（市、区）排名

排名	县（市、区）	总分	环节（个）	时间（工作日）	成本（%）	征信机构（分）
1	贵阳市—清镇市	93.43	4.00	5.50	0.00	21.50
2	铜仁市—万山区	93.27	4.60	9.30	0.00	29.74
3	黔南州—长顺县	87.16	4.67	10.33	0.00	22.78
4	六盘水市—盘州市	85.60	4.67	7.33	0.00	18.81

排名	县（市、区）	总分	环节（个）	时间（工作日）	成本（%）	征信机构（分）
5	遵义市—仁怀市	83.87	4.50	4.38	0.00	12.90
6	黔南州—都匀市	82.99	5.00	7.58	0.00	18.78
7	黔西南州—贞丰县	82.42	4.67	9.33	0.00	15.72
8	黔东南州—丹寨县	81.36	5.00	5.75	0.05	15.94
9	黔东南州—雷山县	81.29	4.83	11.17	0.00	16.94
10	贵阳市—修文县	79.72	5.75	14.50	0.32	29.50
11	贵阳市—花溪区	79.51	4.80	22.99	0.00	21.50
12	贵阳市—云岩区	79.17	5.50	22.99	0.13	29.50
13	铜仁市—江口县	79.12	5.50	15.25	0.04	23.74
14	黔东南州—岑巩县	79.01	4.60	17.40	0.06	15.94
15	六盘水市—钟山区	78.71	5.00	18.70	0.00	19.81
16	黔南州—福泉市	78.71	5.33	8.33	0.00	16.78
17	黔西南州—兴仁县	78.70	5.00	9.13	0.08	14.72
18	黔南州—荔波县	78.46	4.50	21.00	0.00	15.78
19	遵义市—道真县	78.03	5.00	5.75	0.00	10.90
20	黔东南州—剑河县	77.97	5.17	11.25	0.00	15.94
21	黔南州—独山县	77.86	5.00	15.67	0.00	16.78
22	黔南州—三都县	77.83	4.63	13.06	0.00	16.78
23	黔南州—贵定县	77.16	4.50	25.50	0.00	16.78
24	黔西南州—安龙县	76.89	5.33	9.00	0.00	14.72
25	毕节市—金沙县	76.84	5.00	5.83	0.00	9.34
26	黔南州—平塘县	76.81	6.00	11.17	0.00	22.78
27	贵阳市—白云区	76.77	5.40	20.50	0.00	24.50
28	黔西南州—兴义市	76.53	5.25	12.75	0.00	15.72
29	贵阳市—观山湖区	76.11	5.67	16.50	0.27	24.50
30	贵阳市—南明区	76.00	5.60	22.99	0.06	25.50
31	黔西南州—晴隆县	75.41	5.25	8.13	0.33	14.72
32	遵义市—播州区	75.00	5.33	5.34	0.00	9.90
33	贵阳市—开阳县	74.78	5.00	28.50	0.00	20.50

续表

排名	县（市、区）	总分	环节（个）	时间（工作日）	成本（%）	征信机构（分）
34	遵义市—务川县	74.74	5.67	10.33	0.05	16.60
35	黔东南州—黎平县	73.68	5.25	13.75	0.34	15.94
36	黔东南州—三穗县	73.67	6.00	7.00	0.00	15.94
37	黔西南州—普安县	73.56	5.50	10.88	0.16	14.72
38	黔南州—龙里县	73.45	5.50	17.13	0.00	16.78
39	黔西南州—望谟县	73.00	5.75	6.13	0.37	15.72
40	铜仁市—思南县	72.93	5.60	11.35	1.00	23.74
41	黔西南州—册亨县	72.54	6.00	7.50	0.00	14.72
42	黔东南州—麻江县	72.52	5.00	15.00	0.67	15.94
43	黔东南州—从江县	72.31	6.00	9.00	0.06	15.94
44	毕节市—黔西县	72.24	5.00	16.00	0.00	9.34
45	铜仁市—印江县	71.65	5.40	32.90	0.07	23.74
46	安顺市—镇宁县	71.32	5.50	13.25	0.00	11.50
47	遵义市—习水县	70.97	5.33	14.17	0.20	11.90
48	遵义市—湄潭县	70.97	5.50	14.67	0.00	11.90
49	黔东南州—天柱县	70.51	5.50	22.25	0.00	15.94
50	遵义市—桐梓县	70.37	5.80	9.40	0.00	10.90
51	铜仁市—玉屏县	70.15	5.80	37.50	0.18	29.74
52	毕节市—威宁县	69.73	5.50	13.25	0.00	9.34
53	铜仁市—石阡县	69.59	5.67	37.50	0.09	26.74
54	铜仁市—沿河县	69.34	5.50	37.50	0.00	23.74
55	黔东南州—锦屏县	69.14	5.50	17.00	0.50	15.94
56	毕节市—织金县	68.72	5.67	12.67	0.00	9.34
57	黔东南州—台江县	68.48	5.20	31.70	0.00	15.94
58	黔东南州—榕江县	67.81	5.75	19.13	0.20	14.94
59	遵义市—赤水市	67.13	5.00	18.38	0.69	10.90
60	贵阳市—乌当区	67.08	4.20	9.00	2.00	17.50
61	安顺市—紫云县	67.00	6.00	14.50	0.00	11.50
62	贵阳市—息烽县	66.97	5.75	21.00	0.45	17.50

续表

排名	县（市、区）	总分	环节（个）	时间（工作日）	成本（%）	征信机构（分）
63	黔东南州—镇远县	66.93	5.75	24.38	0.00	14.94
64	毕节市—七星关区	66.84	5.67	16.83	0.00	9.34
65	安顺市—西秀区	66.63	5.60	17.05	0.16	11.50
66	毕节市—大方县	66.53	5.75	15.84	0.02	9.34
67	安顺市—关岭县	66.40	5.60	21.80	0.04	11.50
68	遵义市—凤冈县	66.10	5.67	19.00	0.12	10.90
69	黔东南州—凯里市	65.97	6.00	22.00	0.12	15.94
70	六盘水市—六枝特区	65.52	5.86	18.36	0.92	19.81
71	毕节市—纳雍县	65.28	5.50	21.25	0.11	9.34
72	毕节市—赫章县	64.99	5.00	33.63	0.00	10.34
73	遵义市—汇川区	64.28	6.00	21.17	0.00	11.90
74	遵义市—正安县	63.92	5.75	13.38	0.67	10.90
75	黔东南州—施秉县	63.50	4.80	16.20	2.00	15.94
76	黔南州—惠水县	63.28	6.00	36.17	0.00	19.78
77	遵义市—绥阳县	63.24	4.67	24.00	1.20	10.90
78	黔东南州—黄平县	62.80	5.75	35.13	0.00	15.94
79	六盘水市—水城县	61.29	6.00	22.50	0.80	16.81
80	遵义市—余庆县	60.96	5.67	32.33	0.00	10.90
81	安顺市—普定县	60.11	5.50	37.50	0.03	11.50
82	铜仁市—德江县	59.36	5.83	37.50	1.00	23.74
83	黔南州—瓮安县	58.67	5.60	37.50	0.64	16.78
84	遵义市—红花岗区	57.52	6.00	29.67	0.29	10.90
85	铜仁市—松桃县	56.38	6.00	33.00	1.50	23.74
86	安顺市—平坝区	52.24	5.50	22.25	2.00	11.50
87	铜仁市—碧江区	50.12	6.00	37.08	1.50	17.74
88	黔南州—罗甸县	49.22	6.00	37.50	1.50	16.78
	平均值	71.50	5.38	18.36	0.26	16.51

资料来源：贵州营商环境研究中心。

（四）存在的问题

1. 突出问题

（1）贷款难。

经济下行压力加大，部分企业失信导致融资难。此外还体现在：一是抵押困难，包括抵押物不足及抵押物不能分割等；二是信用机制待健全，贷款企业、银行之间信息不对称，信用评估不健全，贷款额度不低；三是银行普遍视小微企业信用风险过大，企业多个账户不同银行的流水不被一家银行认可；四是政府对企业审核相对频繁，申请贷款方式受限，急用资金时无法应急。

（2）贷款贵。

主要表现为利率高，增加企业成本。在基准利率上浮大甚至需要支付10%的贷款利率，经营压力很大。农信社涉及的小微企业很多，而贷款利率基本在8%～9%。且部分县区直接抵押给银行的资产第三方评估手续费由企业自行承担。由于银行信贷产品周期短，无法满足企业生产经营需求，不得不频繁转贷，导致"过桥"资金痛点。此外，企业无法从银行获得贷款时转向民间融资，高额利息成为企业发展无法承载之痛。

（3）贷款手续繁杂。

中长期贷款审批流程繁杂。银行需多次对企业固定资产、流动资金及发展情况评估，资产评估时间长、准备资料烦琐。且申请贷款纸质审批和系统审批都需要领导层层签字，办理贷款周期长。

（4）贷款额度低周期短。

抵押类贷款授信额度较低。抵押房产价值与贷款金额相差大，贷款抵押率（贷款获得与评估价值比值）在商业地产仅为50%。大部分银行贷款需固定资产抵押，且还款时间短，难以满足企业资金需求。

（5）政府专门机构和政策产品欠缺。

地方政府或上级政府未能直接与金融机构合作，未能通过政府征信降低企业的融资门槛。部分地方政府取消贴息项目，企业压力较大。目前政府设立专门为中小微企业融资担保的担保公司，但目前担保公司的数量、规模远远不能满足企业贷款需求。

（6）政策执行具有随意性。

部分企业税收达到税源贷（按缴税额度给企业贷款的项目，明文规定只要税务获得 A 或 B 定级就能获得贷款）条件，但因无抵押物等银行还是不予贷款。返乡创业者有 3 年无息贷款的优惠政策，但部分县区未执行。

同一个市（州）的农业企业流转土地，有的县允许融资，有的县不被允许，且经济果林和木材又不被认可为抵押物，农业企业融资比较困难。

（7）金融服务产品不足。

没有针对续贷的过桥资金金融服务。在首次申请贷款后，银行续贷体系不健全，多数商业银行都是一年一贷，最长能两年一贷，但企业经营的行业投资大、战线长，资金流转周期长。

（8）银行服务意识及能力欠缺。

贷款审理时间长，信贷员对结果模棱两可，耗时长。工作人员不熟悉业务，没有清晰的材料清单。企业不知道能不能申请贷款，不知道哪家银行可以贷款，获得额度条件不明确。

2. 原因分析

（1）不少民营企业自身先天不足。

一方面，民营企业市场化程度及经营风险较高，自身存在财务制度不健全、财务数据不规范、生命周期短、行业不稳定、企业信用等级低等治理结构不完善问题；另一方面，银企之间信息严重不对称，银行缺乏有效的尽职免责机制，也一定程度上影响银行的放贷顾虑。

（2）政府配套服务不到位。

一是促进民营企业发展的法律保障机制不健全。众多的法律法规、行政规章对民营中小微企业的作用仍然定位在"补充"上，未将其视为一支重要力量看待。

二是扶持鼓励民营企业发展的政策措施不到位，许多政策法规没落到实处，或者在落实上打了折扣。在政策条款的执行上，态度保守，主动服务的意识欠缺。

三是服务体系不健全。中小微企业急需的融资服务、法律咨询、技术支持、人才培训等服务明显不足。

（3）现有金融制度和融资格局所限。

我国现行的银行机构体系由国有、股份制、城市商业银行及城乡信用社构成，这就决定中国仍然是以银行为媒介、间接融资占主导地位、资本主要流向国企的融资格局，这一点在贵州尤为突出。

缺乏专业的民营企业融资金融机构。目前民营企业的主要融资渠道仍然是社会上的主流大型商业银行，但是这些银行往往是在政府政策的要求及社会压力下为民营企业提供借贷，因而融资服务的成效和效率很难得到保证。

（4）信贷导向和考评标准的公平性及科学性待加强。

国有商业银行偏好大中型企业。从商业银行总行来说，普遍采取不良贷款责任终身追究制度。如果对国有企业放贷产生不良贷款，不存在"国有资产流失"问题，这些不良资产可以进行"债转股"。而如果对民营企业放贷产生不良贷款，则可能涉嫌利益输送，存在国有资产流失等罪名。

信贷干预对中小微企业存在误伤。在宏观调控过程中，有关部门或地方政府可能对银行信贷行为进行行政干预，要求限制某些行业企业，在执行过程中常常首先伤及中小微企业。

（5）支持中小微企业融资的信用担保体系不完善。

企业征信体系不健全。贵州省征信覆盖面严重不足，缺乏统一完备的小微企业信息平台，小微企业财务制度不健全、负债结构复杂等问题导致的银企信息严重不对称，影响了银行对企业信贷的支持。

（五）对策建议

持续优化贵州省信贷营商环境，需要政府、金融机构和企业共同推进。中小微企业贡献了60%的GDP，承担了80%的就业，且发展潜能巨大。加大对中小微企业扶持应是贵州今后优化融资环境的重点方向。

1. 加强对中小微企业政策支持

（1）完善和健全民营企业融资法律保障体系。

通过法律法规明确民营企业的重要地位，维护其合法权益，促进民营企业经营和融资走上规范化、法制化轨道。如推进企业资产合法化，落实土地使用权证和房产证办理，利于贷款时抵押担保。

（2）着力疏通政策传导机制。

各级政府建立贷款风险补偿金制度。通过引导基金、融资担保、贷款贴息、银税互动、银企互动、银政企合作等方式，在帮助中小微企业经济救急方面加大公共财政支持力度，并在对中小微企业风险评估上多发挥监管作用。

（3）建立金融机构绩效考核与民营信贷投放挂钩的激励机制。

加快落实中小微企业贷款利息收入免征增值税政策，适当提高贷存比指标容忍度。调整银行信贷部门相关指标考核标准，将民企贷款尤其小微企业的数量、比率、增长率作为考核重点，让信贷部门能从提供优质的贷款业务中受益。

2. 优化金融供给机制

（1）加快构建政策性金融支持体系。

金融创新是关键。当前中小微企业融资难的焦点在于部分银行尚未建立针对中小微企业的客户筛选和风险管控体系。要解决这一难题，关键是培育以中小微企业为主要客户的金融机构，鼓励发展适应其特点的小额贷款公司、村镇银行、投融资公司等。商业银行则应积极推动票据融资、授信贷款、个人创业贷款、循环额度贷款、小企业联保贷款等为中小微企业量身定做的金融产品。

（2）引导商业银行加快设立中小微企业专营机构。

推出与中小微企业成长周期和经营周期相匹配的产品，执行差别化信贷方案，为中小微企业提供量身定制的融资服务。通过市场竞争机制，促进中小银行机构适度下调小微企业贷款利率。同时通过减少抵押担保、提高审批效率、完善续贷服务、网上办理不动产抵押登记等方式，降低企业综合融资成本。

（3）大力发展直接融资。

加强与省内外资本市场对接，加大对上市、挂牌企业奖补，综合运用多种手段引导小微企业进行直接融资。鼓励相关政府的产业基金参与设立创投基金，引导社会资本以股权等方式直接投资创新能力强、市场前景好、发展空间大的小微企业。提高企业的直融比例，将单纯的间接贷款融资逐步被夹层融资方式或股权融资替代一定比例。

3. 完善企业信用体系建设

（1）加强信用监督管理。

政府要当好信用规则的制定者和维护者，更高效率、更高水平地行使好信用管理、监督和服务职能。首先是加快完善信用监督法律法规体系，保障市场机制有效运转。其次是要推动完善以信用为核心的市场监管机制，推进全省企业信用信息公示系统和中小微企业信用信息服务平台建设，做实信用信息记录和披露机制，强化守信激励和失信惩戒联动机制，加大对诚信企业的政策激励，引导企业正确认识信用的价值和作用。

（2）加快整合政务资源。

清理和规范融资收费，完善社会信用体系建设。积极引入低成本、长期限的政策性金融和保险资金，发挥政策性担保支持作用，健全信用担保制度，大力推广信用贷款，充分发挥保险对中小微企业的服务功能。

（3）建立健全银企信息沟通网络。

建设全省统一的中小微企业信用信息网络。依托政务服务，整合工商、税务、金融、环保、质监和公检法等与小微企业及小微企业主相关的各部门信息，向金融机构免费提供标准化查询接口，为金融机构运用大数据、人工智能等金融科技手段缓解小微企业融资难题提供数据支撑。提升对小微企业的风控水平和服务能力，逐步提高小微企业信用贷款比重。

4. 建立和完善中小微企业辅导体系

（1）加强平台载体建设。

通过整合信息资源，破解信息不对称。可借鉴深圳市政府主导搭建的"深圳市创业创新金融服务平台"，充分实现中小微企业融资过程中的数据信息整合、金融资源整合、惠企政策整合和涉企服务整合，初步解决中小微企业融资过程中的系列痛点。

（2）构建全方位的中小微企业辅导体系。

针对中小微企业在生产技术、财务管理、市场营销、品质提升、海外市场拓展、企业上市等方面的痛点问题提供咨询服务和解决方案。提供全生命周期服务，企业遇到法律风险、政治风险、信用风险时，提供全方位咨询服务。

5. 金融机构主动作为

（1）金融机构加强布局。

要真心实意下苦功，支持中小微企业做大做强，实现银企双赢的目标。对于商业银行，要改进现行信贷管理制度，制定适应中小微企业实际情况的贷款操作规程。此次调研中，思南县农商行推出的续贷政策很有效力，即对诚信良好的企业和个人到期后直接续贷，减少中间环节，大大降低了成本，值得全省推广借鉴。

（2）金融机构应强化流程管理。

高效利用科技金融手段，着力提升客户服务体验。金融科技是普惠金融的解决方法，银行向零售转型是未来银行的战略选择，金融科技是解决零售快速发展的解决方案。利用大数据、互联网、AI、区块链等技术，可以精准地分析风险，推出高效便捷的线上产品，实现了"既快又省"的便捷服务。

积极打造专营机构，提供专业化金融服务。完善银行利率标准，加大农业企业的贷款扶持力度。力争"一企一策"，大力发展消费金融、绿色金融、科技金融、普惠金融，满足民营企业多样化金融需求，形成金融服务民营经济的长效机制。

八、政 务 服 务

（一）指标解读

"政务服务"是事关社会各领域运转成效的关键，该指标记录自然人或法人在日常生活、生产经营、迁徙流动、医疗教育等诸领域，众多具体事项上获取相应政务服务过程中，官方展现出的政务服务能力、服务平台运转效率及群众获取政务服务便利度与服务评价（满意度）等。

"政务服务"属于县域层级评估指标，考察审批服务便民化、"互联网＋政务服务"、政务信息系统整合共享等情况。共包含网上政务服务能力、政务服务事项便利度、政务服务满意度、与国家政务服务平台数据共享4项二级指标。网上政务服务能力主要考察各地在贵州政务服务网的办事能力。政务服务事项便利度集中关注各地实体政务大厅办事的便利程度。满意度旨在考察企业在当地政务大厅各窗口办理业务后的主观感受。政务数据共享主要关注各地政务数据"四级四同"及公共服务事项认领的关联度。

（二）评估概况

1. 总体情况

评估结果显示，2019年全省88个县（市、区）政务服务指标平均得分为70.26分，超过平均分的县（市、区）有47个。从4项二级指标来看，全省网上政务服务能力平均值为2.73分（最高值4.33分），政务服务事项便利度平均指数为8.74分（最高值11.96分），政务服务满意度平均指数为43.55分（最高值51.00分），与国家政务服务平台数据共享的平均指数为1.40分（最高值2.00分）（见表2－21）。

表 2 - 21　　　　　　　　　　　政务服务指标极值分布　　　　　　　　　单位：分

	网上政务服务能力	政务服务事项便利度	政务服务企业满意度	政务数据共享
最大值	4.33	11.96	51.00	2.00
平均值	2.73	8.74	43.55	1.40
最小值	1.87	5.27	32.33	0.35

资料来源：贵州营商环境研究中心。

从极值数据来看，网上政务服务能力最高分为 4.33 分，最低分仅 1.87 分，极差为 2.46 分，显示出部分地区对进驻贵州政务服务网的相关服务整合力度不够，"一网通办"力度仍待加强。政务服务事项便利度最高分 11.96 分，最低分仅 5.27 分，极差达 6.69 分，表明各地政务大厅为企业及民众提供的集成服务水平差异较大，"一窗通办"仍需提升。政务服务企业满意度为企业问卷满分 52 分，全省最高分 51.00 分，最低分 32.33 分，极差为 18.67 分，表明企业在政务大厅办理业务的获得感差异较大。政务数据共享最高分 2.00 分，最低分 0.35 分，极差 1.65 分，体现各地在系统数据共享力度方面差异明显。

全省政务服务指标最高得分为遵义市习水县（84.77 分），其中网上政务服务能力为 3.33 分，政务服务事项便利度为 11.36 分，政务服务满意度为 42.33 分，与国家政务服务平台数据共享指数为 1.91。

全省政务服务最低得分为安顺市普定县（45.05 分），其中网上政务服务能力为 2.09 分，政务服务事项便利度为 5.53 分，政务服务满意度为 36 分，与国家政务服务平台数据共享指数为 0.37。

2. 分项指标表现

（1）网上政务服务能力。

全省网上政务服务能力平均 2.73 分，42 个县（市、区）达到平均值。网上政务服务能力主要涉及各县（市、区）在贵州政务服务网的实际办件量、本级政务服务事项（依申请权力事项）在贵州政务服务网可办率、本级政务服务事项（依申请权力事项）在贵州政务服务网实际办理率、本地政府具有行政审批权限的部门实际进驻贵州省政务服务网的数量、本县区企业及群众在"好差评"系统中的实际（不包含默认）参评次数 5 项三级指标。省内对比分析如图 2-7 所示。

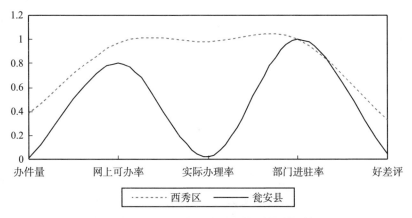

图 2-7 "网上政务服务能力"极值对标情况

资料来源：贵州营商环境研究中心。

网上政务服务能力得分最高的是安顺市西秀区，其在贵州政务服务网实际办件量得 0.38 分，本级政务服务事项（依申请权力事项）得 0.97 分、本级政务服务事项（依申请权力事项）在贵州政务服务网实际办理率得 0.98 分，本地政府具有行政审批权限的部门实际进驻贵州省政务服务网的数量为 1 分，本县区企业及群众在"好差评"系统中的实际（不包含默认）参评次数得分为 1 分。

网上政务服务能力得分最低的是黔南州瓮安县。西秀区和瓮安县的网上政务服务能力差距主要在实际办件量、本级政务服务事项（依申请权力事项）在贵州政务服务网实际办理率和本县区企业及群众在"好差评"系统中的实际（不包含默认）参评次数 3 项指标上，其余 2 项指标差距并不明显。

（2）政务服务事项便利度。

全省平均政务服务事项便利度得分为 8.74 分，达平均分的县（市、区）数量为 44 个。6 项三级指标的情况为：①"减证便民"指标针对烦扰群众的各种"奇葩证明"、循环证明、重复证明等问题，依法规范群众办事需要提供的申请材料。全省平均分为 0.14 分，25 个县区超过平均分。②"一窗改革"指标指推行"一窗受理，一窗办结"，通过分类受理事项降低群众跑腿造成的办事成本。全省平均分为 0.83 分，达平均分的县区 53 个。③"集成套餐"服务指的是将群众办理相关事务所涉及的多个部门业务进行集成整合，通过综合服务窗口受理。全省平均分为 0.45 分，53 个县区超过平均分。为改善群众办事过程中"反复跑腿"现象，推动简化办事程序。④"零跑腿"指"一次都不用跑"，全省平均分为 0.17 分，31 个县区超平均分。⑤"最多跑一次"事项清单平均分为 0.34 分，达平均分的县区 34 个。⑥政务服务完备度衡量政务服务方式的丰富性、渠道的多元性、平台的可及性、方式的规范性、内容的全面性以及服务评价反馈的畅通性和及时性等。全省平均分为 6.81 分，达全省平均分的县区 44 个（见图 2-8）。

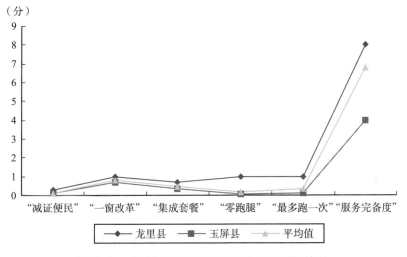

图 2-8　"政务服务事项便利度"极值对标情况

得分最高的是黔南州龙里县（11.96 分）。其"减证便民"得 0.28 分、"一窗改革"得 1 分、"集成套餐"服务得 0.71 分、"零跑腿"事项清单得 1 分、"最多跑一次"事项清单得 0.97 分、政务服务完备度得 8 分，三级指标得分均高于全省平均分。

得分最低的是铜仁市玉屏县（5.27 分）。其"减证便民"得 0.1 分、"一窗改革"得 0.7 分、"集成套餐"服务得 0.32 分、"零跑腿"事项清单得 0.03 分、"最多跑一次"事项清单得 0.12 分、政务服务完备度得 4 分，所有三级指标得分均低于全省平均分。

（3）政务服务满意度。

政务服务满意度是对政务服务的一种总体性考察，是群众和企业对政务服务之主观体验的信息反馈。本轮调研通过 26 个问题完成，问卷满分 52 分。内容涉及政务服务渠道的多元性与便捷度、政务服务的精细化与个性化等方面。全省政务服务满意度卷面平均分为 43.55 分，共计 51 个县（市、区）达全省平均分。得分最高的是黔西南州兴仁县与晴隆县（51 分）；得分最低的是贵安新区、铜仁市印江县和贵阳市花溪区，分值为 32.33 分。

（4）与国家政务服务平台数据共享。

与国家政务服务平台数据共享指标主要从各县（市、区）的政务服务事项"四级四同"关联率和本级公共服务事项认领关联率 2 项三级指标进行评估。全省该指标平均指数为 1.4，达到平均指数的县（市、区）共计 56 个（包括贵安新区），最高指数为黔南州独山县、龙里县，黔东南州的从江县、麻江县、榕江县和三穗县，共享指数均为 2；最低指数为铜仁市玉屏县的 0.35（见图 2 - 9）。

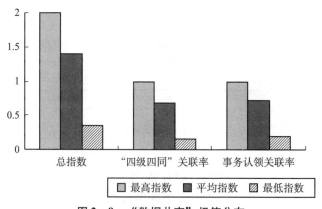

图 2 - 9　"数据共享"极值分布

资料来源：贵州营商环境研究中心。

政务服务事项"四级四同"关联率是指国家、省、市、县（市、区）四个层级的事项名称、事项编码、事项类型和设定依据相同。该三级指标全省平均指数为 0.673（不包括贵安新区），达到平均指数的县（市、区）

有 53 个，最高的是黔南州的独山县和龙里县，黔东南州的从江县和榕江县，指数均为 1，最低的则是铜仁市玉屏县的 0.149。

县（市、区）公共服务事项认领关联率的平均指数为 0.71（不包括贵安新区），达到平均指数的县（市、区）有 52 个，最高的遵义市播州区等 33 个县（市、区），指数均为 1；最低的则有贵阳市南明区等 12 个县（市、区），指数均为 0.2。

（三）评估结果

1. 市（州）排名情况

各市（州）政务服务得分是其所辖县（市、区）政务服务得分的平均值，包括贵安新区在内的各市（州）政务服务指标得分如表 2-22 所示。

表 2-22　　　　　　　市（州）政务服务得分排名

排名	行政区划	政务服务得分
1	黔东南州	74.39
2	遵义市	74.22
3	黔南州	73.54
4	毕节市	72.97
5	六盘水市	71.93
6	黔西南州	69.46
7	安顺市	64.42
8	贵安新区	63.92
9	贵阳市	63.60
10	铜仁市	62.89

资料来源：贵州营商环境研究中心。

2. 各县（市、区）排名情况

全省各县（市、区）政务服务指标得分及排名（见表 2-23），其中政务服务指标总得分为各项二级指标得分的算术平均分。

表 2-23　　贵州省 2019 年营商环境评估县（市、区）政务服务排名

单位：分

排名	县（市、区）	网上政务服务能力	网上政务服务能力得分	服务事项便利度	服务事项便利度得分	政务服务满意度	政务服务满意度得分	政务服务数据共享	政务服务数据共享得分	总分
1	遵义市—习水县	3.33	75.61	11.36	94.62	42.33	72.14	1.91	96.73	84.77
2	黔东南州—剑河县	3.20	72.44	9.59	78.74	48.17	90.91	1.88	95.64	84.43
3	黔南州—独山县	3.18	71.95	9.02	73.63	47.17	87.69	2.00	100.00	83.32
4	黔南州—三都县	3.41	77.56	10.18	84.04	42.00	71.08	1.95	98.18	82.71
5	遵义市—汇川区	3.23	73.17	9.49	77.85	45.00	80.72	1.90	96.36	82.02
6	黔东南州—黎平县	3.11	70.24	9.50	77.94	46.17	84.48	1.79	92.36	81.26
7	遵义市—赤水市	2.83	63.41	10.06	82.96	45.83	83.39	1.81	93.09	80.71
8	黔南州—罗甸县	2.78	62.20	9.99	82.33	45.33	81.78	1.89	96.00	80.58
9	黔东南州—榕江县	2.85	63.90	9.21	75.34	45.50	82.32	2.00	100.00	80.39
10	安顺市—紫云县	2.53	56.10	10.50	86.91	46.33	84.99	1.78	92.00	80.00
11	遵义市—湄潭县	2.93	65.85	9.93	81.79	48.83	93.03	1.42	78.91	79.90
12	黔西南州—贞丰县	2.39	52.68	10.55	87.35	45.83	83.39	1.82	93.45	79.22
13	黔西南州—册亨县	2.56	56.83	10.58	87.62	45.83	83.39	1.68	88.36	79.05
14	遵义市—播州区	3.55	80.98	10.35	85.56	37.17	55.55	1.82	93.45	78.89
15	黔东南州—三穗县	2.53	56.10	8.81	71.75	47.17	87.69	2.00	100.00	78.88
16	毕节市—织金县	2.54	56.34	9.89	81.43	45.17	81.26	1.88	95.64	78.67
17	贵阳市—清镇市	2.89	64.88	10.14	83.68	46.00	83.93	1.51	82.18	78.67
18	黔南州—长顺县	2.38	52.44	10.71	88.79	42.50	72.68	1.98	99.27	78.30

续表

排名	县（市、区）	网上政务服务能力	网上政务服务能力得分	服务事项便利度	服务事项便利度得分	政务服务满意度	政务服务满意度得分	政务服务数据共享	政务服务数据共享得分	总分
19	黔南州—龙里县	3.23	73.17	11.96	100.00	50.50	40.00	2.00	100.00	78.29
20	黔东南州—雷山县	2.26	49.51	10.21	84.30	44.67	79.66	1.97	98.91	78.10
21	遵义市—余庆县	2.57	57.07	10.34	85.47	42.33	72.14	1.93	97.45	78.03
22	遵义市—桐梓县	2.73	60.98	8.40	68.07	48.67	92.51	1.73	90.18	77.94
23	六盘水市—水城县	3.82	87.56	9.82	80.81	42.83	73.74	1.15	69.09	77.80
24	黔南州—荔波县	2.71	60.49	7.91	63.68	48.83	93.03	1.72	89.82	76.75
25	黔东南州—锦屏县	3.06	69.02	8.80	71.66	45.83	83.39	1.49	81.45	76.38
26	黔西南州—安龙县	2.37	52.20	9.83	80.90	48.50	91.97	1.43	79.27	76.08
27	毕节市—纳雍县	2.68	59.76	8.42	68.25	43.75	76.70	1.93	97.45	75.54
28	遵义市—绥阳县	3.14	70.98	6.93	54.89	44.67	79.66	1.90	96.36	75.47
29	毕节市—大方县	2.80	62.68	8.78	71.48	43.17	74.84	1.80	92.73	75.43
30	黔东南州—施秉县	2.07	44.88	8.90	72.56	46.33	84.99	1.97	98.91	75.33
31	六盘水市—盘州市	2.44	53.90	10.39	85.92	50.83	99.45	0.93	61.09	75.09
32	黔南州—贵定县	2.89	64.88	8.89	72.47	46.17	84.48	1.35	76.36	74.55
33	黔东南州—麻江县	2.35	51.71	8.07	65.11	44.83	80.17	2.00	100.00	74.25
34	毕节市—威宁县	2.67	59.51	8.52	69.15	43.17	74.84	1.82	93.45	74.24
35	毕节市—金沙县	2.71	60.49	7.57	60.63	45.17	81.26	1.76	91.27	73.41
36	黔东南州—从江县	2.98	67.07	6.96	55.16	42.00	71.08	2.00	100.00	73.33

续表

排名	县（市、区）	网上政务服务能力	网上政务服务能力得分	服务事项便利度	服务事项便利度得分	政务服务满意度	政务服务满意度得分	政务服务数据共享	政务服务数据共享得分	总分
37	贵阳市—修文县	2.26	49.51	8.52	69.15	49.83	96.24	1.40	78.18	73.27
38	黔西南州—兴仁县	3.29	74.63	10.42	86.19	51.00	40.00	1.73	90.18	72.75
39	遵义市—道真县	2.83	63.41	9.55	78.39	50.00	96.79	0.65	50.91	72.37
40	铜仁市—碧江区	2.89	64.88	8.90	72.56	47.00	87.15	1.03	64.73	72.33
41	黔东南州—天柱县	2.76	61.71	8.28	67.00	43.67	76.44	1.56	84.00	72.29
42	铜仁市—思南县	3.24	73.41	6.78	53.54	40.00	64.65	1.91	96.73	72.08
43	黔东南州—凯里市	2.76	61.71	8.07	65.11	44.00	77.50	1.56	84.00	72.08
44	黔东南州—丹寨县	2.16	47.07	7.93	63.86	45.00	80.72	1.89	96.00	71.91
45	遵义市—红花岗区	2.23	48.78	10.29	85.02	39.00	61.44	1.79	92.36	71.90
46	黔东南州—黄平县	2.44	53.90	9.11	74.44	39.50	63.04	1.81	93.09	71.12
47	黔东南州—镇远县	2.46	54.39	8.32	67.35	42.67	73.23	1.67	88.00	70.74
48	六盘水市—六枝特区	2.49	55.12	11.26	93.72	50.00	40.00	1.72	89.82	69.67
49	黔东南州—岑巩县	2.49	55.12	8.73	71.03	40.00	64.65	1.65	87.27	69.52
50	遵义市—仁怀市	3.11	70.24	9.49	77.85	34.00	45.37	1.57	84.36	69.46
51	毕节市—七星关区	2.86	64.15	7.68	61.61	39.50	63.04	1.69	88.73	69.38
52	黔南州—都匀市	2.23	48.78	8.45	68.52	41.50	69.47	1.74	90.55	69.33
53	毕节市—黔西县	2.42	53.41	8.63	70.13	44.17	78.05	1.33	75.64	69.31

续表

排名	县（市、区）	网上政务服务能力	网上政务服务能力得分	服务事项便利度	服务事项便利度得分	政务服务满意度	政务服务满意度得分	政务服务数据共享	政务服务数据共享得分	总分
54	安顺市—平坝区	3.07	69.27	8.06	65.02	50.00	96.79	0.37	40.73	67.95
55	安顺市—镇宁县	2.49	55.12	8.66	70.40	44.33	78.56	1.10	67.27	67.84
56	黔南州—惠水县	3.49	79.51	7.45	59.55	36.00	51.79	1.46	80.36	67.81
57	毕节市—赫章县	2.68	59.76	8.27	66.91	38.83	60.89	1.55	83.64	67.80
58	铜仁市—江口县	2.32	50.98	9.99	82.33	38.00	58.22	1.42	78.91	67.61
59	黔南州—平塘县	3.33	75.61	9.60	78.83	48.17	40.00	1.29	74.18	67.16
60	铜仁市—石阡县	3.11	70.24	7.40	59.10	48.83	93.03	0.41	42.18	66.14
61	黔西南州—兴义市	2.62	58.29	9.09	74.26	50.33	40.00	1.70	89.09	65.41
62	贵阳市—乌当区	3.09	69.76	9.47	77.67	38.80	60.79	0.69	52.36	65.15
63	六盘水市—钟山区	2.68	59.76	9.01	73.54	49.17	40.00	1.65	87.27	65.14
64	遵义市—务川县	2.23	48.78	8.21	66.37	42.67	73.23	1.22	71.64	65.00
65	贵阳市—南明区	4.19	96.59	6.64	52.29	40.83	67.32	0.37	40.73	64.23
66	安顺市—西秀区	4.33	100.00	6.41	50.22	33.33	43.21	0.95	61.82	63.81
67	黔南州—福泉市	2.04	44.15	10.09	83.23	50.67	40.00	1.64	86.91	63.57
68	铜仁市—万山区	2.77	61.95	7.33	58.48	48.50	91.97	0.38	41.09	63.37
69	贵阳市—白云区	3.41	77.56	7.36	58.74	42.00	71.08	0.50	45.45	63.21
70	安顺市—关岭县	2.00	43.17	9.28	75.96	44.17	78.05	0.63	50.18	61.84
71	遵义市—凤冈县	1.99	42.93	8.09	65.29	45.33	81.78	0.79	56.00	61.50

续表

排名	县（市、区）	网上政务服务能力	网上政务服务能力得分	服务事项便利度	服务事项便利度得分	政务服务满意度	政务服务满意度得分	政务服务数据共享	政务服务数据共享得分	总分
72	贵阳市—云岩区	2.61	58.05	7.63	61.17	42.50	72.68	0.72	53.45	61.34
73	黔西南州—望谟县	2.27	49.76	5.60	42.96	38.17	58.77	1.83	93.82	61.33
74	黔西南州—晴隆县	2.20	48.05	9.27	75.87	51.00	40.00	1.48	81.09	61.25
75	遵义市—正安县	2.91	65.37	6.88	54.44	39.00	61.44	0.99	63.27	61.13
76	铜仁市—德江县	2.48	54.88	7.56	60.54	44.67	79.66	0.56	47.64	60.68
77	黔西南州—普安县	2.34	51.46	8.38	67.89	39.33	62.50	0.91	60.36	60.55
78	黔东南州—台江县	2.10	45.61	7.04	55.87	45.00	80.72	0.86	58.55	60.19
79	黔南州—瓮安县	1.87	40.00	7.81	62.78	43.83	76.96	0.92	60.73	60.12
80	贵阳市—观山湖区	2.46	54.39	7.91	63.68	40.00	64.65	0.83	57.45	60.04
81	贵阳市—开阳县	2.74	61.22	8.36	67.71	37.83	57.68	0.70	52.73	59.83
82	铜仁市—松桃县	2.74	61.22	7.06	56.05	39.83	64.10	0.81	56.73	59.53
83	贵阳市—息烽县	2.56	56.83	8.64	70.22	34.17	45.91	1.03	64.73	59.42
84	铜仁市—沿河县	2.18	47.56	8.56	69.51	42.17	71.62	0.53	46.55	58.81
85	铜仁市—印江县	2.44	53.90	8.31	67.26	32.33	40.00	0.81	56.73	54.47
86	铜仁市—玉屏县	3.07	69.27	5.27	40.00	40.50	66.26	0.35	40.00	53.88
87	贵阳市—花溪区	2.52	55.85	8.28	67.00	32.33	40.00	0.36	40.36	50.80
88	安顺市—普定县	2.09	45.37	5.53	42.33	36.00	51.79	0.37	40.73	45.05

资料来源：贵州省营商环境研究中心。

（四）存在的问题

1. "一窗通办"仍有较大整合空间

企业普遍对政务服务中心的整合模式表示欢迎，目前在窗口服务中存在但不限于以下问题包括：一是社保和医保的业务尚未整合，医疗保险分离出来后，企业办事需跑 2 个部门；二是税务和员工社保登记及注销不能在窗口一次性办理，导致营业执照业务办理缓慢；三是部分业务只有一个办事窗口，导致等待时间长。

2. "一网通办"水平亟待提升

企业期待能通过网络端或 App 实现足不出户办理业务，目前存在的问题有：一是业务不能通过网络全流程办理，且企业在不清楚流程及资料时，通过政务服务网提供的咨询电话未能得到满意答复，很多客服人员不知道业务办理流程；二是网络不稳定，部分企业遭遇办理业务时出现电脑卡死和网络不稳定情况，工作人员着急，业务办理也被耽误时间；三是住建部门网上办理的业务不齐全（如劳监、安监），网上无法上报审批；四是部分业务开票不能微信支付，现金结算比较麻烦。

3. 数据共享力度差

企业期待政府部门在办理证件或许可方面，相关管理部门能实现资料共享，避免重复提交。个别地方税务窗口开发票仍需本人带身份证到窗口，比较麻烦。企业普遍对取消重复行政审批、加强各部门资料共享呼声较高。

4. 政务服务标准待进一步统一

在多部门联合办理事项中，存在资料清单清晰但无配套表格模板的情况。目前部分业务流程不够规范，各部门制定的审批流程，在审批依据、申报材料、受理方式、办理时限等方面差别较大，有繁有简，时间有长有短。

5. "一次性告知"不到位

部分企业表示，办事所需资料没有一次性告知，导致多次来回办理。其中有企业去社保窗口办理业务时，窗口工作人员在电脑没有网络的情况下，直接将电脑关闭，不摆放任何告示，让企业一直等待。个别企业在医疗卫生窗口咨询如何办理医疗药品销售许可证时，窗口人员给的信息不准确，内部信息传达不及时，部门已搬迁但给的还是原办公地址，导致企业多次跑腿。

6. "两头跑" 现象不同程度存在

受访企业表示，部分审批项目比较缓慢，审批程序较为复杂，其中有的审批由于单位没有充分授权，仍然需要拿回原单位盖章。

7. 乡镇政务中心服务水平差距大

个别企业反馈，县城政务服务水平上去后，希望加强对乡镇政务服务中心进行监督管理。企业多次到乡镇政务服务中心办事，上班时间找不到人，电话咨询态度不好，脸难看、事难办、话难听的现象时常发生。

8. 工作人员业务水平待提升

工作能力不强，业务不熟。在变更营业执照信息（例如变更地址和行政区划）和一些其他业务时，需要政府部门和社区提供相关文件和信息，但常遇到工作人员不配合的情况，导致企业跑多次也办不了业务。

9. 便民服务水平有待提高

部分企业对政务中心复印资料、休息等待区提供、停车位、第三方有偿服务费用高等情况集中反馈，期待继续改进。

（五）对策建议

1. 加强政务中心业务整合力度

从整体上让有条件的相关职能部门全部进驻政务中心，真正实现进一扇门、办所有事；对暂时不具备进驻条件的部门要做规划，创造条件使其尽快进驻政务服务中心。就一个部门而言，进驻政务中心的窗口需要做到权力链条无断裂，进而实现现场办结，杜绝在前台与部门间来回跑。

2. 进一步规范政务服务标准

表单模板作为一种规范性文本，需要做到格式统一，可在政务中心提供打印成品，或提供模板供民众复印，对于具备条件的民众可通过网络传送方式将电子版表单发送到其可方便适用的终端。对于一次性告知不到位的问题，各相关业务部门需组织核对，保证信息告知的完整性，同时在表达上也要注意结合当地实际情况，方便群众理解。

3. 推进业务流程再造

对于政务服务中心的窗口设置，首先要保证窗口数量能满足当地民众办事的需要，但在增加窗口数量的同时，还需要在职能和业务上进行整合，设置不同类型的综合窗口。对于办理流程比较烦琐的业务，需要从部门内及部门间的协调关系出发、从整体性治理的角度出发，推进流程再造和智能整合。

4. 加强数据共享力度

重复审批和材料重复提交属于制度及制度改革步调的问题，对该类问题的解决，一方面，需要从各位阶与行政审批相关的规章制度改革入手，通过制度的松绑来避免该类问题的发生，若制度改革超出本级政府的权限，可在条件允许的情况下进行地方性探索，以基层探索来推动顶层设计的优化；另一方面，对于改革异步的问题，改革滞后的部门需要加快改革的步伐，以同步改革来推动问题解决。

5. 提升服务主动性和群众满意度

对于群众在政务服务中心办理相关事务的过程中，因缺乏相关打印/复印材料而无法办理相关业务时，政府中心可在显眼的指定区域投放有偿或无偿服务，避免业务中断，减少群众跑腿。对于因停车问题给办事群众带来的麻烦和不必要的经济与时间成本，政府应通过新建、改扩建或指定第三方提供有偿服务，以解决办事出行顾虑。对于因导引标识不易发觉造成群众无法快速找到相应办事窗口的问题，应通过重新布置来达到有效引导。此外，政务中心可指派相应的专门人员、志愿者和热心市民来做导办、协办工作，提升群众办事便捷度，改善群众办事的心理体验。

6. 提高首席代表业务水平

对于政务中心窗口工作人员业务能力不足的问题，需结合相关业务部门制订能力提升计划，定期或不定期进行培训，同时需要对业务质量进行监督检查，建立倒逼机制。政务工作人员服务态度差是一个思想认识问题，这需要通过思想教育工作来改变员工的思想认识，形成在政社关系上政务工作人员是服务者，在党群关系上公职人员是公仆的思想观念，强化人民至上的价值认识。此外，还可以建立健全监督机制，除了固有的电子监察系统、视频监控、热线投诉等手段外，政务中心还可以采用群众手机满意度测评、不定期的第三方满意度调查等灵活手段对一线办事工作人员的工作态度进行实时监督，加大监督力度。

7. 提高网络服务质量

政务中心断网、网速低、电脑损坏等属于"例外"情况，但针对这种例外情况我们需要做好相应的"预案"，也就是说这是一个管理问题。针对这种"例外"情况，可从三个方面来应对：其一，应该做好网络或相关硬件的日常检修和维护，形成相应的技术保障机制；其二，在出现网络或设备故障的情况下，一线工作人员应及时报修，并做好相应的解释工作，安抚办事群众的情绪；其三，工欲善其事，必先利其器，政务中心的网络架构和硬件设备应随着社会发展和业务需要进行及时更新，提供可靠的物理保障。

九、市 场 监 管

（一）指标解读

"市场监管"指标考察资源配置是否符合国家政策法律制度的要求，以规范市场行为，维护市场秩序，全面保护和巩固经济关系，最终实现巩固国家政权，保护公民、法人和其他经济组织合法权益的总目标。

"市场监管"属于县域层级评估指标，共包含"双随机、一公开"监管覆盖率、监管执法信息公开率、政务诚信度、商务诚信度4项二级指标。其中"双随机、一公开"监管覆盖率及监管执法信息公开率，主要考量各地政府在执行该联合监管制度过程中，监管覆盖面、监管信息披露程度及相关政策落实情况。政务诚信度及商务诚信度则分别考察政府方面的制度建设情况及企业对当地诚信体系建设的真实感受。

（二）评估概况

1. 总体情况

评估结果显示，2019 年全省 88 个县（市、区）"市场监管"指标平均得分为 77.81 分，超过此平均分的县（市、区）有 43 个。从 4 项二级指标来看，"双随机、一公开"监管覆盖率指标平均得分 72.19 分、监管执法信息公开率平均得分为 100.00 分、政务诚信度平均得分为 68.86 分、商务诚信度平均得分为 72.31 分（见表 2 - 24）。

表 2 - 24　　　　　　　　市场监管指标极值分布　　　　　　　　单位：分

	"双随机、一公开"	监管执法信息公开率	政务诚信度	商务诚信度
问卷满分	14.00	8.00	23.00	20.00
最大值	14.00	8.00	23.00	20.00

续表

	"双随机、一公开"	监管执法信息公开率	政务诚信度	商务诚信度
平均值	10.29	8.00	15.22	14.89
最小值	6.00	8.00	8.50	10.00
全省平均分	72.19	100.00	68.86	72.31

资料来源：贵州营商环境研究中心。

从极值数据分布情况来看，"双随机、一公开"市场监管率问卷满分共14.00 分，全省最高 14.00 分，最低仅 6.00 分，与平均分差距较大，表明部分地区对该联合监管制度的认知和落实存在差距。执法信息公开问卷满分为 8.00 分，全省无差别。政务诚信度问卷满分为 23.00 分，结果显示最高分为 23.00 分，最低分仅 8.50 分，极差达 14.50 分，表明部分地区企业对当地政府诚信认可度较低。商务诚信问卷满分为 20.00 分，结果表明最高分为 20.00 分，最低分仅得 10.00 分，同样显示了部分地区企业对当地商务诚信体系建设信心不足。

全省市场监管指标最高得分为黔东南州榕江县，总得分为 94.66 分，其中"双随机、一公开"监管覆盖率指标得分为 92.5 分、监管执法信息公开率得分为 100 分、政务诚信度得分为 99.66 分、商务诚信度得分为 86.46分。全省市场监管最低得分为黔南州三都县，为 40.00 分。

2. 分项指标表现

（1）"双随机、一公开"监管覆盖率。

该指标全省各县（市、区）平均得分 72.19 分。六盘水市 4 个县（区）、黔南州龙里县及福泉市、铜仁市万山区、毕节市黔西县 8 个县（市、区）得满分，铜仁市碧江区得分最低（40 分）。调研发现各县（市、区）均按照相关要求制定明确的"一单两库"，且部分县区对特定抽查领域已建立专家名录库。在抽取方式上，普遍通过摇号、机选等方式，从市场主体名录库中随机抽取检查对象，从执法检查人员名录中随机抽取检查人员。在规范检查行为方面，绝大部分县（市、区）秉持减少执法扰民原则，在抽查市场主体中采取联合抽查，减少抽查次数，但依然存在企业反映的检查次数过多的问题。在结果公示上，各县（市、区）在随机检查工作结束后能够及时形成抽查情况报告，并在部门门户网站、有关信用信息系统进行公示。在"双随机、一公开"监管事项覆盖率上，除少数县（市、区）低于70%外，基本达到90%以上，其中74个县（市、区）达100%。

（2）监管执法信息公开率。

该项指标全省各县（市、区）均为满分。全省普遍对经营异常名录、严重违法失信企业名单、失信惩戒纳税人名单等及时有效公开。其主要原因包括：一是制度上有保障，从中央到地方各级政府相继出台系列关于信息公开的文件，多数县级政府将信息公开情况纳入绩效考核指标，形成有效的外部推动力；二是技术上有支撑，随着"互联网＋政务"快速发展，国家企业信用信息公示系统等平台上线使用，一方面提供技术路径打破部门界限，另一方面大数据的技术应用发展督促各部门及时准确进行信息披露；三是第三方力量的推动，随着公民权利意识提升，无论是企业还是个人对相关信息的透明度要求越来越高，依申请公开信息的数量逐年增加，客观上促进了政府监管执法信息的公开程度。

（3）政务诚信度。

该项指标全省平均得分为68.86分。最高得分是黔东南州丹寨县（100分），最低得分为贵阳市开阳县（42分）。根据调研和问卷结果，全省多数县（市、区）对文件的落实情况不容乐观。总体而言，各县级政府在政务信息公开及社会信用建设方面取得一定成绩，但在政务诚信的评价制度及结果运用方面尚存在较大空间。具体表现在以下几个方面：

一是探索构建政务诚信监督体系方面。全省普遍建立了政务失信投诉举报机制，引入社会监督力量，并接受人大、政协的民主监督。但仅有少数县（市、区）能定期进行自上而下的政务诚信监督检查，实施政务诚信考核评价，支持第三方机构对当地政府的政务诚信情况进行评价评级。

二是建立政务信用管理体系方面。各县（市、区）对公务员的诚信教育主要集中在新入职培训环节，忽视日常诚信教育，也未将其纳入领导干部进修课程；在健全信用权益保护和信用修复机制方面，普遍未建立公务员失信记录信用修复渠道，缺乏自我纠错、主动自新的关爱机制，也缺乏相关政务失信收集及发布机制。实际工作中更加偏重企业信用体系建设，而忽视对政府和公务员诚信建立约束机制。

三是政商合作领域。普遍未对政府和社会资本合作项目中的政府责任人、政府的诚信职责及责任追溯做出明确规定。在招标投标领域，大部分县（市、区）能及时向社会公开招标代理等动态监管信息，但仅有部分地区建立了招标投标信用评价体系及探索推广第三方信用报告制度。在招商引资领域，各地基本出台了专门的招商引资地方性文件和优惠政策，且认真履行依法做出的政策承诺和协议。

四是地方政府债务领域。各地基本出台了关于地方债务风险管理和风险预警等相关文件，对当地的政府债务问题建立应急处置机制，但仅少数县（市、区）建立并运用政府信用评级制度。

五是加强政务诚信建设方面。全省普遍建立了街道和乡镇公开承诺制度，对财务等情况进行公开。但未将各项工作守信践诺情况纳入街道和乡镇绩效考核体系，同时只有极少数县区开展了诚信街道和诚信乡镇创建活动。

（4）商务诚信度。

该项指标全省平均得分为 72.31 分。最高得分是铜仁市万山区（100分），最低得分为六盘水市钟山区（45.85 分）。调研结果表明：

建立行政管理信息共享机制方面。各地主要依托社会信用体系建设，整合本地区商贸流通企业的行政许可、资质认定、行政处罚、法院判决裁定等信用信息，通过信用中国（贵州）向社会公示。但在政府采购、市场准入、事中事后监管等行政管理事项中，信用信息和信用报告应用机制有待完善。

建立市场化综合信用评价机制方面。全省普遍建立起企业诚信"黑红名单"，并逐渐运用在实际监管当中，鼓励商业街区、购物中心、网络零售等企业共享和互认信用评价信息，逐步建立失信企业市场限期禁入机制。但对于如何充分利用新技术手段，对接管理和运用相关数据需进一步落实到位。在支持建立第三方专业信用评价机制方面，目前全省信用评价主要集中在政府端，对如何发挥第三方专业信用评价机制尚未落到实处。

鼓励发展商业信用交易市场方面。各地更关注通过财政扶持政策引导银行、金融公司等与企业合作开展各类信用消费业务，帮助企业降低交易和融资成本，但在如何推动商贸流通企业利用内贸信用保险等方面缺乏必要措施。

（三）评估结果

1. 市（州）排名情况

从市（州）和贵安新区排名情况看，全省超过平均分的市（州）有 6 个，达到 60%。六盘水市、黔东南州和毕节市"市场监管"指标得分依次为 84.29 分、81.08 分和 79.43 分，排在全省前三位；遵义市、安顺市和贵安新区指标得分依次为 74.85 分、74.73 分和 63.68 分，排在全省后三位（见表 2 - 25）。

表 2 - 25　　　　　贵州省市场监管指标各市（州）排名情况

排名	行政区划	总分
1	六盘水市	84.29
2	黔东南州	81.08
3	毕节市	79.43
4	贵阳市	78.57
5	黔南州	77.83
6	铜仁市	77.01
7	黔西南州	75.69
8	遵义市	74.85
9	安顺市	74.73
10	贵安新区	63.68

资料来源：贵州营商环境研究中心。

2. 县（市、区）排名情况

从全省排名情况来看，有 43 个县（市、区）超过全省平均分，占比 48.86%。其中，黔东南州榕江县等 10 个县（市、区）"市场监管"成绩优秀，得分超过了 90 分，占比为 11.36%。铜仁市万山区等 22 个县（市、区）成绩良好，分值在 80~90 分，占比为 25%。黔东南州岑巩县等 45 个县（市、区）市场监管成绩合格，分值在 70~80 分，占比为 51.14%。铜仁市玉屏县等 11 个县（市、区），分值低于 70 分，占比为 12.5%（见表 2 - 26）。

表2-26 贵州省市场监管指标各县（市、区）排名情况

单位：分

排名	县（市、区）	总分	"双随机、一公开"监管覆盖率	"双随机、一公开"监管率	"双随机、一公开"监管得分	监管执法信息公开率	监管执法信息公开率得分	政务诚信度	政务诚信度得分	商务诚信度	商务诚信度得分
1	黔东南州—榕江县	94.66	13.00	92.50	8.00	100.00	22.92	99.66	17.50	86.46
2	黔南州—龙里县	93.82	14.00	100.00	8.00	100.00	17.50	78.00	19.50	97.29
3	黔东南州—丹寨县	93.02	11.00	77.50	8.00	100.00	23.00	100.00	19.00	94.58
4	黔南州—锦屏县	92.60	12.00	85.00	8.00	100.00	21.50	94.00	18.42	91.42
5	黔南州—罗甸县	92.37	12.00	85.00	8.00	100.00	19.80	87.20	19.50	97.29
6	六盘水市—盘州市	91.65	14.00	100.00	8.00	100.00	16.00	72.00	19.00	94.58
7	黔西南州—兴仁县	91.01	12.00	85.00	8.00	100.00	22.50	98.00	16.50	81.05
8	贵阳市—乌当区	90.74	13.00	92.50	8.00	100.00	19.00	84.00	17.50	86.46
9	贵阳市—花溪区	90.59	13.00	92.50	8.00	100.00	19.75	87.00	16.84	82.86
10	毕节市—黔西县	90.50	14.00	100.00	8.00	100.00	17.00	76.00	17.42	86.00
11	铜仁市—万山区	89.50	14.00	100.00	8.00	100.00	12.50	58.00	20.00	100.00
12	黔东南州—从江县	88.26	12.00	85.00	8.00	100.00	22.46	97.82	14.50	70.22
13	黔南州—平塘县	88.21	13.00	92.50	8.00	100.00	18.50	82.00	16.00	78.34
14	贵阳市—清镇市	85.30	13.00	92.50	8.00	100.00	14.92	67.66	16.50	81.05
15	六盘水市—水城县	85.00	14.00	100.00	8.00	100.00	11.50	54.00	17.42	86.00
16	毕节市—金沙县	84.69	12.00	85.00	8.00	100.00	15.50	70.00	17.00	83.75
17	毕节市—大方县	84.66	12.00	85.00	8.00	100.00	17.50	78.00	15.50	75.63
18	黔南州—贵定县	84.16	12.00	85.00	8.00	100.00	17.00	76.00	15.50	75.63

续表

排名	县(市、区)	总分	"双随机、一公开"监管覆盖率	"双随机、一公开"监管得分	监管执法信息公开率	监管执法信息公开率得分	政务诚信	政务诚信度得分	商务诚信	商务诚信度得分
19	黔南州—福泉市	84.08	14.00	100.00	8.00	100.00	12.50	58.00	16.00	78.34
20	六盘水市—六枝特区	84.05	14.00	100.00	8.00	100.00	14.50	66.00	14.50	70.22
21	贵阳市—修文县	83.83	12.00	85.00	8.00	100.00	16.00	72.00	16.00	78.34
22	黔东南州—施秉县	82.90	9.00	62.50	8.00	100.00	19.34	85.34	17.00	83.75
23	黔东南州—黎平县	82.81	11.00	77.50	8.00	100.00	20.92	91.66	13.00	62.09
24	遵义市—余庆县	82.21	12.00	85.00	8.00	100.00	15.95	71.80	14.84	72.03
25	铜仁市—松桃县	82.19	9.00	62.50	8.00	100.00	17.95	79.80	17.50	86.46
26	铜仁市—江口县	82.01	9.00	62.50	8.00	100.00	17.90	79.60	17.40	85.92
27	遵义市—湄潭县	81.96	11.00	77.50	8.00	100.00	16.00	72.00	16.00	78.34
28	贵阳市—观山湖区	81.92	10.00	70.00	8.00	100.00	17.50	78.00	16.25	79.69
29	黔东南州—雷山县	81.83	8.00	55.00	8.00	100.00	21.50	94.00	16.00	78.34
30	黔东南州—天柱县	81.57	12.00	85.00	8.00	100.00	18.59	82.34	12.42	58.93
31	毕节市—威宁县	80.73	10.00	70.00	8.00	100.00	18.00	80.00	15.00	72.92
32	铜仁市—石阡县	80.26	10.00	70.00	8.00	100.00	15.50	70.00	16.50	81.05
33	黔东南州—岑巩县	79.71	11.00	77.50	8.00	100.00	21.42	93.66	10.34	47.66
34	铜仁市—德江县	79.53	10.00	70.00	8.00	100.00	16.80	75.20	15.00	72.92
35	毕节市—七星关区	79.52	10.00	70.00	8.00	100.00	19.50	86.00	13.00	62.09
36	贵阳市—白云区	79.43	9.00	62.50	8.00	100.00	17.90	79.60	15.50	75.63

续表

排名	县（市、区）	总分	"双随机、一公开"监管覆盖率	"双随机、一公开"监管得分	监管执法信息公开率	监管执法信息公开率得分	政务诚信度	政务诚信度得分	商务诚信度	商务诚信度得分
37	黔南州—荔波县	79.39	9.00	62.50	8.00	100.00	16.50	74.00	16.50	81.05
38	黔南州—长顺县	79.31	12.00	85.00	8.00	100.00	10.92	51.66	16.42	80.59
39	遵义市—凤冈县	78.45	10.00	70.00	8.00	100.00	15.50	70.00	15.17	73.82
40	黔西南州—册亨县	78.22	9.00	62.50	8.00	100.00	14.43	65.72	17.17	84.65
41	遵义市—道真县	78.12	10.00	70.00	8.00	100.00	14.72	66.86	15.50	75.63
42	铜仁市—沿河县	77.90	10.00	70.00	8.00	100.00	17.20	76.80	13.50	64.80
43	黔东南州—三穗县	77.90	8.00	55.00	8.00	100.00	18.92	83.66	15.00	72.92
44	黔东南州—凯里市	77.76	12.00	85.00	8.00	100.00	15.00	68.00	12.25	58.03
45	安顺市—普定县	77.29	9.00	62.50	8.00	100.00	14.00	64.00	16.80	82.67
46	黔东南州—镇远县	77.07	9.00	62.50	8.00	100.00	20.95	91.80	11.50	53.97
47	毕节市—赫章县	77.02	10.00	70.00	8.00	100.00	17.00	76.00	13.00	62.09
48	安顺市—关岭县	76.82	10.00	70.00	8.00	100.00	14.50	66.00	14.70	71.30
49	遵义市—务川县	76.60	8.00	55.00	8.00	100.00	21.00	92.00	12.50	59.39
50	黔南州—都匀市	76.58	10.00	70.00	8.00	100.00	12.50	58.00	16.00	78.34
51	遵义市—播州区	76.56	9.00	62.50	8.00	100.00	13.00	60.00	17.00	83.75
52	六盘水市—钟山区	76.46	14.00	100.00	8.00	100.00	13.00	60.00	10.00	45.85
53	黔西南州—贞丰县	75.83	9.00	62.50	8.00	100.00	17.00	76.00	13.50	64.80
54	遵义市—桐梓县	75.37	9.00	62.50	8.00	100.00	15.75	71.00	14.09	67.97

续表

排名	县（市、区）	总分	"双随机、一公开"监管覆盖率	"双随机、一公开"监管得分	监管执法信息公开率	监管执法信息公开率得分	政务诚信度	政务诚信度得分	商务诚信度	商务诚信度得分
55	黔西南州—望谟县	75.08	10.00	70.00	8.00	100.00	11.00	52.00	16.00	78.34
56	安顺市—平坝区	75.08	10.00	70.00	8.00	100.00	11.00	52.00	16.00	78.34
57	遵义市—红花岗区	74.99	10.00	70.00	8.00	100.00	13.50	62.00	14.09	67.97
58	黔西南州—晴隆县	74.91	10.00	70.00	8.00	100.00	11.50	54.00	15.50	75.63
59	黔南州—独山县	74.86	9.00	62.50	8.00	100.00	14.00	64.00	15.00	72.92
60	铜仁市—思南县	74.83	11.00	77.50	8.00	100.00	11.75	55.00	13.88	66.83
61	黔东南州—黄平县	74.49	10.00	70.00	8.00	100.00	11.09	52.34	15.50	75.63
62	黔西南州—普安县	74.18	9.00	62.50	8.00	100.00	14.00	64.00	14.50	70.22
63	安顺市—紫云县	73.80	8.00	55.00	8.00	100.00	15.50	70.00	14.50	70.22
64	安顺市—西秀区	73.61	8.00	55.00	8.00	100.00	13.95	63.80	15.50	75.63
65	遵义市—赤水市	73.26	10.00	70.00	8.00	100.00	12.79	59.14	13.34	63.91
66	贵阳市—云岩区	72.73	7.00	47.50	8.00	100.00	15.85	71.40	14.84	72.03
67	遵义市—汇川区	72.15	8.00	55.00	8.00	100.00	15.20	68.80	13.50	64.80
68	遵义市—仁怀市	72.07	10.00	70.00	8.00	100.00	10.92	51.66	13.84	66.62
69	黔东南州—台江县	71.94	7.00	47.50	8.00	100.00	19.92	87.66	11.25	52.62
70	黔南州—惠水县	71.90	11.00	77.50	8.00	100.00	10.00	48.00	13.00	62.09
71	安顺市—镇宁县	71.74	9.00	62.50	8.00	100.00	12.92	59.66	13.50	64.80
72	遵义市—绥阳县	71.51	8.00	55.00	8.00	100.00	10.50	50.00	16.50	81.05

续表

排名	县（市、区）	总分	"双随机、一公开" 监管覆盖率	"双随机、一公开" 监管得分	监管执法信息公开率	监管执法信息公开率得分	政务诚信度	政务诚信度得分	商务诚信度	商务诚信度得分
73	毕节市—纳雍县	71.35	10.00	70.00	8.00	100.00	12.00	56.00	12.50	59.39
74	遵义市—习水县	71.18	9.00	62.50	8.00	100.00	11.00	52.00	14.50	70.22
75	黔西南州—兴义市	70.51	8.00	55.00	8.00	100.00	13.00	60.00	13.92	67.05
76	黔东南州—麻江县	70.47	9.00	62.50	8.00	100.00	13.00	60.00	12.50	59.39
77	黔东南州—剑河县	70.24	9.00	62.50	8.00	100.00	11.42	53.66	13.50	64.80
78	铜仁市—玉屏县	69.55	9.00	62.50	8.00	100.00	10.80	51.20	13.45	64.50
79	贵阳市—南明区	69.54	11.00	77.50	8.00	100.00	9.00	44.00	12.00	56.68
80	黔南州—瓮安县	69.35	10.00	70.00	8.00	100.00	10.00	48.00	12.50	59.39
81	贵阳市—息烽县	68.22	8.00	55.00	8.00	100.00	14.25	65.00	11.30	52.89
82	铜仁市—碧江区	67.88	6.00	40.00	8.00	100.00	14.00	64.00	14.00	67.51
83	毕节市—织金县	66.97	9.00	62.50	8.00	100.00	9.50	46.00	12.50	59.39
84	铜仁市—印江县	66.45	9.00	62.50	8.00	100.00	10.50	50.00	11.38	53.29
85	黔西南州—安龙县	65.79	9.00	62.50	8.00	100.00	9.00	44.00	12.00	56.68
86	遵义市—正安县	63.45	7.00	47.50	8.00	100.00	10.50	50.00	11.93	56.30
87	贵阳市—开阳县	63.42	8.00	55.00	8.00	100.00	8.50	42.00	12.00	56.68
88	黔南州—三都县	40.00	—	—	—	—	—	—	—	40

资料来源：贵州省营商环境研究中心。

（四）存在的问题

1. "双随机、一公开"监管模式有待加强

"双随机、一公开"监管作为市场监管的基本手段，其实施是为了避免多头执法、重复检查，减轻企业负担。但现阶段，各职能部门依据法定职责承担不同的市场监管工作，部门间"信息孤岛""各自为政"现象仍然存在，协调不畅、合力不强的问题时有发生。同时跨部门随机抽查需要各部门执法人员相互配合，可能和执法人员临时性工作相冲突。这导致部门随机抽查的过程并不顺畅，所以实际检查行为中，执法扰民的现象依然存在。

2. 政务诚信制度尚不完善

政务诚信制度缺位主要体现在以下几个方面：一是部分地区仅将上级文件予以转发，通过文件落实文件，缺乏相关配套制度和措施；二是公务员诚信档案制度有待完善，尚未真正建立起公务员政务诚信信息有效采集、合理保存和有效使用机制；三是政务诚信未纳入政府和公务员的绩效考核中，无法形成有效守信激励与失信惩戒约束；四是未建立政务诚信的修复机制，不能为公务员失信记录提供信用修复渠道和方式，缺乏自我纠错、主动自新的关爱机制。

3. 部分政府存在守信践诺方面的问题

问题主要表现在以下几个方面：一是政府拖欠企业项目工程款项；二是招商引资时承诺的协议内容没有兑现；三是拆迁承诺的补偿未按时发放；四是大学生创业的优惠政策没有落地。

4. 商务诚信体系建设尚需加强

当前贵州各地着力打造商务诚信文化环境已经取得显著成效，但信用信息和信用报告使用机制尚不完善，市场化综合信用评价机制和第三方专业信用评价机制需要进一步健全，商业信用交易市场处于起步阶段，商务诚信体系有待健全。

（五）对策建议

1. 完善新型监管机制

一是加快网络平台应用，拓展"双随机、一公开"监管覆盖领域。通过健全执法联动机制，搭建统一指挥平台。在综合考虑各部门监管需求和执法力量的基础上，科学统筹抽查比例、抽查内容、抽查时间，构建起信息互通、监管互联的双随机抽查机制，实现部门联合"双随机、一公开"监管常态化。

二是大力推动"互联网＋监管"。充分利用大数据、人工智能、云计算等先进技术，提升监管的现代化、智能化水平。通过对执法监管数据分析利用，探索建立市场监管风险洞察平台，健全企业信用风险监管指数，落实分级分类监管。

三是严格责任落实。各部门坚持"尽职照单免责，失职照单问责"的原则，严格按照抽查事项清单和相关工作要求开展监管。同时加强督导力度，对于未履行、不当履行或违法履行的，依法依规严肃予以处理，形成有效的约束力。

四是加强抽查结果运用。将抽查结果运用到对内、对外层面的信息预警，强化对违法失信主体实施联合信用惩戒，有效震慑违法主体，通过信用约束作用提高失信主体的守法诚信意识。

2. 完善政务诚信考核机制

建立政务诚信考核标准，围绕政府部门履职情况、依法行政状况、政府信息公开透明程度、公务员廉洁程度、行政效率、公众满意度等事项及公务员政务履职等情况实施信用评估，将信用评估结果作为政府部门评优、公务员工资晋级、职务升迁的依据。同时，可以考虑引入第三方评价模式，对政务信用状况做出独立、客观、公正的评判，并公示评判结果，接受社会监督。

3. 建立诚信档案制度和失信责任追究制度

通过完善公务员信用评价、信用监管、信用惩罚等信誉机制，将公务员个人信用状况与其表彰奖励、职务晋升、工资晋级等切身利益直接挂钩。

并将失信公务员列入"黑名单",按照相关规定进行曝光及行政处分,可以有效提升政务诚信的约束力。同时明确公务员岗位职责,细化工作要求,杜绝"新官不理旧账"、责任不清的问题。

建立政务失信自我纠错机制,探索扩展公务员失信记录信用修复渠道和方式,鼓励公务员在政务失信行为后积极主动挽回损失。要充分利用现代技术,推动政务诚信评价信息数据库建设。

4. 整合政务诚信监督力量,遏制政务失信行为

一是发挥人大、政协的监督作用。提升人大代表和政协委员的政务诚信监督意识,主动收集基层关于政务诚信的声音,形成建议提案或专门质询,对政务失信进行监督。

二是利用新闻媒体监督政府失信行为。一方面做好舆情应对,积极回应解决新闻媒体反映的政务诚信缺失问题,同时依托媒体开辟专门板块收集群众关于政务失信的问题反映,有效发挥媒体监督职能;另一方面要在新闻媒体上大力弘扬和表彰诚实守信的政府部门和公务员,严厉抨击和鞭挞政务诚信缺失行为,为政务诚信营造良好的舆论环境。

三是发挥社会力量监督,畅通政务失信投诉通道,开设专门的政务失信投诉电子邮箱和热线电话,利用群众接待日等活动,拓展群众和社会各界监督政务诚信的渠道。

5. 强化政务诚信教育

创新政务诚信教育的手段和方式,通过培训班、专题讲座、研讨会、交流会、知识竞赛等形式,全面强化公务员的政务诚信认识,引导公务员从情感上认同和热爱诚信美德。要结合真实的政务诚信案例,模拟政务诚信缺失场景,锻炼公务员的应对能力,将诚信意识融入个人价值观。

6. 构筑无缝隙的商务诚信管理体系

一是加大力度规范和扶持信用评级机构和信用管理行业发展,加快推动建立行政管理信息共享机制;扶持和引导建立市场化综合信用评价机制;联合银行等金融机构,依照法律的规定提供企业信用信息。

二是引导企业多措并举推进商务诚信建设。通过广播、电视、报刊、网络等多种媒体手段,营造诚信经营氛围。

三是完善商务诚信监督及失信惩罚机制。综合多方力量共同建立监督奖惩机制，让失信主体承担相应的民事责任乃至刑事责任；引导发挥各类行业协会作用，通过行业内部制定相关的行业制度以规范业内违信行为。

四是加快商务诚信大数据建设。以互联网技术为基础，在对电子商务平台的交易信息、政府监管的数据、公共网络平台的大数据及金融保险机构的信用信息及企业交易记录等进行深入分析之后，提供客观公正的信用评估数据。

十、企业信心

（一）指标解读

"企业信心"即企业的投资信心，反映企业对未来宏观经济形势的普遍看法，也是地区营商环境的集中体现。具体而言，首先根据企业对宏观经济走势、市场预期、投融资需求、要素成本（劳动力、能源、原材料）等进行评价，反映注册一年以上中小企业未来投资意愿情况；其次根据新登记注册企业数量的增长率，反映企业发展的信心和优化营商环境促进创业的效果。

企业信心属于县域层级评估指标，共包含中小企业投资意愿、新登记企业注册数 2 项二级指标。中小企业投资意愿聚焦中小企业对市场、成本、资金、投入、效益、劳动力、宏观经济等的整体感受。新登记注册企业数考察调查规定时间范围内新开办企业与 2018 年同期比较的增长情况。

（二）评估概况

1. 总体情况

评估结果显示，全省 88 个县（市、区）企业信心指标平均得分为63.29 分，超过此平均分的县（市、区）有 40 个。从 2 项二级指标来看，2019 年度全省中小企业投资意愿问卷平均得分为 64.87 分，全省"前沿距离"平均得分为 74.51 分；新登记注册中小企业平均增长率为 17.93%，平均得分为 52.07 分（见表 2 - 27）。

表 2 - 27　　　　　　　　企业信心指标极值分布

项目	中小企业投资意愿（分）	新登记注册企业增长率（%）
问卷满分	91.00	—
最大值	90.17	129.63

续表

项目	中小企业投资意愿（分）	新登记注册企业增长率（％）
平均值	64.87	17.93
最小值	27.33	−39.61
极差值	62.84	169.24

资料来源：贵州营商环境研究中心。

从极值数据分布情况来看，中小企业投资意愿为企业问卷，问卷满分91.00分，全省最高分90.17分，最低分仅27.33分，极差高达62.84分，表明各地企业对市场预期有较大差异，但64.87分的平均分进一步表明，企业信心不高的情况较为普遍。新登记注册企业最高增速率为129.63％，最低增长率为−39.61％，除各地新开办企业的绝对数量差距较大外，企业现有规模也影响增速。总体而言，贵州省企业信心普遍不高，如何采取综合举措提振企业对市场的信心尤为迫切。

全省企业信心指标最高得分为贵阳市南明区（88.82分），样本企业平均问卷得分为66.75分，前沿距离得分为77.64分，新登记注册中小企业增长率为47.36％，标准化得分为100分。

全省企业信心指标最低得分为遵义市道真县（40.00分），样本企业投资意愿平均问卷得分27.33分，前沿距离得分为40分，新登记注册中小企业增长率仅为−25.86％，标准化得分为40分。

2. 分项指标表现

（1）中小企业投资意愿。

全省中小企业投资意愿平均得分中，排名前5的分别是黔南州独山县、遵义市绥阳县、黔西南州贞丰县、黔南州荔波县、黔西南州普安县。在市（州）级排名前三的分别是黔西南州、黔南州和毕节市。由于政策、经济形势等原因，贵安新区的企业信心指标位于倒数第一，随着贵阳与贵安新区协同发展政策的出台，应该会有所好转。排名倒数第二的黔东南州16个县（市）中，虽然最差的施秉县都排在倒数第八，但是其中有13个县（市）都位于企业信心总分排名的下半段，所以拉低了排名，这种情况显示该州的企业整体信心不足。另外，遵义市道真县的中小企业投资意愿问卷得分只有 27.33 分，贵阳市息烽县的问卷得分也只有 33 分，需要当地政府深入了解企业的困难与需求并制定相应的措施。

从全省情况看，中小企业投资意愿较上年有所下降。这个结果体现了该指标所代表的宏观经济走势、市场预期、投融资需求、要素成本（劳动力、能源、原材料）等因素的走势。由问卷访谈可知，企业在 2019 年感受到严峻的经济环境、要素成本上涨、收款困难等因素的困扰，使得投资意愿有所降低。

（2）新登记注册中小企业增长率。

全省新登记注册中小企业增长率得分中，最高的是六盘水市钟山区、贵阳市南明区、贵阳市云岗区、遵义市红花岗区、贵阳市观山湖区 5 个县（市、区），标准得分都为 100 分。在市（州）级，排名前三的分别是六盘水市、贵阳市、遵义市。与上述中小企业投资意愿指标相吻合，贵安新区的新登记注册中小企业增长率最低，为 -45.74%。黔东南州 16 个县（市）中，有 12 个都为负增长，拉低了整体得分。从全省情况看，新登记注册中小企业增长率较上年有所下降。该指标是营商环境实际结果的体现，其结果走势与上述主观投资意愿吻合。

（三）评估结果

1. 市（州）排名情况

将各县（市、区）按市（州）汇总后取平均分，得到各地企业信心的分值排名情况（见表 2 - 28）。

表 2 - 28　　　　　全省各市（州）"企业信心"指标排名

排名	市（州）	总分	中小企业投资意愿（分）	中小企业投资意愿得分	新登记注册企业增长率（%）	新登记注册企业增长率得分
1	六盘水市	75.46	68.55	64.36	100.61	86.57
2	贵阳市	67.95	55.46	66.86	37.57	69.03
3	黔西南州	64.60	72.95	83.56	12.21	45.65
4	黔南州	64.29	74.89	80.61	16.98	47.98

续表

排名	市（州）	总分	中小企业投资意愿（分）	中小企业投资意愿得分	新登记注册企业增长率（％）	新登记注册企业增长率得分
5	遵义市	63.22	63.23	74.28	18.61	52.16
6	毕节市	62.96	64.57	75.56	20.71	50.36
7	安顺市	60.69	59.91	71.10	20.41	50.28
8	铜仁市	60.23	62.74	73.80	2.96	46.65
9	黔东南州	59.06	63.08	74.14	−4.99	43.99
10	贵安新区	51.90	52.25	63.79	−45.74	40.00
	全省平均	63.04	63.76	72.81	17.93	53.27

资料来源：贵州营商环境研究中心。

2. 县（市、区）排名情况

"企业信心"指标得分总体排名前10名的县（市、区）分别是南明区、钟山区、云岗区、红花岗区、六枝特区、黔西县、玉屏县、观山湖区、锦屏县、金沙县。各县（市、区）排名如表2−29所示。

表2−29　　　　全省各县（市、区）"企业信心"指标排名

排名	县（市、区）	总分	中小企业投资意愿（分）	中小企业投资意愿得分	新登记注册企业增长率（％）	新增注册企业得分	市（州）
1	南明区	88.82	66.75	77.64	47.36	100.00	贵阳市
2	钟山区	86.02	60.88	72.03	129.63	100.00	六盘水市
3	云岩区	84.03	56.71	68.05	38.90	100.00	贵阳市
4	红花岗区	82.73	54.00	65.46	48.32	100.00	遵义市
5	六枝特区	79.43	50.33	61.96	122.95	96.91	六盘水市
6	黔西县	77.14	71.67	82.34	69.02	71.95	毕节市
7	玉屏县	76.50	62.33	73.42	85.51	79.58	铜仁市
8	观山湖区	75.89	39.67	51.78	70.16	100.00	贵阳市
9	锦屏县	75.66	64.33	75.33	77.78	76.00	黔东南州
10	金沙县	73.63	62.25	73.34	73.27	73.91	毕节市

排名	县 （市、区）	总分	中小企业投 资意愿（分）	中小企业投 资意愿得分	新登记注册企 业增长率（%）	新增注册 企业得分	市（州）
11	水城县	71.65	72.83	83.44	42.92	59.87	六盘水市
12	紫云县	70.60	64.67	75.65	55.21	65.55	安顺市
13	福泉市	70.55	82.83	92.99	17.50	48.10	黔南州
14	独山县	70.48	89.40	99.26	3.68	41.70	黔南州
15	桐梓县	70.19	64.83	75.81	53.09	64.57	遵义市
16	万山区	70.14	80.70	90.96	20.14	49.32	铜仁市
17	绥阳县	69.95	87.00	96.97	6.33	42.93	遵义市
18	荔波县	69.64	84.17	94.27	10.82	45.01	黔南州
19	贞丰县	69.42	85.50	95.54	7.13	43.30	黔西南州
20	清镇市	69.08	74.67	85.20	28.01	52.96	贵阳市
21	望谟县	67.62	74.17	84.72	22.74	50.53	黔西南州
22	平塘县	67.54	79.00	89.33	12.40	45.74	黔南州
23	贵定县	67.46	80.33	90.60	9.34	44.32	黔南州
24	乌当区	67.24	55.33	66.73	60.09	67.75	贵阳市
25	习水县	66.97	79.50	89.81	8.92	44.13	遵义市
26	龙里县	66.77	83.40	93.54	−1.81	40.00	黔南州
27	凤冈县	66.48	71.86	82.52	22.58	50.45	遵义市
28	花溪区	66.36	53.29	64.79	60.34	67.93	贵阳市
29	赤水市	66.28	57.83	69.12	50.65	63.44	遵义市
30	湄潭县	66.27	75.83	86.31	13.45	46.23	遵义市
31	普安县	66.15	84.17	94.27	−4.27	38.02	黔西南州
32	兴仁县	65.47	67.17	78.04	27.87	52.90	黔西南州
33	都匀市	65.46	66.33	77.24	29.54	53.67	黔南州
34	安龙县	65.39	76.00	86.47	9.29	44.30	黔西南州
35	台江县	64.77	65.00	75.97	29.31	53.57	黔东南州
36	盘州市	64.75	90.17	40.00	106.94	89.50	六盘水市
37	修文县	64.67	74.67	85.20	8.94	44.14	贵阳市

续表

排名	县 （市、区）	总分	中小企业投 资意愿（分）	中小企业投 资意愿得分	新登记注册企 业增长率（%）	新增注册 企业得分	市（州）
38	普定县	63.98	67.50	78.35	20.77	49.61	安顺市
39	仁怀市	63.71	61.00	72.15	32.98	55.26	遵义市
40	江口县	63.68	68.70	79.50	16.96	47.85	铜仁市
41	罗甸县	63.10	70.17	80.90	11.46	45.30	黔南州
42	丹寨县	62.84	75.17	85.68	-16.72	40.00	黔东南州
43	晴隆县	62.77	72.50	83.13	5.21	42.41	黔西南州
44	威宁县	62.65	69.00	79.79	11.92	45.52	毕节市
45	瓮安县	62.39	66.86	77.74	15.19	47.03	黔南州
46	剑河县	62.04	73.50	84.08	-11.79	40.00	黔东南州
47	兴义市	61.96	60.57	71.74	26.31	52.18	黔西南州
48	长顺县	61.76	87.67	40.00	94.01	83.51	黔南州
49	织金县	61.17	71.67	82.34	-13.33	40.00	毕节市
50	正安县	60.94	67.88	78.72	6.85	43.17	遵义市
51	播州区	60.92	67.00	77.88	8.58	43.97	遵义市
52	雷山县	60.42	62.33	73.42	16.02	47.41	黔东南州
53	余庆县	60.31	57.50	68.81	25.51	51.81	遵义市
54	大方县	60.08	68.60	79.40	1.65	40.76	毕节市
55	三穗县	59.02	67.17	78.04	-39.61	40.00	黔东南州
56	西秀区	58.88	54.71	66.14	25.30	51.62	安顺市
57	平坝区	58.67	66.43	77.33	-10.96	40.00	安顺市
58	麻江县	58.46	66.00	76.92	-13.61	40.00	黔东南州
59	赫章县	58.41	63.83	74.85	4.25	41.97	毕节市
60	榕江县	58.22	65.50	76.44	-11.46	40.00	黔东南州
61	碧江区	58.15	56.38	67.74	18.49	48.56	铜仁市
62	册亨县	58.05	63.50	74.54	3.36	41.56	黔西南州
63	德江县	57.98	65.00	75.97	-32.82	40.00	铜仁市
64	沿河县	57.83	63.40	74.44	2.63	41.22	铜仁市

续表

排名	县 （市、区）	总分	中小企业投资意愿（分）	中小企业投资意愿得分	新登记注册企业增长率（%）	新增注册企业得分	市（州）
65	息烽县	57.63	33.00	45.41	64.50	69.85	贵阳市
66	关岭县	57.51	55.00	66.42	18.56	48.59	安顺市
67	印江县	57.35	63.67	74.70	−29.81	40.00	铜仁市
68	岑巩县	56.63	62.17	73.27	−30.34	40.00	黔东南州
69	汇川区	56.46	58.50	69.76	6.81	43.15	遵义市
70	天柱县	56.16	61.17	72.31	−3.19	40.00	黔东南州
71	镇远县	56.07	61.00	72.15	−32.37	40.00	黔东南州
72	黄平县	55.75	60.33	71.51	−5.48	40.00	黔东南州
73	凯里市	55.74	53.14	64.64	14.78	46.84	黔东南州
74	纳雍县	55.66	58.83	70.08	2.70	41.25	毕节市
75	七星关区	54.91	50.71	62.32	16.20	47.50	毕节市
76	松桃县	54.88	58.50	69.76	−10.92	40.00	铜仁市
77	惠水县	54.66	57.17	68.49	1.81	40.84	黔南州
78	黎平县	54.56	57.83	69.12	−5.91	40.00	黔东南州
79	镇宁县	54.50	51.13	62.72	13.56	46.28	安顺市
80	从江县	54.32	57.33	68.64	−34.62	40.00	黔东南州
81	施秉县	54.32	57.33	68.64	−12.62	40.00	黔东南州
82	务川县	53.83	55.17	66.58	2.32	41.07	遵义市
83	石阡县	53.45	55.50	66.90	−13.46	40.00	铜仁市
84	白云区	53.00	46.50	58.30	16.86	47.70	贵阳市
85	开阳县	52.73	54.00	65.46	−19.50	40.00	贵阳市
86	思南县	52.34	53.17	64.67	−27.13	40.00	铜仁市
87	三都县	51.71	51.33	62.92	−0.15	40.51	黔南州
88	道真县	40.00	27.33	40.00	−25.86	40.00	遵义市
全省平均		63.29	64.87	74.51	17.93	52.07	

资料来源：贵州营商环境研究中心。

（四）存在的问题

从本轮评估数据来看，贵州省中小企业投资意愿问卷平均分值达到64.87分，新登记注册中小企业也出现平均17.93%的年度增长率，但是相比上年有一定下降。该结果与2019年3月发布的央行企业投资业信心指数的走势一致，反映了2019年度总体上企业信心比上年有所下降。调查发现，影响企业家投资信心的问题主要表现在以下几个方面。

1. 中小企业融资困难

中小企业普遍反映融资难、融资贵、融资渠道少是经营过程中较为困难的问题。尤其小型企业可以作为担保的抵押物较少，导致在银行难以贷款，企业缺乏资金无法有效运营。另有企业反映政府对企业贷款的扶持力度不够，即使能够拿到政府贷款，贷款额度也较少，难以满足企业的实际经营需求。

2. 要素成本不断攀升

实体经济面临较大的困难。企业反映原材料及人工成本均在持续增加。由于贵州地形地貌的原因，物流成本较高。企业负担过重的阴影依然笼罩在不少企业头上，盈利能力不断受到侵蚀。

3. 人力资源供需矛盾突出

用人成本居高不下。企业反映应聘者认为当地整体生活成本高，工资水平较低，导致企业很难招到专业技术型人才，人员流动性较大。一方面企业难以招聘到所需人才，另一方面求职者表示好工作难找。再加上新生代员工不仅看中薪金，更追求舒适的工作生活环境，进一步加剧企业的人力资源供需矛盾。

4. 宏观经济形式的复杂性

2019年的中国经济，外部中美经贸摩擦与自身发展所面临的不充分不平衡问题相叠加，使得总体经济形势面临较大压力。从外部来看，由于中美贸易摩擦和全球经济发展趋缓，部分外贸型企业订单减少，生存压力增加。从内部来看，需求侧消费增速持续疲软；总投资增速有所回落；网络经济的发展对实体经济有冲击；中小企业的竞争力不高，同行之间的竞争较大等诸多混杂因素，导致了很多中小企业面临着较大生存压力。另有企业反映，整体经济环境不是很好导致回款比较困难，对公司的发展影响较大。

5. 政府服务不够精准

有中小企业主表示自己知识文化水平不高，政府对企业缺少相应的管理培训，例如企业想做电商，扩大销售渠道，政府没有为企业搭建对外沟通的网络平台。个别地方在一站式服务方面做得还不够完善，比如细节通知不够详细。小县城个别行业企业反映土地规划一级资质申请门槛较高，政府在审查企业开办资质方面要求也较高。还有的企业主反映政府的相关补贴，比如中小微企业补贴，到位不及时；有的政府项目验收时间随意，没有具体的标准和规定，结款时间长，导致企业资金周转不便。

（五）对策建议

1. 深入推进"放管服"改革

不断放宽市场准入，实行全国统一的市场准入负面清单制度。大幅削减行政审批事项，优化审批流程，压缩审批时间，提高办事效率，充分利用信息化网络技术，大力推行并联审批和网上审批。与大众创业、万众创新结合起来，有效激发市场主体活力和社会创造力。大力推进企业诚信体系建设，与对中小企业实行普惠性优惠政策相结合，全面推行"双随机、一公开"监管模式。

2. 加大对中小企业的精准服务力度

以县为单位构建中小企业服务体系，以问题为导向，针对中小企业发展中的一些具体问题提供精准服务，帮助企业解决困难和问题，增强企业发展的信心。比如针对企业对政策了解不透、更新不及时问题，及时组织企业沟通学习相关最新政策；针对专业人才缺乏问题，对大学生返乡提供补助及相关政策支持；针对交通物流难题，把基础设施建设得更好；针对一站式服务不够好的问题，进一步完善服务细节，比如在网络上对细节解释得更清楚；针对销售困难的问题，邀请相关行业人员进行电商人才培训、拓展销售渠道，等等。

3. 加强对各项扶持实体经济政策的落地督查

为了保障好政策得到有效落实，需完善支撑政策落地的工作机制，使其标准化、日常化、文档化、机制化、责任明确化。各地应深入开展企业调研活动，全面了解各型企业生产经营情况，一企一策制定帮扶措施，最大限度帮助企业渡过难关。要深入开展支持实体经济政策落实督查工作，重点查找政策落实过程中存在的问题和短板，听取企业反馈，推动各项政策落地生根。

十一、获得用气

(一) 指标解读

燃气供应是有效提升空气质量、推动地方政府能源生产和消费革命向纵深发展的重要抓手,涉气企业获得用气的难易程度将对其生产经营产生重要影响。天然气作为经济发展的重要资源,已成为地区经济发展和生活便利的重要标志,企业在获得生产用气过程中所产生的时间和经济成本,是企业生产经营成本的重要组成部分。

"获得用气"属于市(州)本级评估指标,反映企业获得燃气供应的难易程度,共包含获得用气环节、时间、成本、用气价格4项二级指标。其中环节包括企业与外部各方关于用气报装产生的全部环节,针对贵州省企业获得用气过程中申请受理、用气方案答复、设计审查、办理道路挖掘许可、竣工验收、点火通气等环节开展评价。各环节时间当日办结按0.5个工作日计算,次日办结按1个工作日计算。成本按企业必须与外部机构发生的办理环节所产生的全部费用,占当地2018年城镇常住居民人均可支配收入比计算。用气价格按企业实际缴纳燃气费占当期营业收入比计算。

(二) 评估概况

1. 总体情况

评估结果显示,2019年度全省9个市(州)及贵安新区获得用气指标平均得分为70.19分,其中6个市(州)得分高于平均分,占比达到60%。从4项二级指标来看,全省获得用气环节平均值为5.04个、时间平均值为8.25个工作日,成本平均值为12.38%、用气价格平均值为3.49%(见表2-30)。

表 2 - 30　　　　　　　　　获得用气指标极值分布

项目	环节（个）	时间（工作日）	成本（%）	用气价格（%）
最大值	6.00	11.75	19.00	6.30
平均值	5.04	8.25	12.38	3.49
最小值	4.00	4.68	6.00	1.00

资料来源：贵州营商环境研究中心。

从极值数据分布情况来看，办理环节最多为 6.00 个，最少为 4.00 个，部分案例并未涉及道路挖掘等环节。办理时间最长 11.75 个工作日，最短 4.68 个工作日，极差达 7.07 个工作日，表明个别地区业务办理耗费时间偏长。办理成本最高占当地城镇人居可支配收入的 19.00%，最低仅 6%，存在 13 个百分点的极差值，显示了部分地区用气报装成本问题突出。用气价格在当期营收的最高占比为 6.30%，最低仅 1.00%，表明用气量相对大的企业成本偏高。

全省获得用气指标得分最高的为毕节市（80.28 分），其样本企业获得用气环节为 5.33 个，获得用气时间为 5.67 个工作日，获得用气成本为 6.69%，获得用气价格为 3.42%。

全省获得用气指标最低得分为遵义市（47.69 分），其样本企业获得用气环节为 6.00 个，获得用气时间为 10.83 个工作日，获得用气成本为 14.03%，获得用气价格为 6.30%。

2. 分项指标表现

（1）获得用气环节。

企业在获得用气的过程中主要涉及申请受理、用气方案答复、现场勘查、设计审查、办理道路挖掘许可、竣工验收、点火通气等多个具体环节。全省 9 个市（州）和贵安新区环节平均值为 5.04 个，超过平均值的市（州）有 5.00 个。全省各市（州）环节差异较小，其中黔西南州环节最少，为 4.00 个；遵义市环节最多，为 6.00 个，极差为 2.00。各市（州）获得用气环节主要集中在五六个，其中涉及四五个环节的市（州）有 4.00 个；涉及五六个环节的市（州）为 6.00 个（见图 2 - 10）。

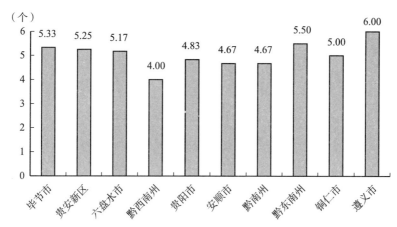

图 2-10　各市（州）获得用气环节分布

资料来源：贵州营商环境研究中心。

2018 年全省尚有 33 个县（市、区）未接通管道天然气，供应基础设施较为滞后，用气报装环节较为烦琐，燃气服务存在"最后一公里"问题。从 2019 年评估结果来看，全省大部分样本企业主要涉及申请受理、用气方案答复、设计审查、竣工验收、点火通气 5 个环节，有效控制在 6 个环节以内，较 2018 年有所改善。2019 年贵州省住房建设厅制定了《关于进一步压缩用气用水报装时间的通知》，要求全省认真落实新修订的《燃气服务导则》，取得显著成效。

（2）获得用气时间。

获得用气时间是指从企业提交用气申请到供配气设施完成建设并具备通气条件为止的时长，不包含用气企业自行开展的委托工程设计、费用预算及付款、工程建设等时间。评估结果显示，全省 9 个市（州）和贵安新区平均获得用气时间为 8.25 个工作日，有 6 个市（州）获得用气时间超过全省平均值，占比为 60%。全省各市（州）获得用气时间差异较大，其中黔西南州获得用气时间最短，为 4.68 个工作日；黔南州获得用气时间最长，为 11.75 个工作日，极差为 7.07 个工作日。全省各市（州）获得用气所需要时间主要集中在 8~10 个工作日，获得用气时间在 4~6 个工作日的市（州）占 30%；6~8 个工作日的市（州）占 10%；8~10 个工作日的市（州）占 40%；10 个工作日以上的市（州）占 20%（见图 2-11）。

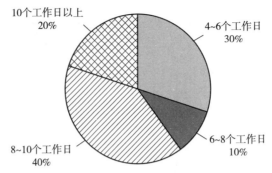

图 2 - 11　各市（州）获得用气时间分布

资料来源：贵州营商环境研究中心。

2019 年 8 月 1 日国务院出台《全国深化"放管服"改革优化营商环境电视电话会议重点任务分工方案》，该方案指出要进一步优化用气报装服务，要求将燃气报装时间压缩至 16 个工作日以内。从评估结果来看，2019 年全省 9 个市（州）和贵安新区获得用气时间的平均值为 8.25 个工作日，达到国务院规定的标准。2019 年全省在压缩用气业务办理时间上取得一定成效，但全省极差值为 7.07 个工作日，表明部分市（州）在压缩用气报装时间方面还存在较大的提升空间。

（3）获得用气成本。

获得用气成本是指企业在获得用气过程中产生的费用与企业所在地人均收入的比值。企业获得用气过程中产生的费用是指企业完成用气报装手续政府规定必须缴纳的所有相关费用，包括获取政府机构办理审批手续、申请燃气连接、接受现场和内部管道检查、采购材料、获得燃气实际连接网络和支付保证金等相关费用，但不包含企业内部工程费用。全省 9 个市（州）和贵安新区获得用气成本占当地人均收入比的均值为 12.38%，有 5 个市（州）超过了全省平均值，占比为 50%。各市（州）获得用气成本差异较大，黔南州最低，获得用气成本占当地人均收入比为 6.00%。黔东南州最高，获得用气成本占当地人均收入比为 19.00%，极差为 13%（见图 2 - 12）。

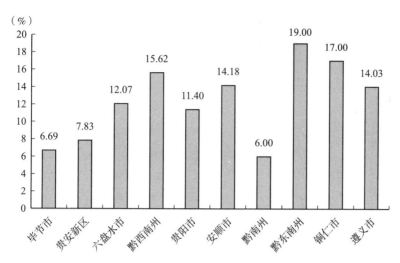

图 2 – 12　各市（州）获得用气成本分布

资料来源：贵州营商环境研究中心。

随着煤炭资源日益短缺、环境问题愈发严峻，部分工业企业和特殊行业对天然气需求增大，涉气企业数量日益增加，企业获得用气成本是否合理，用气报装收费价格是否透明将影响企业的投资和持续发展意愿。从评估结果来看，2019 年全省 9 个市（州）和贵安新区获得用气成本较 2018年有所改善，获得用气成本占当地人均收入比最大值大幅度降低。这主要是由于部分市（州）大幅度增加了城镇管道燃气项目建设的投运数量，扩大了燃气管网覆盖面，进一步提升了天然气供应基础设施建设水平，从而大幅度降低了企业用气报装成本。但是全省各市（州）获得用气成本差异仍然较大，极差值为 13.00 个百分点，造成这种现象的原因可能与各市（州）当地人均收入差距有关，但也反映出部分地区的用气报装成本仍然较高，需要加强对燃气公司安装收费行为的监管力度，进一步压缩用气报装成本。

（4）获得用气价格。

获得用气价格是指企业生产和经营过程中用气费用支出占企业营业收入的比例，该指标主要反映企业消耗燃气的成本。全省各市（州）获得用气价格的平均值为 3.49%，有 4 个市（州）超过了全省平均值。全省各市

（州）获得用气价格差距较大，价格最高的为遵义市，企业用气支出占营收比为 6.30%；最低的为贵安新区，企业用气支出占营收比为 1.00%，极差为 5.30 个百分点（见图 2 – 13）。

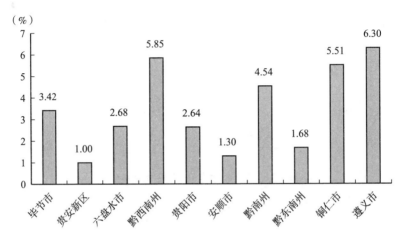

图 2 – 13　各市（州）获得用气价格分布

资料来源：贵州营商环境研究中心。

由于气源价格和管网造价较高等原因，造成终端气价较高，燃气成本已经成为贵州省涉气企业生产经营成本的重要组成部分，高气价成为企业反映较为突出的成本负担问题之一。从评估结果来看，2019 年全省 9 个市（州）和贵安新区获得用气价格较 2018 年而言有所降低。全省各市（州）获得用气价格平均值为 3.49%，这一结果可能与样本企业主要为中小微企业有关，较小的企业规模在一定程度上限制了企业的用气量，因此企业用气支出占营业收入的比例较低。但是从横向比较的角度来看，贵州省部分市（州）终端气价仍然存在下调空间。

（三）评估结果

全省获得用气指标得分整体表现良好，市（州）间分数差距明显。全省获得用气指标平均分为 70.19 分，超过平均分数的市（州）为 6 个。得分最高为毕节市（80.28 分），遵义市获得用气指标得分最低（47.69 分），极差为 32.59 分。各市（州）间分数差距较大，得分主要集中在 70~80 分（见表 2-31）。

表 2-31 各市（州）获得用气指标得分及排名

排名	行政区划	总分	环节（个）	时间（工作日）	成本（%）	价格（%）
1	毕节市	80.28	5.33	5.67	6.69	3.42
2	贵安新区	78.82	5.25	9.25	7.83	1.00
3	六盘水市	77.37	5.17	5.67	12.07	2.68
4	黔西南州	75.17	4.00	4.68	15.62	5.85
5	贵阳市	74.93	4.83	8.44	11.40	2.64
6	安顺市	73.40	4.67	10.00	14.18	1.30
7	黔南州	69.96	4.67	11.75	6.00	4.54
8	黔东南州	65.67	5.50	7.58	19.00	1.68
9	铜仁市	58.66	5.00	8.63	17.00	5.51
10	遵义市	47.69	6.00	10.83	14.03	6.30

资料来源：贵州营商环境研究中心。

各市（州）在获得用气二级指标得分上存在较大差异。获得用气环节平均分为 68.74 分，有 5 个市（州）得分高于平均分；黔西南州得分最高，遵义市得分最低。获得用气时间平均分为 69.70 分，4 个市（州）高于平均分；得分最高的是黔西南州，得分最低的是黔南州。获得用气成本平均分为 70.55 分，5 个市（州）高于平均分；得分最高的是黔南州，得分最低的是黔东南州。获得用气价格平均分为 71.79 分，有 6 个市（州）超过平均分；得分最高的是贵安新区，得分最低的是遵义市（见图 2-14）。

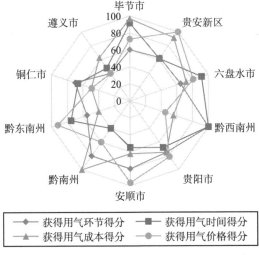

图 2-14 各市（州）获得用气二级指标得分分布

资料来源：贵州营商环境研究中心。

（四）存在的问题

1. 天然气价格较高

部分企业反映，虽然目前燃气价格已有一定幅度降低，但总体仍然较高，增加了企业的运营成本。为响应政府绿色生产要求，一些企业由过去的燃煤、燃柴生产变更为天然气生产，但是对于天然气用量较大的涉气企业来说，使用天然气生产增加了原材料成本。同时，如果企业存在增加产能的内在需求，将会进一步压缩企业的盈利空间，加大企业的运营风险。

2. 燃气缴费便利度不足

部分企业反映，企业在使用互联网进行天然气缴费的过程中，虽然节省了时间，但是互联网缴费不能即时提供发票，后期获取发票也较为困难，为企业财务管理带来不便。还有部分企业反映，有的用户在缴纳天然气费用时使用的是储存充值卡，需要到固定办理点才能缴费，增加了企业的时间成本。同时，对于资金较为紧张的小微企业来说，当储值卡金额不足时，天然气公司并未提供燃气费临时缓交或延期缴纳的业务，为部分小微企业的正常生产带来不便。

3. 用气报装收费存在不透明现象

部分企业反映，在用气设施安装过程中，存在不合理收费的现象，部分地区的用气安装费用较高，尤其对于地理位置距离燃气管道较远的企业来说，燃气安装成本偏高。同时，有的企业反映用气安装收费项目存在随意增减的现象，收费项目的价格不够透明。此外，企业在生产过程中存在依照销售量增加产能的需求，导致日常用气量的提升，但是燃气公司往往只能按照最初的申报用气量予以安装用气设备，不能依照企业的现有用气量及时调整供气设施，未能很好满足企业的用气需求。

4. 进一步提升用气业务办理的服务水平

部分企业反映，希望用气业务办理人员进一步提升服务质量，向企业客户明确办理用气业务需要准备的各种资料，避免多次往返，增加时间成本。还有部分企业建议，对于部分缺少用气业务办理经验的初次创业者来说，用气业务办理人员应该给予更多的业务指导。

（五）对策建议

1. 完善天然气价格形成机制

当前以天然气作为生产燃料的企业越来越多，降低企业用气成本成为企业降本减负的重点任务之一。由于气源价格和管网造价较高等原因，贵州省终端气价处于较高水平，增加了涉气企业的运营成本。进一步降低企业用气成本，需要大力推进用气体制改革，完善天然气上游资源谈判机制、减少中间供气环节。要加快推进油气体制市场化改革，逐步建立公平接入、供需导向的运营体制，放开竞争性环节政府定价改革，探索推行市场定价机制。比如，建立天然气上下游直供和市场化定价机制，按照用气量等标准对天然气大用户做出明确界定，采用累进计价法制定大用户燃气价格，切实降低大用气量涉气企业成本。同时，应加强与上游气源的谈判力度，进一步降低高价气气源的价格和使用占比，进一步理顺下游供气体制，减少中间供气环节，降低天然气成本。

2. 降低用气安装成本

贵州省天然气基础设施建设较为滞后，天然气管网的覆盖率有待提升，一定程度上客观影响了部分企业用户的天然气安装成本。但在天然气安装过程中，企业用户处于弱势地位，燃气公司存在收费较高、收费项目价格不透明、乱收费等现象。针对这种不良现象，政府要加大监管力度，规范燃气公司的安装收费行为。要进一步健全天然气成本价格监管制度，切实规范燃气公司管道燃气设施预理或改造中的收费行为，严禁不合理收费，引导燃气公司下调安装项目收费标准。

3. 简化用气报装流程

要进一步优化用气业务办理流程，尽可能减少申报材料数量，对于非必要性和重复性申报材料要予以减免。要加大不同办理环节并联办理的力度，尤其需要进一步简化办理道路挖掘许可的程序。要进一步压缩用气业务办理时间，通过提供详细易懂的一次性告知清单、互联办理以及网上预约办理等服务，节约企业用户的办理时间，确保"最多跑一次"承诺目标的长效高质量落实。

4. 进一步提升燃气缴费便利性

网点缴费和互联网缴费是企业用户天然气缴费的重要方式。燃气公司要增加缴费网点覆盖面，方便企业及时缴费，要针对小微企业经常出现临时性资金短缺的实际困难，考虑出台具有可行性的延期缴费方案，降低小微企业的运营风险。同时，对于使用互联网进行天然气缴费的用户，要及时提供电子发票，方便企业用户获取票据凭证，提升网上缴费便利度。要大力提高窗口服务人员的职业素养和服务水平，严控业务办理时限。窗口服务人员要在保证业务办理规范化、标准化的基础上，进一步发挥好业务办理的咨询作用，引导企业用户快速办理用气报装业务，尤其要对初次办理用气报装业务的创业者给予更多业务办理指导，进一步提升用户业务办理满意度。

十二、跨境贸易

（一）指标解读

深入推进"放管服"改革，对标国际先进水平，创新监管方式，优化通关流程，提高通关效率，营造稳定公平透明可预期的跨境贸易营商环境，对促进贵州省外贸稳定健康发展具有重要意义。改革开放以来，贵州省经过 40 年不断努力和发展，对外贸易规模持续扩大，对外贸易结构不断优化，进出口市场分布日趋多元化，对外贸易呈现出较快增长趋势。

"跨境贸易"指标衡量企业进出口业务需要办理的手续及各项业务所耗费的时间和费用，主要考察全省各市（州）企业从事跨境贸易活动的便利度。共包含进口单证合规时间及费用、出口单证合规时间及费用、出口边境合规时间及费用，共计 8 项二级指标。

（二）评估概况

近年来，贵州省进入经济社会加快发展的新阶段，对外贸易数量大幅增长，为全省经济健康稳定发展做出重大贡献。然而基于地理区位及历史因素等原因，贵州省对外贸易发展相对滞后，面临诸多严峻挑战。总体上存在对外贸易总体规模小、出口产品结构亟须升级、进出口市场分布过于集中、抗风险能力不足等诸多短板和突出问题，跨境贸易便利化水平有待进一步提升。

当前贵州省仍有部分市（州）并未设立本地区的属地海关，全省关区设施建设较为滞后。具体为：一方面，部分市（州）由于未设立属地海关而未发生进出口业务；另一方面，当地从事进出口贸易的本地企业选择在外地办理报关业务，市（州）海关无法提供被抽取样本企业的佐证材料。

由于部分进出口业务办理程序复杂、手续环节较多，导致市（州）海关无法对评估问卷进行完整作答。从问卷填报情况来看，铜仁市、黔东南州、黔南州和毕节市因未发生相关业务办理而无法填报跨境贸易指标的评估问卷。其余地区均未能完整填报问卷。基于以上因素综合考量，评估组未对全省9个市（州）和贵安新区跨境贸易指标得分进行计分及排名，重点了解贵州省跨境贸易现状，明确存在的问题，并提出有针对性的对策建议。

（三）存在的问题

1. 部分地区尚未设立属地海关

作为进出境的监管机关，海关在推进贸易便利化的过程中发挥着不可替代的重要作用，但目前贵州省的部分市（州）还未设立独立海关。部分企业反映，由于企业所在地未设立海关，企业在经营过程中出现的进出口贸易业务无法实现当地办理，增加了企业办理进出口业务的时间和经济成本，不利于调动企业发展进出口贸易的积极性。同时，部分市（州）的海关是新近设立的，许多企业并不了解，建议当地海关对自身业务办理的种类和范围加大宣传力度，方便更多企业在本地办理报关业务。

2. 进出口业务办理环节繁杂

部分企业反映，目前所实行的通关制度虽然较以往已有较大幅度简化，但仍然相对烦琐复杂，证件繁多，大量单据和证明阻碍通关效率。同时，不同地区进出口业务办理政策存在差异，在进出口业务审批流程中会发生审批时间过长、产生停滞等问题，加之企业不了解手续审批的具体情况，审批部门间沟通和交流不充分，降低了各部门的协调性，增加了报关业务的合规成本，影响通关进程。

3. 政企之间及部门之间沟通协作不充分

贵州省进出口业务办理实行多部门协同执法体制，进出口货物通关涉及海关、银行、税务等多个政府部门和商业机构。从事进出口业务办理的部门间存在基础条件、认识步调和运营水平不一致等问题，且各部门之间信息尚未完全共享，信息不充分和不对称阻碍了通关效率。部分企业反映，相关部门之间协作机制不健全，权责划分不清晰，在出现问题时，各部门存在相互推诿责任的现象，造成企业无所适从。此外，企业缺乏对海关各项政策全面及时的了解，海关也难以获取企业现实需求的直接反馈。

4. "单一窗口"建设水平有待提升

贵州省目前建设的"单一窗口"与沿海地区尚有一定距离，相关监管部门在推进"单一窗口"建设时缺乏足够的积极主动性。部分企业反映，"单一窗口"的建设尚未完全落到各地海关，且应用不完善，各项通关监管政策亟须进一步完善和推广。

5. 进出口业务办理费用较高

部分企业反映，进出口业务办理中仍然存在收费高、收费项目和价格不透明的现象，而且第三方中介机构的收费行为亟须进一步规范。有的企业反映，企业在办理进出口业务的过程中，在一定程度上存在价格竞争不充分、进出口企业议价能力较弱等问题。虽然海关总署制定了信息公开办法和关务公开办法，并明确规定各级海关要对收费标准进行公布，但不同地区的海关执行力度仍然不同，相应的廉政作风建设和人员管理及监督体制仍不完善，进出口业务办理费用有待进一步降低。

6. 贵州省物流成本偏高

产生过进出口业务的受访企业中，普遍反馈贵州省物流成本高的问题。认为货物从口岸提运回贵阳的过程中，空运受限，进出口货物超过 120 千克或尺寸偏大就无法空运。需要陆路运输至口岸，成本及费用偏高。

7. 关税补贴标准不一

受访企业普遍表示，当前通过"单一窗口"办理业务后，本地海关和口岸海关的跨关区业务处理几乎无难度。但因关税加重企业负担、外贸环境变差、退税周期长等导致企业资金周转困难。在补贴标准方面，部分企业反映存在省内商务政策支持不统一的情况，如贵阳、安顺、都匀有按出口金额计的政策补贴，但补贴标准不统一，受访企业认为应对有实质业务的企业实行等同补贴。

8. 业务专业性欠佳及宣传力度不够

受访企业反映，个别海关部门职业技能培训不足，考核机制不健全，对单项申请内容及细节不够了解，海关工作人员出现过无法及时解答企业问题的情况。此外，企业没有渠道参与一些商业交流会，例如广交会，政府未进行宣传宣讲，相关会议席位较少，企业外出交流平台不足。

（四）对策建议

1. 优化区域跨境贸易发展格局

优化资源组合，合理配置现有资源，进一步推进全省海关一体化通关格局。要进一步优化对外贸易发展滞后地区的跨境贸易营商环境，关注国家政策的具体落实程度和基础设施建设，针对特定问题制定解决方案和平衡机制，促进贵州省跨境贸易营商环境的整体提升。

2. 优化通关流程

进一步精简通关环节，压缩通关时间。抓住海关监管环节中影响通关时效的关键环节，有针对性地整合资源、改进流程，提高通关时效。以海关为中心推进监管模式创新，削减进出口环节审批事项，精简进出口环节监管证件，切实落实报关"串联"改"并联"，提高业务办理标准化、规范化程度。大力推广"前推后移"，"双随机、一公开"监管，"提前申报"等模式，切实做到进出口业务公开、透明办理，不断提升通关效率。

3. 加强部门协作且畅通政企沟通

加强部门之间的沟通协作，建立管理部门内部的信息交流、分享机制，实现经验借鉴和共享。要主动向企业提供法律法规讲解、政策变化信息解读和政策宣传等服务，加强与企业的沟通和业务培训，开展互利合作。要以企业的诉求为出发点，有效结合报关企业需求提供服务，增加企业获得感。

4. 规范收费标准

加强对进出口贸易营商环境优化工作的领导和统筹协调，建立多部门进出口贸易业务办理收费监督管理协作机制，降低进出口业务办理过程中的经营服务性收费，实现进出口业务办理收费目录清单制度并对外公示，倒逼经营服务性收费的规范、合理，依法查处各类违法违规收费行为，进一步营造公平、透明的通关环境。

5. 深化无纸化通关改革

加快建立真正的"单一窗口"，提高"单一窗口"应用率。增加部门间的协调配合，进一步加大数据信息共享，打造"一站式"平台，将"单一窗口"功能覆盖跨境贸易管理全链条。利用信息技术加快无纸化报关的建设步伐，实现通关管理网络化，减少重复审核，进一步扩大无纸化通关的适用范围。

十三、办理破产

（一）指标解读

破产是市场经济优胜劣汰规律的体现，是对市场主体良好的救治与退出制度，既反映了一国市场经济的发展程度，又是评价其营商环境的重要考量因素。主要研究企业破产程序的时间、成本和结果，以及适用于清算和重组程序的法律框架力度。

"办理破产"指标围绕切实提升破产案件审理效率、提高办案专业水平和构建破产案件税务解决机制等问题，从"收回债务所需时间""收回债务所需成本"及"债权人回收率"3项二级指标开展评价。

（二）评估概况

2019年贵州省"办理破产"指标营商环境调研发现，全省9个市（州）和贵安新区仅有12个破产企业样本，且其中包含3个不完全有效样本，5个市（州）样本数为0（见表2–32）。

表2–32　　　　　"办理破产"指标全省样本情况　　　　　单位：个

市（州）	样本企业数	不完全有效样本数
贵阳市	0	0
贵安新区	0	0
铜仁市	6	1
六盘水市	1	0
黔东南州	0	0
遵义市	3	0
黔南州	0	0

续表

市（州）	样本企业数	不完全有效样本数
黔西南州	1	1
安顺市	1	1
毕节市	0	0
合计	12	3

资料来源：贵州营商环境研究中心。

出现无效样本的原因包括：一是评估系统显示，部分样本企业仅有政府端数据，没有企业端问卷情况，难以进行两端印证核实，因此判为无效问卷；二是企业端、政府端数据均有，但通过查验样本与当地法院核实，企业属无产可破情况，为无效样本。

被视为不完全有效样本的理由如下：一是部分样本数据难以统计和采纳。首先，其成本中的拍卖费、评估费、其他费用政府均不能悉数统计，难以完整计算其破产成本。其次，样本中原被告最终达成和解，因此收回债务所需时间和成本无法知晓。最后，由于缺乏佐证材料，企业资产额无法计算。二是个别样本为破产重整，但债权人从重整债务至今回收债务额无法统计。三是部分样本数据无法统计、佐证材料不足。经与办理该破产案件的单位人员沟通，个别企业基本未开始偿还债务。

（三）评估结果

综上所述，由于有效样本数量严重不足，办理破产指标难以获得用以计分的数据和材料，遗憾未能纳入全省计分。简要情况为：

破产办理专业化程度有待提升。第三方对全省9个市（州）进行调研，结果表明仅4个市（州）设立了专门的破产审判庭或破产法庭，占比仅为44.44%；共7个市（州）建立破产信息公示平台，该项目标任务完成度为77.78%。

办理破产周期较长。2017年贵州省办理破产的时间平均为2.5年，远远高于其他国家和国内其他省市。从2019年全省报送提交的3个不完全有效样本来看，办理破产平均时间为2.33年，对比2017年未有明显进步。

（四）存在的问题

1. 破产案件历史欠账多

这一点从企业或破产管理人的论述可知。"前几年因案件少，比较保守，但近几年因为产业转型，爆发破产潮"。"由于几十年积累'僵尸企业'太多，法院破产管理人不一定够，只能慢慢消化"。

2. 府院联动机制亟待健全

从缺失数据材料可看出，法律部门不知晓政府对破产企业的具体税收情况，政府部门不知晓法律部门的律师费用等情况，政法联动还有待建立健全。有较多企业或破产管理人指出，"政府和法院联动方面，这个机制没有得到很好的完善、实施、推动，政府不管破不破产，资产处置还要收人家（破产企业）一大笔税，给债权人带来的确实是一大笔损失""政府和法院联动配合得不是很好，企业走到破产，很多资料是不完善的，还要按照规定的流程来办这个审批的话，确实无法做到，希望政府能提供便捷的流程办理破产""政府应该配合法院来推动办理破产，政府和企业联动基本就是浮于形式，有些法院部门都不知道有这个联动"。由此看出，政法联动性目前来说存在较大问题。

3. 破产管理人遴选欠规范

在司法方面，当前破产法立法对现实需求来说较为滞后。很多企业破产管理人抱怨，"当前与破产有关的规定只有在办理的过程中才体现出来，但又找不出依据，应该制定一些相关的规定和规范"。有企业或者企业破产管理人反映存在"暗箱操作情况"，指出"优质的破产案子已经被法院内定，且没挂在网上；管理人员通过各种渠道把案子拿下来，但是又不会做，然后又找其他人来做；我们基本拿到的案子是没利润的，很多还倒贴，应该加强监管"。

（五）对策建议

1. 转变企业和社会对破产的认识

办理破产是企业退出市场的合法机制，也是一种有效的企业拯救机制，要加大这种对于办理破产的正面宣传，树立对破产的正确认识，不仅可以减少弃债而逃的企业数量，而且可以帮助企业通过清理债务、重组债务等方式获得重生。

2. 提升破产案件办理效率和效果

首先，可以根据破产案件的难易程度，将不同案件进行繁简分类，构建分类处理机制，事实清楚、债权债务关系清晰的简单案件进入快速审理通道，烦琐的案件进行详细审查，从而确保高效和公正。其次，推动成立专门的破产审判庭，将办理破产进行破产重整、破产和解、破产清算分类，对应不同的业务制定清晰的工作程序和规范指引，推动破产程序快速及时启动。

3. 加强办理破产的法制化建设

明确办理破产司法实务中的细节，就当前存在的争议事项、空白事项予以明确规定和补充。充分发挥人民法院在办理破产的各项审判职能，加大执行案件的审查力度。加强办理破产相关事务的专业化队伍建设，尤其是破产审判的专业化队伍建设。

4. 探索部门统一协调机制

办理破产属于系统性工作，除了法院主导之外，与破产程序有关的事务还涉及大量非法律内容和非法院部门，例如税收、市场监管、银行、社保等事务和部门，因此需要法律部门、政府部门、社会管理职能部门的通力合作，才能提升办理破产的效率和效果。

十四、保护中小投资者权益

（一）指标解读

"保护中小投资者权益"指标衡量在利益冲突情况下少数持股者受到的保护，以及在公司治理结构中股份持有人的权利。该指标包含信息披露透明度、董事责任程度、诉讼便利度、股东权利、所有权和管理控制、公司透明度 6 项二级指标。

鉴于全省各地在商事政策及法律法规方面的趋同性，贵州省营商环境评估重点了解各地政府部门为市场主体提供行政审批及各项服务时，在监管效率及监管质量上的表现。"保护中小投资者权益"指标侧重于考察各地《公司法》及《证券法》的法规完善程度，因而主要通过当地法律法规实际执行效果衡量。

（二）评估概况

由于贵州省截止到 2019 年底仅有 30 余家上市公司，且均未发生过关联交易诉讼，该项指标侧重于考察法律法规完善情况，因而未考虑样本企业。课题组通过对政府端填报数据进行现场核验，认定问卷得分情况如表 2-33 所示。

表 2-33　　　　"保护中小投资者权益"指标问卷得分　　　　单位：分

序号	行政区划	信息披露透明度	董事责任程度	诉讼便利度	股东权利指数	所有权和管理控制	公司透明度
1	贵阳市	9.00	7.00	4.00	7.00	7.00	8.00
2	安顺市	10.00	7.00	6.00	8.00	8.00	10.00
3	毕节市	8.00	7.00	6.00	10.00	7.00	9.00
4	六盘水市	10.00	7.00	6.00	10.00	10.00	10.00
5	黔西南州	7.00	7.00	5.00	7.00	8.00	10.00
6	黔南州	9.00	7.00	6.00	10.00	10.00	10.00

续表

序号	行政区划	信息披露透明度	董事责任程度	诉讼便利度	股东权利指数	所有权和管理控制	公司透明度
7	黔东南州	8.00	6.00	5.00	8.00	8.00	8.00
8	铜仁市	8.00	7.00	5.00	8.00	2.00	8.00
9	遵义市	6.00	7.00	3.00	10.00	7.00	8.00

资料来源：贵州营商环境研究中心。

（三）对标分析

1. 信息披露透明度最优：安顺市、六盘水市

信息披露透明度指标总共 5 道选择题，满分为 10 分。从问卷填答情况来看，安顺市和六盘水市得到满分，最低分为遵义市的 6.00 分，9 个市州平均分为 8.33 分。全省低于平均分的地区有 3 个：遵义市（6.00 分）、黔西南州（7.00 分）、毕节市（8.00 分）（见图 2－15）。

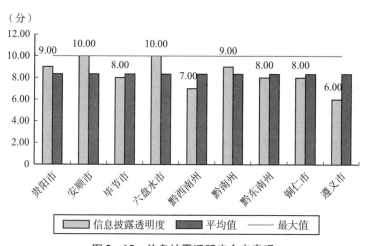

图 2－15　信息披露透明度全省表现

2. 董事责任程度最优：除黔东南州外所有地区

董事责任程度问卷为 7 道选择题，满分为 7.00 分。从全省评估的情况来看，仅黔东南州得 6.00 分，其余均为满分，全省平均分为 6.89 分。黔东

南州失分的原因在于，"股东成功索赔后，董事不会偿还交易所得利润"，该项被扣 1 分（见图 2 - 16）。

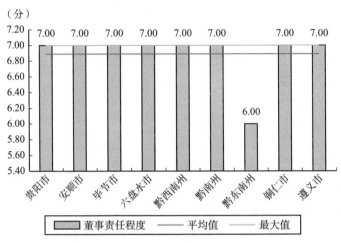

图 2 - 16　董事责任程度全省表现

3. 诉讼便利度最优：安顺市、毕节市、六盘水市、黔南州

诉讼便利度为 6 道选择题，满分为 6.00 分。从问卷反馈情况来看，安顺市、毕节市、六盘水市、黔南州均得到满分，平均分为 5.11 分。得分低于 5 分的市州有 2 个：贵阳市 4.00 分，遵义市 3.00 分（见图 2 - 17）。

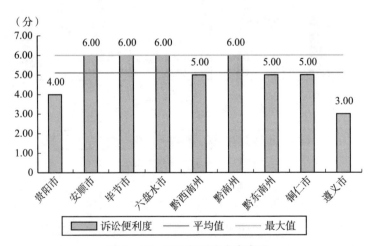

图 2 - 17　诉讼便利度全省表现

　　遵义市失分的原因在于，在"被告和证人是否有义务在诉讼中提供给股东原告与索赔相关的证明资料""股东原告是否可以在审理期间直接审查被告和证人""股东原告是否可以从被告获得相关文件"3项的选择及印证材料中均给予否定答复。

　　4. 股东权利指数最优：遵义市、毕节市、六盘水市、黔南州

　　股东权利指数为10道选择题，满分为10分。从问卷反馈结果来看，遵义市、毕节市、六盘水市、黔南州均在该项指标的回答上得到满分。全省平均分为8.67分，最低为贵阳市和黔西南州的7.00分（见图2-18）。

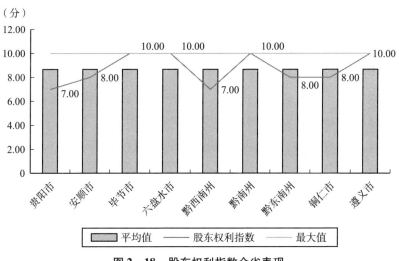

图2-18　股东权利指数全省表现

　　5. 所有权和管理控制最优：六盘水市、黔南州

　　所有权和管理控制问卷共10道选择题，满分为10分。从问卷反馈的结果来看，六盘水市和黔南州在问卷回答上得到满分，全省平均分为8.67分，低于平均分的地区有7个，其中铜仁市得分最低（见图2-19）。

　　铜仁市得分较低的原因包括但不限于：仅在"董事会是否必须设立独立的审计委员会""如果是有限责任公司，是否存在管理僵局打破机制"问题上持肯定回答，其余均为否定回答。

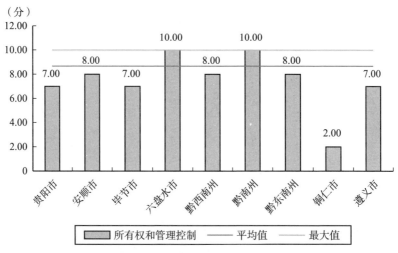

图 2 - 19　所有者和管理控制全省表现

6. 公司透明度最优：安顺市、六盘水市、黔西南州、黔南州

公司透明度共 10 道选择题，满分同样为 10 分。该项指标安顺市、六盘水市、黔西南州、黔南州均得满分，全省平均分高达 9.00 分（见图 2 - 20）。

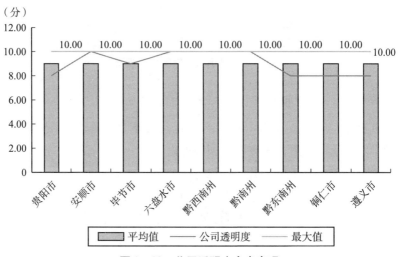

图 2 - 20　公司透明度全省表现

（四）存在的问题

1. 法律服务通道需改进

第三方调研结果显示，通过法律为中小投资者提供保护存在以下困难：一是立案困难，尤其在年底，如案件快超审限时，法官得要求撤诉后重新立案，否则可能会以各种理由被驳回；二是员额制改革使法官自由裁量权增大，存在寻租的可能性；三是律师成本难以核算。

2. 地方政府信用水平有待提升

部分企业反馈一些地区存在由于政府领导换届导致企业权益得不到保护等情况，"新官不理旧账"等现象对政府公信力造成很大损害，政府官员要先做到依法行政，依法施政。此外，政府成为被执行人的情况时有发生，但执行情况很不好。

十五、执 行 合 同

（一）指标解读

"执行合同"是指合同债务人按照合同约定或法律规定，全面适当地完成合同义务，使债权人债权得以实现。该指标通过衡量地方一审法院解决商业纠纷的时间、成本和司法程序质量指数，反映当地法院系统解决商业纠纷案件质量和效率的优化程度。

"执行合同"属于市（州）本级评估指标，共包含解决商业纠纷的时间及费用2项二级指标。解决商业纠纷的时间涵盖原告决定向法院起诉起，至收到赔偿款为止的环节时间。费用则包括诉讼费用、执行费用及律师费等综合成本，着重考察各类费用总和占原告企业所获赔偿金额的比重。

（二）评估概况

1. 总体情况

评估结果显示，2019年全省9个市（州）"执行合同"指标平均得75.35分，超过此平均分的市（州）有4个。从具体的2项二级指标来看，全省解决商业纠纷的平均时间为362.75个工作日，平均成本占索赔金额比为6.66%（见表2–34）。

表2–34　　　　　　　　　　执行合同指标极值分布

二级指标	解决商业纠纷的时间（天）	解决商业纠纷的费用（%）
最大值	475.00	16.35
平均值	362.75	6.66
最小值	248.50	2.16

资料来源：贵州营商环境研究中心。

从极值数据分布情况来看，全省样本企业解决商业纠纷时间最长为475.00个工作日，最短为248.50个工作日，极差长达226.50个工作日，表明各地法院执行商业纠纷的时间普遍偏长。商业纠纷费用最高占所获赔偿金额的16.35%，最低为2.16%，极差达14.19个百分点，显示企业在通过法律渠道解决商业纠纷过程中，个别地区存在费用偏高的情况。

全省最高得分为铜仁市（94.05分），解决商业纠纷平均时间为288.8个工作日，解决商业纠纷的平均成本为2.45%。最低得分为黔南州（40.00分），平均解决商业纠纷的时间为475.00个工作日，解决商业纠纷平均成本为16.35%。

2. 分项指标表现

（1）解决商业纠纷时间。

全省解决商业纠纷的平均时间为362.75个工作日，时间最短的是遵义市，为248.5个工作日。该项二级指标时间测算分为3段：立案阶段（违约到起诉）、判决阶段（起诉到判决）、执行阶段（判决到强制执行完毕）。贵州省本轮评估中，解决商业纠纷时间按原告正式到法院起诉到执行完毕测算。

党的十八大以来，中央全面推进依法治国，持续深化简政放权、放管结合、优化服务改革，依法保护产权等企业各项合法权益，以更有力的法治举措进一步优化营商环境。同时也应看到，各种各样的"玻璃门""弹簧门""旋转门"依然存在，执法随意、执法不公、执法不严等问题不可忽视。破解这些问题，关键是加强法治建设，不断促进社会公平正义，进一步营造稳定公平透明的营商环境。贵州省高级人民法院和各市（州）人民法院均积极响应习近平总书记的号召，展开了"黔山雷暴"等行动，对提升全省商业纠纷解决成效起到积极作用。

（2）解决商业纠纷成本。

全省解决商业纠纷的平均成本为6.66%，成本最低的是贵阳市，为2.16%。成本为相对数指标，体现各地商业纠纷解决过程中原告普遍的负担情况。分子按原告在实现债权过程中，所花费各项费用，包括诉讼费、律师费、拍卖费、保全费、鉴定费及执行过程中真实产生的各项费用；分母为原告通过法律程序最终实现的索赔金额。该项二级指标考察各地企业在通过法律渠道解决商业纠纷时，包括法院在内的费用承担情况。

"执行合同"指标是法治营商环境建设的重要领域，对提升参评城市企业商事纠纷解决过程中法院的专业化、智慧化具有积极作用。打造良好营商环境是一项系统工程，要注重依靠法治办法解决突出问题，对人民群众反映强烈的食品、药品等领域的重大安全问题，拿出治本措施，对违法者用重典，依法惩治以儆效尤，严肃问责倒逼严管，用法治规范市场秩序。

（三）评估结果

课题组对全省 9 个市（州）（贵安新区无法院未参与该项指标评估）调查规定时间范围内的样本企业进行实地调研，获取各地解决商业纠纷的时间及成本如表 2 - 35 所示。

表 2 - 35　　　　　　　各市（州）执行合同指标排名

排名	行政区划	总分	解决商业纠纷时间（工作日）	解决商业纠纷成本（%）
1	铜仁市	94.05	288.80	2.45
2	遵义市	93.51	248.50	5.23
3	黔西南州	86.18	335.10	3.27
4	六盘水市	85.46	268.42	7.79
5	毕节市	74.87	347.25	7.86
6	贵阳市	73.97	445.00	2.16
7	黔东南州	73.15	395.70	5.64
8	安顺市	56.95	461.00	9.21
9	黔南州	40.00	475.00	16.35
	平均值	75.35	362.75	6.66

资料来源：贵州营商环境研究中心。

（四）存在的问题

1. 解决商业纠纷时间偏长

第三方评估结果显示，全省 9 个市（州）（贵安新区暂未设置法院）在调查期限内执行结案的商业纠纷中，平均时间为 362.75 个工作日，最长时限为 475.00 个工作日，最短时限为 248.50 个工作日。

2. 商业纠纷案件执行力度较弱

从商业纠纷中原告企业家反馈的情况来看，"执行难"的困境普遍存在。其主要表现为：被执行人无财产可供执行，或隐匿、转移财产，导致执行不能完成；被申请人等不协助执行，或协助执行过程中对法定权利及义务不清楚；执行法院因案件多办事人员少，以及部分法官业务不熟导致执行不力；法律处罚力度不够，未能对被执行人产生实质性威慑等。

3. 商事纠纷解决便利度待提升

执行合同在立案的过程中，依然存在这一些问题。如相关手续办理的人员数量不足，让手续办理时间过长；交费的窗口在银行，需要银行法院两头跑，影响办事效率；立案手续智能化程度不够，影响诉讼效率。

4. 冻结资金时间长

个别企业反馈，遇到法律纠纷时，无论原告企业还是被告企业，其账户都会被冻结一年左右时间，使其无法进行其他任何商业活动，也就没有经济来源，对于中小微企业是极大考验。

（五）对策建议

1. 提升商事纠纷解决专业化水平

增加司法工作人员数量，同时大力加强法律宣传，让法律意识深植于个人的理念，同时促进诚信体系建设，以此促使被执行人有所顾虑，更好地配合判决的执行。

2. 提升法院商事纠纷解决智慧化水平

进一步完成和优化案件前期过程的手续和环节，以提高立案的速度和效率。加强对司法工作人员业务能力的提升，同时利用大数据互联网的便利与优势，以节约广大诉讼人的立案时间。执行过程中，也尽量利用大数据获取被执行人的真实资产情况，以便于提高执行的效率和成功率。

十六、劳动力市场监管

（一）指标解读

"劳动力市场监管"属于市（州）本级指标，为观察指标（不参与计分）。该指标对于政府层面而言，主要有企业职工签订劳动合同比率、企业职工"五险一金"参保率、劳动仲裁发生率、监管部门对企业超时加班问题的查处率等内容。对于辖区内企业抽样调查主要涉及企业的聘用情况、工作时间、裁员规定、裁员成本、工作质量、就业服务等方面。该指标主要反映市（州）营商环境在劳动者保护、企业用工、政府就业服务等方面的情况。

（二）评估概况

1. 总体情况

"劳动力市场监管"为观察指标，因此未统一换算为标准分。评估结果显示，2019 年全省 9 个市（州）（不含贵安新区）劳动力市场监管指标卷面平均得分为 20.85 分，超过平均分的市（州）有 4 个，分别为六盘水市、安顺市、黔南州、铜仁市，占全体考核主体的 44.4%。全省劳动力市场监管指标得分最低的是毕节市，为 18.34 分，距离平均分 2.51 分（见图 2－21）。

从具体的部门和企业调查得分来看，2019 年度全省 9 个市（州）劳动力市场监管部门调查得分平均分为 3.07 分，超过此平均分的市（州）有 3 个，分别为六盘水市、安顺市、黔东南州，得分最低的市（州）是毕节市；劳动力市场监管企业调查得分平均分为 17.79 分，超过此平均分的市（州）有 5 个，分别为六盘水市、安顺市、黔南州、铜仁市、遵义市，得分最低的市（州）是黔西南州。

（分）

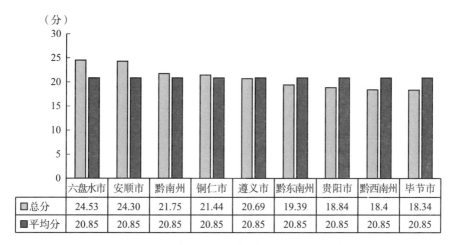

图 2-21　劳动力市场监管总得分与平均分比较

资料来源：贵州营商环境研究中心。

2. 具体表现

（1）政府端调查部分。

政府端调查部分主要涉及 4 项二级指标，包括企业职工签订劳动合同的比率、企业职工"五险一金"参保率、劳动仲裁发生率、监管部门对企业超时加班问题的查处率。在该项指标分数排名中，排在全省前三位的分别是六盘水市、安顺市及黔东南州。

各分项指标满分均为 1 分。在劳动合同签订比率得分中，获得满分的有安顺市、黔南州、贵阳市；在参保率得分中，获得满分的有安顺市、铜仁市、黔西南州；在劳动仲裁发生率得分中，获得满分的是六盘水市；在监管部门对企业超时加班问题的查处得分中，贵阳市、毕节市未得分，说明这两个市（州）还存在一定的企业超时加班问题。

（2）企业端调查部分。

企业端抽样调查的二级指标包括：聘用情况、工作时间、裁员规定、裁员成本、工作质量、就业服务 6 个方面。考核排名在前三位的分别是六盘水市、安顺市、黔南州。

6 项二级指标中，单项指标排名最后一位的情况，集中在贵阳市、毕节市、黔西南州这 3 个市（州），各自有 2 项指标垫底。说明以上 3 个市

（州）的劳动力市场监管环境还有待进一步提升，尤其是劳动者保护、企业用工等方面。

六盘水市、安顺市、黔南州 3 个市（州）的总排名、分项排名均名列前茅，排在全省前 4 位。说明以上 3 个市（州）的劳动力市场监管方面做得较好，较其他市（州）有非常突出的优势。尤其是六盘水市的劳动力市场监管指标得分均是最高分。

（三）评估结果

1. 市（州）排名情况

全省 9 个市（州）劳动力市场监管指标得分及排名情况如表 2-36 所示。

表 2-36 　　　　　　　　　　　劳动力市场监管总得分　　　　　　　　单位：分

排名	市（州）	企业得分	部门得分	总分
1	六盘水市	20.60	3.93	24.53
2	安顺市	20.48	3.82	24.30
3	黔南州	18.75	3.00	21.75
4	铜仁市	18.45	2.99	21.44
5	遵义市	17.90	2.79	20.69
6	黔东南州	16.27	3.12	19.39
7	贵阳市	16.28	2.56	18.84
8	黔西南州	15.41	2.99	18.40
9	毕节市	15.93	2.41	18.34

资料来源：贵州营商环境研究中心。

课题组按前沿距离法及功效系数法，基于各市（州）问卷填答及印证材料综合得分，计算出各地相对得分（见图 2-22）。

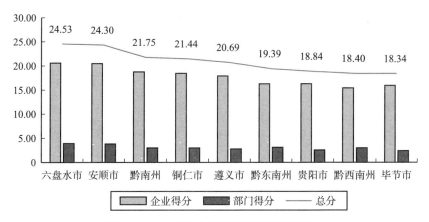

图 2 - 22 劳动力市场监管分指标和总得分

资料来源：贵州营商环境研究中心。

2. 二级指标排名情况

从部门调查得分可以看出，六盘水市、安顺市、黔东南州、黔南州、铜仁市等几个市（州）的各项指标均靠前。具体排名如表 2 - 37 所示。

表 2 - 37　　　　　　　劳动力市场监管部门调查得分　　　　　单位：分

排名	市（州）	劳动合同	参保率	劳动仲裁发生率	监管查处率	得分总计
1	六盘水市	0.98	0.95	1.00	1.00	3.93
2	安顺市	1.00	1.00	0.82	1.00	3.82
3	黔东南州	0.96	0.92	0.24	1.00	3.12
4	黔南州	1.00	0.96	0.04	1.00	3.00
5	铜仁市	0.95	1.00	0.04	1.00	2.99
5	黔西南州	0.95	1.00	0.04	1.00	2.99
7	遵义市	0.95	0.77	0.07	1.00	2.79
8	贵阳市	1.00	0.99	0.57	0.00	2.56
9	毕节市	0.95	0.86	0.60	0.00	2.41

资料来源：贵州营商环境研究中心。

课题组同时请样本企业参与劳动力市场监管的问卷填报工作，以了解企业对当地劳动力市场的普遍看法，9 个市（州）得分情况如表 2 - 38 所示。

表 2 -38　　　　　　　　劳动力市场监管企业调查得分　　　　　　单位：分

排名	市（州）	聘用情况	工作时间	裁员规定	裁员成本	工作质量	就业服务	得分总计
1	六盘水市	3.18	4.14	2.57	2.71	3.00	5.00	20.60
2	安顺市	2.765	4.14	2.57	2.86	3.14	5.00	20.48
3	黔南州	2.415	4.00	2.00	2.50	3.00	4.83	18.75
4	铜仁市	2.31	3.88	2.25	2.63	2.75	4.63	18.45
5	遵义市	2.295	3.60	2.40	2.00	3.20	4.40	17.90
6	贵阳市	2.28	3.50	1.50	2.00	2.00	5.00	16.28
7	黔东南州	2.56	3.57	1.71	1.86	2.71	3.86	16.27
8	毕节市	1.92	3.43	2.29	1.71	2.29	4.29	15.93
9	黔西南州	2.58	3.00	1.83	1.83	2.50	3.67	15.41

资料来源：贵州营商环境研究中心。

（四）存在的问题

1. 人力资源难以满足企业需求

第三方调查发现，受访企业普遍反馈在当地难以招聘合适岗位需求的人才，主要表现在：人力资源机构单一、整体素质有待提升、上进心不强等。

2. 人员流动性大

部分受访企业反映，本地人外出务工较多，员工把企业当跳板的现象时有发生，边工作边考公务员或辞职回家考试的员工比较普遍，甚至存在喝酒就不上班的情况，契约意识较弱。

3. 政策精准度有待提高

政府对小微企业的关注度不够，工作不够细致，针对性的举措还不够。

广大中小微企业承载了大量的就业和创业，是最大的民生工程。尤其是对于贵州这样的经济结构和经济基础的省份来说，应更加要重视中小微企业。政府和社会需要为他们营造更加宽松和有利的发展环境。通过调研发现，小微企业面临的困难还较多，政府对它们的工作还不够细致，尤其是缺乏一些针对性的帮扶举措。

很多招商引资的平台都是一阵风，存在较大的形式主义，对中小微企业的发展和帮扶作用有限。政府和社会需要将对中小微企业的帮扶工作做到实处，创新招商引资工作。

4. 社保负担相对较重

中小微企业普遍认为承担的社保费用等负担较重，希望政府部门制定合理的社保金标准。中小微企业家认为根据政府规定的社保最低标准数据不太合理，很多中小微企业难以达到其最低社保标准，导致负担重。

5. 专业人才有效供给不足

中小微企业需要的专业人才、高学历人才等难以招聘。企业普遍反映难以招聘到需要的专业性人才和高学历人才。对各地市（州）来说，当地的高等教育资源本来就不够丰富，当地能够吸引和留住人才的举措非常有限，人员的流动性很大。

6. 员工教育培训力度不够

对员工的教育培训方面缺乏政府和社会的支持。企业所需的一些人才难以招聘，只能通过内部培养、培训或在职教育等方式获得，但是培训成本高，便利度不够；培训后还面临着难以留住人才的困境。企业的人力成本较高。

（五）对策建议

根据省领导的意见，营商环境评价要看到差距，要着力解决问题，要深入开展整治，要助力产业招商，要把营商环境大提升与产业大招商紧密结合起来，让广大企业感受到贵州省重商亲商安商的良好环境。营商监管的改善，体现在为企业营造更加宽松的营商环境。促进经济增长就需要建立这样一种环境，使具有优良素质的企业家能够顺利创立企业，便利企业进行投资和获得更好的增长环境，从而创造更多就业机会。基于以上思想，以及调研反映出来的问题，具体对策和建议如下：

1. 推进劳动力市场透明监管

要充分利用线上各类平台，进一步优化就业参保登记流程，强化各部门服务和数据协同，提升企业办事便利度。研究优化费率结构、综合社保缴费年度调整等措施，进一步减轻企业负担。落实就业补贴政策，围绕企业创业全过程打造覆盖全生命周期的政策扶持链。优化企业招聘与职工职业培训管理服务，帮助小微企业缓解"招聘难"问题。完善和谐劳动关系创建标准体系，开展对创建达标企业的正向激励。实施促进人才发展专项资金管理办法，聚焦支持人力资源服务业创新发展，更好地为人才引进集聚服务。

2. 建立健全企业家参与涉企政策制定机制

建立企业家参与涉企政策制定的决策咨询机制，适时开展由工商联、行业协会、商会等第三方机构主导、企业家代表参与的政策咨询和评估活动。充分利用网上政务平台等方式，健全畅通便捷的政企互动网络平台。创新政企互动机制，强化政府与企业家常态化沟通机制，建立政府重大经济决策主动向企业家问计求策的程序性规范，推动形成企业家建言献策的良好氛围。

3. 加强政策指导并精准对接

建立基层干部联系小微企业制度，加强政务服务的专业化、精细化、针对性和有效性。定期对辖区内小微企业进行回访和帮扶，并将回访帮扶结果积极反馈上级组织，做到密切联系群众。

4. 切实做好人力资源规划

紧密结合当地产业和企业发展，做好职业教育、技能培训工作，做好人力资源规划工作。政府要联合人社部门、教育部门、财政部门，做好当地的人力资源规划工作，做好产教融合工作，帮助企业实施精准的职工技能培训，积极投入培训补贴。

5. 提升就业服务水平

继续加强就业手续无门槛"一网通办"，精准提供就业服务。切实把中小微企业作为劳动力需求的主体来看待，正视他们的需求。加强对用人单位的用工服务指导及企业结构性、季节性用工问题的协调对接，科学制定和调整招聘计划，定期开展辖区内长期失业人员的摸底调查，及时登记更新个人状况、就业需求等情况，实行实名制动态管理。

十七、政府采购

（一）指标解读

"政府采购"指标的评估目的是建立政府采购合同跟踪管理机制，建立健全政府购买服务目录。严格按照合同规定，及时向供应商支付采购资金，严禁无故拖延支付合同款项。优化政府采购电子交易平台建设，提高政府采购竞争度和中小企业参与度。

政府采购属市（州）本级评估指标，共包含电子采购平台、采购流程、结果确定、采购合同、资金交付、政府采购6项二级指标。其中电子采购平台主要从政府端考察平台建设情况，从企业端调研平台使用体验。采购流程从政府端考量采购形式，从企业端调研保证金缴纳及退还等程序及效率。采购结果确认分别从政府及企业两端考察合同签订的具体规定及要求。采购合同分别从政府及企业两端考察合同管理及结果验收要求。资金交付同样从两端考察合同履约情况。政府采购从政府端考察采购行为中的信息公开及失信处罚力度等。

（二）评估概况

1. 总体情况

评估结果显示，2019年全省9个市（州）及贵安新区的政府采购指标平均得分为76.79分，超过此平均分的市（州）有4个。从具体的6项二级指标来看，2019年全省平均得分情况如下：电子采购平台评价74.78分，采购流程66.40分，采购结果确定和合同签订88.21分，合同管理80.94分，支付和交付67.25分，政府采购83.20分，其中采购流程、支付和交付得分较低（见表2-39）。

表 2 - 39　　　　　　　　　　政府采购指标极值分布

	电子采购平台（分）	采购流程（分）	结果确定（分）	合同管理（分）	资金交付（工作日）	政府采购（分）
问卷满分	9.50	8.50	8.00	6.50	—	8.00
最大值	9.13	8.17	8.00	6.50	17.17	7.00
平均值	7.78	7.18	7.41	6.40	9.94	5.60
最小值	5.92	6.40	5.00	6.19	3.92	2.00
平均值	74.78	66.40	88.21	80.94	67.25	83.20

资料来源：贵州营商环境研究中心。

全省 10 个市（州）政府采购指标最高得分为黔东南州（87.97 分），最低得分为黔西南州（68.19 分），极差为 19.78 分。从极值数据分布情况来看：

电子采购平台问卷政府端满分 10 分，企业端满分 9 分，组合问卷满分为 9.5 分。调研结果最高分 9.13 分，最低分仅 5.92 分，体现出多数企业对电子采购平台评价不高。

采购流程问卷政府端满分 8 分，企业端满分 9 分，组合问卷满分 8.5 分。调研结果最高分 8.17 分，最低分 6.40 分，显示部分企业对保证金退还等满意度不高。

采购结果确定通过同一份问卷对政府及企业进行调研，满分 8 分。调研结果显示，全省最高分为 8 分，最低分为 5 分，体现部分地区企业对合同签订程序认可度不高。

合同管理问卷政府端满分 7 分，企业端满分 6 分，组合问卷满分 6.50 分。全省最高为 6.50 分，最低为 6.19 分，分布集中且偏高，表明企业普遍对合同验收较为认可。

资金交付全省付款最长时限为 17.17 个工作日，最短时限为 3.92 个工作日，极差长达 13.25 个工作日，表明部分地区地方政府对采购项目的支付存在不同程度的延迟。

政府采购问卷满分为 8 分，9 个市（州）及贵安新区政府填报问卷经核验，结果显示最高分 7.00 分，最低分仅 2.00 分，表明极个别地区对政府采购的监管相对松懈。

2. 分项指标表现

（1）电子采购平台评价。

全省9个市（州）及贵安新区电子采购平台评价（包括功能、效率）平均得分为74.78分。毕节市得分最高，该市2012年9月率先在全省实行限额标准以上政府采购项目电子化评标实践，目前已实现全程网上电子采购，采购人、代理机构通过互联网在市公共资源交易中心网站发布采购公告，供应商通过互联网报名、上传投标文件、参与采购活动。市公共资源交易中心优化政府采购流程，不收取任何费用，有效减少政府采购制度性成本。2018年11月，毕节市市级政府采购竞价系统上线，实现限额标准以下办公设备类、印刷印制品类、办公家具类、公务用车、正版软件5类产品和服务网上电子采购。

（2）采购流程。

采购流程全省平均得分为66.40分，安顺市得分最高。该市根据《政府采购货物和服务招标投标管理办法》规定，"采购人或者采购代理机构应当自中标人确定之日起2个工作日内，在省级以上财政部门指定媒体上公告中标结果，招标文件应当随中标结果同时公告"。同时定期通过"双随机、一公开"的方式进行随机抽查。2019年毕节市通过"双随机、一公开"系统，随机抽选深圳市建星项目管理顾问有限公司作为检查对象，开展政府采购代理机构监督检查工作。

（3）采购结果确定和合同签订。

采购结果确定和合同签订全省平均得分为88.21分，安顺市、黔东南州、铜仁市、遵义市均得满分。根据《中华人民共和国政府采购法实施条例》规定："采购人应当自政府采购合同签订之日起2个工作日内，将政府采购合同在省级以上人民政府财政部门指定的媒体上公告，但政府采购合同中涉及国家秘密、商业秘密的内容除外"。铜仁市按照文件精神，在规定时间内将政府采购合同发布在贵州省政府采购网，并将合同原件报铜仁市局备案，作为财政部门支付采购资金的必备附件。

（4）合同管理。

合同管理全省平均得分80.94分，贵阳市、黔东南州、铜仁市、黔西南州得满分。铜仁市政府采购项目遵照《铜仁市本级政府采购项目验收管理办法》执行，对于采购金额低于 100 万元或货物技术参数简单、规格型号单一的政府采购项目，由采购单位纪检（监察）、财务审计以及相关使用方（技术）等部门人员组成不少于 3 人的验收小组验收；对于品种多、数量大、技术参数复杂或采购金额在 100 万~300 万元的项目，由采购单位组织并邀请相关专家组成验收小组验收；对于采购金额超过 500 万元的大型或者技术复杂项目，采购单位应当邀请国家认可的质量检测机构进行验收。项目验收结束后，验收小组必须提交验收报告（一式三份），一份报财政局作为必备附件。

（5）支付和交付。

支付和交付全省平均得分为 67.25 分，安顺市得分最高、六盘水市得分最低。根据《中华人民共和国政府采购法》《中华人民共和国政府采购法实施条例》等文件精神，进一步加强对政府采购资金拨付的监督管理，严肃财经纪律，确保落实"先预算，再计划，后采购"。

（6）政府采购。

政府采购二级指标全省平均得分为 83.20 分，得分最高为贵阳市和黔南州，最低分为安顺市。贵阳市加强履约验收指导管理，强化采购人主体责任，督促采购人依法及时组织履约验收工作，资金支付与履约保证金返还条件挂钩，验收合格后，采购人自收到发票后 30 日内将资金支付到合同约定的供应商账户，不得以机构变动、人员更替和政策调整等为由延迟付款。

（三）评估结果

课题组通过对全省 9 个市（州）及贵安新区的政府采购指标进行实地调研，按前沿距离及功效系数法计算得分及排名，具体情况如表 2-40 所示。

表 2-40　　　　　　　各市（州）政府采购指标排名　　　　　　单位：分

排名	市（州）	电子采购平台	采购流程	采购结果	合同管理	支付交付	政府采购	总分
1	黔东南州	93.93	70.59	100.00	100.00	75.28	88.00	87.97
2	贵阳市	66.54	54.79	96.70	100.00	95.83	100.00	85.64
3	黔南州	92.99	60.40	68.30	83.55	91.31	100.00	82.76

排名	市（州）	电子采购平台	采购流程	采购结果	合同管理	支付交付	政府采购	总分
4	铜仁市	63.36	74.50	100.00	100.00	41.13	88.00	77.83
5	遵义市	56.82	68.90	100.00	88.39	64.32	76.00	75.74
6	安顺市	40.00	100.00	100.00	68.06	100.00	40.00	74.68
7	贵安新区	80.84	40.00	90.00	61.29	72.42	88.00	72.09
8	六盘水市	82.06	63.29	88.30	68.06	40.00	88.00	71.62
9	毕节市	100.00	54.11	98.80	40.00	47.65	88.00	71.43
10	黔西南州	71.21	77.39	40.00	100.00	44.53	76.00	68.19

资料来源：贵州营商环境研究中心。

（四）存在的问题

1. 电子化招标改革不彻底

调研中企业反映，目前电子化招标实现程度较高，但并未从方便投标人的角度出发，仅仅方便招标代理公司和公共资源交易中心。对投标人而言，既要做纸质文件，又要做电子文件，大大增加了工作量和成本。有些项目在评标时，评标专家还只看纸质材料，电子化系统沦为"样子工程"。

2. 政府部门合同履约不及时

个别企业反馈，公司在承接政府部门工程项目过程中，极少部分合同能按合同约定付款，大部分未能按约定履行，付款程序冗长复杂，经办人办理手续拖沓、不积极，基本上都要数次催收，才能办理相关手续。

3. 政府采购专业化人才匮乏

一是目前各采购单位政府采购人员不固定，对政府采购相关法规及项目专业知识掌握不够，导致项目采购进展缓慢、采购流程不规范、采购效益低等问题；二是政府采购领域评审专家资源十分匮乏，专家数量少、专业水平偏低等问题十分突出。

4. 公平竞争尚存在提升空间

一是小微企业无法提供与项目无关的检测报告或资质证明，存在官僚、利益关系。部分企业反馈，招标单位自行选择代理机构，从实践上看，确实符合政府采购相关法律的规定，可实际上并无公平可言，实际操作中，招标单位自行选择代理的机构都是通过关系好的、熟悉的入手，这样会极大地破坏招标代理市场。

二是电子化招标并不便利。仅仅方便了评标专家，对代理公司及投标人而言，既要做纸质文件，又要做电子文件，增加了不少工作量。

三是工作开展前相关部门积极配合，工作开展结束后，配合就变成了看运气。

四是总体经营环境一般，代理机构没有明确收费标准，导致同一个行业、同一个项目有深有浅。

5. 服务提供企业综合感受

一是企业的信息安全没保障。去部门办事，信息有泄露，办完事儿回去就有相关推广打电话。存在低价恶意竞争，有些人利用极低价来进行恶性竞标，导致市场环境恶化。

二是企业提供的产品要保证服务与质量，使得成本会比较高，因而价格无法有大幅度降低，但在招标投标过程中，很多企业低价中标，甚至有些价格都压到了成本价，其所提供的服务质量往往也会大打折扣。所以导致企业很难进驻市场。

（五）对策建议

1. 开展对采购当事人的宣传培训

以相关法规为准，结合普遍存在的问题和典型案例，对采购人、代理机构、评审专家等进行《中华人民共和国政府采购法》及相关配套法规培训，指导采购人、代理机构制定内控管理制度，提高采购当事人依法采购的意识。

2. 推动"政采贷"工作

联合市人民银行、市公共资源交易中心，推动"政府采购合同线上信用融资"工作，参与政府采购活动且中标（成交）的中小微企业，凭借政府采购合同，向参与政府采购合同融资业务的金融机构申请线上融资，有效解决中小企业融资难、融资贵的问题，提升中小微企业政府采购参与度。

3. 推进电子支付方式发放评审专家劳务报酬

联合市公共资源交易中心，推动建设评审专家劳务报酬电子支付系统，按照贵州省财政厅《关于政府采购项目评审专家劳务报酬支付标准有关问题的通知》，按时间、按标准电子支付评审专家劳务报酬，规范政府采购专家劳务报酬发放工作。对各市（州）政府采购专家进行摸底排查，动员符合省综合评标专家库要求的专家在贵州省综合评标专家库网进行申报。

十八、招标投标

（一）指标解读

"招标投标"指标的评估目的是开展招投标领域专项整治,消除在招投标过程中对不同所有制企业设置的各类不合理限制和壁垒,严格落实《必须招标的工程项目规定》,规范投标保证金收取行为,进一步降低投标交易成本。

"招标投标"属于市（州）本级评估指标,共包含"互联网＋"招标采购、履约担保、外地企业中标率、招投标投诉机制4项二级指标。"互联网＋"招标采购主要考察电子在线交易平台的建设情况及完备程度。投标及履约担保主要聚焦企业保证金缴纳及退还情况。外地企业中标率主要考察房屋建筑和市政建设项目中,外地企业中标比例。投诉机制重点关注招投标领域处理投诉建议的制度及平台建设问题。

（二）评估概况

1. 总体情况

评估结果显示,2019年度全省9个市（州）及贵安新区招标投标指标平均得分为69.59分,超过平均分的市（州）有4个。从具体的4项二级指标平均分来看,"互联网＋"招标采购得分为72.00分、投标和履约担保得分为62.76分、外地企业中标率得分为77.60分、建立公平有效的投诉机制得分为66.00分（见表2-41）。

表2-41 招标投标指标极值分布

	"互联网＋"招标采购（分）	投标及履约担保（分）	外地企业中标率（%）	建立投诉机制（分）
问卷满分	17.00	14.00	—	16.00
最大值	16.00	11.50	70.09	15.00

续表

	"互联网+"招标采购（分）	投标及履约担保（分）	外地企业中标率（%）	建立投诉机制（分）
平均值	11.80	6.72	53.82	13.33
最小值	7.00	3.80	24.40	12.00
全省平均分	72.00	62.76	77.60	66.00

资料来源：贵州营商环境研究中心。

从指标得分来看，全省最高得分为黔南州（85.15分），最低得分为贵阳市（59.85分）。从极值数据分布情况来看，"互联网+"招标采购为政府填报问卷，满分17分，核验后全省最高分16分，最低分仅7分，表明部分地区政府在招投标电子平台建设方面较为薄弱。投标及履约担保为企业填报问卷，问卷满分14分，全省最高11.50分，最低仅3.80分，均分仅6.72分，表明样本企业对保证金退还等方面满意度不高。外地企业中标率最高达70.09%，最低24.4%，极差达45.69个百分点，表明各地市场开放程度差异较大。投诉机制建设情况为政府填报问卷，问卷满分15分，核验后全省最高分15分、最低分12分，表明全省招投标投诉渠道相对完善。

2. 分项指标表现

（1）"互联网+"招标采购。

"互联网+"招标采购全省平均得分为72分，黔南州、毕节市得分最高。该二级指标围绕交易平台市场化程度、公共服务平台完善程度、电子化行政监管质量、互联互通情况进行考核。以上两市（州）通过"互联网+公共资源交易"路径，在公共资源交易"四化"（标准化、规范化、信息化和精细化）建设方面取得一定成效，全流程电子化交易系统日趋完善，制度规则流程市县统一，降费措施落细落小落实，打造了阳光交易平台。

（2）投标和履约担保。

投标和履约担保全省平均得分为62.76分，贵安新区得分最高。该二级指标围绕投标和履约担保是否符合法律规定进行考核，要求对依法收取的保证金，积极推行以银行保函方式缴纳。投标保证金及银行同期存款利息必须在中标通知书发出之日起2个工作日内退还未中标的投标人，且强化标后履约监管。

（3）外地企业中标率。

外地企业中标率全省平均得分为 77.6 分，六盘水市得分最高。该项二级指标围绕房屋建筑和市政道路招标项目的总体数量、中标企业数量、外地企业数量等参数确定外地企业中标率，需提供项目清单，并标注外地中标企业。

（4）建立公平有效的投诉机制。

建立公平有效的投诉机制全省平均得分为 66 分，黔南州得分最高。该指标围绕投诉机制的建立与运行进行考核，如投诉机构信息是否公开、投诉处理时限、审查时限等职能开展情况。要求通过相关信息管理平台及时查处违法行为，将履约、违约情况纳入信用管理。完善投诉举报受理和处理机制，实施投诉管理首问负责制。

（三）评估结果

课题组对 9 个市（州）及贵安新区针对"招标投标"指标进行实地调研，依照前沿距离法及功效系数法进行计分，具体结果及排名如表 2-42 所示。

表 2-42　　　　　　　　各市（州）招标投标指标排名

排名	市（州）	"互联网+"招标采购	投标和履约担保	外地企业中标率	建立公平有效投诉机制	总分
1	黔南州	100.00	59.71	80.87	100.00	85.15
2	黔西南州	73.33	85.74	92.74	60.00	77.95
3	毕节市	100.00	61.82	89.77	60.00	77.90
4	贵安新区	60.00	100.00	68.30	60.00	72.08
5	黔东南州	86.67	49.35	48.00	80.00	66.00
6	六盘水市	73.33	50.44	100.00	40.00	65.94
7	遵义市	40.00	57.14	86.49	80.00	65.91
8	安顺市	46.67	50.68	96.60	60.00	63.49
9	铜仁市	73.33	40.00	73.26	60.00	61.65
10	贵阳市	66.67	72.73	40.00	60.00	59.85

资料来源：贵州营商环境研究中心。

（四）存在的问题

1. 基层对招投标政策不够熟悉

基层尤其是乡镇对招标投标相关政策熟悉掌握不够，对工作存在畏难情绪。如个别乡镇对《必须招标的工程项目规定》要求未"吃透"，将本该自主招标的项目直接交给交易中心进行招标。

2. 拖欠供应商账款时有发生

部分企业反馈，中小微企业资金周转原本困难，但政府招标之时承诺账上有钱，却在收标之后出现拖欠企业账款的问题。企业家表示不解，原本政府的钱去哪里呢？

3. 跨地区投标可能存在地方保护

个别企业反馈，部分招标文件明确"在中国企业网上查询结果是本地区企业的可加多少分"，明显就是地区保护。

4. 中小微企业参与招投标门槛较高

参会中小微企业普遍提出，相对而言实力有限，在参加一些条件要求比较高的项目竞标时无法满足全部要求。自身人员结构及能力水平影响竞标结果，通常需要通过外聘人员来解决。企业资质影响参与更多竞标项目，希望行业部门能引导逐步降低投标门槛。

（五）对策建议

一是进一步加大培训力度。更侧重于对基层以及市场主体的宣传，采用法规与实务相结合的方式提高培训实效。

二是进一步加强全过程监管。在事前严格依法依规做好项目审批、核准及备案等前期工作；在事中严格按照招投标法相关法律法规做好项目招投标工作，并采取双随机抽查方式加强监管；在事后畅通投诉举报渠道，切实做好投诉举报受理和处理。

三是因地制宜降低中小企业投标门槛。

十九、知识产权创造、保护及运用

（一）指标解读

知识产权是企业创新能力和核心竞争力的重要来源，是企业生存和可持续发展的关键所在，同时也是地区基础性和竞争性的战略资源。"知识产权创造、保护及运用"指标在于保护企业创新，激发企业活力，为地方经济活力注入强劲动力。建立健全激励企业创造知识产权的机制，完善保护企业知识产权的政策和制度，促进和增强企业知识产权的运用能力，是地方政府不可推卸的重要职责。

"知识产权创造、保护及运用"属于市（州）本级评估指标，共包含知识产权创造质量、知识产权保护满意度、非诉纠纷解决机构及知识产权运用效益 4 项二级指标。知识产权创造质量主要考察各地专利、商标申请、R&D 经费开支等情况。知识产权保护满意度关注拥有有效知识产权的企业对当地相关部门制度建设及秩序维护的满意程度。非诉纠纷解决机构考察各地解决知识产权纠纷的制度建设情况。知识产权运用效益衡量各地专利、商标等知识产权的营收情况。

（二）评估概况

1. 总体情况

评估结果显示，2019 年度除贵安新区[①]外，全省 9 个市（州）知识产权创造、保护及运用指标平均得分为 62.80 分，4 个市（州）超过平均分。从 4 项二级指标平均值来看，知识产权创造质量 2.39 项、知识产权保护社会满意度 95.33 分、非诉纠纷机构覆盖面 0.56 个，知识产权运用效益 0.44 项

[①] 由于贵安新区无法获得属于该地区"知识产权创造、保护及运用"指标中所需要的独立数据资料，因此贵安新区不进行"知识产权创造、保护及运用"的指标核算。

（见表 2 – 43）。

表 2 – 43　　　　　　知识产权创造保护及运用指标极值分布

	知识产权创造质量（项）	知识产权保护社会满意度（分）	非诉纠纷解决覆盖面（个）	知识产权运用效益（项）
问卷满分	—	108.00	—	—
最大值	6.10	107.83	2.00	1.33
平均值	2.39	95.33	0.56	0.44
最小值	1.47	76.00	0.00	0.00

资料来源：贵州营商环境研究中心。

从指标得分来看，全省最高分为贵阳市（78.93 分），最低分为铜仁市（52.31 分）。从极值数据分布来看，知识产权创造质量最高分 6.10 分，最低仅 1.47 分，极差为 4.63 分，表明各地在专利及商标申请等方面积极性及创造性均存在明显差异。知识产权保护社会满意度为企业填答问卷，满分 108 分，全省最高分 107.83 分，最低仅 76 分，极差达 31.83 分，表明各地企业在知识产权保护方面获得感差距较大。非诉纠纷解决机构及知识产权运用效益 2 项二级指标的最高分分别仅 2 分及 1.33 分，最低分均为 0 分，表明全省在知识产权纠纷处置及效益创造方面的短板非常明显，需提请有关部门高度重视。

2. 分项指标表现

（1）知识产权创造质量。

全省知识产权创造质量平均 2.39 项，仅贵阳市和遵义市超过平均值。结果显示，贵阳市（6.1 项）远远高于其他 8 个市（州）；最少的为六盘水市、毕节市、黔南州和安顺市等均在 1.67 项以下。

从全省情况看，9 个市（州）在 R&D 经费支出占 GDP 比重、科技专项经费支出占 GDP 比重、平均每百万人专利年申请数、平均每百万人发明专利年授权数、企业专利授权数、年度注册商标申请数、版权自愿登记数等方面均有涉及，但是整体悬殊较大。例如平均每百万人专利年申请数最高为 3686 项（贵阳市），最低为 282.08 项（毕节市）；企业专利授权数最高为 4828 项（贵阳市），最低仅为 60 项（黔西南州）。

主要原因包括但不限于：一是从知识产权创造的经费投入来看，R&D 经费支出以及科技专项经费支出投入较高的地区，其知识产权创造的成果相对较多；二是经济发展较好的市（州）不仅企业和人才数量较多，而且企业及人才创新能力相对较强，为知识产权创造提供利好条件。

（2）知识产权保护社会满意度。

知识产权保护社会满意度由企业围绕自身对政府知识产权执法能力、管理与服务能力、宣传教育、总体满意度等进行问题选择，是企业对政府知识产权综合保护能力直接打分。全省知识产权保护社会满意度平均得分为 95.33 分，最高为六盘水市（107.83 分），最低为贵安新区（76 分）。整体来看，企业对贵州省知识产权保护的社会满意度普遍较高，部分地区如贵阳市、铜仁市、遵义市、毕节市、贵安新区社会满意度低于平均分。

原因主要可能包括：一是部分地区知识产权保护宣传力度不强，相关政策和措施企业知晓不足；二是当发生知识产权侵权案件时，部分地区执法效率和效果存在问题，对于案件的及时发布机制、惩罚机制存在短板；三是部分地区在知识产权的管理和服务能力上还未能满足企业需求。

（3）非诉纠纷解决机构覆盖面。

非诉纠纷解决机构覆盖面包含：知识产权调解机构、知识产权仲裁机构和知识产权快速维权中心 3 个类别。全省非诉纠纷解决机构平均为 0.56 个，仅有六盘水市（2 个）高于平均数量，甚至有地区（安顺市、黔西南州）目前为止未设立任何非诉纠纷解决机构，其他地区均为 0.5 个。

首先，在知识产权调解机构方面，所有地区均核定为 0 个。原因有二：一是印证材料显示，9 个市（州）暂时均未设立独立的、专门的知识产权纠纷调解机构；二是各地区按省市最新机构改革文件及"三定方案"要求，陆续成立了市、县知识产权局，课题组统一认定该机构不能等同于知识产权调解机构。其次，知识产权仲裁机构方面，仅六盘水提供该地区独立成立 2 家仲裁机构的印证材料，其他市（州）均显示未成立。最后，知识产权快速维权中心方面，9 个市（州）中有 6 个地区已成立，黔西南州、毕节市和安顺市未成立知识产权快速维权中心。

从全省整体情况来看，非诉纠纷解决机构覆盖面还具有较大提升空间，一方面很多市（州）存在空白，另一方面数量有限。可以说，解决知识产权纠纷的多元化途径、保障机制和专业化服务还有待进一步建立和加强。

（4）知识产权运用效益。

全省知识产权运用效益平均为 0.44 项，最高为贵阳市的 1.33 项，最低的市（州）为 0 项。从专利新产品产值、著名（驰名）商标产品产值、版权产业产值分别占 GDP 比重，国家级和省级专利获奖数 4 项三级指标来看：各市（州）未能对专利新产品产值和版权产业产值进行数据统计，著名（驰名）商标产品产值已根据相关文件进行修改和废止，以上 3 项无法纳入本轮评估。

国家级专利奖获数中，贵阳市最高（6 项），6 个市（州）均为 0 项；省级专利奖获奖数中，遵义市为最高（3 项），5 个市（州）均为 0 项。由此来看，贵州省在知识产权运用效益方面整体情况不容乐观。

（三）评估结果

根据知识产权创造质量、知识产权保护社会满意度、非诉纠纷解决机构覆盖面、知识产权运用效益 4 项指标具体得分情况，得出 9 个市（州）"知识产权创造、保护及运用"指标得分和排名（见表 2-44）。

表 2-44　　市（州）知识产权创造、保护及运用指标得分排名　　单位：分

排名	市（州）	总分	知识产权创造质量	知识产权保护社会满意度	非诉纠纷解决机构覆盖面	知识产权运用效益
1	贵阳市	78.93	100.00	60.74	55.00	100.00
2	六盘水市	75.64	40.00	100.00	100.00	62.56
3	遵义市	66.34	56.72	68.52	55.00	85.11
4	黔东南州	63.54	46.61	97.68	55.00	40.00
5	毕节市	57.64	42.20	70.78	55.00	62.56
6	黔西南州	56.11	45.70	98.76	40.00	40.00
7	安顺市	55.76	42.59	85.56	40.00	54.89

续表

排名	市（州）	总分	知识产权创造质量	知识产权保护社会满意度	非诉纠纷解决机构覆盖面	知识产权运用效益
8	黔南州	54.20	42.59	79.21	55.00	40.00
9	铜仁市	52.31	51.14	63.09	55.00	40.00
	全省平均	62.80	51.95	76.43	56.67	60.00

资料来源：贵州营商环境研究中心。

从以上排名情况看，超过全省平均分的市（州）有 4 个，占比为 44.44%，市（州）最低分为铜仁市，得分为 52.31 分。从全省平均分情况看，全省知识产权创造、保护及运用指标的分数普遍不高。

（四）存在的问题

1. 缺乏整体性、长期性合理规划

贵州省近年来先后出台《贵州省人民政府关于新形势下加快知识产权强省建设的实施意见》《关于建立贵州省知识产权保护重点联系机制征集、遴选企事业单位的通知》等政策措施，但知识产权整体性规划不足，尤其知识产权发展战略方向和具体实施路径需进一步明确。

知识产权发展也缺乏长期性的合理规划：一是体现在专利征集上，部分企业反馈政府部门下发到企业的专利征集通知，准备时间十分紧迫，一般仅有一两天，企业无法在短期内准备好所需材料；二是体现在奖励机制上，这种临时性专利征集方式，不仅让很多企业由于材料准备时间不足而放弃，而且质量不高。

2. 知识产权侵权执法力度不强

整体来看，大多数企业对政府知识产权侵权案件执法效率和效果表示质疑，当前对侵权行为的惩罚力度太弱，不能有效遏制侵权行为。有企业指出，政府对微小企业知识产权保护不够，市场上出现很多"三无产品"，政府经常进行形式性打假，对假货惩罚力度不够。甚至有企业提到，当地执法人员不是很重视，执法不力，政府对于商标侵权案件，存在不作为现

象，市场上存在大量假冒伪劣产品，成本极低，运营顺畅，对于中小企业的发展负面影响较大。也有企业认为，当地政府对侵权行为依照相应的法律法规执行处罚，但是法律法规给予的惩罚力度有限，不能有效遏制侵权行为。

3. 知识产权服务能力不足

首先，针对企业的知识产权服务渠道有限。从实地调查情况来看，目前各市（州）尚未设立专门的知识产权服务窗口。市场监管窗口主要受理侵权案件，涉及知识产权申报流程、知识产权研发辅助等方面的咨询服务存在缺失，主动服务和精准服务难以实现。有企业表示，现行的专利申报工作包括内部技术人员完善专利文件、委托专利公司进行分析与申报，这些均是企业行为，政府并未出台知识产权奖励办法或提供专业辅导。其次专业化服务队伍还未形成。一方面，贵州省各个市（州）按照大部制改革文件要求，正在加快督促各县市区在市场监管部门陆续成立知识产权局，相应的"三定方案"已经下达，但是整体来看，独立的服务队伍暂时还未形成。另一方面，知识产权业务需要相关的专业知识背景，但当前政府部分经办人员的专业服务能力存在短板。如果企业反映其申请过化工类专利20多项，所提供的材料均符合专业性要求，但部分下发的专利归类竟然为水泥建筑方面。足以看出，当前知识产权服务人员的专业能力还有待提高。

4. 知识产权政策培训宣传有限

知识产权的宣传与培训问题几乎成为企业一致认同的知识产权问题。有企业直接表示，许多企业没有主动保护自身知识产权的意识，都是注册专利的中介公司询问是否有申请商标意愿时企业才有意识。还有的企业未及时将自己研发的产品进行专利申请，当意识到可以申请时被告知已经存在相同的专利了。从以上可以看出，问题的关键点在于当前大多数企业对知识产权知之甚少，对如何申请商标不了解，难以保护好自身知识产权，甚至有些企业抱怨，企业注册商标时，因名字与已登记在册的商标相重复导致申请被驳回，企业反复修改及提交申请导致时间成本增加。政府部门对于知识产权政策宣传和培训缺位，打击了企业知识产权创造的积极性，这无疑成为知识产权保护社会满意度不高、知识产权运用效益不佳、知识产权创造能力不足等问题的源头。

（五）对策建议

1. 合理布局知识产权发展规划

知识产权创造、保护及运用成为各省市一项新的重点发展任务，应对知识产权相关事业的发展进行合理布局，制定科学、可持续的发展规划。贵州省可以借鉴知识产权局在《关于开展国家知识产权示范城市评定工作的通知》内容，切实加强知识产权管理工作，加大知识产权有关的资金和资源投入，明确知识产权管理职能，做好知识产权有关的基础制度建设，营造知识产权建设氛围，继续将知识产权纳入政府工作考核，定期检查工作开展和落实情况，从省级层面做好知识产权建设统筹工作，便于整合全省知识产权方面的各类资源。

2. 建立健全奖惩机制

依法打击知识产权侵权行为是依法治国的题中之义，因此需要加快建立健全知识产权法规制度，做到有法可依、有规可查，从而增加知识产权执法深度。市场监管部门对侵权行为从接案到立案再到结案，要提高案件办理效率，对于案件的处理过程公开透明，及时向社会发布案件办理进程，形成对知识产权的"快保护"工作方式。探索建立便捷、高效、低成本的知识产权维权渠道，扩大政府对知识产权监管的广度。一方面，可以采用政府购买等形式鼓励社会组织成立知识产权服务机构，为企业提供知识产权维权、知识产权代理和诉讼、知识产权引导等服务；另一方面，开通网上维权渠道，对于接到的侵权线索及时追查，对于确实存在的违法行为及时查处。

以专利法修改为契机，推动建立侵权惩罚性赔偿制度。加大对知识产权侵权行为的惩罚力度，适当调整知识产权的各种奖补措施，对拥有知识产权的企业提供补贴、奖励等政策，对获得重大社会效益的知识产权给予重大奖励，对被侵权的企业利用执法所得赔偿给予经济补偿。

3. 构建现代化的知识产权公共服务体系

鼓励有条件的地区探索建立知识产权一站式服务平台，配备专业业务人员和标准的办公设备，为企业提供专利代办、专利信息咨询、维权援助等一站式知识产权公共服务。开通和落实网上知识产权事务窗口，畅通网上申报知识产权渠道，及时回复企业知识产权相关咨询。职能部门定期下沉到企业开展服务，充分了解和搜集企业知识产权信息，建立企业知识产权信息发布平台，帮助企业建立知识产权保护措施及相关文件制度。提高知识产权业务能力，为中小微企业提供好的知识产权转化路径和指导。

4. 加大知识产权政策宣传培训

将知识产权政策宣传和培训作为知识产权发展的重要工作。按照具体需求定期为企业和知识产权业务人员开展有关知识产权培训工作，通过专家解读知识产权、企业知识产权申办经验分享、专利中介机构现场指导等方式开展培训工作，从而提升业务人员专业水平、增强企业知识产权意识、提高企业知识产权创造积极性。梳理当前知识产权相关政策文件，分级分类形成知识产权政策名目，整合政策上网，及时向企业发布、传达和解释与知识产权有关的各类政策，提升企业整体的知识产权政策知晓率。

二十、包容普惠创新

（一）指标解读

"包容普惠创新"是市（州）本级考核指标，包含创新创业活跃度、人才流动便利度、市场开放度、基本公共服务群众满意度、蓝天碧水净土森林覆盖指数、城市立体交通指数 6 项二级指标。

创新创业活跃度主要考察企业孵化器、众创空间、创新创业示范基地、科技型企业数量，以及提供的创新创业政策、资金等支持政策及举措。

人才流动便利度主要考察教育科研机构数量，人才考核、利用、流动等人才交流合作机制。

市场开放度主要考察利用外资、进出口、外资企业设立、本地企业境外投资、外商投资推介接洽活动等情况。

基本公共服务群众满意度主要考察公共图书馆、美术馆、博物馆、公共文化展示中心（剧院等）、公共体育馆、公共文化广场、青少年宫、纪念馆等情况。

蓝天碧水净土森林覆盖指数主要考察空气质量、水体质量、土壤保护、森林面积、土地面积、城区绿化覆盖率等。

城市立体交通指数主要考察城市干线道路密集指数、对外交通便捷度。具体含辖区干线道路总里程、辖区总面积、机场、港口、客货运铁路、高速公路数量。

（二）评估概况

评估结果显示，2019 年度全省 9 个市（州）（不含贵安新区）的包容普惠创新指标平均得分为 66.90 分，超过平均分的市（州）有 3 个，分别为遵义市、贵阳市、铜仁市。6 项二级指标极值数据分布如表 2-45 所示。

表 2 – 45　　　　　　　　　　包容普惠创新指标极值分布　　　　　　　　单位：分

	创新创业活跃度	人才流动便利度	市场开放度	基本公共服务满意度	蓝天碧水净土森林覆盖指数	城市立体交通指数
最大值	28.00	15.00	15.00	36.83	7.97	6.61
平均值	14.95	10.56	7.69	31.07	6.91	5.48
最小值	8.80	6.00	3.00	26.79	6.25	3.49

　　资料来源：贵州营商环境研究中心。

　　从极值数据分布情况来看，创新创业活跃度最高分为 28.00 分，最低分仅 8.80 分，极差达 19.20 分，表明不同市（州）在科技创新方面差距明显；人才流动便利度最高分 15.00 分，最低分仅 6.00 分，同样表明全省范围内科研院所及研究中心等分布高度集中。市场开放度最高分为 15.00 分，最低分仅 3.00 分，极差达 12.00 分，表明各市（州）利用外资及外汇创收成效差距较大。基本公共服务满意度最高分达 36.83 分，最低分为 26.79 分，极差值达 10.04 分，体现各市（州）在公共文化机构、教育、医疗及社会保障方面有明显差距。蓝天碧水净土森林覆盖指数，全省最高分 7.97 分，最低分 6.25 分，表明贵州省内各地环境差异度小。城市交通立体指数最高分 6.61 分，最低分 3.49 分，极差值为 3.12 分，体现出部分地区基础设施建设仍存在明显短板。

（三）评估结果

1. 市（州）排名情况

　　"包容普惠创新" 6 项二级指标得分情况如下：最高分分别被遵义市（市场开放度、基本公共服务群众满意度、城市立体交通指数）、贵阳市（创新创业活跃度、人才市场便利度）、铜仁市（蓝天碧水净土森林覆盖指数）获得；六盘水市（城市立体交通指数）、黔西南州（创新创业活跃度、人才市场便利度）、黔东南州（基本公共服务群众满意度）、黔南州（蓝天碧水净土森林覆盖指数）均出现最低分（见表 2 – 46）。

表2-46　　　　　　　　包容普惠创新指标整体得分排名　　　　　　　单位:分

排名	行政区划	创新创业活跃度	人才市场便利度	市场开放度	基本公共服务群众满意度	蓝天碧水净土森林覆盖指数	城市立体交通指数	总分
1	遵义市	89.06	93.33	100.00	100.00	69.65	100.00	92.01
2	贵阳市	100.00	100.00	82.50	78.90	77.67	70.96	85.01
3	铜仁市	60.94	73.33	49.00	73.82	100.00	92.12	74.87
4	毕节市	51.09	90.00	75.00	57.39	58.49	56.15	64.69
5	黔南州	57.81	73.33	40.00	77.29	40.00	98.85	64.55
6	黔东南州	53.13	63.33	68.00	40.00	43.49	98.08	61.00
7	黔西南州	40.00	40.00	64.00	72.75	54.30	74.62	57.61
8	安顺市	46.72	46.67	42.50	41.20	61.63	72.88	51.93
9	六盘水市	49.69	53.33	50.00	48.78	60.93	40.00	50.46
	全省平均	60.94	70.37	63.44	65.57	62.91	78.18	66.90

资料来源:贵州营商环境研究中心。

从"包容普惠创新"6项二级指标平均得分来看:遵义市得分最高,为92.01分;六盘水市得分最低,为50.46分;极差达41.55分,差距相对明显。各市(州)得分趋势如图2-23所示。

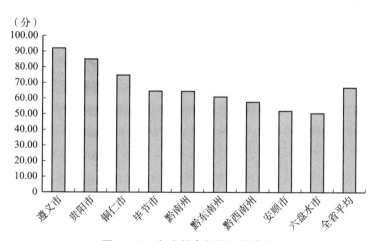

图2-23　包容普惠创新总分排名

资料来源:贵州营商环境研究中心。

2. 二级指标排名情况

（1）创新创业活跃度。该二级指标的平均得分为 60.94 分，超过平均得分的仅有 3 个市（州），说明全省整体的创新创业活跃度不足（见表 2-47）。

表 2-47　　　　　　　　创新创业活跃度得分

排名	行政区划	创新创业活跃度（分）	得分
1	贵阳市	28.00	100.00
2	遵义市	24.50	89.06
3	铜仁市	15.50	60.94
4	黔南州	14.50	57.81
5	黔东南州	13.00	53.13
6	毕节市	12.35	51.09
7	六盘水市	11.90	49.69
8	安顺市	10.95	46.72
9	黔西南州	10.00	40.00
	全省平均	14.95	60.94

资料来源：贵州营商环境研究中心。

（2）人才流动便利度。该二级指标的平均得分为 70.37 分，超过平均得分的有 5 个市（州），说明全省各市（州）的人才市场便利度做得不错，差别不大。然而黔西南州的得分和全省平均分差距相对较大（见表 2-48）。

表 2-48　　　　　　　　人才市场便利度得分

排名	行政区划	人才市场便利度（分）	得分
1	贵阳市	15.00	100.00
2	遵义市	14.00	93.33
3	毕节市	13.50	90.00
4	铜仁市	11.00	73.33
4	黔南州	11.00	73.33

排名	行政区划	人才市场便利度（分）	得分
6	黔东南州	9.50	63.33
7	六盘水市	8.00	53.33
8	安顺市	7.00	46.67
9	黔西南州	6.00	40.00
全省平均		10.56	70.37

资料来源：贵州营商环境研究中心。

（3）市场开放度。该二级指标的平均得分为63.44分，超过平均得分的有5个市（州），说明全省各市（州）的市场开放度差别不大（见表2-49）。

表2-49   市场开放度得分

排名	行政区划	市场开放度（分）	得分
1	遵义市	15.00	100.00
2	贵阳市	11.50	82.50
3	毕节市	10.00	75.00
4	黔东南州	8.60	68.00
5	黔西南州	7.80	64.00
6	六盘水市	5.00	50.00
7	铜仁市	4.80	49.00
8	安顺市	3.50	42.50
9	黔南州	3.00	40.00
全省平均		7.69	63.44

资料来源：贵州营商环境研究中心。

（4）基本公共服务群众满意度。该二级指标的平均得分为65.57分，超过平均得分的有5个市（州），而且都是在70分以上，说明全省各市（州）的基本公共服务群众满意度相对不错（见表2-50）。

表 2 - 50 基本公共服务群众满意度得分

排名	行政区划	基本公共服务群众满意度（分）	得分
1	遵义市	36.83	100.00
2	贵阳市	33.30	78.90
3	黔南州	33.03	77.29
4	铜仁市	32.45	73.82
5	黔西南州	32.27	72.75
6	毕节市	29.70	57.39
7	六盘水市	28.26	48.78
8	安顺市	26.99	41.20
9	黔东南州	26.79	40.00
	全省平均	31.00	65.57

资料来源：贵州营商环境研究中心。

（5）蓝天碧水净土森林覆盖指数。该二级指标的平均得分为 62.91 分，超过平均得分的有 3 个市（州），说明全省各市（州）的蓝天碧水净土森林覆盖指数差别较大（见表 2 - 51）。

表 2 - 51 蓝天碧水净土森林覆盖指数得分

排名	行政区划	蓝天碧水净土森林覆盖指数（分）	得分
1	铜仁市	7.97	100.00
2	贵阳市	7.33	77.67
3	遵义市	7.10	69.65
4	安顺市	6.87	61.63
5	六盘水市	6.85	60.93
6	毕节市	6.78	58.49
7	黔西南州	6.66	54.30
8	黔东南州	6.35	43.49
9	黔南州	6.25	40.00
	全省平均	6.91	62.91

资料来源：贵州营商环境研究中心。

（6）城市立体交通指数。该二级指标的平均得分为 78.18 分，全省各市（州）的城市立体交通指数的差别度不大，尤其是平均得分达到了近 80 分，说明全省在城市立体交通指数方面做得比较突出（见表 2-52）。

表 2-52　　　　　　　　城市立体交通指数得分

排名	行政区划	城市立体交通指数（分）	得分
1	遵义市	6.61	100.00
2	黔南州	6.55	98.85
3	黔东南州	6.51	98.08
4	铜仁市	6.20	92.12
5	黔西南州	5.29	74.62
6	安顺市	5.20	72.88
7	贵阳市	5.10	70.96
8	毕节市	4.33	56.15
9	六盘水市	3.49	40.00
	全省平均	5.48	78.18

资料来源：贵州营商环境研究中心。

（四）存在的问题

1. 创新创业活跃度亟待提升

通过问卷可以看出，创新创业活跃度整体得分才 60.94 分，且高分地区主要在贵阳市（100 分）和遵义市（89.06 分），第三名的铜仁市仅得 60.94 分。各市（州）要加大力气建设各类孵化器、众创空间、创新创业示范基地，继续加大投入，出台支持创新创业的相关政策，加大资金支持力度，为创新创业提供全方位服务政策措施。

2. 蓝天碧水净土森林覆盖指数还有待提升

该项二级指标整体得分才 62.91 分，而且得分最高为铜仁市，第二名的贵阳市才得 77.67 分，各市（州）差距较大。在具体指标中，全省空气质量、水体质量方面相对不错，主要是其他指标拖后腿。

3. 市场开放度方面还不够

全省各市（州）利用外资情况、进出口情况、外资企业设立情况、本地企业境外投资情况、外商投资推介接洽活动情况等方面均处于绝对数量方面的劣势。

4. 人才市场便利度还有待进一步整体提升

各市（州）的教育、医疗科研机构绝对数严重不足，相关人才考核、流动等方面的机制和政策还远远不够完善，需要构建更加开放的人才交流合作机制。

（五）对策建议

1. 激发创新创业活力

努力搭建创新平台，以开放汇聚创新发展力量。以激发创新创业活力为目标，有效整合资源，集成政策，创新模式，不断优化创新创业环境，降低创新创业成本，增强科技创新引领作用，提升创新创业平台服务能力，推动形成要素聚合、机制健全、环境友好的创新创业生态。主动融入国家创新体系，深化东西部合作，"走出去"和"请进来"并举，加强与发达地区的创新联动。大力发展众创空间，鼓励高校、企业、园区、科研院所建设创业孵化基地和创业园区，降低大众创业创新门槛。鼓励与发达地区各类孵化器开展合作或在省外建立楼宇型孵化机构，引导优势企业来贵州发展。围绕全省主导产业、特色优势产业和战略性新兴产业，推动以企业为主体，与省内外一流科研院所、高校联合建设产业技术协同创新中心。鼓励各地举办创新创业赛事和宣传活动，积极在全省范围内营造创新创业氛围，推动双创工作上水平。

2. 加大财税金融政策支持

对重大关键共性技术研究项目通过重点研发计划给予补贴。出台科技型企业扶持政策，引导企业加大创新投入，培育各类高新技术企业，引导中小微企业通过创新加速转型。落实小微企业普惠性税收减免政策，扩展初创科技型企业优惠政策适用范围。引导金融机构加大对科技企业的信贷支持，推动科技成果转化基金采取市场化运作方式，通过股权投资等扶优扶强科技企业，撬动中小企业创新积极性。

3. 推动外商投资便利化

优化完善涉外营商环境，加快建设"一网通办"涉外服务专窗。完善外商投资管理服务体系，推动"负面清单"的管理制度，扩大鼓励外资投资范围。打造外商投资企业服务"绿色通道"，简化外商投资项目管理程序和外商投资企业设立、变更管理程序，负面清单以外领域实行外商投资企业商务备案与工商登记"一口办理"。将符合条件的外资项目纳入重大建设项目范围，或依申请按程序加快调整、列入相关产业规划，推动项目尽快落地，提高对外开放水平。

4. 加强企业服务和投资促进体系建设

建设统一的全省投资促进和企业服务平台，为投资者提供全方位、全领域、全覆盖的招商引资服务。建立省、市、区县统筹招商引资引智工作机制，强化安商稳商队伍建设，加强对招商引资和安商稳商队伍的培训。建立走访服务企业和企业帮办服务制度，提供"一站式"个性化帮办服务。充分融合"引进来"和"走出去"工作网络，集聚优质资源，拓展已有资源，积极构建面向全球的双向投资促进工作网络。畅通企业诉求和权益保护的反映渠道，搭建政企沟通制度化平台。

5. 实施人才强省强市工程

扎实落实各类人才管理制度，解决好引才难、留才难等问题。加大高层次人才引进力度，大力引进一批急需紧缺高层次人才。优化高层次人才服务保障，推进院士工作站、专家服务基地、人才"小高地"等人才载体建设，营造良好人才发展环境。为高端专家提供子女入学和医疗保健服务通道。深化职称制度改革。加强高技能人才培训基地、技能大师工作室等载体建设。畅通人才双向流动，推行双师流动兼职制度，激发人才创新创造活力。

第三章　市域营商环境便利度

市（州）本级 10 项一级评估指标中，劳动力市场监管作为世界银行营商环境评估观察指标，未纳入计分范畴。此外，跨境贸易、办理破产、保护中小投资者权益 3 项指标，因在全省范围内普遍缺乏有效调查样本，同样未纳入计分范畴。最终参与评分的 6 项一级指标为：获得用气，执行合同，政府采购，招标投标，知识产权创造、保护及运用，包容普惠创新。

鉴于市（州）政府对所辖区县营商环境的优化提升工作负有政治领导及业务指导责任，按《2019 年贵州省市（州）及县（市、区）营商环境考核评估实施方案》，辖区内区县营商环境得分在市（州）营商环境便利度得分中占 50% 权重。各地得分如表 3 - 1 所示。

表 3 - 1　　　贵州省 2019 年营商环境评估市（州）总分排名　　　单位：分

排名	市（州）	市（州）本级得分	所辖县（市、区）平均得分	总得分
1	贵阳市	76.39	75.79	76.09
2	六盘水市	71.08	81.06	76.07
3	遵义市	73.53	75.79	74.66
4	毕节市	71.13	76.62	73.88
5	黔东南州	69.56	77.56	73.56
6	黔西南州	70.20	75.92	73.06
7	黔南州	66.10	76.57	71.34
8	铜仁市	69.90	72.50	71.20

续表

排名	市（州）	市（州）本级得分	所辖县（市、区）平均得分	总得分
9	贵安新区	72.64	67.04	69.84
10	安顺市	62.70	71.90	67.30

注：总分计算方法：市（州）本级得分和所辖县（市、区）得分的平均值。

资料来源：贵州营商环境研究中心。

　　本章将以市（州）行政区划为主体综合分析营商环境建设现状。力求以各地政府及企业问卷调查数据为基础，结合当地企业反馈问题，凝练出当前营商环境建设中存在的短板，以期辅助提供决策思路。

一、贵　阳　市

（一）综合评估结果

贵阳市营商环境便利度综合得分为 76.09 分，在全省 9 个市（州）及贵安新区位列第 1 名。其中市本级得 76.39 分，辖区内 10 个县（市、区）算术平均分为 75.79 分（见表 3-2）。

表 3-2　　　贵州省 2019 年营商环境评估市（州）总分排名　　　　单位：分

排名	市（州）	市（州）本级得分	所辖县（市、区）平均得分	总分
1	贵阳市	76.39	75.79	76.09
2	六盘水市	71.08	81.06	76.07
3	遵义市	73.53	75.79	74.66
4	毕节市	71.13	76.62	73.88
5	黔东南州	69.56	77.56	73.56
6	黔西南州	70.20	75.92	73.06
7	黔南州	66.10	76.57	71.34
8	铜仁市	69.90	72.50	71.20
9	贵安新区	72.64	67.04	69.84
10	安顺市	62.70	71.90	67.30

注：总分计算方法：市州本级得分和所辖县（市、区）得分的平均值。
资料来源：贵州营商环境研究中心。

（二）市本级评估结果

从一级指标整体表现来看，贵阳市在知识产权创造保护及运用、政府采购、包容普惠创新 3 项指标上表现最好，均排在全省前 2 名；招标投标指标表现最差，位于全省第 10 名。获得用气、执行合同 2 项指标表现一般，分别排在全省第 5 名和第 6 名（见表 3 – 3）。

表 3 – 3　　　　　　　贵阳市营商环境评估综合得分情况

一级指标	营商环境便利度得分（分）	全省排名
获得用气	74.93	5
执行合同	73.97	6
政府采购	85.64	2
招标投标	59.85	10
知识产权创造、保护及运用	78.93	1
包容普惠创新	85.01	2

资料来源：贵州营商环境研究中心。

贵阳市市本级指标与全省最优表现对标分析如图 3 – 1 所示。

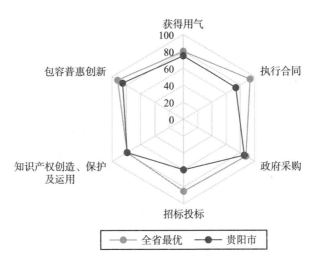

图 3 – 1　贵阳市与全省最优表现对标雷达图

资料来源：贵州营商环境研究中心。

贵阳市市本级二级指标表现如表 3 – 4 所示。

表 3 - 4　　　　　　　　贵阳市本级营商环境评估得分情况

一级指标	二级指标	单位	原始数据	得分	排名
1. 获得用气	1.1 获得用气环节	个	4.83	75.10	4
	1.2 获得用气时间	工作日	8.44	68.09	5
	1.3 获得用气成本	占人均收入比（%）	11.40	75.08	4
	1.4 用气价格	占总营收比（%）	2.64	81.43	4
2. 执行合同	2.1 解决商业纠纷的时间	工作日	445.00	47.95	8
	2.2 解决商业纠纷的费用	占索赔金额比（%）	2.16	100.00	1
3. 政府采购	3.1 电子采购平台评价	（0~10）	7.34	66.54	7
	3.2 采购流程	（0~10）	6.84	54.79	8
	3.3 采购结果确定和合同签订	（0~10）	7.84	96.7	7
	3.4 合同管理	（0~10）	6.50	100.00	1
	3.5 支付和交付	工作日	16.25	95.83	2
	3.6 政府采购	（0~10）	7.00	100.00	1
4. 招标投标	4.1 "互联网+"招标采购	（0~10）	11.00	66.67	7
	4.2 投标和履约担保	（0~10）	8.00	72.73	3
	4.3 外地企业中标率	%	24.40	40.00	10
	4.4 建立公平有效的投诉机制	（0~12）	13.00	60.00	3
5. 知识产权创造、保护及运用	5.1 知识产权创造质量	项	6.10	100.00	1
	5.2 知识产权保护社会满意度	（0~10）	87.00	60.74	9
	5.3 非诉纠纷解决机构覆盖面	个	0.50	55.00	2
	5.4 知识产权运用效益	项	1.33	100.00	1
6. 包容普惠创新	6.1 创新创业活跃度	（0~100）	28.00	100.00	1
	6.2 人才流动便利度	（0~100）	15.00	100.00	1
	6.3 市场开放度	%	11.50	82.50	2
	6.4 基本公共服务群众满意度	个	33.30	78.90	2
	6.5 蓝天碧水净土森林覆盖指数	%	7.33	77.67	2
	6.6 城市立体交通指数	（0~10）	5.10	70.96	7

资料来源：贵州营商环境研究中心。

1. 获得用气

报装环节方面，全省用气报装平均环节为 5.04 个，贵阳市 4.83 个环节略少于平均数，但与最少的黔西南州 4.0 个环节相比，却多出 0.83 个环节，说明还具有一定的改善空间。

获得用气的时间方面，全省平均时间为 8.25 个工作日，贵阳市 8.44 个工作日也略高于全省平均水平，与全省最短时间的黔西南州 4.68 个工作日相比，多出 3.76 个工作日，在缩短获得用气时间上还有较大提升空间。

获得用气的成本方面，全省平均成本为 12.38%，贵阳市占比为 11.40%，优于全省平均水平 0.98%，但比全省最优水平黔南州 6% 高 5.40 个百分点，进一步降低获得用气成本是下一步工作重点。

获得用气的价格方面，用占总营收的比重来表示。贵阳市获得用气价格占企业营业收入的比重为 2.64%，低于全省平均水平 3.49%，比全省最优水平贵安新区 1% 高 1.64 个百分点。

综合来看，贵阳市获得用气得分 74.93 分，全省排名第 5 名，进一步优化获得用气的时间成本环节，尤其是需要加大力度降低获得用气的成本，切实减轻企业负担。

2. 执行合同

解决商业纠纷时间方面，贵阳市 445 个工作日，比全省平均水平长 82.25 个工作日，比全省最短时间（248.5 个工作日）长 196.5 个工作日，排全省第 6 名。其中耗时最长案件需 1108 个工作日，高于全省平均水平 362.75 个工作日，尤其执行判决所需时间较长，说明解决商业纠纷效率较低，执行难普遍存在。可见这是贵阳市营商环境的短板，如何积极有效缩短解决商业纠纷的时间，是下一步工作中的重点和难点。

就解决商业纠纷的费用指标而言，贵阳市在全省做得最好，费用占索赔金额比重为 2.16%，远远优于全省 6.66% 的水平。

3. 政府采购

贵阳市电子采购平台评价指标得分为 66.54 分，低于全省平均水平（74.78 分）8.24 分，距离最优水平毕节市高达 33.46 分，如何优化电子采购平台的可用性、便用性，切实提高投标人对电子采购平台的满意度，仍需不断强化。

采购流程得分为 54.79 分，比全省平均水平（66.40 分）低 11.61 分，与成绩最优的安顺市相差 45.21 分，如何进一步优化采购流程、提高采购效率，已然成为下一步工作的关键。

采购结果确定和合同签订 96.70 分，优于全省 88.21 分的平均水平，与成绩最优的遵义市、安顺市和铜仁市 100 分的水平相比，相差 3.30 分。

就合同管理、支付交付、政府采购而言，3 项二级指标均优于全省平均水平，其中，合同管理、政府采购均位列全省第 1 名，成为提分的亮点。

企业对贵阳市电子化采购平台的功能和应用评价不高，该问卷满分 100 分，贵阳市仅得 66.54 分，低于全省平均分 74.78 分。企业访谈中表示电子化政府采购平台的功能还需加强，主要表现为还需提供纸质文件，耗时费力，对企业用户培训不够，应用普及率不高。

4. 招标投标

招标投标的 4 项二级指标中，贵阳市外地企业中标率最不理想，仅为 24.4%，与全省平均水平 53.82% 相差 29.42 个百分点，与最优水平六盘水市 70.09% 相差 45.69 个百分点。如何减少地方保护主义，公平对待外地企业，增加其公平竞争的机会，是贵阳市营商环境建设的又一个关键之处。

"互联网＋"招标采购和建立公平有效投诉机制 2 项二级指标，略低于全省平均水平，唯有投标和履约担保略高于全省平均水平。此外，贵阳市样本企业对招投标投诉机制满意度不高，在满分为 100 分的问卷中得分仅 60 分，低于全省平均分 66 分。可见贵阳市在招标投标方面，具有较大上升空间。

5. 知识产权保护及运用

知识产权保护及运用是此次贵阳市营商环境中的亮点，排全省第 1 名。其分属的 4 项二级指标表现均不错。其中，知识产权创造质量和知识产权运用效益远远高于全省平均水平，但其余二级指标略低，与其他市（州）得分差距不大。

贵阳市设有1个知识产权快速维权中心，但尚未建立专门的知识产权调解机构和知识产权仲裁机构。此外，知识产权保护社会满意度调查问卷结果显示，满意度为60.74分，低于全省平均值92.24分，全省排名倒数第一。如何提升知识产权保护社会满意度，进一步扩大非诉纠纷解决机构覆盖面需予以关注。

6. 包容普惠创新

包容普惠创新指标贵阳市位列全省第2名。其中创新创业活跃度及人才流动便利度均代表全省最高水平，远远高于全省平均水平70.37分。市场开放度82.50分、基本公共服务群众满意度78.90分也明显优于全省平均水平。蓝天碧水净土森林覆盖指数77.67分，略优于全省平均水平。而城市立体交通指数70.96分却低于全省平均水平，与遵义市的城市立体交通指数有一定差距。

（三）县域评估结果

调研结果显示，贵阳市区县得分两极分化明显，总体形势不容乐观。进入前十的区县2个，分别为清镇市和修文县，排名依次位列全省第2名和第8名；南明区排第19名，云岩区排第30名，即进入全省前1/3名次的区县仅有4个。观山湖区和花溪区分别列第51名和第59名，排在全省前2/3名次段的末端；而息烽县、开阳县、白云区、乌当区竟然排省70名开外，尤其是白云区和乌当区，分别列全省倒数10名之内（见表3-5）。

表3-5　　　　　贵阳市下辖区县营商环境评估总得分情况

区县	开办企业	办理建筑许可（分）	获得电力（分）	获得用水（分）	登记财产（分）	纳税（分）	获得信贷（分）	政务服务（分）	市场监管（分）	企业信心（分）	总分	全省排名	市内排名
清镇市	94.11	79.44	92.81	87.35	85.17	84.38	93.43	78.67	85.30	69.08	84.97	2	1
修文县	85.10	84.17	92.05	88.66	73.09	91.94	79.72	73.27	83.83	64.67	81.65	8	2
南明区	96.86	74.13	86.02	80.27	86.60	71.43	76.00	64.23	69.54	88.82	79.39	19	3

续表

区县	开办企业	办理建筑许可（分）	获得电力（分）	获得用水（分）	登记财产（分）	纳税（分）	获得信贷（分）	政务服务（分）	市场监管（分）	企业信心（分）	总分	全省排名	市内排名
云岩区	76.46	80.42	80.29	80.75	81.80	80.73	79.17	61.34	72.73	84.03	77.77	30	4
观山湖区	81.20	68.63	85.03	76.21	65.11	84.24	76.11	60.04	81.92	75.89	75.44	51	5
花溪区	77.10	68.54	83.30	70.67	77.00	82.15	79.51	50.80	90.59	66.36	74.60	59	6
息烽县	85.43	86.33	76.98	72.62	59.17	87.24	66.97	59.42	68.22	57.63	72.00	71	7
开阳县	90.24	72.16	81.62	53.00	75.23	88.08	74.78	59.83	63.42	52.73	71.11	75	8
白云区	60.17	72.10	77.78	81.84	65.83	75.02	76.77	63.21	79.43	53.00	70.52	82	9
乌当区	74.26	70.55	75.90	70.82	53.44	69.50	67.08	65.15	90.74	67.24	70.47	83	10

资料来源：贵州营商环境研究中心。

1. 开办企业

评估结果显示，全省开办企业平均得分80.48分，而贵阳市的平均得分为82.09分，除白云区和乌当区外，其余8个县区均超过全省平均分。其下辖10个县（市、区）开办企业指标得分表现如表3-6所示。

表3-6　　　　　　　　　贵阳市开办企业指标得分情况

区县	环节（分）	时间（分）	成本（分）	材料（分）	总得分	全省排名	市内排名
清镇市	95.30	91.36	89.77	100.00	94.11	5	2
修文县	74.56	90.45	100.00	75.40	85.10	34	5
南明区	100.00	87.42	100.00	100.00	96.86	3	1
云岩区	78.71	72.73	81.94	72.45	76.46	62	8
观山湖区	95.30	66.67	91.57	71.27	81.20	49	6
花溪区	40.00	87.12	100.00	81.30	77.10	61	7
息烽县	78.71	75.76	93.58	93.69	85.43	33	4
开阳县	95.30	89.85	91.57	84.25	90.24	20	3

区县	环节（分）	时间（分）	成本（分）	材料（分）	总得分	全省排名	市内排名
白云区	56.59	53.79	47.22	83.07	60.17	85	10
乌当区	58.53	69.70	96.39	72.45	74.26	67	9
全市平均	77.30	78.48	89.20	83.39	82.09		
全省平均	75.86	84.40	88.69	72.95	80.48		

资料来源：贵州营商环境研究中心。

表3-6各项数据表明：贵阳市开办企业环节得分（77.30分）高于全省平均分（75.86分），其中花溪区环节最多，乌当区和云岩区也不理想；就时间而言，全省开办企业平均时间得分为84.40分，而贵阳市平均得分为78.48分，远低于全省平均水平，其中白云区仅得53.79分、乌当区仅得69.70分；就成本而言，全省平均分为88.69分，贵阳市修文县、南明区、花溪区已实现零成本，白云区成本最高（仅得47.22分）。就材料而言，贵阳市表现较为理想，其平均水平远高于全省平均水平72.95分，这与贵阳市各区县积极推行"一网通办"，不断朝无纸化方向努力密切相关。贵阳市开办企业指标4项二级指标评估数据如表3-7所示。

表3-7　　　　　　贵阳市开办企业二级指标原始数据

县市区	全省排名	总分	环节（个）	时间（工作日）	成本（%）	材料（件）
南明区	3	96.86	3.83	2.83	0.00	8.33
清镇市	5	94.11	4.00	2.57	0.51	8.33
开阳县	20	90.24	4.00	2.67	0.42	11.00
息烽县	33	85.43	4.60	3.60	0.32	9.40
修文县	34	85.10	4.75	2.63	0.00	12.50
观山湖区	49	81.20	4.00	4.20	0.42	13.20
花溪区	61	77.10	6.00	2.85	0.00	11.50
云岩区	62	76.46	4.60	3.80	0.90	13.00

县市区	全省排名	总分	环节（个）	时间（工作日）	成本（%）	材料（件）
乌当区	67	74.26	5.33	4.00	0.18	13.00
白云区	85	60.17	5.40	5.05	2.63	11.20
全省平均		80.48	4.70	3.03	0.56	12.92
全省最优		98.82	3.83	2.00	0.00	8.33
全省最差		47.98	6.00	5.96	2.99	18.50

资料来源：贵州营商环境研究中心。

调研发现，部分县区样本企业开办时间在 2019 年 7 月 10 日前，当时贵州省尚未要求减免刻制印章的费用，固然产生成本。然而，个别县区 2019 年 7 月 10 日后新开办的企业也产生了成本，因此有必要继续敦促各地按照《省人民政府办公厅关于印发贵州省营商环境优化提升工作方案的通知》执行，全面实现刻制印章财政支付。贵阳市目前存在的问题包括但不限于：

（1）时限未全部实现压缩至 3 个工作日以内。

贵阳市开办企业平均时间为 3.42 个工作日，未压缩至 3 个工作日以内。未达标的区县有云岩区（3.80 个工作日）、观山湖区（4.20 个工作日）、息烽县（3.60 个工作日）、白云区（5.05 个工作日）、乌当区（4.00 个工作日）。样本企业办理资料显示社保登记、银行开户等 2 个环节未全部实现当日办结。

（2）免除刻制印章费用未实现全覆盖。

2019 年 7 月 10 日以后登记注册企业，云岩区（1 枚印章即企业公章免费，其余 3 枚公章收费）未实现刻章印章费用全部由财政支付。此外，访谈环节有企业反馈当地政府提供免费印章材质较差，不得不选择价格较高的收费服务。

2. 办理建筑许可

贵阳市办理建筑许可指标得分并不理想，全省平均得分 74.77 分，贵阳市平均得分 75.65 分，仅略高于全省平均水平，其中观山湖区和花溪区比全省平均水平分别低 6.14 分和 6.23 分（见表 3-8）。

表 3-8 贵阳市办理建筑许可指标得分情况

区县	环节（分）	时间（分）	成本（分）	材料（分）	总分	全省排名	市内排名
清镇市	87.59	97.87	68.64	63.65	79.44	30	4
修文县	81.38	85.04	91.34	78.94	84.17	15	2
南明区	77.49	67.14	82.47	69.42	74.13	55	5
云岩区	95.86	66.64	90.92	68.27	80.42	26	3
观山湖区	71.03	49.83	88.27	65.38	68.63	66	9
花溪区	71.03	63.69	88.47	50.96	68.54	67	10
息烽县	87.59	92.22	85.12	80.38	86.33	8	1
开阳县	66.90	57.02	84.63	80.10	72.16	60	6
白云区	79.31	66.99	83.93	58.17	72.10	62	7
乌当区	66.90	46.01	88.89	80.38	70.55	64	8
全市平均	78.51	69.25	85.27	69.57	75.65		
全省平均	76.01	73.60	80.49	75.47	74.77		

资料来源：贵州营商环境研究中心。

表 3-8 各项数据表明：就办理环节而言，开阳县仅 66.90 分，观山湖区和花溪区均为 71.03 分，一定程度上反映出贵阳市多数县区在办理建筑许可环节上仍需进一步优化；就办理时间而言，贵阳市平均办理时间得分 69.25 分，低于全省平均（73.60 分）4.35 分，其中乌当区 46.01 分、观山湖 49.83 分、开阳县 57.02 分，远低于全省平均水平，因此加快压缩办理建筑许可时间，为企业节约时间成本，将成为贵阳市各区县下一步工作重点；就成本而言，除清镇市得 68.64 分以外，其余所有区县均达 80 分以上，说明贵阳市在为企业减负、规范市场收费行为等方面取得一定成效；就提交材料而言，贵阳市平均得 69.57 分，明显比全省平均水平低 5.9 分，尤其是花溪区和白云区，得分在 60.00 分以下，由此可以看出，提交材料多成为贵阳市办理建筑许可指标短板。贵阳市办理建筑许可指标 4 项二级指标评估数据如表 3-9 所示。

表 3 – 9　　　　　　　贵阳市办理建筑许可二级指标原始数据

县市区	全省排名	办理建筑许可总分	环节（个）	时间（工作日）	成本（%）	材料（件）
息烽县	8	86.33	20.00	117.50	2.73	97.00
修文县	15	84.17	21.50	142.00	1.84	99.50
云岩区	26	80.42	18.00	204.71	1.90	118.00
清镇市	30	79.44	20.00	98.25	5.09	126.00
南明区	55	74.13	22.44	203.00	3.11	116.00
开阳县	60	72.16	25.00	237.50	2.80	97.50
白云区	62	72.10	22.00	203.50	2.90	135.50
乌当区	64	70.55	25.00	275.00	2.19	97.00
观山湖区	66	68.63	24.00	262.00	2.28	123.00
花溪区	67	68.54	24.00	214.75	2.25	148.00
全省平均		74.77	23.07	183.12	3.43	106.76
全省最优		90.38	17.00	91.00	0.60	63.00
全省最差		48.27	31.50	291.75	9.19	167.00

资料来源：贵州营商环境研究中心。

贵阳市办理建筑许可指标存在的问题包括但不限于：

（1）办理时限长。

贵阳市办理建筑许可平均时间为 195.82 个工作日，样本企业中最长耗时为 275.00 个工作日，最短为 95.00 个工作日。耗时较长环节主要包括：建设项目环境影响评价审批、水土保持方案报告书审批、地质勘察、获得施工图审查合格证、建设用地（含临时用地）规划许可证核发、建筑工程施工许可证核发等。总体上来看，施工企业在委托第三方事项上耗时较久，且在填报过程中，存在政府部门认为第三方承担事项是市场行为，无法提供佐证资料的情况。从企业反馈来看，部分区县存在人防校准手续与获得施工图审查合格证互为前置的情况，导致办理时间长。

（2）申请材料偏多。

贵阳市办理建筑许可平均材料为 115.75 件，样本企业中所需材料最多为181件。要求提交材料较多的环节包括：建设用地（含临时用地）规划许可证核发、建设工程规划许可证核发、建筑工程施工许可证核发、建设工程竣工验收备案。此外，重复要求提交材料的情况不同程度存在，如办理施工许可证时，需再次提交用地批准手续、建设用地规划许可证、建设工程规划许可证等资料；办理竣工验收备案环节需征拆部门盖章等。

3. 获得电力

贵阳市获得电力的平均得分为83.18分，与全省平均分83.24分基本持平。其下辖10个县（市、区）在获得电力指标上的表现如表3-10所示。

表3-10　　　　　　　　　　贵阳市获得电力指标得分情况

区县	环节（分）	时间（分）	成本（分）	可靠性（分）	电价（分）	材料（分）	总分	省内排名	市内排名
清镇市	100.00	93.29	83.09	100.00	97.63	82.86	92.81	8	1
修文县	100.00	72.82	90.97	100.00	100.00	88.51	92.05	10	2
南明区	100.00	75.28	77.30	91.43	84.96	87.14	86.02	29	3
云岩区	100.00	74.74	75.72	65.71	91.30	74.29	80.29	59	7
观山湖区	100.00	52.04	93.28	100.00	82.00	82.86	85.03	34	4
花溪区	100.00	85.83	88.79	85.77	56.56	82.86	83.30	43	5
息烽县	100.00	60.89	93.00	90.23	77.77	40.00	76.98	72	9
开阳县	100.00	87.53	73.08	85.26	95.27	48.57	81.62	52	6
白云区	100.00	77.30	69.65	65.71	62.56	91.43	77.78	68	8
乌当区	100.00	87.74	56.77	55.43	100.00	55.43	75.90	79	10
全市平均	100.00	76.75	80.17	83.95	84.81	73.39	83.18		
全省平均	100.00	81.87	87.01	72.98	80.69	76.90	83.24		

资料来源：贵州营商环境研究中心。

调研结果显示，贵阳市与全省明显拉开差距的二级指标当属获得电力时间，全市平均分低于全省平均分5.12分，尤其观山湖区仅52.04分、息烽县仅60.89分，分别比全省平均分低29.83分和20.98分。其次二级指标中获得电力成本也与全省平均水平相差6.84分，乌当区表现最差，与全省平均分相差高达 30. 24 分，在一定程度上反映贵阳市获得电力的成本较高。最后提交材料也低于全省平均水平，息烽县和开阳县分别得分为 40. 00 分和 48. 57 分，与全省平均分相差 36. 90 分和 28. 33 分，在一定程度上反映出，贵阳市在办理获得电力业务时需提交的材料多于全省平均水平，需要继续减少不必要、重复提交材料。贵阳市获得电力指标 6 项二级指标评估数据如表 3 – 11 所示。

表 3 –11　　　　　　　　贵阳市获得电力二级指标原始数据

县市区	全省排名	获得电力总分	环节（个）	时间（天）	成本（%）	供电可靠性（分）	电力价格（%）	材料（份）
清镇市	8	92. 81	2. 00	1. 63	3. 65	10. 00	0. 45	3. 00
修文县	10	92. 05	2. 00	3. 55	1. 95	10. 00	0. 17	2. 67
南明区	29	86. 02	2. 00	3. 32	4. 90	9. 50	1. 95	2. 75
观山湖区	34	85. 03	2. 00	5. 50	1. 45	10. 00	2. 30	3. 00
花溪区	44	83. 30	2. 00	2. 33	2. 42	9. 17	5. 31	3. 00
开阳县	52	81. 62	2. 00	2. 17	5. 81	9. 14	0. 73	5. 00
云岩区	59	80. 29	2. 00	3. 37	5. 24	8. 00	1. 20	3. 50
白云区	68	77. 78	2. 00	3. 13	6. 55	8. 00	4. 60	2. 50
息烽县	72	76. 98	2. 00	4. 67	1. 51	9. 43	2. 80	5. 50
乌当区	78	75. 90	2. 00	2. 15	9. 33	7. 40	0. 17	4. 60
全省平均		83. 24	2. 00	2. 70	2. 80	8. 42	2. 45	3. 35
全省最优		95. 48	2. 00	1. 00	0. 00	10. 00	0. 17	2. 17
全省最差		72. 55	2. 00	5. 58	12. 95	6. 50	7. 27	5. 50

资料来源：贵州营商环境研究中心。

贵阳市获得电力指标存在的问题包括但不限于：

（1）获得电力办理时间较长。

贵阳市获得电力时间为 3. 18 个工作日，其中观山湖区、息烽县、修文县、南明区、云岩区 5 个区县平均需 4. 08 个工作日，高于全省平均的 2. 70 个工作日。样本企业中接电时间最长达 11 个工作日（申请报装 1 个工作日，装表接电 10 个工作日）。

（2）获得电力成本较高。

贵阳市企业获得电力成本平均为 1481 元，占当地人均收入的 4.28%，高于全省平均值 2.80%。样本企业中获得电力最高成本达 5000 元（据企业端反馈，报装申请和装表接电分别收取 2500 元）。

4. 获得用水

贵阳市获得用水指标平均分为 76.22 分，与全省平均分（80.60 分）相差 4.38 分，位于贵州 9 个市（州）以及贵安新区 10 个地区的第 8 位，一定程度上影响了贵阳整体营商环境水平。贵阳市下辖 10 个县（市、区）在获得用水指标上的表现如表 3 - 12 所示。

表 3 - 12　　　　　　　　贵阳市获得用水指标得分情况

区县	环节（分）	时间（分）	成本（分）	价格（分）	总分	省内排名	市内排名
清镇市	72.55	83.53	93.33	100.00	87.35	22	2
修文县	62.50	92.49	100.00	99.66	88.66	20	1
南明区	55.00	79.78	100.00	86.30	80.27	48	5
云岩区	58.90	80.33	86.34	97.45	80.75	47	4
观山湖区	55.00	79.70	81.19	88.94	76.21	59	6
花溪区	65.05	82.05	46.46	89.11	70.67	77	9
息烽县	58.75	62.18	72.19	97.36	72.62	69	7
开阳县	40.00	40.00	40.00	92.00	53.00	89	10
白云区	47.50	81.07	100.00	98.81	81.84	44	3
乌当区	70.00	80.76	92.52	40.00	70.82	75	8
全市平均	58.53	76.19	81.20	88.96	76.22		
全省平均	66.98	82.17	83.05	90.18	80.60		

资料来源：贵州营商环境研究中心。

结合表 3 - 12 显示的环节、时间、成本、价格 4 项二级指标表现，发现其得分均低于全省平均水平。首先，在环节上，贵阳市企业办理环节明显多于全省平均环节，得分相差 8.45 分，最差的开阳县与全省平均差距高达 26.98 分。其次，贵阳市获得用水的时间得分也明显低于全省平均水平，相差 5.98 分,其中最差的开阳县与全省平均水平相差 42.17 分。各项二级指标具体表现如表 3-13 所示。

表 3-13　　　　　　　贵阳市获得用水二级指标原始数据

县市区	全省排名	总分	环节(个)	时间(工作日)	成本(%)	价格(%)
修文县	20	88.66	4.50	3.75	0.00	0.10
清镇市	23	87.35	3.83	6.04	1.89	0.06
白云区	44	81.84	5.50	6.67	0.00	0.20
云岩区	47	80.75	4.74	6.86	3.87	0.36
南明区	48	80.27	5.00	7.00	0.00	1.67
观山湖区	59	76.21	5.00	7.02	5.33	1.36
息烽县	69	72.62	4.75	11.50	7.88	0.37
乌当区	75	70.82	4.00	6.75	2.12	7.11
花溪区	77	70.67	4.33	6.42	15.17	1.34
开阳县	89	53.00	6.00	17.17	17.00	1.00
全省平均		80.60	4.20	6.39	4.80	1.21
全省最优		99.81	2.00	1.83	0.00	0.06
全省最差		53.00	6.00	17.17	17.00	7.11

资料来源:贵州营商环境研究中心。

可以看出,在提升和优化营商环境过程中,获得用水指标成为贵阳市的又一个软肋,需要全方面加强。目前存在的问题包括:

(1)办理环节多时间长。

贵阳市样本企业获得用水的平均环节为 4.77 个、办理时间平均为 7.92 个工作日,高于全省平均环节 4.16 个和平均时间 7.32 个工作日,未实现报装环节精简为 2 个的目标。样本企业所需环节最多为 6 个(窗口登记、供水方案答复、工程设计方案审查、办理道路挖掘许可、竣工验收、挂表开栓),最少为 4 个(窗口登记、供水方案答复、竣工验收、挂表开栓)。企业反映报装过程烦琐、材料较多、不能实现网上申办、停水未提前告知等问题,还有企业提出由于贵阳北控水务公司未下放权力到片区办事处,距离较远的地方报装用水还需要到水务公司办理。

（2）报装用水成本较高。

贵阳市样本企业获得用水成本平均为 1820 元，占当地人均收入比为 5.33%，高于全省平均值 4.36%；样本企业中获得用水最高成本达 7458 元。

5. 登记财产

贵阳市登记财产平均得分略低于全省平均水平，失分主要表现在登记财产时间方面（69.74 分），与全省平均水平（81.12 分）相差 11.38 分。其中观山湖区、白云区、乌当区平均得分全省最低，与全省平均分相差 41.12 分，成为贵阳市营商环境提升与优化的又一短板，如何进一步压缩财产登记时间，需要引起相关部门重视。贵阳市下辖 10 个县（市、区）在登记财产指标上的表现如表 3-14 所示。

表 3-14　　　　　　　　贵阳市登记财产指标得分情况

区县	环节（分）	时间（分）	成本（分）	材料（分）	总分	省内排名	市内排名
清镇市	70.00	96.20	77.82	96.67	85.17	7	2
修文县	70.00	82.50	83.19	56.67	73.09	53	6
南明区	100.00	78.70	84.37	83.33	86.60	6	1
云岩区	70.00	90.00	83.87	83.33	81.80	16	3
观山湖区	70.00	40.00	90.42	60.00	65.11	73	8
花溪区	70.00	82.50	82.18	73.33	77.00	38	4
息烽县	70.00	50.00	40.00	76.67	59.17	79	9
开阳县	70.00	97.50	50.08	83.33	75.23	44	5
白云区	100.00	40.00	40.00	83.33	65.83	72	7
乌当区	40.00	40.00	50.42	83.33	53.44	88	10
全市平均	73.00	69.74	68.24	78.00	72.24		
全省平均	70.51	81.12	69.56	72.17	73.34		

资料来源：贵州营商环境研究中心。

结合具体表现来看（见表 3-15），白云区、观山湖区、乌当区、息烽县 4 个区县未完成《贵州省营商环境优化提升工作方案》确定的"一般登记、抵押登记业务办理时间压缩至 5 个工作日以内"的目标。其中，白云区、观山湖区、乌当区需 8 个工作日，息烽县需 7 个工作日。样本企业调查显示，耗时主要集中在核定与复审（3 个工作日）、登簿（3 个工作日）等环节。

表 3 - 15　　　　　　　　　贵阳市登记财产二级指标原始数据

县市区	全省排名	总分	环节（个）	时间（工作日）	成本（%）	材料（件）
南明区	6	86.60	3.00	4.13	2.98	15.00
清镇市	7	85.17	4.00	2.38	3.37	13.00
云岩区	16	81.80	4.00	3.00	3.01	15.00
花溪区	38	77.00	4.00	3.75	3.11	16.50
开阳县	44	75.23	4.00	2.25	5.02	15.00
修文县	53	73.09	4.00	3.75	3.05	19.00
白云区	72	65.83	3.00	8.00	5.62	15.00
观山湖区	73	65.11	4.00	8.00	2.62	18.50
息烽县	79	59.17	4.00	7.00	5.62	16.00
乌当区	88	53.44	5.00	8.00	5.00	15.00
全省平均		73.34	3.98	3.89	3.86	16.67
全省最优		89.51	3.00	2.00	1.97	12.50
全省最差		50.11	5.00	8.00	5.62	21.50

资料来源：贵州营商环境研究中心。

6. 纳税

贵阳市纳税得分（81.47 分）低于全省平均分（83.04 分）1.57 分，弱项出现在纳税次数和纳税时间两个方面。其中，白云区纳税次数得分 51.24 分为全市最低，南明区纳税时间得 69.78 分为全市最低，分别与全省平均分相差 21.65 分和 17.53 分。税费率得分虽然高于全省平均水平，但乌当区得分 74.18 分和南明区得分 79.73 分均低于全省平均水平。贵阳市下辖 10 个县（市、区）在纳税指标上的表现如表 3 - 16 所示。

表 3 – 16　　　　　　　　　贵阳市纳税指标得分情况

区县	次数（分）	时间（分）	税费率（分）	总得分	省内排名	市内排名
清镇市	64. 79	93. 40	94. 96	84. 38	43	4
修文县	91. 87	94. 09	89. 85	91. 94	8	1
南明区	64. 79	69. 78	79. 73	71. 43	83	9
云岩区	70. 20	85. 19	86. 79	80. 73	61	7
观山湖区	59. 37	93. 34	100. 00	84. 24	44	5
花溪区	69. 26	77. 21	100. 00	82. 15	55	6
息烽县	73. 86	96. 26	91. 61	87. 24	26	3
开阳县	87. 40	82. 32	94. 50	88. 08	22	2
白云区	51. 24	81. 76	92. 07	75. 02	78	8
乌当区	54. 63	79. 68	74. 18	69. 50	85	10
全市平均	68. 74	85. 30	90. 37	81. 47		
全省平均	72. 89	87. 31	88. 93	83. 04		

资料来源：贵州营商环境研究中心。

贵阳市样本企业平均纳税次数 5. 71 次，平均纳税时间 118. 77 小时，均高于全省平均值 5. 40 次、113. 89 小时。观山湖区、乌当区和白云区 3 区的平均纳税次数超过 6 次，样本企业调研数据显示企业纳税最高次数为 11 次。企业访谈中表示存在社保系统和公积金缴纳系统没有和税务系统并网、办税系统经常断网、缺乏政策宣传和必要培训、现场排队等待时间长等问题（见表 3 – 17）。

表 3 – 17　　　　　　　　贵阳市纳税二级指标原始数据

县市区	全省排名	纳税总分	次数（次）	时间（小时）	税费率（%）
修文县	8	91. 94	4. 00	97. 43	8. 86
开阳县	22	88. 08	4. 33	126. 00	6. 14
息烽县	26	87. 24	5. 33	92. 17	7. 83

续表

县市区	全省排名	纳税总分	次数（次）	时间（小时）	税费率（%）
清镇市	43	84.38	6.00	99.10	5.87
观山湖区	44	84.24	6.40	99.25	2.92
花溪区	55	82.15	5.67	138.42	2.92
云岩区	61	80.73	5.60	119.04	10.65
白云区	78	75.02	7.00	127.37	7.56
南明区	83	71.43	6.00	156.45	14.78
乌当区	85	69.50	6.75	132.42	18.03
全省平均		83.04	5.40	113.89	9.40
全省最优		97.84	3.40	83.08	2.92
全省最差		58.92	7.83	228.77	38.03

资料来源：贵州营商环境研究中心。

部分企业在访谈环节反映，缴纳税费时间长，有时还出现网络不稳定，因此等待的时间较长。同时一些企业反映，税收负担较重，政府在减税降费过程中落实力度不够，给出企业的减负承诺也未完全兑现。

7. 获得信贷

全省获得信贷指标普遍表现不好。贵阳市获得信贷指标优于全省平均水平，尤其是在征信覆盖面方面优势相对明显。但就成本而言，贵阳市获得信贷的成本略高于全省平均水平，这无疑给企业增加负担。贵阳市下辖10个县（市、区）在获得信贷指标上的表现如表3-18所示。

表3-18　　　　　　　贵阳市获得信贷指标得分情况

区县	环节（分）	时间（分）	成本（分）	覆盖面（分）	总得分	省内排名	市内排名
清镇市	100.00	97.97	100.00	75.76	93.43	1	1
修文县	47.50	81.67	90.40	99.29	79.72	10	2
南明区	52.00	66.29	98.20	87.53	76.00	30	7

续表

区县	环节（分）	时间（分）	成本（分）	覆盖面（分）	总得分	省内排名	市内排名
云岩区	55.00	66.29	96.10	99.29	79.17	12	4
观山湖区	49.90	78.04	91.90	84.59	76.11	29	6
花溪区	76.00	66.29	100.00	75.76	79.51	11	3
息烽县	47.50	69.89	86.50	64.00	66.97	62	10
开阳县	70.00	56.30	100.00	72.82	74.78	33	8
白云区	50.81	71.67	100.00	84.59	76.77	27	5
乌当区	72.43	91.91	40.00	64.00	67.08	60	9
全市平均	62.11	74.63	90.31	80.76	76.96		
全省平均	58.06	74.70	92.16	61.09	71.50		

资料来源：贵州营商环境研究中心。

结合企业反馈来看，贵阳市获得贷款成本较高，尤其是中介机构收费部分，如验资报告、担保公司等环节，并且存在时间较长现象。贵阳市调研数据如表3-19所示。

表3-19　　　　贵阳市获得信贷二级指标原始数据

县市区	全省排名	总分	环节（个）	时间（工作日）	成本（%）	征信机构（分）
清镇市	1	93.43	4.00	5.50	0.00	21.50
修文县	10	79.72	5.75	14.50	0.32	29.50
花溪区	11	79.51	4.80	22.99	0.00	21.50
云岩区	12	79.17	5.50	22.99	0.13	29.50
白云区	27	76.77	5.40	20.50	0.00	24.50
观山湖区	29	76.11	5.67	16.50	0.27	24.50
南明区	30	76.00	5.60	22.99	0.06	25.50
开阳县	33	74.78	5.00	28.50	0.00	20.50
乌当区	60	67.08	4.20	9.00	2.00	17.50

续表

县市区	全省排名	总分	环节（个）	时间（工作日）	成本（%）	征信机构（分）
息烽县	62	66.97	5.75	21.00	0.45	17.50
全省平均		71.50	5.38	18.36	0.26	16.51
全省最优		93.43	4.00	4.38	0.00	29.74
全省最差		49.22	6.00	37.50	2.00	9.34

资料来源：贵州营商环境研究中心。

结合贵阳市调研数据，当前存在的问题包括：

（1）获得信贷时间偏长。

贵阳市 10 个县市区获得信贷的时间平均为 18.45 个工作日，高于全省平均时间 18.36 个工作日。企业反映业务烦琐，所需资料多，重复事项太多，反复对申请资料和抵押物进行多次查看。少数企业在授信审查环节的办理时限超过 7 个工作日，甚至个别企业长达 16 个工作日，个别企业在办理抵押担保手续环节耗时长达 52 个工作日，导致获贷时间偏长。

（2）征信机构覆盖面表现不佳。

贵阳市区县级企业征信数据覆盖率为 28.16%，自然人征信数据覆盖率为 56.77%。征信系统目前已接入的金融机构和非金融机构目前仅涉及商业银行。非银行信息采集有限，如公积金缴存信息、社保缴存和发放信息未被采集，企业无法通过更多有效渠道来提高征信。

（3）贷款门槛高、贷款贵。

企业集中反馈银行对企业资质，信用要求过高，中小微企业很难达到要求。银行要求的抵押物条件高、需要的材料多等门槛，一定程度上削弱了企业获贷能力。担保企业太少，缺失商业性质的第三方融资性担保公司提供担保服务被银行拒之门外。此外，部分企业反馈鼓励民营企业发展的金融措施不到位等问题，加大民营企业的运营压力。

贷款贵表现在相关评估费用过高，只能找与银行合作的评估公司。对于为小微企业提供担保的公司，市场收费混乱，极端个案甚至收取 10% 的担保费用。另外，因为无健全的续贷手续，办理续贷从非银行机构周转搭桥资金费用高。

8. 政务服务

贵阳市政府服务指标得分明显低于全省平均水平，相差 6.66 分，尤其数据共享指标（56.76 分）远低于全省平均分（78.01 分）21.25 分，成为贵阳市营商环境建设短板之一。就区县来看，花溪区政务服务得分最低（50.80 分），低于全省平均水平 19.46 分，应该引起重视。贵阳市下辖 10 个县（市、区）在政务服务指标上的表现如表 3 - 20 所示。

表 3 - 20　　　　　　　　贵阳市政务服务指标得分情况

区县	网上服务（分）	便利度（分）	满意度（分）	数据共享（分）	总得分	省内排名	市内排名
清镇市	64.88	83.68	83.93	82.18	78.67	17	1
修文县	49.51	69.15	96.24	78.18	73.27	37	2
南明区	96.59	52.29	67.32	40.73	64.23	65	4
云岩区	58.05	61.17	72.68	53.45	61.34	73	6
观山湖区	54.39	63.68	64.65	57.45	60.04	81	7
花溪区	55.85	67.00	40.00	40.36	50.80	87	10
息烽县	56.83	70.22	45.91	64.73	59.42	84	9
开阳县	61.22	67.71	57.68	52.73	59.83	82	8
白云区	77.56	58.74	71.08	45.45	63.21	69	5
乌当区	69.76	77.67	60.79	52.36	65.15	62	3
全市平均	64.46	67.13	66.03	56.76	63.60		
全省平均	60.95	71.16	70.94	78.01	70.26		

资料来源：贵州营商环境研究中心。

结合实地调研数据（见表 3 - 21）及企业访谈发现，贵阳市政府服务满意度普遍不高，还存在服务态度不好、一次性告知缺失、反复跑、提交资料多等情况。如何提升政府服务能力，增加企业服务满意度，切实为企业提供高质量政务服务，是今后工作中的重点。

表 3-21   贵阳市政务服务二级指标原始数据

县市区	全省排名	总分	网上政务服务能力（分）	政务服务事项便利度（分）	政务服务满意度（分）	政务服务数据共享（分）
清镇市	17	78.67	2.89	10.14	46.00	1.51
修文县	37	73.27	2.26	8.52	49.83	1.40
乌当区	62	65.15	3.09	9.47	38.80	0.69
南明区	65	64.23	4.19	6.64	40.83	0.37
白云区	70	63.21	3.41	7.36	42.00	0.50
云岩区	73	61.34	2.61	7.63	42.50	0.72
观山湖区	81	60.04	2.46	7.91	40.00	0.83
开阳县	82	59.83	2.74	8.36	37.83	0.70
息烽县	84	59.42	2.56	8.64	34.17	1.03
花溪区	88	50.80	2.52	8.28	32.33	0.36
全省平均		70.26	2.73	8.74	43.55	1.40
全省最优		84.77	4.33	11.96	51.00	2.00
全省最差		45.05	1.87	5.27	32.33	0.35

资料来源：贵州营商环境研究中心。

当前存在的问题包括但不限于：

（1）政务服务便利度有待提升。

除清镇市和乌当区外的 8 个县（区）的集成套餐数量、最多跑一次事项、纳入一窗服务的事项比例和减证便民事项平均值分别为 32.48 项、406.4 项、83.3% 和 167.75 项，低于全省平均水平。

（2）数据共享度低。

贵阳市本级的四级四同关联率为 48.58%，低于全省市（州）本级平均值 70.15%；10 个县（市、区）公共服务事项认领关联率和四级四同关联率平均值分别为 47% 和 34.2%，分别低于全省平均值 71% 和 77.3%。

9. 市场监管

贵阳市市场监管指标平均得分略高于全省平均水平，但商务诚信稍微低于全省平均水平。就区县来看，开阳县、息烽县、南明区总得分 63.42

分、68.22 分和 69.54 分，与全省平均分差距较大。贵阳市下辖 10 个县（市、区）在市场监管指标上的表现如表 3 – 22 所示。

表 3 – 22　　　　　　　贵阳市市场监管指标得分情况

区县	监管覆盖（分）	信息公开（分）	政务诚信（分）	商务诚信（分）	总得分	省内排名	市内排名
清镇市	92.50	100.00	67.66	81.05	85.30	14	3
修文县	85.00	100.00	72.00	78.34	83.83	21	4
南明区	77.50	100.00	44.00	56.68	69.54	79	8
云岩区	47.50	100.00	71.40	72.03	72.73	66	7
观山湖区	70.00	100.00	78.00	79.69	81.92	28	5
花溪区	92.50	100.00	87.00	82.86	90.59	9	2
息烽县	55.00	100.00	65.00	52.89	68.22	81	9
开阳县	55.00	100.00	42.00	56.68	63.42	88	10
白云区	62.50	100.00	79.60	75.63	79.43	36	6
乌当区	92.50	100.00	84.00	86.46	90.74	8	1
全市平均	73.00	100.00	69.07	72.23	78.57		
全省平均	72.19	100.00	68.86	72.31	77.81		

资料来源：贵州营商环境研究中心。

调研结果表明，在"双随机、一公开"监管覆盖率方面，问卷显示贵阳市 50% 的县区尚未建立专家库；60% 的县区未建立"本部门不同处室在同一季度内实行联合抽查、一次查完的制度"；30% 的县区未实现"在同一年度内因同一事项对同一检查对象的抽查次数，原则上不超过 1 次"的制度，具体情况见表 3 – 23。

表 3 – 23　　　　　　　贵阳市市场监管二级指标原始数据

县市区	全省排名	总分	"双随机、一公开"（分）	监管执法信息公开率（分）	政务诚信度（分）	商务诚信度（分）
乌当区	8	90.74	13.00	8.00	19.00	17.50
花溪区	9	90.59	13.00	8.00	19.75	16.84

县市区	全省排名	总分	"双随机、一公开"（分）	监管执法信息公开率（分）	政务诚信度（分）	商务诚信度（分）
清镇市	14	85.30	13.00	8.00	14.92	16.50
修文县	21	83.83	12.00	8.00	16.00	16.00
观山湖区	28	81.92	10.00	8.00	17.50	16.25
白云区	36	79.43	9.00	8.00	17.90	15.50
云岩区	66	72.73	7.00	8.00	15.85	14.84
南明区	79	69.54	11.00	8.00	9.00	12.00
息烽县	81	68.22	8.00	8.00	14.25	11.30
开阳县	88	63.42	8.00	8.00	8.50	12.00
全省平均		77.81	10.25	8.00	15.22	14.87
全省最优		94.66	14.00	8.00	23.00	20.00
全省最差		40.00	6.00	8.00	8.50	10.00

资料来源：贵州营商环境研究中心。

　　结合企业访谈结果来看，贵阳市部分区县由于政府宣传不到位，使得企业在获得有关市场监管相关内容和政策文件时出现不知情、没渠道、少渠道的现象。如何真正做到问题企业"利剑高悬"、优质企业"无事不扰"仍存在提升空间。

　　10. 企业信心

　　贵阳市企业信心整体表现较差，其平均得分略高于全省平均水平。其中投资意愿指标明显低于全省平均水平，尤其息烽县仅得45.41分、观山湖区仅得51.78分。就新增数量而言，开阳县、修文县、白云区表现最差，也远远低于全省平均水平。贵阳市下辖10个县（市、区）表现如表3-24所示。

表3-24　　　　　　　　贵阳市企业信心指标得分情况

区县	投资意愿（分）	新增企业（分）	总得分	省内排名	市内排名
清镇市	85.20	52.96	69.08	20	4
修文县	85.20	44.14	64.67	37	7

续表

区县	投资意愿（分）	新增企业（分）	总得分	省内排名	市内排名
南明区	77.64	100.00	88.82	1	1
云岩区	68.05	100.00	84.03	3	2
观山湖区	51.78	100.00	75.89	8	3
花溪区	64.79	67.93	66.36	28	6
息烽县	45.41	69.85	57.63	65	8
开阳县	65.46	40.00	52.73	85	10
白云区	58.30	47.70	53.00	84	9
乌当区	66.73	67.75	67.24	24	5
全市平均	66.86	69.03	67.95		
全省平均	74.51	52.07	63.29		

资料来源：贵州营商环境研究中心。

调研发现，企业投资意愿普遍不高，全市所有区县中小企业投资意愿问卷的平均得分为55.46分，低于全省平均64.87分（问卷满分98分）。其中，仅清镇市和修文县的得分高于70分；息烽县得分最低，为33分。开阳县新登记企业增长率为负增长，为－19.50%，具体情况见表3－25。

表3－25　　　　　　　贵阳市企业信心二级指标原始数据

县市区	全省排名	总分	中小企业投资意愿（分）	新登记注册企业增长率（%）
南明区	1	88.82	66.75	47.36
云岩区	3	84.03	56.71	38.90
观山湖区	8	75.89	39.67	70.16
清镇市	20	69.08	74.67	28.01
乌当区	24	67.24	55.33	60.09
花溪区	28	66.36	53.29	60.34
修文县	37	64.67	74.67	8.94
息烽县	65	57.63	33.00	64.50

县市区	全省排名	总分	中小企业投资意愿（分）	新登记注册企业增长率（%）
白云区	84	53.00	46.50	16.86
开阳县	85	52.73	54.00	−19.50
全省平均		63.29	64.87	17.93
全省最优		88.82	90.17	129.63
全省最差		40.00	27.33	−39.61

资料来源：贵州营商环境研究中心。

结合访谈材料分析发现，由于受经济大环境的影响，企业利润降低，款项回收慢，利润降低，资金周转困难，应收账款无法及时回收，贷款手续比较复杂，贷款成本较高、贷款时间较慢，均不同程度降低了企业信心。

（四）存在的问题

1. 优化营商环境政策执行力度待加强

为加快打造市场化、法治化、国际化营商环境，增强企业发展信心和竞争力，贵州省人民政府办公厅出台《贵州省营商环境优化提升工作方案》，对开办企业等十七个方面做出具有明确性整改要求。

从各指标评估结果和企业访谈意见看，贵阳市在招标投标、获得用气、执行合同、获得用水、获得电力、政务服务等诸多指标表现不佳。如在开办企业方面环节较多，在财产登记时间上一些区县没有达到文件要求，获得电力、获得用水、获得用气和获得信贷等多个指标在涉及环节、时间、成本和材料等方面，均表现不佳，未能很好地按照《贵州省营商环境优化提升工作方案》要求进行整改。

部分企业反映贵阳市存在重视招商，但安商、亲商方面做得不够好，一些如土地、资金、服务优惠和减免的政策及承诺未能在招商后很好地兑现。以上问题的解决都亟须认真落实有关政策。

2. 税负重与融资难、融资贵导致企业经营成本高

评估调研显示，贵阳市企业经营成本高，利润空间进一步被压缩，导

致企业信心不足，投资意愿缺乏。就税负而言，部分反映企业税费负担较重，特别一些行业企业反映能够享受的优惠政策少，企业税负水平较高，而人工成本、物流运输成本、能源价格较高，占企业经营成本比重较大，尤其是在经济发展下行的情况下。

就融资而言，不少民营企业和中小微企业都反映融资比较难，难以满足经营运行的需要。与此同时，有的企业反映企业融资时必须提供抵押担保，抵押担保又要进行再融资评估，抵押评估费较高，收费较贵，并且需要的时间长，导致企业融资周期长、融资成本进一步提高。事实上，调研统计数据上也充分反映了贵阳市纳税指标更是低于全省平均水平，4 个县的纳税指标得分排名在全省 60 名开外。

3. 政府服务能力不足

从上述分析来看，政府服务是本次营商环境评估过程中贵阳市的重要短板指标。就数据表现来看，贵阳市政府服务指标得分明显低于全省平均水平，1/3 以上的区县得分处在 60 分以下。贵阳市政府服务指标得分明显低于全省平均水平，尤其是在数据共享和满意度方面，失分较多。

从访谈结果来看，企业普遍对所属区县的政务服务能力满意度不高。有的企业抱怨办理人员对业务知识、业务流程、具体操作等方面不够熟悉，服务态度不佳；有的企业反映网络不稳定排队等问题时常发生，有的企业反映办理时限较长，等等。事实上，贵阳市，由于管理体制上的一些原因，市级一些权限未完全下放，如登记财产、办理建筑许可一些指标的办理权限分属在市级与区级，使得企业在办理时"两头跑"，两头审批，拉长了企业办理的时间，也降低了企业对政务服务的满意度。当然，与其他地市比较，贵阳市企业数量众多，业务量大，也对政府服务能力提出很大的挑战，但如何在现有情况下，提升服务的效率与服务质量，难度相对较大。

（五）对策建议

1. 认真对标落实相关政策文件

贵阳市、县两级政府要认真对照各个指标失分的二级指标，依照《贵州省营商环境优化提升工作方案》要求,对获得用气、开办企业等在内的所有一级指标做包括环节、时间、成本等方面的全方位整改,大力优化市、县两级的营商环境。在开办企业,建筑施工许可,获得电力、获得用水、获得用气、获得信贷、办理破产和执行合同等指标中要尽可能减少环节、缩短时间、降低成本和减少申请材料。在政府采购、市场监管等方面制定合乎自身实际的地方规章或规范性的实施细则,进一步提升政府服务效率,优化政策环境,确保有关营商环境优化政策文件能够执行落实到位。与此同时,强化政府职能部门工作人员的服务意识,切实改进服务质量。可以在年度考核时邀请企业参与评价,倾听服务对象心声,依托政务服务大厅提供更加贴心的全程保姆式服务,为外来投资者提供免费代办行政审批和公共服务事项,设立审批服务代办窗口、并联审批综合窗口,为外来投资者提供及时、高效、便捷的政务服务。

2. 积极拓宽落实减税降费政策

针对当前全市中小微企业融资难、融资贵的重点问题,其解决思路遵循以下几点:

第一,工信局、财政局、地方金融办等部门联合制定出台相关的中小微企业贷款风险的补偿政策,明确规定风险爆发时对银行的补偿比例,适当增高对银行的比例赔付,降低银行在贷款过程中所承受的风险。同时,对中小微企业,尤其是首次贷款的中小微企业做出一定的贷款政策倾斜,加大中小微企业获得信贷的概率。

第二,由政府出台更多更合理的政策和产业支持,给中小微企业更多的税收优惠、税收减免、土地优惠、用工等方面的政策支持,降低缓解企业税费高的问题。

第三,鼓励银行贷款倾向于中小企业。运用一定的考核办法及激励机制,通过银监局和中国人民银行的政策导向可以适当向小企业倾斜,对于不良贷款的容忍率不要与国有企业一视同仁,如果可以要求银行对小企业的贷款能够达到一定的比例,小企业就容易取得贷款。

第四,针对中小企业税费重等问题,需要以壮士断腕的力度进一步降低企业税费。针对企业税费重的问题,一方面需要落实好国家出台的减税降费政策,着眼于长远,即使勒紧财政"裤腰带"也要大力推行和践行,不断释放市场活力，增强企业信心，通过"放水养鱼、还富于民"，长期促进经济健康持续发展。

3. 继续加强互联网政务建设

首先，要树立尽可能"一网通办"。本着以最大限度方便企业和群众办事为目标，加快实现一网办通，对行政审批事项进行清查，只要不涉及国家秘密、法律法规没有禁止性规定的事项，一律推行实施网上办。此原则之下，积极推进贵州省电子政务网省、市、区县、乡、村五级全覆盖，全面推进网上办理。

其次，需要进一步增强电子政务服务的能力，在硬件上通过跨部门合作，打通当前市级、区县一级各级各部门之间的数据共享壁垒，实现数据的实时共享，从电子信息化的角度大力提升企业的办事便利度，如公安、民政、计生等部门系统信息，建立统一的政务服务资源共享平台，通过平台直接调取参保人相关资料，更好落实"减证便民"工作。

二、六盘水市

（一）综合评估结果

六盘水市营商环境便利度综合得分为 76.07 分，在全省 10 个市（州）（含贵安新区）位列第 2 名。其中市（州）本级得 71.08 分，在全省排第 6 名；辖区内 4 个县（市、区）算术平均分为 81.06 分，在全省排名第 1（见表 3 – 26）。

表 3 – 26   贵州省 2019 年营商环境评估市（州）总分排名   单位：分

排名	市（州）	市（州）本级得分	所辖县（市、区）平均得分	总分
1	贵阳市	76.39	75.79	76.09
2	六盘水市	71.08	81.06	76.07
3	遵义市	73.53	75.79	74.66
4	毕节市	71.13	76.62	73.88
5	黔东南州	69.56	77.56	73.56
6	黔西南州	70.20	75.92	73.06
7	黔南州	66.10	76.57	71.34
8	铜仁市	69.90	72.50	71.20
9	贵安新区	72.64	67.04	69.84
10	安顺市	62.70	71.90	67.30

注：总分计算方法：市（州）本级得分和所辖县（市、区）得分的平均值。
资料来源：贵州营商环境研究中心。

（二）市本级评估结果

从一级指标来看，六盘水市知识产权保护及运用、获得用气指标表现较好，分别排在全省第 2 名和第 3 名；政府采购、招标投标（低于 70 分）、包容普惠创新（低于60分）表现欠佳，分别位于全省第8名、第6名、第9名（见表3-27）。

表 3-27　　　　　　六盘水市本级营商环境评估一级指标得分情况

一级指标	营商环境便利度得分	全省排名
获得用气	77.37	3
执行合同	85.46	4
政府采购	71.62	8
招标投标	65.94	6
知识产权创造、保护及运用	75.64	2
包容普惠创新	50.64	9

资料来源：贵州营商环境研究中心。

六盘水市市本级指标与全省最优表现对标分析如图3-2所示。

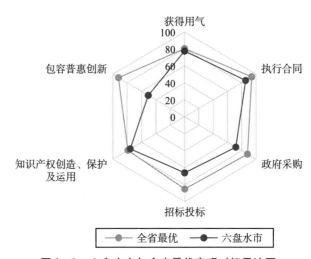

图 3-2　六盘水市与全省最优表现对标雷达图

资料来源：贵州营商环境研究中心。

六盘水市与全省最佳表现对标结果表明，包容普惠创新指标为当前营

商环境建设的主要短板,全省最优为遵义市的 92.01 分,六盘水市仅得
50.46 分,相差高达 41.55 分,差距非常明显。六盘水市在获得用气指标上
表现接近最优。

　　从二级指标整体表现来看,六盘水市在获得用气时间、解决商业纠纷
时间、外地企业中标率、知识产权保护社会满意度指标上表现较好,均在
90 分以上,均排全省前两名;但支付和交付、投标和履约担保、建立公平
有效的投诉机制、知识产权创造质量、创新创业活跃度、人才流动便利度、
市场开放度、基本公共服务群众满意度、城市立体交通指数等指标表现欠
佳,得分均低于 60 分,提升空间较大(见表 3 - 28)。

表 3 - 28　　　　　　　　六盘水市本级营商环境评估二级指标得分情况

一级指标	二级指标	单位	原始数据	全省平均值	六盘水市得分	全省平均分	全省排名
1. 获得用气	1.1 获得用气环节	个	5.17	5.04	64.90	68.74	5
	1.2 获得用气时间	工作日	5.67	8.25	91.60	69.70	2
	1.3 获得用气成本	占当地人均收入比(%)	12.07	12.38	71.98	70.54	5
	1.4 用气价格	占总营收比(%)	2.68	3.49	80.98	71.79	4
2. 执行合同	2.1 解决商业纠纷的时间	工作日	268.42	362.75	94.72	69.73	2
	2.2 解决商业纠纷的费用	占索赔金额比(%)	7.79	6.66	76.19	80.96	6
3. 政府采购	3.1 电子采购平台评价	(0~10)	8.17	7.78	82.06	74.78	4
	3.2 采购流程	(0~10)	7.09	7.18	63.29	66.40	6
	3.3 采购结果确定和合同签订	(0~10)	7.42	7.41	88.30	88.21	8
	3.4 合同管理	(0~10)	6.34	6.40	68.06	80.94	7
	3.5 支付和交付	(0~10)	3.92	9.94	40.00	67.25	10
	3.6 政府采购调查	(0~10)	6.00	5.60	88.00	83.20	3

一级指标	二级指标	单位	原始数据	全省平均值	六盘水市得分	全省平均分	全省排名
4. 招标投标	4.1 互联网＋招标采购	(0～10)	12.00	11.80	73.33	72.00	4
	4.2 投标和履约担保	(0～10)	5.14	6.72	50.44	62.76	8
	4.3 外地企业中标率	%	70.90	53.82	100.00	77.60	1
	4.4 建立公平有效的投诉机制	(0～12)	12.00	13.33	40.00	66.00	10
5. 知识产权创造、保护和运用	5.1 知识产权创造质量	项	1.47	2.39	40.00	51.95	10
	5.2 知识产权保护社会满意度	(0～10)	107.83	95.33	100.00	76.43	1
	5.3 非诉纠纷解决机构覆盖面	个	2.00	0.56	100.00	56.67	1
	5.4 知识产权运用效益	项	0.50	0.44	62.56	60.00	3
6. 包容普惠创新	6.1 创新创业活跃度	(0～100)	11.90	14.95	49.69	59.22	7
	6.2 人才流动便利度	(0～100)	8.00	10.56	53.33	70.37	7
	6.3 市场开放度	%	5.00	7.69	50.00	63.44	6
	6.4 基本公共服务群众满意度	个	28.26	31.07	48.78	65.57	7
	6.5 蓝天碧水净土森林覆盖指数	%	6.85	6.91	60.93	62.91	5
	6.6 城市立体交通指数	(0～10)	3.49	5.48	40.00	78.18	9

资料来源：贵州营商环境研究中心。

1. 获得用气

六盘水市获得用气指标评估成绩全省排名第3，在10个市（州）（含贵安新区）属于中等偏上水平。该指标主要问题在获得用气环节和成本上，全省获得用气平均环节为5.04个、平均成本为12.38%，六盘水市用气报装环节为5.17个，同时平均成本为12.07%，其评估得分分别为64.9分、71.98分，拉低指标得分。目前存在的问题包括：

（1）用气报装办理环节偏多。

未能将办理环节压缩为"申请受理"和"验收供应"2个环节。六盘水市获得用气环节为 5.17 个，样本企业获得用气所需环节最多为 6 个，涉及报装申请、用气方案答复、设计审查、办理道路挖掘许可、竣工验收、点火通气环节；样本企业环节最少的也有 5 个。

（2）报装时间长且成本相对较高。

在企业访谈环节，个别样本企业反馈燃气管道收费随心所欲，20 多米管道收费高达 10 万多元，工期存在拖延，安装时间长，成本较高。

2. 执行合同

六盘水市执行合同指标评估成绩全省排名第 4。全省解决商业纠纷费用平均占索赔金额比为 6.66%，六盘水市平均费用为 11556 元，占比为 7.79%，其评估得分为 76.19 分，全省排第 6 名。其费用主要包括律师费、执行费和诉讼费 3 类，样本企业中费用最高达 32951 元，最高占比达 16.69%。存在问题包括：

（1）执行难。

部分企业在访谈环节反映抵押物执行困难，对方没有钱，找不到可执行财产；部分抵押物所有人涉及民间借贷，权属纠纷较多；抵押物拍卖中，评估公司估价较高，流拍概率较大。特别是煤炭行业的执行更困难，法院执行局的法官，在调查被执行人有无可执行财产的过程中过度依赖原告提供线索。

部分企业希望在执行过程中，尽量利用大数据提取被执行人所有资产情况，而不是要求申请执行人提供被执行人的财产情况，因为申请执行人作为一个平民，是没有很大权限调查被执行人财产情况的。另外，法院在执行过程中，对于被执行人是否有转移财产的行为，也应该深入调查，而不是流于表面。

（2）法律意识仍待加强。

部分企业反映因签订合同双方法律意识淡薄，导致合同过于简单，甚至出现合同未能真实表达双方意愿的情况，因此在执行合同过程中容易产生分歧。

（3）解决商业纠纷时间相对较长。

部分企业反映在起诉前期，提交诉讼书排队时间过长，排队提交诉讼状造成太多时间与精力的浪费。他们希望法院尽量优化立案程序，利用大数据互联网的便利与优势，以节约广大诉讼人的立案时间。

3. 政府采购

六盘水市政府采购评估成绩排名全省第8，在全省10个市（州）（含贵安新区）属下游水平，在采购流程（63.29分）、合同管理（68.06分）、支付和交付（40分）3项二级指标上均得分过低，致其总评不佳。存在问题主要表现在：

（1）采购流程企业评价不高。

针对政府采购流程的问卷调查结果显示，六盘水市仅得63.29分（全省平均66.40分）。部分企业反映终止招标后，采购人或采购代理机构未能在5个工作日内退还招标文件费用和保证金及其利息。此外，政府采购项目有包含货物但并未做专项采购，导致专业的行业没有做，而非专业人士运作相关项目等情况。

（2）支付和交付总体评价不高。

针对支付和交付的问卷调查结果显示，六盘水市得分为全省最低（全省平均分67.25分）。样本企业业务数据显示，存在提交付款申请时间最长达8个工作日才受理的个案。企业在访谈环节反馈的问题包括：工程项目结款难；付款一直卡在国库环节，导致资金流困难；政府和部分单位资金及办公经费严重不足，货款不能及时支付，导致企业现款进货，但销售为记账，资金严重脱节；科技企业主要与政府打交道，但资金回笼困难，一年了都还没有回款；市区以下的乡镇政府拖欠办公耗材费用较为常见，长年不付。

4. 招标投标

六盘水市招标投标指标评估成绩排名全省第6，在全省10个市（州）（含贵安新区）属于中等偏下水平。其中投标和履约担保（50.44分）、建立公平有效的投诉机制（40分）分别排在全省倒数第3位和倒数第1位。问题主要表现在：

（1）招投标门槛相对较高。

部分企业在访谈环节反馈，个别项目要求公司资质、业绩过高，中小型企业竞标困难很大，对其长期发展不利。个别企业反映没有享有同等待遇，部分地区限制外来企业参与竞标。

（2）履约担保制度不完善。

有企业反映履约保证金及质保金等门槛收费问题。还有企业反映存在提供虚假营业执照、资质资格证书等问题。

5. 知识产权保护及运用

六盘水市知识产权保护及运用指标评估成绩排名为全省第 2 名，在全省 10 个市（州）（含贵安新区）属于上游水平。但应注意的是，其知识产权创造质量二级指标表现欠佳，排在全省末位。

六盘水市科技专项经费支出占 GDP 比重仅为 0.4%，低于全省平均水平（0.54%）；平均每百万人发明专利年授权数 17.7 项，低于全省平均水平（50 项）；企业专利授权数为 309 项，低于全省平均水平（1128.3 项）；年度注册商标申请数 3218 项，还不到全省平均水平（6848.56 项）的一半；版权自愿登记数 118 项也与全省平均的 439.11 项存在较大差距。知识产权创造质量及运用与地方经济实力和教育科技水平密不可分，应在科技专项经费方面加大投入并促进转化。

6. 包容普惠创新

六盘水市包容普惠创新指标评估成绩排名为全省第 9 名，在全省 10 个市（州）（含贵安新区）排在倒数第 2 名。该指标 6 项二级指标中有 5 项成绩低于 60 分，其中创新创业活跃度 49.69 分（全省平均 59.22 分），排在全省第 7 名；人才流动便利度 53.33 分，全省平均 70.37 分，相差约 17 分，排在全省第 7 名；市场开放度 50 分（全省平均 63.44 分），排在全省第 6 名；基本公共服务群众满意度 48.78 分，全省平均 65.57 分，相差约 17 分，排在全省第 7 名；城市立体交通指数 40 分，全省平均 78.18 分，相差约 38 分，排在全省第 9 名。可见六盘水市创新创业活跃度不高、人才流动不便利、市场开放度低和基本公共服务群众满意度不高、城市立体交通不发达是造成包容普惠创新成绩不佳的主要原因。

（三）县域评估结果

从六盘水辖区内 4 个区县的整体综合得分来看，全部得分在全省前 30 名内，均位于全省上游水平，其中盘州市表现优异，全省排名第 1（见表 3-29）。

表 3 - 29　　　　　　　六盘水市下辖区县营商环境评估总得分情况

区县	开办企业（分）	办理建筑许可（分）	获得电力（分）	获得用水（分）	登记财产（分）	纳税（分）	获得信贷（分）	政务服务（分）	市场监管（分）	企业信心（分）	总得分	全省排名	市内排名
盘州市	91.94	86.07	95.48	95.12	75.31	95.26	85.60	75.09	91.65	64.75	85.63	1	1
钟山区	87.13	75.13	86.96	91.50	74.90	90.09	78.71	65.14	76.46	86.02	81.20	11	2
六枝特区	90.21	77.46	82.10	87.35	71.15	86.04	65.52	69.67	84.05	79.43	79.30	20	3
水城县	90.71	53.58	94.62	77.23	77.26	92.11	61.29	77.80	85.00	71.65	78.12	26	4

资料来源：贵州营商环境研究中心。

1. 开办企业

六盘水辖区内 4 个区县开办企业评估成绩整体表现尚可，均位于全省前 30 名内，除材料提交件数较多外总体表现优秀（见表 3 - 30）。

表 3 - 30　　　　　　　六盘水市开办企业指标得分情况

区县	环节（分）	时间（分）	成本（分）	材料（分）	总得分	全省排名	市内排名
盘州市	95.30	100.00	100.00	72.45	91.94	12	1
水城县	95.30	98.03	100.00	69.50	90.71	19	2
六枝特区	90.60	98.79	100.00	71.45	90.21	22	3
钟山区	95.30	86.67	100.00	66.55	87.13	29	4

资料来源：贵州营商环境研究中心。

各项指标具体表现如表 3 - 31 所示，企业总体满意度较高。

表 3 - 31　　　　　　　六盘水市开办企业二级指标原始数据

县市区	全省排名	总分	环节（个）	时间（工作日）	成本（%）	材料（件）
盘州市	12	91.94	4.00	2.00	0.00	13.00
水城县	19	90.71	4.00	2.13	0.00	13.50
六枝特区	22	90.21	4.17	2.08	0.00	13.17

县市区	全省排名	总分	环节（个）	时间（工作日）	成本（%）	材料（件）
钟山区	29	87.13	4.00	2.88	0.00	14.00
全省平均		80.48	4.70	3.03	0.56	12.92
全省最优		98.82	3.83	2.00	0.00	8.33
全省最差		47.98	6.00	5.96	2.99	18.50

资料来源：贵州营商环境研究中心。

目前尚存在的问题包括：

（1）网络注册登记系统需优化。

企业在访谈环节反馈的问题包括：政务大厅部分电脑网络签名不成功，签名时二维码出现过期现象；网上申请经常断网，平台不稳定，使得在办理申请业务时，经常会被中断，影响办理速度；希望增加办理窗口或大厅网络办理机器；企业电子化系统更新时，期望得到工作人员的讲解协助；选择企业名称时太困难，多个名称都已被用过，应建立无效名字退出机制。

（2）企业退出注销较为困难。

部分企业反馈在领取营业执照后未开展经营活动、申请注销登记前也未发生债权债务，但企业在办理注销时困难，跑腿次数多，不能实现"一窗办理"。

（3）主动服务意识不强。

部分企业反馈在政务大厅去办理未能及时获得指导、帮助，在一定程度上拖慢了办理业务的时间。个别样本企业反映高空作业的资质不知道去哪里办，问政务大厅的工作人员他们也不知道。

2. 办理建筑许可

六盘水市下辖4个区县办理建筑许可指标成绩差异较大，除盘州市排名全省第9外，六枝特区、钟山区分别位于全省第44名、第51名，水城县排在全省第84名，总体不容乐观（见表3－32）。

表 3-32　　　　　　六盘水市办理建筑许可指标得分情况

区县	环节（分）	时间（分）	成本（分）	材料（分）	总得分	全省排名	市内排名
盘州市	83.45	79.02	93.36	88.46	86.07	9	1
六枝特区	68.97	75.57	78.56	86.73	77.46	44	2
钟山区	68.97	92.08	78.70	60.77	75.13	51	3
水城县	50.34	44.11	79.88	40.00	53.58	84	4

资料来源：贵州营商环境研究中心。

调研发现，六盘水市办理建筑许可成绩不佳的主要原因是部分县区在审批过程中，办理环节过多、时间过长、成本过高、提交的材料过多、网上办理不顺畅（见表3-33）。

表 3-33　　　　　　六盘水市办理建筑许可二级指标原始数据

县市区	全省排名	总分	环节（个）	时间（工作日）	成本（%）	材料（件）
盘州市	9	86.07	21.00	162.50	1.55	83.00
六枝特区	44	77.46	24.50	174.25	3.67	86.00
钟山区	51	75.13	24.50	118.00	3.65	131.00
水城县	84	53.58	29.00	281.50	3.48	167.00
全省平均		74.77	23.07	183.12	3.43	106.76
全省最优		90.38	17.00	91.00	0.60	63.00
全省最差		48.27	31.50	291.75	9.19	167.00

资料来源：贵州营商环境研究中心。

目前存在的主要问题包括：

（1）办理环节较多。

全省办理建筑许可平均环节为23.00个，六盘水市为24.75个，平均多出1.45个环节，调查样本中环节最多达29个。

（2）审批时间偏长。

消防验收时，无时限性，没有给工作日承诺，已上报一个月，但无回应。有样本企业反映施工图审核周期较长，影响后续手续办理进度。

（3）成本负担较重。

样本企业在访谈环节反馈如下：如能把第三方环节费用调低一点，对企业发展更有利；农民工工资保障金缴费比例太高；防雷及水保费用偏高一些，另外墙改基金及第三方费用标准也较高。

（4）重复提交资料的情况普遍。

六盘水市办理建筑许可平均所需材料为116.75件，样本企业提交材料最多为179件。存在重复提交材料情况，如在办理投资项目核准备案、建设用地规划许可证核发、建设工程规划许可证核发、建筑工程施工许可证核发、建设工程消防验收等多个环节都需要提交法人身份证明文件；不动产初始或首次登记需再次建设工程规划许可证、竣工规划认可证、房屋竣工验收备案表等资料。

（5）工程审批系统亟须优化。

多家企业反映网上办理施工许可证，操作不熟悉，希望增加组织培训的力度或提供详细的网上办理流程示范视频，才能提高办件效率；在网络平台提交材料过程中，部分数据材料不是很明白，在没有填报提示情况下容易填写错误，希望平台有明确提示；网上办理施工许可证，希望审核人留下电话号码，对反馈问题不理解时方便沟通；希望管理人员在审核资料驳回时，详细解释驳回原因，以便指导填报人员修改完善上报资料。

（6）工程监管需加强。

有企业建议有关部门多抽验建筑材料坚决打假；有企业反映工程质量监督人员偏少。

3. 获得电力

六盘水市4个区县获得电力评估成绩整体表现不错，盘州市、水城县全省县区排名分别为第1名、第3名，钟山区全省排第24名，六枝特区排在全省第51名（见表3-34）。

表3-34　　　　　　　　六盘水市获得电力指标得分情况

县市区	环节 （分）	时间 （分）	成本 （分）	可靠性 （分）	电价 （分）	材料 （分）	总分	全省排名	市内排名
盘州市	100.00	97.98	100.00	100.00	98.56	76.34	95.48	1	1

县市区	环节（分）	时间（分）	成本（分）	可靠性（分）	电价（分）	材料（分）	总分	全省排名	市内排名
水城县	100.00	99.57	75.40	100.00	98.39	94.34	94.62	3	2
钟山区	100.00	97.76	78.46	65.71	96.96	82.86	86.96	24	3
六枝特区	100.00	90.20	100.00	60.06	73.72	68.63	82.10	51	4

资料来源：贵州营商环境研究中心。

总体来看，六盘水市获得电力改革力度大，取得很好效果，但在服务细节上还需加强（见表3–35）。

表3–35　　　　　　　六盘水市获得电力二级指标原始数据

县市区	全省排名	获得电力总分	环节（个）	时间（工作日）	成本（%）	供电可靠性	电力价格（%）	材料（份）
盘州市	1	95.48	2.00	1.19	0.00	10.00	0.34	3.38
水城县	3	94.62	2.00	1.04	5.31	10.00	0.36	2.33
钟山区	24	86.96	2.00	1.21	4.65	8.00	0.53	3.00
六枝特区	51	82.10	2.00	1.92	0.00	7.67	3.28	3.83
全省平均		83.24	2.00	2.70	2.80	8.42	2.45	3.35
全省最优		95.48	2.00	1.00	0.00	10.00	0.17	2.17
全省最差		72.55	2.00	5.58	12.95	6.50	7.27	5.50

资料来源：贵州营商环境研究中心。

目前仍存在的问题包括：

（1）供电可靠性不足的问题较为普遍。

调研结果显示，钟山区和六枝特区供电可靠性低于全省平均分（72.98分），分别为65.71分和60.06分。具体表现在：系统停电后企业未收到电力公司补偿，占比92.3%；系统平均停电持续时间超过1~4小时，占比23.08%；停电当天通知占比15.38%；2019年系统平均停电频率1~5次，占比15.38%。企业在访谈环节表示，每月需在10日之前报停电，错过本月只能等下月。

（2）电表等收费项目正逐步规范。

样本企业反映 2019 年 4 月份起，安装电表都不再需要费用，而之前需交 2000 多元费用。

4. 获得用水

六盘水市 4 个区县的获得用水评估成绩整体表现尚可，盘州市（第 6 名）、钟山区（第 14 名）、六枝特区（第 22 名），均位于全省上游水平；水城县全省排名 56 名，位于全省中等水平（见表 3 - 36）。

表 3 - 36　　　　　　　六盘水市获得用水指标得分情况

县市区	环节（分）	时间（分）	成本（分）	价格（分）	总得分	全省排名	市内排名
盘州市	87. 55	100. 00	100. 00	92. 94	95. 12	6	1
钟山区	77. 50	91. 24	100. 00	97. 28	91. 50	14	2
六枝特区	77. 50	97. 54	74. 55	99. 83	87. 35	22	3
水城县	70. 00	75. 20	70. 85	92. 85	77. 23	56	4

资料来源：贵州营商环境研究中心。

二级指标得分及具体调研数据如表 3 - 37 所示。

表 3 - 37　　　　　　　六盘水市获得用水二级指标原始数据

县市区	全省排名	总分	环节（个）	时间（工作日）	成本（%）	价格（%）
盘州市	6	95. 12	2. 83	1. 83	0. 00	0. 89
钟山区	14	91. 50	3. 50	4. 07	0. 00	0. 38
六枝特区	22	87. 35	3. 50	2. 46	7. 21	0. 08
水城县	56	77. 23	4. 00	8. 17	8. 26	0. 90
全省平均		80. 60	4. 20	6. 39	4. 80	1. 21
全省最优		99. 81	2. 00	1. 83	0. 00	0. 06
全省最差		53. 00	6. 00	17. 17	17. 00	7. 11

资料来源：贵州营商环境研究中心。

根据二级指标得分及具体调研数据，结合用水样本企业反馈意见，六盘水市获得用水目前存在的问题包括：

（1）办理环节多。

除盘州市以外，其他区县尚未完全实现报装环节精简为 2 个的目标。样本企业所需环节最多为 4 个（窗口登记、供水方案答复、工程设计方案审查、竣工验收），最少为 2 个（窗口登记、竣工验收）。

（2）无法开具用水电子发票。

访谈过程中多家企业反映缴纳水费后，网上无法打印发票，需要开具发票必须到营业厅才能办理。企业期待不用跑去大厅交费和开发票，能通过 App 缴费并下载电子发票。

5. 登记财产

六盘水市 4 个区县的登记财产评估成绩均衡，整体表现一般，4 个县区全部位于 31~60 名之间，水城县、盘州市、钟山区、六枝特区全省县区排名分别 36 名、42 名、45 名、57 名，全部位于全省中等水平（见表 3－38）。

表 3－38　　　　　　　　六盘水市登记财产指标得分情况

县市区	环节（分）	时间（分）	成本（分）	材料（分）	总得分	全省排名	市内排名
水城县	70.00	83.70	78.66	76.67	77.26	36	1
盘州市	55.00	99.70	83.19	63.33	75.31	42	2
钟山区	85.00	87.50	50.42	76.67	74.90	45	3
六枝特区	70.00	87.50	50.42	76.67	71.15	57	4

资料来源：贵州营商环境研究中心。

根据二级指标得分和课题组调研过程中获取用水企业的反馈意见得知，登记环节过多、成本过高、提交材料过多，是造成六盘水市登记财产成绩不佳的主要原因（见表 3－39）。

表 3-39　　　　　　　六盘水市登记财产二级指标原始数据

县市区	全省排名	总分	环节（个）	时间（工作日）	成本（%）	材料（件）
水城县	36	77.26	4.00	3.63	3.32	16.00
盘州市	42	75.31	4.50	2.03	3.05	18.00
钟山区	45	74.90	3.50	3.25	5.00	16.00
六枝特区	57	71.15	4.00	3.25	5.00	16.00
全省平均		73.34	3.98	3.89	3.86	16.67
全省最优		89.51	3.00	2.00	1.97	12.50
全省最差		50.11	5.00	8.00	5.62	21.50

资料来源：贵州营商环境研究中心。

存在的问题包括：

（1）办理环节烦琐。

样本企业反映财产转移登记这一类型审批较为烦琐，由于涉及经济财产，中途去的部门较多，来回浪费时间精力，建议统一审核，减少时间浪费。

（2）材料模板不够清晰。

样本企业反映前台手续步骤较为烦琐，原因是相似材料需准备多份，材料准备无标准模板，工作人员作业效率较低。另有样本企业建议申报材料用模板展示，让后续办理一目了然；提高服务质量，优化简化申报材料。

（3）"一网通办"力度需加强。

样本企业反映水城县自 2019 年下半年起，登记财产办理已不断优化流程，减少资料提交，逐步走向互联网，减少办理所需提交的纸质材料及办理时间。希望可以用电子证书，让企业更方便。建议建立办理专点、网上专点，减少中途来回跑。此外，个别服务人员需改进服务态度。

6. 纳税

六盘水市 4 个区县的纳税评估成绩整体表现较好，2 个区县位于全省前列，盘州市排第 2 名（95.26 分）、水城县排第 7 名（92.11 分）。钟山区排第 13 名（90.09 分），同样位于全省上游水平。六枝特区 86.04 分，全省排名 33 名，全省中等偏上水平（见表 3-40）。

表 3 - 40   六盘水市纳税指标得分情况

县市区	次数（分）	时间（分）	税费率（分）	总得分	全省排名	市内排名
盘州市	89.57	97.63	98.56	95.26	2	1
水城县	95.80	87.88	92.65	92.11	7	2
钟山区	87.40	88.09	94.77	90.09	13	3
六枝特区	62.48	100.00	95.63	86.04	33	4

资料来源：贵州营商环境研究中心。

根据二级指标得分及调研数据（见表 3 - 41），发现六盘水市需在纳税环节梳理优化的同时，增进大厅窗口服务细节管理。

表 3 - 41   六盘水市纳税二级指标原始数据

县市区	全省排名	纳税总分	次数（次）	时间（小时）	税费率（%）
盘州市	2	95.26	4.17	88.83	3.76
水城县	7	92.11	3.71	112.51	7.22
钟山区	13	90.09	4.33	112.00	5.98
六枝特区	33	86.04	6.17	83.08	5.48
全省平均		83.04	5.40	113.89	9.40
全省最优		97.84	3.40	83.08	2.92
全省最差		58.92	7.83	228.77	38.03

资料来源：贵州营商环境研究中心。

目前存在的问题包括：

（1）网络报税平台稳定性差。

盘州市、水城县企业反映，网上报税平台稳定性较差。4 个区县企业均认为，税务局对税收优惠政策的宣传力度不够、网上报税平台及 App 操作困难，培训力度不足。

（2）企业期待税费负担能适当降低。

企业希望减并增值税率档次，增值税三档改为两档。

企业反映小规模纳税人查账征收，请不起会计就一个经营部，建议小规模企业纳税人合并征收。

另有企业反映如果税收能够再优惠一点，企业将会减轻很大压力，部分企业每个月都在担心进项，如果税率能够下降一点，没有进项的小微企业也会直接上税，对政府也有很大帮助，好多都是没有进项跑去外面买进项的。

(3) 退税手续烦琐。

样本企业反映退税过程很繁杂，时间相对较长。另有样本企业反映个别税务工作人员耐心差，脸部表情僵硬，看不到一个工作人员该有的微笑服务。

7. 获得信贷

六盘水市辖区内4个区县的获得信贷评估成绩两极分化情况严重。盘州市、钟山区分别排全省第4名（85.60分）、第15名（78.71分）；而六枝特区、水城县全省排名落后到第71名（65.52分）、第80名（61.29分）（见表3－42）。

表3－42　　　　　　六盘水市获得信贷指标得分情况

县市区	环节（分）	时间（分）	成本（分）	征信机构（分）	总得分	全省排名	市内排名
盘州市	79.90	94.66	100.00	67.85	85.60	4	1
钟山区	70.00	74.06	100.00	70.79	78.71	15	2
六枝特区	44.20	74.67	72.40	70.79	65.52	71	3
水城县	40.00	67.17	76.00	61.97	61.29	80	4

资料来源：贵州营商环境研究中心。

根据二级指标得分和课题组调研过程中获取信贷的企业反馈意见，六盘水各县区尤其是六枝特区、水城县，需要在征信体系建设、贷款环节、时间、担保物上主动作为，创新服务，有所突破（见表3－43）。

表3－43　　　　　　六盘水市获得信贷二级指标原始数据

县市区	全省排名	总分	环节（个）	时间（工作日）	成本（%）	征信机构（分）
盘州市	4	85.60	4.67	7.33	0.00	18.81
钟山区	15	78.71	5.00	18.70	0.00	19.81

续表

县市区	全省排名	总分	环节（个）	时间（工作日）	成本（%）	征信机构（分）
六枝特区	70	65.52	5.86	18.36	0.92	19.81
水城县	79	61.29	6.00	22.50	0.80	16.81
全省平均		71.50	5.38	18.36	0.26	16.51
全省最优		93.43	4.00	4.38	0.00	29.74
全省最差		49.22	6.00	37.50	2.00	9.34

资料来源：贵州营商环境研究中心。

尚存在的问题如下：

（1）小微企业贷款额度严重受限。

企业反映由于公司规模小，如果申请的话，银行可能只会放部分款；抵押物的第三方评估可能会存在差异，评估的价值会影响贷款额度。另外贷款时间短，企业需要频繁转贷，"过桥资金"也是造成贷款成本增加的原因。另有企业反映企业基础资料做好了，但是银行流水达不到要求，所以拒贷。此外，贷款手续和资料繁杂，因为银行账务处理和企业不一样，审查相对严格。

（2）抵押物不足较为普遍。

企业反映小微企业融资难在没有抵押物，难以提供符合银行要求的抵押物，尤其是新成立的企业。有企业反映银行贷款一般喜欢土地、房产等不动产作抵押，而作为生产型企业，更多拥有的是机器设备以及库存产品。另有金融企业反映因没有固定资产作为抵押，一些有前景的金融企业不能够顺利贷款。虽然企业资产抵押很重要，但是评估企业的发展前景才是重中之重。

（3）中介服务加剧"融资贵"。

与会企业表示，"贵"在部分企业需要找担保公司担保，无形中又加重企业的融资成本，因为担保公司要收担保费。企业希望多成立几家政策性担保公司，担保公司不能收费，对企业信用好、发展前景好的产业进行扶持，只要担保公司不违规操作，出现少部分担保失败的企业不追究其责任，要有纠错容错机制，对担保公司的考核要侧重于扶持多少企业成长、解决多少人就业、增加多少税收等方面，而不是担保费收了多少、担保了多少家。

（4）信用体系待健全。

企业反映很难获得贷款，主要是没有资产和信用评级；由于信用评估不健全，贷款额度不够，虽然能给企业解决部分困难，但对企业经营流动性的帮助仍显不足。希望健全信用评估机制，给制度健全的企业多些支持。

（5）征信机构覆盖面表现不佳。

六盘水市区县级企业征信数据覆盖率为21.82%，自然人征信数据覆盖率为57.55%，征信系统目前已接入的金融机构和非金融机构目前仅涉及商业银行、小额贷款公司领域，非银行信息目前社保缴存及发放信息、环保处罚信息、企业资质信息尚未纳入。企业无法通过更多有效渠道提高征信。

8. 政务服务

六盘水市4个区县的政务服务评估成绩整体表现一般。水城县成绩排在全省23名，处于上游水平；盘州市、六枝特区全省排名分别为31名、48名，处于全省中等水平；钟山区全省排名63名，已经在下游水平。其中网上服务、满意度得分部分县区低于60分，表现不佳（见表3－44）。

表3－44　　　　　　六盘水市政务服务指标得分情况

县市区	网上服务（分）	便利度（分）	满意度（分）	数据共享（分）	总得分	全省排名	市内排名
水城县	87.56	80.81	73.74	69.09	77.80	23	1
盘州市	53.90	85.92	99.45	61.09	75.09	31	2
六枝特区	55.12	93.72	40.00	89.82	69.67	48	3
钟山区	59.76	73.54	40.00	87.27	65.14	63	4

资料来源：贵州营商环境研究中心。

根据二级指标得分和实地调研数据：盘州市、六枝特区、钟山区网上服务便利度不高；六枝特区、钟山区政务服务的满意度低、数据共享指数低（见表3－45），均为造成六盘水市政务服务评估失分的主要原因。

表 3 – 45   六盘水市政务服务二级指标原始数据

县市区	全省排名	总分	网上政务服务能力	政务服务事项便利度	政务服务满意度	政务服务数据共享
水城县	23	77.80	3.82	9.82	42.83	1.15
盘州市	31	75.09	2.44	10.39	50.83	0.93
六枝特区	48	69.67	2.49	11.26	32.33	1.72
钟山区	63	65.14	2.68	9.01	32.33	1.65
全省平均		70.26	2.73	8.74	43.55	1.40
全省最优		84.77	4.33	11.96	51.00	2.00
全省最差		45.05	1.87	5.27	32.33	0.35

资料来源：贵州营商环境研究中心。

存在问题还包括：

（1）"互联网＋政务服务"待加强。

企业建议在办事电子化方面多做文章。办公自动化、自主化、流程简单化，保证网络终端的信息畅通；尽快完善线上直接提交。办事效率方面能否更加智能化一些，应该在优化审批流程方面改进。

（2）个别部门仍存在相互"踢皮球"现象。

煤矿企业反映办理采矿证每年都要交一次材料，涉及40多家部门，需要盖18个章，需要跑很多趟。不同部门需实地考察后才能盖章，时间间隔长。此外，不动产办理时间太长。另有企业反映咨询办医疗机构许可证，部门间一个推一个，且没有把详细的办理流程和资料告知清楚。

（3）工作人员数量及主动服务意识需提升。

企业提出不少群众不熟悉电脑操作，或网上操作较复杂，在大厅办理业务有困难时，需要工作人员手把手教才可以，服务大厅人手数量和电子政务方面需加强。有企业反映个别工作人员解答不耐心、语言不舒服以及脸色难看，给办理业务带来不好体验，而且办事效率不高，主要原因是办事人员告知不明确，导致申请人在窗口来回跑。

（4）网上政务服务普及率不高。

盘州市、六枝特区和钟山区3个县（市、区）的网上政务服务事项实际办理率平均仅为 38.58%，好差评系统参评平均次数仅为 62153.67 次，分别低于全省平均值 79.63% 和 83919 次，其中网上政务服务事项实际办理率不到全省平均值的 1/2。

（5）数据共享度不高。

六盘水所辖县（市、区）国家政务服务平台数据共享指标得分为 76.82 分，低于全省平均分多达 13.04 分；在 4 个县（市、区）中，水城县和盘州市的公共服务事项认领关联率分别为 50% 和 20%，低于全省平均水平 71%。

9. 市场监管

六盘水市 4 个区县的市场监管评估成绩整体表现不错。3 个县区的成绩在全省前 20 位，盘州市排第 6 名（91.65 分）、水城县排第 15 名（85 分）、六枝特区排第 20 名（84.05 分）。钟山区全省成绩在全省居中等水平，得 76.46 分，在全省排第 52 名（见表 3 - 46）。

表 3 - 46　　　　　　　六盘水市市场监管指标得分情况

县市区	监管覆盖（分）	信息公开（分）	政务诚信（分）	商务诚信（分）	总得分	全省排名	市内排名
盘州市	100.00	100.00	72.00	94.58	91.65	6	1
水城县	100.00	100.00	54.00	86.00	85.00	15	2
六枝特区	100.00	100.00	66.00	70.22	84.05	20	3
钟山区	100.00	100.00	60.00	45.85	76.46	52	4

资料来源：贵州营商环境研究中心。

根据二级指标得分及实地调研数据，六盘水市在政务诚信、商务诚信 2 项二级指标上失分明显（见表 3 - 47）。

表 3 - 47　　　　　　　六盘水市市场监管二级指标原始数据

县市区	全省排名	总分	"双随机、一公开"监管（分）	监管执法信息公开率（分）	政务诚信度（分）	商务诚信度（分）
盘州市	6	91.65	14.00	8.00	16.00	19.00
水城县	15	85.00	14.00	8.00	11.50	17.42

县市区	全省排名	总分	"双随机、一公开"监管（分）	监管执法信息公开率（分）	政务诚信度（分）	商务诚信度（分）
六枝特区	20	84.05	14.00	8.00	14.50	14.50
钟山区	52	76.46	14.00	8.00	13.00	10.00
全省平均		77.81	10.25	8.00	15.22	14.87
全省最优		94.66	14.00	8.00	23.00	20.00
全省最差		40.00	6.00	8.00	8.50	10.00

资料来源：贵州营商环境研究中心。

存在问题主要包括：

（1）灵活监管机制待健全。

企业对六盘水市市场监管工作整体满意，认为当前仍需改进的方面包括：行政管理有时乱作为，有时不作为；有企业反映对于超市员工，社保局要求必须买社保，但是员工不愿意买，员工流动性大；有企业反映黑车难以控制，管制一段时间又出现。

（2）政务诚信机制建设需加强。

针对政府诚信度问卷调查结果显示，六盘水市在满分为 27 分的问卷中得分为 13.75 分，低于全省平均分 15.08 分，排名第 8，仅有 1 个县区超过平均分。主要问题包括：未探索支持第三方机构对开展政务诚信评价评级；未将违法违规、失信违约被司法判决、行政处罚、纪律处分、问责处理等信息纳入政务失信记录，并发布到相关平台；未建立起政务信用信息异议、投诉制度，未建立起政府和社会资本合作失信违约记录制度，也未建立项目责任回溯机制，将项目守信履约情况与实施成效纳入项目政府方责任人信用记录等。

10. 企业信心

六盘水市 4 个区县的企业信心评估成绩整体表现不错。钟山区、六枝特区全省名列前茅，全省排名为 2 名、5 名；水城县全省排名 11 名，也是上游水平。全省综合排名第 1 的盘州市，企业信心全省排名仅 36 名，得分64.75 分，比全省平均分 63.29 分略高（见表 3 - 48）。

表 3 - 48   六盘水市企业信心指标得分情况

县市区	投资意愿（分）	新增企业（分）	总得分	全省排名	市内排名
钟山区	72.03	100.00	86.02	2	1
六枝特区	61.96	96.91	79.43	5	2
水城县	83.44	59.87	71.65	11	3
盘州市	40.00	89.50	64.75	36	4

资料来源：贵州营商环境研究中心。

根据二级指标得分和课题组调研结果（见表 3 - 49），六盘水市还需打好组合拳，在增强企业信心上持续发力。

表 3 - 49   六盘水市企业信心二级指标原始数据

县市区	全省排名	总分	中小企业投资意愿（分）	新登记注册企业增长率（%）
钟山区	2	86.02	60.88	129.63
六枝特区	5	79.43	50.33	122.95
水城县	11	71.65	72.83	42.92
盘州市	36	64.75	—	106.94
全省平均		63.29	64.87	17.93
全省最优		88.82	90.17	129.63
全省最差		40.00	27.33	-39.61

资料来源：贵州营商环境研究中心。

存在问题如下：

（1）政策讲解及扶持力度待加强。

企业反映部分政策了解不够清晰，希望政府在对企业进行帮扶时，政策能够全面讲解，帮助企业更好了解政策。企业经营管理理念存在问题，市场理念、效益理念、创新理念没有在线真正实行，造成企业经营方面存在短板；经营管理的龙头作用不突出，在激烈的市场竞争环境下追求局部利益的得失，摆不正过程和企业结果；存在政策风险，国家的政策变化对行业存在影响；市场风险，部分企业产品市场上是否适销对路，有无市场竞争力；财务风险，经营管理不善造成资金周转困难，甚至破产倒闭；法律风险，陷入合同陷阱，造成企业严重经济损失；团队风险，核心团队流失。

（2）招商引资后续支持薄弱。

企业反映政府在招商引资时扶持力度大，但后续扶持力度减弱，企业引进后再融资、人才、资金等方面支持政策不明显，流动资金缺乏，应该持续加强对引进企业的扶持。主要还是资金回笼不及时，如果能够有效提高融资环境更好。

（3）人才及经营成本普遍较高。

企业反映运营环境差容易引起人才流失，人才引进困难；需要帮助企业执行收款提供帮助，当地工人工资目前有点高；房租每年上涨，实体店的经营成本高；企业资本金小，跟大型企业相比缺乏竞争力。

（四）存在的问题

1. 营商环境优化政策落实不足

目前六盘水市大力持续推进优化营商环境取得一定成效，但是要清醒地认识到还存在诸多问题，离企业关切、群众期盼仍较大差距。存在"慢作为、不作为、乱作为"、政务服务效能低、基础配套能力不足、用工难、融资难融资贵、物流成本高、政策承诺不兑现、办理施工等有关行政许可难等问题。

2. 部门间数据共享力度仍待加强

部分平台还未建立完善，部门间数据未做到实时共享，"跑网路，少走路"、建成全省统一多部门数据实时共享的政务服务平台尚未实现。主要表现在：①就业手续无门槛"一网通"方面，需实现网上开具调档函和档案证明、办理人事档案转进转出、查询档案和集体户口基本信息，但省市相关平台未开通相应功能。②"财产登记"方面需实现不动产登记、房屋交易、税务、户籍、公民、企事业单位、社会团体等信息实时互通共享，但涉及部门较多，省级平台还未实现互联互通。③"缴纳税费"方面：一是需要省、市两级升级优化系统，完善补丁，更新服务器，确保网络拥堵时系统不卡顿，不掉线；二是需省、市两级升级优化系统，简化更正流程，优化监控模式，精准提示错误问题，方便纳税人进行更正。但目前服务水平仍有差距。

3. 人才匮乏仍然制约企业发展

近年来招收高层次人才越来越难，新一代的年轻人在择业时往往更看重城市影响力，目前县区人才总量与结构难以适应新时期发展的需要，县区对创新型人才、高技能人才吸引力不足，企业纷纷反映技术型人才、管理型人才招不到、留不住，企业发展没有后劲。

4. 企业经营成本高融资难

部分企业反映税费负担较重，部分行业反映能够享受涉企优惠政策少，企业税负水平较高，而人工成本、物流运输成本、能源价格较高，占企业经营成本比重较大。评估调研还显示，企业融资困难。不少民营企业和中小微企业都反映融资比较难，难以满足经营运行的需要。不少企业反映融资必须提供抵押担保，抵押担保需进行再融资评估，抵押评估费较高，这就使得企业融资时间长，融资成本高；征信体系不健全，信用贷款额度少。

5. 营商环境配套及公共服务保障能力不足

六盘水市在基础设施建设存短板，城市立体交通网络建设不足，特别县级镇基础设施建设仍有较大的改进提升空间。县级层面城区配套设施相对落后，交通集运能力不足，水、电、网、物流服务不健全，部分管路和网线承载能力不足，网络服务稳定性较差，生活配套政策与设施不足，教育服务、医疗卫生服务和基本公共服务水平都有待提高。而交通、水、电、网、物流服务、基础设施建设等配套不健全，公共服务保障能力不足，营商环境建设步伐滞后。

（五）对策建议

"三池三湖六盘水，千岩万壑忆凉都"，经济转型中的六盘水拥有首批中国发展型美丽城市、中国十佳最具开发潜力城市、中国十佳投资环境城市等诸多城市名片，尤其因其独特的气候条件越来越为世人瞩目。鉴于六盘水市在营商环境建设中可能存在的问题，课题组提出如下建议，供相关部门决策者及对该地区营商环境建设感兴趣的研究者参考。

1. 进一步理顺部门工作职责

政府职能部门理顺自身在"放、管、服"中的定位。针对不同企业的行业性质差异，出台人性化、多样化、可操作的行政管理举措，提升群众办事的体验感。完善"让群众来"和"到群众中去"的统一监督机制。确保投资企业及投资人投诉事项得到及时受理和解决，及时收集投资企业需要帮助解决的问题和困难，并转送相关职能部门办理，跟踪办理情况，切实解决实际问题。同时，加大优化营商环境典型问题的明察暗访力度。针对明察暗访中发现的典型问题，争取公开曝光处理一批，形成震慑。

2. 持续推进数据共享

省、市两级出台具体政策措施，在平台建设、信息数据互通共享、审批流程及细则等方面，建立规范化、标准化的流程制度，打通部门壁垒，变"体内循环"到"内外循环"如办理建筑许可、获得信贷、政务服务、保护中小投资者权益、知识产权保护、包容普惠创新等。

3. 提升政务服务事项标准化和便利化水平

加强公共服务事项标准化建设。建设全县统一的线下窗口管理平台，细化窗口工作标准，对接入的政务服务事项精准管理、实时监督。建立健全政务服务部门和窗口工作人员日常培训和岗前培训机制，全面提升工作人员业务能力和服务水平。依托银行等商业机构网点向楼宇和社区延伸部署智能服务终端，提升政务服务覆盖面、便捷度。

围绕"一件事"开展流程再造。要从方便企业和群众"一件事一次办"的角度出发，对涉及的相关政务服务事项进行全面梳理，围绕申请条件、申报方式、受理模式、审核程序、发证方式、管理架构进行系统再造，形成"一件事"的工作标准。对纳入"一件事"的各项政务服务事项实施一体化办理，实现系统集成、数据共享、业务协同。创新编制"一件事"办事指南，实现"一件事一次告知"。

4. 构建全方位中小微企业辅导体系

针对中小微企业的痛点问题提供咨询服务和解决方案。在生产技术、财务管理、市场营销、品质提升、市场拓展、企业上市等方面提供全生命周期服务，企业遇到的法律风险、政治风险、信用风险时，提供全方位咨询服务。引导、帮扶不同行业成立商会、联盟，促进企业交流、沟通、合作与互助，提升市场竞争力。

5. 切实缓解企业运营成本压力

结合实际制定多种涉企优惠政策，制定相对灵活的社保缴费标准、降低用电用气用水成本，多方合力降低物流运输成本，切实缓解企业运营成本压力。

优化升级税务服务。增加网上办理项目，推进增值税发票改革；优化升级缴纳税费的网络经办软件，使其简明清晰，化繁为简；通过大数据平台和移动终端，向企业投放企业减、退税的科普知识和相关规则介绍；透明减、退税流程，让企业可以通过移动终端了解税务业务的经办进度。

6. 合力破解企业融资难题

建立完善政银企座谈制度，推进银企信息对称。引导改善企业达到贷款要求，定期向金融机构推介重点产业、重大项目和企业的融资贷款需求。推进信息化建设，扩大征信覆盖面，加强银企信息对称，以便小微企业与金融机构对接时能快速识别，提升信用贷占比。

金融机构应提供多元化金融服务产品。完善丰富抵押物质的种类，尽可能提高抵押率，减少企业转贷"过桥"资金困难，实现银企双赢的目标。本轮调研发现，思南县农商行推出的续贷政策很有效力，即对诚信良好的企业和个人到期后直接续贷，减少中间环节，大大降低了成本，可资借鉴。

7. 完善营商环境公共服务保障能力

积极发展公共交通基础设施建设，完善道路物流运输网络系统。加强供水、污水、雨水、燃气、供热、通信等各类管网建设和改造和检查，加强对道路、桥梁、运输、管网、楼宇的信息化改造提升，加强城市立体交通网络建设。

加快大数据、云计算、物联网、人工智能等信息基础设施建设，不断完善营商环境配套工作，提高宽带接入能力、网络服务质量和应用水平。

　　加大基本公共服务供给配套，不断提高外地人员户籍办理、子女入学、医疗救助、通勤交通等公共服务水平，切实解决企业后顾之忧，不断提高六盘水市县公共服务保障能力水平，打造设施完善、配套一流、保障有利宜居的营商环境，增加对人才的吸引力。

三、遵 义 市

（一）综合评估结果

遵义市营商环境便利度综合得分为 74.66 分，在全省 9 个市（州）及贵安新区列第 3 名。其中市（州）本级得分为 73.53 分，辖区内 14 个县（市、区）算术平均分为 75.79 分（见表 3 - 50）。

表 3 - 50 贵州省 2019 年营商环境评估市（州）总分排名

排名	市（州）	市（州）本级得分	所辖县（市、区）平均得分	总分
1	贵阳市	76.39	75.79	76.09
2	六盘水市	71.08	81.06	76.07
3	遵义市	73.53	75.79	74.66
4	毕节市	71.13	76.62	73.88
5	黔东南州	69.56	77.56	73.56
6	黔西南州	70.20	75.92	73.06
7	黔南州	66.10	76.57	71.34
8	铜仁市	69.90	72.50	71.20
9	贵安新区	72.64	67.04	69.84
10	安顺市	62.70	71.90	67.30

注：总分计算方法：市（州）本级得分和所辖县（市、区）得分的平均值。
资料来源：贵州营商环境研究中心。

（二）市本级评估结果

从一级指标表现来看，遵义市在包容普惠创新和执行合同指标上表现突出，分别排在全省第 1 名和第 2 名；知识产权创造保护及运用、政府采购 2 项指标分别位于全省第 4 名和第 5 名，处于全省中游水平，进一步改善的

空间比较大；招标投标和获得用气2项指标则排名比较靠后，劣势明显
（见表3－51）。

表3－51 遵义市营商环境评估综合得分情况

一级指标	营商环境便利度得分	全省排名
获得用气	47.69	10
执行合同	93.51	2
政府采购	75.74	5
招标投标	65.91	7
知识产权创造、保护及运用	66.34	4
包容普惠创新	92.01	1

资料来源：贵州营商环境研究中心。

遵义市与全省最优表现对标分析如图3－3所示。

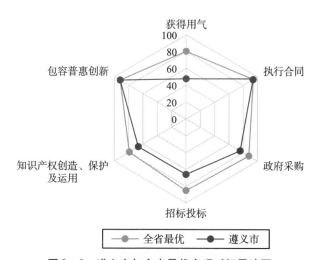

图3－3 遵义市与全省最优表现对标雷达图

资料来源：贵州营商环境研究中心。

遵义市本级营商环境建设最大短板为获得用气指标，仅得47.69分，与

全省最优表现（毕节市，80.28 分）相差高达 32.59 分，位列全省最末位。招标投标仅得 65.91 分，与全省最优表现（黔南州，85.15 分）相差 19.24 分。遵义市包容普惠创新与执行合同 2 项指标表现最佳（见表 3 - 52）。

表 3 - 52　　　　　　　遵义市本级营商环境评估得分情况

一级指标	二级指标	单位	得分	全省排名
1. 获得用气	1.1 获得用气环节	个	40.00	10
	1.2 获得用气时间	工作日	47.81	9
	1.3 获得用气成本	占当地人均收入比（%）	62.94	6
	1.4 用气价格	占总营收比（%）	40.00	10
2. 执行合同	2.1 解决商业纠纷的时间	工作日	100.00	1
	2.2 解决商业纠纷的费用	占索赔金额比（%）	87.02	4
3. 政府采购	3.1 电子采购平台评价	（0～10）	56.82	9
	3.2 采购流程	（0～10）	68.90	5
	3.3 采购结果确定和合同签订	（0～10）	100.00	1
	3.4 合同管理	（0～10）	88.39	5
	3.5 支付和交付	工作日	64.32	6
	3.6 政府采购	（0～10）	76.00	9
4. 招标投标	4.1 互联网＋招标采购	（0～10）	40.00	10
	4.2 投标和履约担保	（0～10）	57.14	6
	4.3 外地企业中标率	%	86.49	5
	4.4 建立公平有效的投诉机制	（0～12）	80.00	2
5. 知识产权创造、保护及运用	5.1 知识产权创造质量	项	56.72	2
	5.2 知识产权保护社会满意度	（0～10）	68.52	7
	5.3 非诉纠纷解决机构覆盖面	个	55.00	2
	5.4 知识产权运用效益	项	85.11	2

一级指标	二级指标	单位	得分	全省排名
6. 包容普惠创新	6.1 创新创业活跃度	(0~100)	89.06	2
	6.2 人才流动便利度	(0~100)	93.33	2
	6.3 市场开放度	%	100.00	1
	6.4 基本公共服务群众满意度	个	100.00	1
	6.5 蓝天碧水净土森林覆盖指数	%	69.65	3
	6.6 城市立体交通指数	(0~10)	100.00	1

资料来源：贵州营商环境研究中心。

1. 获得用气

遵义市获得用气环节和用气价格均为全省最低分，且获得用气时间和成本 2 项二级指标也明显低于全省平均水平。依据本轮营商环境评估结果来看，遵义市"获得用气"环节、时间、成本和用气价格，依次为 6 个、10.83 个工作日、14.03% 和 6.3%，而相应的全省平均值为 5.04 个、8.25 个工作日、12.38% 和 3.49%，可见遵义市在该指标上与其他市（州）仍有不小差距。存在问题包括：

（1）获得用气环节多、时间长。

遵义市获得用气环节为 6 个，未能实现用气报装环节精简为 2 个的目标。6 个环节为报装申请、用气方案答复、设计审查、办理道路挖掘许可、竣工验收、点火通气。获得用气时间为 10.83 个工作日，样本企业获得用气所需时间最多为 13.5 个工作日，最少为 8.5 个工作日，其中"设计审查"平均耗时较高，需要 2.5 个工作日。

（2）用气价格全省最高。

遵义市样本企业获得用气成本平均为 4533 元，占当地人均收入比为 14.03%，样本企业中获得用气最高成本为 8000 元。样本企业用气单价为 3.26 元/米^3，平均用气支出为 19996 元，样本企业中用气支出最高为 24500 元。

2. 执行合同

遵义市执行合同指标排名全省第 2，其中解决商业纠纷的时间为 248.5 个工作日（排名第 1），解决商业纠纷的费用占索赔金额比为 5.23%（排名第 4），相应的全省平均值分别为 362.75 个工作日和 6.66%，说明遵义市在解决商业纠纷过程中效率更高、成本更低。

3. 政府采购

遵义市在电子采购方面劣势比较明显。电子采购平台评价得 6.82 分、采购流程 7.25 分、采购结果确定和合同签订 8 分、合同管理 6.44 分、支付和交付 9.29 个工作日、政府采购 5 分，相应的全省平均值依次为 7.78 分、7.18 分、7.41 分、6.4 分、9.94 分和 5.6 分。可以看出，与其他市（州）相比，除"采购结果确定和合同签订"之外，其他指标均表现出不同程度的劣势。存在问题包括：

（1）电子采购平台需进一步优化。

企业普遍对遵义市电子化采购平台的功能和应用评价不高，该问卷满分 100 分，遵义市仅得 56.82 分，低于全省平均分 74.78 分。说明电子化政府采购平台的功能还需加强，对企业用户培训不够，应用普及率不高。

（2）支付和交付时间偏长。

针对支付和交付问卷调查结果显示，遵义市在满分为 100 分的问卷中得分仅 64.32 分，低于全省平均分 67.25 分。

4. 招标投标

遵义市在招标投标指标上两极分化明显。在建立公平有效的投诉机制上排名全省第 2 名，大幅领先全省平均值；在投标和履约担保、外地企业中标率上处于全省中游水平；互联网+招标采购得分则是全省最低，与全省平均值差距巨大。存在问题包括：

（1）互联网+招标采购亟待完善。

该问卷满分 100 分，遵义市仅得 40 分，全省最低。问卷反映出当地政府对该平台还未实现互联互通与资源共享，交易平台的在线服务和在线签署合同等功能较弱。

（2）投标和履约担保机制建设需加强。

针对投标和履约担保的问卷调查结果显示，遵义市在满分为 100 分的问卷中得分仅 57.14 分，低于全省平均分 62.76 分。问卷反映出采购人或者采购代理机构存在逾期退还投标保证金的情况。

5. 知识产权保护和运用

在知识产权创造、保护及运用指标上，整体情况比较乐观。知识产权创造质量、非诉纠纷解决机构覆盖面和知识产权运用效益 3 项二级指标均排名全省第 2 名，优势明显；知识产权保护社会满意度则排名比较靠后，低于全省平均值近 8 分，需要重点关注。存在问题包括：

（1）版权自愿登记意识较低。

从遵义市提供的数据和材料来看，调查时间范围内，企业版权的自愿登记数为 0，导致遵义市知识产权创造质量得分被拉低。

版权自愿登记意识不强，可能产生以下几个问题：一是如果当地企业发生产权、版权、专利权等纠纷时，不利于相关部门解决纠纷；二是不利于实现版权产品或者作品的经济价值；三是可能体现了当地的企业创新实力不强等。

（2）尚未建立知识产权调解及仲裁专门机构。

在非诉纠纷解决覆盖面中仅建立了一个知识产权快速维权中心，而知识产权调解机构、知识产权仲裁机构尚未建立，致使其非诉纠纷解决机构覆盖面仅得 55 分，低于全省平均的 56.67 分。

6. 包容普惠创新

遵义市包容普惠创新指标总体上优势明显，所有二级指标排名均进入全省前 3 名。其中市场开放度、基本公共服务群众满意度和城市立体交通指数均排在全省第 1 名，创新创业活跃度和人才流动便利度排名第 2 名，蓝天碧水净土森林覆盖指数排名第 3 名。

（三）县域评估结果

从遵义全市整体表现来看，习水县等 7 个县（市、区）在总分排名上位于全省 15~41 名之间，道真县等排名在 47~77 名之间，相对靠后（见表 3-53）。

表 3 - 53　　　　遵义市下辖县（市、区）营商环境评估总得分情况

县市区	开办企业（分）	办理建筑许可（分）	获得电力（分）	获得用水（分）	登记财产（分）	缴纳税费（分）	获得信贷（分）	政务服务（分）	市场监管（分）	企业信心（分）	总分	全省排名	市内排名
习水县	91.10	88.36	87.78	84.50	70.13	87.62	70.97	84.77	71.18	66.97	80.34	15	1
赤水市	91.75	86.84	89.33	82.01	78.77	84.10	67.13	80.71	73.26	66.28	80.02	17	2
绥阳县	90.79	67.70	89.45	87.51	88.31	84.99	63.24	75.47	71.51	69.95	78.89	24	3
仁怀市	83.00	82.78	75.38	82.01	89.51	85.64	83.87	69.46	72.07	63.71	78.74	25	4
凤冈县	87.48	81.83	80.85	97.56	66.66	91.33	66.10	61.50	78.45	66.48	77.82	29	5
播州区	92.67	67.78	93.24	72.25	74.22	79.37	75.00	78.89	76.56	60.92	77.09	33	6
务川县	82.18	85.17	92.96	88.85	54.78	87.13	74.74	65.00	76.60	53.83	76.12	41	7
红花岗区	94.92	82.03	79.48	78.66	68.86	64.22	57.52	71.90	74.99	82.73	75.53	47	8
桐梓县	79.43	75.89	76.34	78.32	58.74	83.86	70.37	77.94	75.37	70.19	74.64	57	9
湄潭县	74.41	67.35	90.59	74.03	63.44	72.49	70.97	79.90	81.96	66.27	74.14	60	10
余庆县	75.20	74.62	73.91	68.75	72.28	84.20	60.96	78.03	82.21	60.31	73.05	63	11
汇川区	84.43	66.45	76.99	82.01	60.61	76.09	64.20	82.07	72.15	56.46	72.18	68	12
正安县	61.21	66.63	78.77	91.39	81.69	88.60	63.92	61.13	63.45	60.94	71.77	74	13
道真县	63.52	56.40	82.65	64.52	77.91	94.17	78.03	72.37	78.12	40.00	70.77	77	14

资料来源：贵州营商环境研究中心。

1. 开办企业

遵义市开办企业指标排名超过中位数的县（市、区）有 8 个，占总数的 57%，其中红花岗区排名全省第 4，播州区等 4 个县区排前 20 名；而道真县和正安县排在最末 10 名以内，两极分化比较严重（见表 3 - 54）。

表 3 - 54　　　　　　　　遵义市开办企业指标得分情况

县市区	环节（分）	时间（分）	成本（分）	材料（分）	总得分	全省排名	市内排名
红花岗区	86.18	99.39	100.00	94.10	94.92	4	1
播州区	90.60	96.82	100.00	83.24	92.67	11	2

县市区	环节（分）	时间（分）	成本（分）	材料（分）	总得分	全省排名	市内排名
赤水市	95.30	99.24	100.00	72.45	91.75	14	3
习水县	90.60	99.39	100.00	74.40	91.10	16	4
绥阳县	95.30	96.82	97.59	73.45	90.79	18	5
凤冈县	86.18	91.21	86.35	86.19	87.48	27	6
汇川区	81.47	93.64	99.00	63.60	84.43	38	7
仁怀市	72.35	84.24	100.00	75.40	83.00	41	8
务川县	67.65	88.64	100.00	72.45	82.18	45	9
桐梓县	62.95	73.48	100.00	81.30	79.43	54	10
余庆县	67.65	84.85	80.74	67.55	75.20	65	11
湄潭县	67.65	85.45	72.11	72.45	74.41	66	12
道真县	40.00	71.97	77.53	64.60	63.52	82	13
正安县	40.00	81.52	83.34	40.00	61.21	84	14

资料来源：贵州营商环境研究中心。

从 4 项二级指标来看，开办企业时间和开办企业成本优势明显，几乎全部超过全省平均水平。与此同时，也有部分县区个别指标表现欠佳（见表 3 – 55）。

表 3 – 55　　　　　　　　　遵义市开办企业二级指标原始数据

县市区	全省排名	总分	环节（个）	时间（工作日）	成本（%）	材料（件）
红花岗区	4	94.92	4.33	2.04	0.00	9.33
播州区	11	92.67	4.17	2.21	0.00	11.17
赤水市	14	91.75	4.00	2.05	0.00	13.00
习水县	16	91.10	4.17	2.04	0.00	12.67
绥阳县	18	90.79	4.00	2.21	0.12	12.83
凤冈县	27	87.48	4.33	2.58	0.68	10.67
汇川区	38	84.43	4.50	2.42	0.05	14.50

县市区	全省排名	总分	环节（个）	时间（工作日）	成本（%）	材料（件）
仁怀市	41	83.00	4.83	3.04	0.00	12.50
务川县	44	82.18	5.00	2.75	0.00	13.00
桐梓县	54	79.43	5.17	3.75	0.00	11.50
余庆县	65	75.20	5.00	3.00	0.96	13.83
湄潭县	66	74.41	5.00	2.96	1.39	13.00
道真县	82	63.52	6.00	3.85	1.12	14.33
正安县	84	61.21	6.00	3.22	0.83	18.50
全省平均		80.48	4.70	3.03	0.56	12.92
全省最优		98.82	3.83	2.00	0.00	8.33
全省最差		47.98	6.00	5.96	2.99	18.5

资料来源：贵州营商环境研究中心。

目前存在的问题包括以下几个方面：

（1）开办企业时限未全部压缩至3个工作日之内。

调研发现，遵义市开办企业办理时间平均为2.72个工作日，总体达到压缩至3个工作日以内的要求。但还有4个县区未实现该目标，其中仁怀市3.04个工作日、桐梓县3.75个工作日、正安县3.22个工作日、道真县3.85个工作日，未达标的县区占比28.57%。具体表现在：仁怀市、桐梓县、正安县均在办理企业登记环节未能实现当日办结，道真县在办理企业登记环节、开户银行环节均未能实现当日办结。

（2）部门服务意识不到位。

遵义市部分企业反映，在办理企业注册登记业务中，政务大厅的一次性告知不清晰，经常会造成反复跑、多次跑的情况，具体的业务经办人员工作态度不够好，网络稳定性不好，不时出现"断网"现象，浪费办理人员时间。

2. 办理建筑许可

遵义市办理建筑许可指标有6个县（市、区）排名超过中位数，占比为43%，其中习水县和赤水市均跻身前十，且其余4个县（市、区）排名也进入前25%。总体看来县区之间差距明显（见表3-56）。

表3-56 遵义市办理建筑许可指标得分情况

县市区	环节（分）	时间（分）	成本（分）	材料（分）	总得分	全省排名	市内排名
习水县	87.59	91.05	87.78	87.02	88.36	3	1
赤水市	81.38	90.90	92.11	82.98	86.84	6	2
务川县	100.00	75.35	77.72	87.60	85.17	11	3
仁怀市	85.52	69.85	87.85	87.88	82.78	18	4
红花岗区	97.93	53.94	92.11	84.13	82.03	21	5
凤冈县	87.59	70.28	81.84	87.60	81.83	22	6
桐梓县	73.10	78.66	67.66	84.13	75.89	48	7
余庆县	77.24	78.94	64.52	77.79	74.62	53	8
播州区	62.76	68.46	67.31	72.60	67.78	69	9
绥阳县	50.34	67.80	91.90	60.77	67.70	70	10
湄潭县	75.17	75.24	78.98	40.00	67.35	71	11
正安县	52.41	66.77	61.16	86.15	66.63	72	12
汇川区	56.55	69.56	78.35	61.35	66.45	73	13
道真县	42.07	70.66	67.66	45.19	56.40	82	14

资料来源：贵州营商环境研究中心。

从表3-56反映的4项二级指标来看，遵义市8个县（市、区）时间和成本得分低于全省平均分；半数县（市、区）在环节上超过全省平均分；全市申请材料得分超过省平均分，是唯一高过全省平均分的二级指标。显而易见，遵义市14个县（市、区）在办理建筑许可指标上，时间、成本和环节均处于全省中下游水平，是下一步改革的重点（见表3-57）。

表3-57 遵义市办理建筑许可二级指标原始数据

县市区	全省排名	总分	环节（个）	时间（工作日）	成本（%）	材料（件）
习水县	3	88.36	20.00	121.50	2.35	85.50
赤水市	6	86.84	21.50	122.00	1.73	92.50

续表

县市区	全省排名	总分	环节（个）	时间（工作日）	成本（%）	材料（件）
务川县	11	85.17	17.00	175.00	3.79	84.50
仁怀市	18	82.78	20.50	193.75	2.34	84.00
红花岗区	21	82.03	17.50	248.00	1.73	90.50
凤冈县	22	81.83	20.00	192.30	3.20	84.50
桐梓县	48	75.89	23.50	163.75	5.23	90.50
余庆县	53	74.62	22.50	162.79	5.68	101.50
播州区	69	67.78	26.00	198.50	5.28	110.50
绥阳县	70	67.70	29.00	200.75	1.76	131.00
湄潭县	71	67.35	23.00	175.38	3.61	167.00
正安县	72	66.63	28.50	204.25	6.16	87.00
汇川区	73	66.45	27.50	194.75	3.70	130.00
道真县	82	56.40	31.00	191.00	5.23	158.00
全省平均		74.77	23.07	183.12	3.43	106.76
全省最优		90.38	17.00	91.00	0.60	63.00
全省最差		48.27	31.50	291.75	9.19	167.00

资料来源：贵州营商环境研究中心。

主要问题在于办理成本高于全省平均水平。遵义市样本企业成本占工程造价的平均比值为3.70%，高出全省平均值0.27%（全省办理建筑许可成本占工程造价的平均比值为3.43%）。主要成本来自第三方评估费用、异地建设费、城市基础设施配套费、工伤保险。其中某样本企业办理施工许可成本占工程造价的最大比值为9.36%，该工程项目造价为30262300元，办理建筑许可成本总计2832816元，其中易地建设费1039000元，城市基础设施配套费728336.9元。

3. 获得电力

遵义市在获得电力指标上，6个县（市、区）排名进入全省前25%，其中播州区和务川县跻身前10名；其余县区排名则低于全省中位数，尤其仁怀市和余庆县排80名以上。可见，遵义市该指标总体上情况不容乐观，两极分化比较严重。其下辖 14 个县（市、区）在获得电力指标上的表现如表 3-58 所示。

表 3-58　　　　　　　　　遵义市获得电力指标得分情况

县市区	环节（分）	时间（分）	成本（分）	可靠性（分）	电价（分）	材料（分）	总得分	全省排名	市内排名
播州区	100.00	84.01	100.00	100.00	86.90	88.51	93.24	5	1
务川县	100.00	80.39	100.00	100.00	94.51	82.86	92.96	7	2
湄潭县	100.00	91.15	100.00	65.71	92.31	94.34	90.59	12	3
绥阳县	100.00	88.49	84.66	100.00	89.27	74.29	89.45	17	4
赤水市	100.00	86.25	100.00	65.71	89.69	94.34	89.33	18	5
习水县	100.00	85.29	100.00	65.71	98.48	77.20	87.78	22	6
道真县	100.00	78.69	88.05	65.71	97.72	65.71	82.65	49	7
凤冈县	100.00	89.34	76.14	65.71	99.66	54.23	80.85	56	8
红花岗	100.00	70.05	69.00	71.37	77.94	88.51	79.48	64	9
正安县	100.00	86.68	76.19	65.71	69.75	74.29	78.77	66	10
汇川区	100.00	79.01	100.00	82.86	40.00	60.06	76.99	71	11
桐梓县	100.00	82.20	88.09	54.23	56.31	77.20	76.34	77	12
仁怀市	100.00	78.15	75.77	65.71	87.49	45.14	75.38	82	13
余庆县	100.00	85.29	82.76	65.71	69.66	40.00	73.91	86	14

资料来源：贵州营商环境研究中心。

从 6 项二级指标来看，获得电力环节全省未做区分；获得电力时间、成本、电力价格稍有优势；供电可靠性落后于其他市（州），共计 10 个县（市、区）得分低于全省平均分（见表 3-59）。

表 3-59　　　　　　　　　遵义市获得电力二级指标原始数据

县市区	全省排名	获得电力总分	环节（个）	时间（工作日）	成本（%）	供电可靠性	电力价格（%）	材料（份）
播州区	5	93.24	2.00	2.50	0.00	10.00	1.72	2.67
务川县	7	92.96	2.00	2.84	0.00	10.00	0.82	3.00

续表

县市区	全省排名	获得电力总分	环节（个）	时间（工作日）	成本（%）	供电可靠性	电力价格（%）	材料（份）
湄潭县	12	90.59	2.00	1.83	0.00	8.00	1.08	2.33
绥阳县	17	89.45	2.00	2.08	3.31	10.00	1.44	3.50
赤水市	18	89.33	2.00	2.29	0.00	8.00	1.39	2.33
习水县	22	87.78	2.00	2.38	0.00	8.00	0.35	3.33
道真县	49	82.65	2.00	3.00	2.58	8.00	0.44	4.00
凤冈县	56	80.85	2.00	2.00	5.15	8.00	0.21	4.67
红花岗区	64	79.48	2.00	3.81	6.69	8.33	2.78	2.67
正安县	66	78.77	2.00	2.25	5.14	8.00	3.75	3.50
汇川区	71	76.99	2.00	2.97	0.00	9.00	7.27	4.33
桐梓县	77	76.34	2.00	2.67	2.57	7.33	5.34	3.33
仁怀市	82	75.38	2.00	3.05	5.23	8.00	1.65	5.20
余庆县	86	73.91	2.00	2.38	3.72	8.00	3.76	5.50
全省平均		83.24	2.00	2.70	2.80	8.42	2.45	3.35
全省最优		95.48	2.00	1.00	0.00	10.00	0.17	2.17
全省最差		72.55	2.00	5.58	12.95	6.50	7.27	5.50

资料来源：贵州营商环境研究中心。

目前存在以下几个问题：

（1）申请材料稍多。

遵义市获得电力申请材料平均3.60份，高于全省平均值3.35份。仁怀市、余庆县两个区县成绩较差，申请材料平均5.35份，主要包括营业执照、用地权属证明、委托书和经办人有效身份证件、企业法人居民身份证、用电申请表，由于没有建立部门协同和信息共享机制，存在不同环节重复提交材料的问题。

（2）供电可靠性仍有提升空间。

部分区县供电可靠性较低。桐梓县供电可靠性得分54.23分，主要表现在：2/3的企业没有收到电力公司的停电补偿；平均停电持续时间1~4

小时的企业占比 33.33%；停电无通知占比 16.67%；2019 年系统平均停电频率 6 ~ 12 次占比 16.67%；2019 年系统平均停电频率 1 ~ 5 次占比 16.67%。

4. 获得用水

遵义市在获得用水指标上，凤冈县排名全省第 3，是唯一一个进入前 10 名的县；正安县、务川县和绥阳县进入全省排名前 25%；红花岗区等 6 个县（市、区）排名相对靠后；道真县和余庆县排 80 名以后，差距明显。遵义市下辖 14 个县（市、区）在获得用水指标上的表现如表 3 - 60 所示。

表 3 - 60 　　　　　　　　　遵义市获得用水指标得分情况

县市区	环节（分）	时间（分）	成本（分）	价格（分）	总得分	全省排名	市内排名
凤冈县	100.00	90.22	100.00	100.00	97.56	3	1
正安县	80.05	89.87	100.00	95.66	91.39	15	2
务川县	70.00	99.34	86.31	99.74	88.85	19	3
绥阳县	65.05	84.98	100.00	100.00	87.51	21	4
习水县	77.50	63.47	100.00	97.02	84.50	34	5
汇川区	77.50	93.31	58.60	100.00	82.35	40	6
赤水市	55.00	78.14	100.00	94.89	82.01	42	7
仁怀市	70.00	90.53	100.00	67.49	82.01	43	8
红花岗区	80.05	94.60	40.00	100.00	78.66	52	9
桐梓县	44.95	73.91	96.19	98.21	78.32	53	10
湄潭县	52.45	65.11	85.88	92.68	74.03	67	11
播州区	82.45	51.11	55.88	99.57	72.25	71	12
余庆县	62.50	69.49	47.27	95.74	68.75	82	13
道真县	70.00	81.07	67.00	40.00	64.52	85	14

资料来源：贵州营商环境研究中心。

从 4 项二级指标看，用水价格为其主要得分点，仅有仁怀市和道真县得分低于全省平均分；半数县区获得用水时间超过全省平均分；获得用水环节和用水成本有一定优势，均有 9 个县（市、区）超过全省平均分。该项指标具体如表 3 - 61 所示。

表 3 - 61　　　　　　　遵义市获得用水二级指标原始数据

县市区	全省排名	总分	环节（个）	时间（工作日）	成本（%）	价格（%）
凤冈县	3	97.56	2.00	4.33	0.00	0.06
正安县	15	91.39	3.33	4.42	0.00	0.57
务川县	19	88.85	4.00	2.00	3.88	0.09
绥阳县	21	87.51	4.33	5.67	0.00	0.06
习水县	34	84.50	3.50	11.17	0.00	0.41
汇川区	40	82.35	3.50	3.54	11.73	0.06
赤水市	42	82.01	5.00	7.42	0.00	0.66
仁怀市	43	82.01	4.00	4.25	0.00	3.88
红花岗区	52	78.66	3.33	3.21	17.00	0.06
桐梓县	53	78.32	5.67	8.50	1.08	0.27
湄潭县	67	74.03	5.17	10.75	4.00	0.92
播州区	71	72.25	3.17	14.33	12.50	0.11
余庆县	83	68.75	4.50	9.63	14.94	0.56
道真县	86	64.52	4.00	6.67	9.35	7.11
全省平均		80.60	4.20	6.39	4.80	1.21
全省最优		99.81	2.00	1.83	0.00	0.06
全省最差		53.00	6.00	17.17	17.00	7.11

资料来源：贵州营商环境研究中心。

目前存在以下几个问题：

（1）报装环节偏多。

遵义市样本企业获得用水平均环节为 3.96 个（全省平均环节为 4.16 个），未完全实现用水报装精简为 2 个环节的目标。样本企业中所需环节最多为 6 个（窗口登记、供水方案答复、工程设计方案审查、办理道路挖掘许可、竣工验收、挂表开栓）。

（2）报装用水成本较高。

遵义市样本企业获得用水成本平均为 1550 元，占当地人均收入比为 5.32%，高于全省平均 4.36%；样本企业中获得用水最高成本达 17344 元。有企业提出二次加压费价格不透明。

5. 登记财产

遵义市在登记财产指标上，仅有 5 个县（市、区）排名高于全省中位数，其中仁怀市排名全省第 1 名，绥阳县排名全省第 3 名；而排名低于全省中位数的县（市、区）多达 9 个。因此从整体上看，遵义市内部两极分化极其明显，县（市、区）之间发展异步性问题突出。遵义市下辖 14 个县（市、区）在登记财产指标上的表现如表 3-62 所示。

表 3-62　　　　　　　　遵义市登记财产指标得分情况

县市区	环节（分）	时间（分）	成本（分）	材料（分）	总得分	全省排名	市内排名
仁怀市	70.00	86.70	100.00	100.00	89.51	1	1
绥阳县	70.00	100.00	86.55	96.67	88.31	3	2
正安县	70.00	96.20	67.23	93.33	81.69	17	3
赤水市	70.00	91.20	67.23	86.67	78.77	28	4
道真县	70.00	100.00	94.96	46.67	77.91	31	5
播州区	70.00	70.00	83.53	73.33	74.22	49	6
余庆县	70.00	98.70	50.42	70.00	72.28	56	7
习水县	70.00	82.50	84.71	43.33	70.13	61	8
红花岗区	70.00	78.70	66.72	60.00	68.86	65	9
凤冈县	70.00	76.20	50.42	70.00	66.66	69	10
湄潭县	70.00	90.00	50.42	43.33	63.44	75	11
汇川区	70.00	58.70	50.42	63.33	60.61	76	12
桐梓县	70.00	71.20	50.42	43.33	58.74	79	13
务川县	70.00	58.70	50.42	40.00	54.78	84	14

资料来源：贵州营商环境研究中心。

从 4 项二级指标看，登记财产环节差距不明显；在其余 3 项指标中，遵义市仅在登记财产时间方面有 8 个县（市、区）超过全省平均水平，登记财产成本和提交材料超过全省平均分的县（市、区）分别为 5 个和 4 个。各项指标具体如表 3 - 63 所示。

表 3 - 63　　　　　　　遵义市登记财产二级指标原始数据

县市区	全省排名	总分	环节（个）	时间（工作日）	成本（%）	材料（件）
仁怀市	1	89.51	4.00	3.33	1.97	12.50
绥阳县	3	88.31	4.00	2.00	2.85	13.00
正安县	17	81.69	4.00	2.38	4.00	13.50
赤水市	28	78.77	4.00	2.88	4.00	14.50
道真县	31	77.91	4.00	2.00	2.35	20.00
播州区	49	74.22	4.00	5.00	3.03	16.50
余庆县	56	72.28	4.00	2.13	5.00	17.00
习水县	61	70.13	4.00	3.75	2.96	21.00
红花岗区	66	68.86	4.00	4.13	4.03	18.50
凤冈县	70	66.66	4.00	4.38	5.00	17.00
湄潭县	76	63.44	4.00	3.00	5.00	21.00
汇川区	77	60.61	4.00	6.13	5.00	18.00
桐梓县	80	58.74	4.00	4.88	5.00	21.00
务川县	85	54.78	4.00	6.13	5.00	21.50
全省平均		73.34	3.98	3.89	3.86	16.67
全省最优		89.51	3.00	2.00	1.97	12.50
全省最差		50.11	5.00	8.00	5.62	21.50

资料来源：贵州营商环境研究中心。

遵义市目前相对明显的问题在于未完全实现《贵州省营商环境优化提升工作方案》要求，达成"一般登记和抵押登记办理时间压缩至 5 个工作日以内"的目标，主要体现在汇川区和务川县（均为 6.13 个工作日），主要耗时集中在复审环节，需 4 个工作日。

6. 纳税

遵义市缴纳税费指标有 8 个县（市、区）排名高于全省中位数，其中道真县和凤冈县进入全省前十名，分别排第 3 名和第 9 名；在排名低于全省中位数的 6 个县（市、区）之中，湄潭县和红花岗区落到全省后 10 名（见表 3 - 64）。

表 3 - 64　　　　　　　　遵义市缴纳税费指标得分情况

县市区	次数（分）	时间（分）	税费率（分）	总得分	全省排名	市内排名
道真县	93.23	89.28	100.00	94.17	3	1
凤冈县	82.26	95.68	96.05	91.33	9	2
正安县	87.40	85.27	93.13	88.60	19	3
习水县	73.86	89.00	100.00	87.62	24	4
务川县	100.00	73.81	87.59	87.13	26	5
仁怀市	78.33	82.76	95.83	85.64	34	6
绥阳县	71.56	90.51	92.91	84.99	39	7
余庆县	71.56	82.48	98.55	84.20	44	8
赤水市	69.26	91.19	91.87	84.10	46	9
桐梓县	74.94	83.01	93.63	83.86	47	10
播州区	58.01	88.33	91.76	79.37	66	11
汇川区	62.89	68.28	97.09	76.09	74	12
湄潭县	53.14	83.81	80.52	72.49	80	13
红花岗区	62.89	40.00	89.76	64.22	86	14

资料来源：贵州营商环境研究中心。

从 3 项二级指标来看，税费率优势明显，仅有务川县和湄潭县得分低于全省平均分；缴纳税费次数仅半数县区高于全省平均分；而缴纳税费时间指标得分低于全省平均分的县（市、区）达到 8 个。各项二级指标具体如表 3 - 65 所示。

表 3 - 65　　　　　　　　　遵义市缴纳税费二级指标原始数据

县市区	全省排名	纳税总分	次数（次）	时间（小时）	税费率（%）
道真县	3	94.17	3.90	109.11	2.92
凤冈县	10	91.33	4.71	93.56	5.23
正安县	20	88.60	4.33	118.85	6.94
习水县	25	87.62	5.33	109.80	2.92
务川县	27	87.13	3.40	146.67	10.18
仁怀市	35	85.64	5.00	124.95	5.36
绥阳县	40	84.99	5.50	106.13	7.07
余庆县	45	84.20	5.50	125.62	3.77
赤水市	47	84.10	5.67	104.47	7.68
桐梓县	48	83.86	5.25	124.33	6.65
播州区	67	79.37	6.50	111.42	7.74
汇川区	75	76.09	6.14	160.10	4.62
湄潭县	81	72.49	6.86	122.40	14.32
红花岗区	87	64.22	6.14	228.77	8.91
全省平均		83.04	5.40	113.89	9.40
全省最优		97.84	3.40	83.08	2.92
全省最差		58.92	7.83	228.77	38.03

资料来源：贵州营商环境研究中心。

目前存在以下几个问题：

（1）纳税时间普遍较长。

遵义市平均纳税时间 127.58 小时，高于全省平均值 113.89 小时，在 10 个州市中排名第 9 位，其中务川县、汇川区和红花岗区平均纳税时间分别为 146.67 小时、160.10 小时和 228.77 小时。

（2）电子税务局需优化。

习水县企业反映纳税软件需要进一步改进，缴纳税费方式过于单一，只能刷卡或签三方协议在账户中扣取，应该减少或合并附加税费税种的征收，减轻申报工作量；正安县企业反映会遇到已经申报了但是在申报系统中仍然提示未申请的情况，存在网络不稳定、税收管理系统软件不完善等问题，要经常对会计人员进行培训。红花岗区企业反映，在外地预缴的增值税不能导入系统，申报系统经常更新，系统不稳定，税务系统申报期最后 5 天会出现卡顿，有时卡顿情况会比较严重。

（3）税务大厅缴税便利度需提高。

绥阳县企业反映税务局办事大厅比较拥挤，税务部门应加强培训，让更多办税人员了解电子申报缴税。播州区企业反映在劳务费纳税时，会存在退税难的问题，企业希望增加一些窗口，减少排队时间。赤水市企业反映要增加手机绑定扣款，方便业务量大的企业按扣缴期限缴纳税费，提高服务行业的优惠力度。

7. 获得信贷

遵义市在获得信贷指标上，仅有 4 个县（市、区）排名高于全省中位数，其中仁怀市（第 5 名）和道真县（第 19 名）排名全省前 25%；习水县等 10 个县（市、区）排名则落后于全省中位数，尤其余庆县、红花岗区排名位于 80 名后，处于全省中下游（见表 3 - 66）。

表 3 - 66　　　　　　　　　遵义市获得信贷指标得分情况

县市区	环节（分）	时间（分）	成本（分）	征信机构（分）	总得分	全省排名	市内排名
仁怀市	85.00	100.00	100.00	50.47	83.87	5	1
道真县	70.00	97.52	100.00	44.59	78.03	19	2
播州区	60.10	98.26	100.00	41.65	75.00	32	3
务川县	49.90	89.22	98.50	61.35	74.74	34	4
习水县	60.10	82.26	94.00	47.53	70.97	47	5
湄潭县	55.00	81.36	100.00	47.53	70.97	48	6
桐梓县	46.00	90.91	100.00	44.59	70.37	50	7
赤水市	70.00	74.64	79.30	44.59	67.13	59	8
凤冈县	49.90	73.51	96.40	44.59	66.10	68	9
汇川区	40.00	69.58	100.00	47.53	64.28	73	10

续表

县市区	环节（分）	时间（分）	成本（分）	征信机构（分）	总得分	全省排名	市内排名
正安县	47.50	83.70	79.90	44.59	63.92	74	11
绥阳县	79.90	64.46	64.00	44.59	63.24	77	12
余庆县	49.90	49.37	100.00	44.59	60.96	80	13
红花岗区	40.00	54.18	91.30	44.59	57.52	84	14

资料来源：贵州营商环境研究中心。

　　从 4 项二级指标看，获得信贷成本是遵义市主要得分点，有 10 个县（市、区）得分高于全省平均分；获得信贷环节及时间均有 8 个县（市、区）得分超过全省平均分，其中平均环节为 5.42 个，高于全省平均值 5.38个；在征信机构覆盖面指标上，遵义市存在明显劣势，仅有务川县得分超过全省平均分（见表 3 - 67）。

表 3 - 67　　　　　　　　遵义市获得信贷二级指标原始数据

县市区	全省排名	总分	环节（个）	时间（工作日）	成本（%）	征信机构（分）
仁怀市	5	83.87	4.50	4.38	0.00	12.90
道真县	19	78.03	5.00	5.75	0.00	10.90
播州区	32	75.00	5.33	5.34	0.00	9.90
务川县	34	74.74	5.67	10.33	0.05	16.60
习水县	47	70.97	5.33	14.17	0.20	11.90
湄潭县	48	70.97	5.50	14.67	0.00	11.90
桐梓县	50	70.37	5.80	9.40	0.00	10.90
赤水市	59	67.13	5.00	18.38	0.69	10.90
凤冈县	68	66.10	5.67	19.00	0.12	10.90
汇川区	73	64.28	6.00	21.17	0.00	11.90
正安县	74	63.92	5.75	13.38	0.67	10.90
绥阳县	77	63.24	4.67	24.00	1.20	10.90

续表

县市区	全省排名	总分	环节（个）	时间（工作日）	成本（%）	征信机构（分）
余庆县	80	60.96	5.67	32.33	0.00	10.90
红花岗区	84	57.52	6.00	29.67	0.29	10.90
全省平均		71.50	5.38	18.36	0.26	16.51
全省最优		93.43	4.00	4.38	0.00	29.74
全省最差		49.22	6.00	37.50	2.00	9.34

资料来源：贵州营商环境研究中心。

目前存在以下几个问题：

（1）贷款门槛高且渠道单一。

贷款审批流程烦琐，提交资料过于繁杂，且有时效性，经常反复准备资料。企业反馈银企之间信息不对称，银行无法对企业有绝对的信心，银行贷款以抵押或担保为主，抵押物不好，银行不给予贷款或授信额度低。无抵押必须担保，担保又需反担保，收费较高。融资贵主要是融资担保费较高、贷款到期需要的转贷费用过高。金融机构都在基本利率基础上上浮贷款利率。

（2）征信机构覆盖面表现不佳。

遵义市县市区级企业征信数据覆盖率为4.27%，自然人征信数据覆盖率为44.37%，征信系统目前已接入的金融机构和非金融机构仅涉及商业银行。非银行信息各县市区采集有的是公积金缴存信息，有的是法院判决和执行信息或者其他，采集的部门信息有限，企业无法通过更多有效渠道提高征信。

8. 政务服务

遵义市政务服务指标仅有4个县（市、区）排名高于全省中位数，其中习水县排名第1、汇川区排名第5、赤水市排名第7。共计7个县（市、区）排在全省前25%，总体表现相对优异（见表3-68）。

表 3 - 68 遵义市政务服务指标得分情况

县市区	网上服务（分）	便利度（分）	满意度（分）	数据共享（分）	总得分	全省排名	市内排名
习水县	75.61	94.62	72.14	96.73	84.77	1	1
汇川区	73.17	77.85	80.72	96.36	82.02	5	2
赤水市	63.41	82.96	83.39	93.09	80.71	7	3
湄潭县	65.85	81.79	93.03	78.91	79.90	11	4
播州区	80.98	85.56	55.55	93.45	78.89	14	5
余庆县	57.07	85.47	72.14	97.45	78.03	21	6
桐梓县	60.98	68.07	92.51	90.18	77.94	22	7
绥阳县	70.98	54.89	79.66	96.36	75.47	28	8
道真县	63.41	78.39	96.79	50.91	72.37	39	9
红花岗区	48.78	85.02	61.44	92.36	71.90	45	10
仁怀市	70.24	77.85	45.37	84.36	69.46	50	11
务川县	48.78	66.37	73.23	71.64	65.00	64	12
凤冈县	42.93	65.29	81.78	56.00	61.50	71	13
正安县	65.37	54.44	61.44	63.27	61.13	75	14

资料来源：贵州营商环境研究中心。

从 4 项二级指标看，遵义市在网上政务服务能力和国家政务服务平台数据共享 2 项指标上，均有 10 个县（市、区）得分高于全省平均分；其余 2 项指标也均有 9 个县（市、区）得分超过全省平均分。整体而言，遵义市所辖县区整体表现突出，同时政务服务发展比较均衡，具体如表 3 - 69 所示。

表 3 - 69 遵义市政务服务二级指标原始数据

县市区	全省排名	政务服务总分	网上政务服务能力（分）	政务服务事项便利度（分）	政务服务满意度（分）	政务服务数据共享（分）
习水县	1	84.77	3.33	11.36	42.33	1.91
汇川区	5	82.02	3.23	9.49	45.00	1.90
赤水市	7	80.71	2.83	10.06	45.83	1.81

续表

县市区	全省排名	政务服务总分	网上政务服务能力（分）	政务服务事项便利度（分）	政务服务满意度（分）	政务服务数据共享（分）
湄潭县	11	79.90	2.93	9.93	48.83	1.42
播州区	14	78.89	3.55	10.35	37.17	1.82
余庆县	21	78.03	2.57	10.34	42.33	1.93
桐梓县	22	77.94	2.73	8.40	48.67	1.73
绥阳县	28	75.47	3.14	6.93	44.67	1.90
道真县	39	72.37	2.83	9.55	50.00	0.65
红花岗区	45	71.90	2.23	10.29	39.00	1.79
仁怀市	50	69.46	3.11	9.49	34.00	1.57
务川县	64	65.00	2.23	8.21	42.67	1.22
凤冈县	72	61.50	1.99	8.09	45.33	0.79
正安县	76	61.13	2.91	6.88	39.00	0.99
全省平均		70.26	2.73	8.74	43.55	1.40
全省最优		84.77	4.33	11.96	51.00	2.00
全省最差		45.05	1.87	5.27	32.33	0.35

资料来源：贵州营商环境研究中心。

目前存在以下几个问题：

（1）网上政务服务普及率不高。

余庆县、桐梓县、务川县、凤冈县和红花岗区 5 个县（市、区）的网上政务服务事项实际办理率平均仅为 28.63%，好差评系统参评平均次数仅 27494 次，低于全省平均值 79.63% 和 83919 次。

（2）政务服务便利度亟须提升。

桐梓县、绥阳县、务川县、凤冈县和正安县 5 个县（市、区）的集成套餐数量、最多跑一次事项、纳入一窗服务的事项比例和减证便民事项平均值分别为 26.6 项、596 项、79.33% 和 116.4 项，均低于全省平均水平。

（3）与国家政务服务平台的数据共享存在短板。

遵义市所辖县（市、区）国家政务服务平台数据共享指标得分为 82.94

分，比全省平均分低6.92分。在14个县（市、区）中，道真县、凤冈县和正安县3个县的公共服务事项认领关联率和四级四同关联率平均值分别为37%和32%，均低于全省平均值。

9. 市场监管

遵义市在市场监管指标上，仅有4个县（市、区）排名高于全省中位数，且均进入全省排名前25%；但正安县排名落到全省倒数第三。总体看来，遵义市市场监管指标总体表现欠佳（见表3-70）。

表3-70　　　　　　　　　遵义市市场监管指标得分情况

县市区	监管覆盖（分）	信息公开（分）	政务诚信（分）	商务诚信（分）	总得分	全省排名	市内排名
余庆县	85.00	100.00	71.80	72.03	82.21	24	1
湄潭县	77.50	100.00	72.00	78.34	81.96	27	2
凤冈县	70.00	100.00	70.00	73.82	78.45	39	3
道真县	70.00	100.00	66.86	75.63	78.12	41	4
务川县	55.00	100.00	92.00	59.39	76.60	49	5
播州区	62.50	100.00	60.00	83.75	76.56	51	6
桐梓县	62.50	100.00	71.00	67.97	75.37	54	7
红花岗区	70.00	100.00	62.00	67.97	74.99	57	8
赤水市	70.00	100.00	59.14	63.91	73.26	65	9
汇川区	55.00	100.00	68.80	64.80	72.15	67	10
仁怀市	70.00	100.00	51.66	66.62	72.07	68	11
绥阳县	55.00	100.00	50.00	81.05	71.51	72	12
习水县	62.50	100.00	52.00	70.22	71.18	74	13
正安县	47.50	100.00	50.00	56.30	63.45	86	14

资料来源：贵州营商环境研究中心。

从4项二级指标来看，监管执法信息公开率全省未拉开差距，其余3项二级指标中："双随机、一公开"监管覆盖率仅有余庆县和湄潭县得分超全省平均分，政务诚信度和商务诚信度2项指标得分高于全省平均的也仅5个县（市、区）。总体来看情况不容乐观，具体表现如表3-71所示。

表 3 –71   遵义市市场监管二级指标原始数据

县市区	全省排名	总分	"双随机、一公开"（分）	监管执法信息公开率（分）	政务诚信度（分）	商务诚信度（分）
余庆县	24	82.21	12.00	8.00	15.95	14.84
湄潭县	27	81.96	11.00	8.00	16.00	16.00
凤冈县	39	78.45	10.00	8.00	15.50	15.17
道真县	41	78.12	10.00	8.00	14.72	15.50
务川县	49	76.60	8.00	8.00	21.00	12.50
播州区	51	76.56	9.00	8.00	13.00	17.00
桐梓县	54	75.37	9.00	8.00	15.75	14.09
红花岗区	57	74.99	10.00	8.00	13.50	14.09
赤水市	65	73.26	10.00	8.00	12.79	13.34
汇川区	67	72.15	8.00	8.00	15.20	13.50
仁怀市	68	72.07	10.00	8.00	10.92	13.84
绥阳县	72	71.51	8.00	8.00	10.50	16.50
习水县	74	71.18	9.00	8.00	11.00	14.50
正安县	87	63.45	7.00	8.00	10.50	11.93
全省平均		77.81	10.25	8.00	15.22	14.87
全省最优		94.66	14.00	8.00	23.00	20.00
全省最差		40.00	6.00	8.00	8.50	10.00

资料来源：贵州营商环境研究中心。

    针对政府诚信度问卷调查结果显示，遵义市在满分为 27 分的问卷中得分为 14.49 分，低于全省平均分 15.22 分，其中 14 个县（市、区）中 9 个县低于平均分，排名第 8。此外，目前大部分县（市、区）未定期进行自上而下的政务诚信监督检查；未实施第三方机构政务诚信评价评级；未将政务失信记录发布到相关平台；政务守信激励与失信惩戒机制不健全，未将其作为政府部门和公务员考核的依据；未建立招标投标信用评价指标和评价标准体系；未将守信践诺情况未纳入街道和乡镇绩效考核体系等。

10. 企业信心

遵义市在企业信心指标上，有8个县（市、区）排名高于全省中位数，其中红花岗区排名全省第4。在排名相对靠后的县区中，务川县和道真县排80名以上。排名情况如表3-72所示。

表3-72　　　　　　遵义市企业信心指标得分情况

县市区	投资意愿（分）	新增企业（分）	总得分	全省排名	市内排名
红花岗区	65.46	100.00	82.73	4	1
桐梓县	75.81	64.57	70.19	15	2
绥阳县	96.97	42.93	69.95	17	3
习水县	89.81	44.13	66.97	25	4
凤冈县	82.52	50.45	66.48	27	5
赤水市	69.12	63.44	66.28	29	6
湄潭县	86.31	46.23	66.27	30	7
仁怀市	72.15	55.26	63.71	39	8
正安县	78.72	43.17	60.94	50	9
播州区	77.88	43.97	60.92	51	10
余庆县	68.81	51.81	60.31	53	11
汇川区	69.76	43.15	56.46	69	12
务川县	66.58	41.07	53.83	82	13
道真县	40.00	40.00	40.00	88	14

资料来源：贵州营商环境研究中心。

从2项二级指标来看，中小企业投资意愿得分超过和低于全省平均分的县（市、区）个数均为7个；而在新登记注册企业增长率上，仅有4个县（市、区）的得分超过全省平均分。因此，从二级指标的情况来看，遵义市在企业信心指标上相较其他市（州）有着比较明显差距（见表3-73）。

表 3-73　　　　　　　　　　　遵义市企业信心二级指标原始数据

县市区	全省排名	总分	中小企业投资意愿（分）	新登记注册企业增长率（%）
红花岗区	4	82.73	54.00	48.32
桐梓县	15	70.19	64.83	53.09
绥阳县	17	69.95	87.00	6.33
习水县	25	66.97	79.50	8.92
凤冈县	27	66.48	71.86	22.58
赤水市	29	66.28	57.83	50.65
湄潭县	30	66.27	75.83	13.45
仁怀市	39	63.71	61.00	32.98
正安县	50	60.94	67.88	6.85
播州区	51	60.92	67.00	8.58
余庆县	53	60.31	57.50	25.51
汇川区	69	56.46	58.50	6.81
务川县	82	53.83	55.17	2.32
道真县	89	40.00	27.33	-25.86
全省平均		63.29	64.87	17.93
全省最优		88.82	90.17	129.63
全省最差		40.00	27.33	-39.61

资料来源：贵州营商环境研究中心。

数据显示遵义市中小企业主观投资意愿普遍不高。中小企业投资意愿问卷的平均得分为 63.23 分（满分 98 分）。只有凤冈县、湄潭县、绥阳县和习水县的得分高于 70 分；道真县得分最低，为 27.33 分，且道真县的新登记企业增长率为负增长，为 -25.86%。

（四）存在的问题

1. 网络虚拟平台推广力度不足

遵义市作为全省综合发展水平比较高的市级行政区域，其在营商环境建设的过程中投入了巨大的人力、物力。从现场走访所了解到的情况看，遵义市及其所辖县（市、区）在政务中心的硬件投入上领先于全省其他市（州），有着比较完善的基础设施建设。然而，从此次评估所反映出来的情况来看，在开办企业、缴纳税费等诸多业务领域，企业针对"虚拟平台"提出比较多的问题。可见，遵义市存在建得多、用得少的矛盾，一定程度上可能与推广力度不足有关。

2. 区域及部门内部存在改革异步问题

从遵义市 16 项一级指标和各项二级指标的最终数据来看，遵义市及其所辖 14 个县（市、区）存在发展异步的问题。从评估结果来看，遵义市所辖县（市、区）之间存在两极分化的态势，因此"掉队"的县（市、区）会直接影响到整体的营商环境。另外，评估还发现同一部门内部和不同部门之间，在改革的过程中出现不同步的问题。

3. 多元合作机制尚存在提升空间

调研发现，遵义市在政府之外的其他主体所产生的作用有限，主要表现在部分指标的第三方环节存在时间长、费用高等情况。

（五）对策建议

1. 加强网络平台推广力度

一个地区好的营商环境不仅要有必要甚至是充足的物质性投入，还需要有配套的制度性供给。为此，拟建议遵义市在大力改善物质条件的同时，还需要建立相应的推广机制，通过有效的推广行动来提高各类虚拟平台的使用率，提高服务效率和质量，进而达到改善营商环境的目的。

2. 增强区域间、部门间整体协调发展

建议制定和践行均衡发展的整体性规划，逐渐缩小县域发展不平衡的问题。现代化的治理必须是整体性治理，如若一个部门改革不到位、不同步，必然会大大降低其他部门改革的效果；一个部门内部，只要一个环节改革不到位，必然会使整个办事流程的科学性和合理性大打折扣。总之，改革和发展异步性问题必然会成为营商环境建设的短板，决定着营商环境建设的天花板。为了提高"最低的那一块板"，建议遵义市从整体性治理出发，解决改革和发展中的异步性问题。

3. 增强多元治理力争形成合力

现代化的治理是多元主体之间的合作治理，其中离不开政府之外的各类主体的参与。遵义市有着大量质量较高的智力资源和社会资本，建议通过建立相关的机制，在社会信用管理、专业技术培训、法律援助、具体业务办理、便民服务等诸多领域形成政府、社会和其他主体的合作机制，解决一些政府无力解决或解决不好的问题，形成营商环境建设的综合网络和持续提升共同体。

四、毕 节 市

（一）综合评估结果

毕节市营商环境便利度综合得分为 73.88 分，在全省 9 个市（州）及贵安新区位列第 4 名。其中市（州）本级得分为 71.13 分，辖区内 8 个县（市、区）算术平均分为 76.62 分（见表 3–74）。

表 3–74　　　贵州省 2019 年营商环境评估市（州）总分排名

排名	市（州）	市（州）本级得分	所辖县（市、区）平均得分	总分
1	贵阳市	76.39	75.79	76.09
2	六盘水市	71.08	81.06	76.07
3	遵义市	73.53	75.79	74.66
4	毕节市	71.13	76.62	73.88
5	黔东南州	69.56	77.56	73.56
6	黔西南州	70.20	75.92	73.06
7	黔南州	66.10	76.57	71.34
8	铜仁市	69.90	72.50	71.20
9	贵安新区	72.64	67.04	69.84
10	安顺市	62.70	71.90	67.30

注：总分计算方法：市（州）本级得分和所辖县（市、区）得分的平均值。
资料来源：贵州营商环境研究中心。

（二）市本级评估结果

毕节市本级指标在 9 个市（州）和贵安新区排名中表现良好，其中获得用气排全省第 1 名，招标投标排名全省第 3，包容普惠创新排全省第 4。从整体上看，政府采购指标表现欠佳，位于全省第 9 名，希望引起相关部门重视（见表 3 - 75）。

表 3 - 75   毕节市营商环境评估综合得分情况

一级指标	营商环境便利度得分	全省排名
获得用气	80.28	1
执行合同	74.87	5
政府采购	71.43	9
招标投标	77.90	3
知识产权创造、保护及运用	57.64	6
包容普惠创新	64.69	4

资料来源：贵州营商环境研究中心。

毕节市与全省最优表现对标分析结果如图 3 - 4 所示。

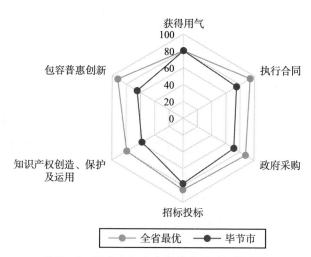

图 3 - 4   毕节市与全省最优表现对标雷达图

资料来源：贵州营商环境研究中心。

从雷达图对标结果来看，毕节市包容普惠创新与知识产权创造、保护及运用 2 项指标为营商环境建设短板，与全省最优表现差距较大。包容普惠创新全省最优为遵义市的 92.01 分，毕节市仅得 64.69 分，相差 27.32 分。知识产权方面，全省最优表现为贵阳市的 78.93 分，毕节市仅得 64.69 分，相差 14.24 分。二级指标具体表现如表 3 – 76 所示。

表 3 – 76　　　　　毕节市本级营商环境评估得分情况

一级指标	二级指标	单位	得分	全省排名
1. 获得用气	1.1 获得用气环节	个	60.10	8
	1.2 获得用气时间	工作日	91.60	2
	1.3 获得用气成本	占当地人均收入比（％）	96.82	2
	1.4 用气价格	占总营收比（％）	72.60	6
2. 执行合同	2.1 解决商业纠纷的时间	工作日	73.84	5
	2.2 解决商业纠纷的费用	占索赔金额比（％）	75.90	7
3. 政府采购	3.1 电子采购平台评价	（0～10）	100.00	1
	3.2 采购流程	（0～10）	54.11	9
	3.3 采购结果确定和合同签订	（0～10）	98.80	5
	3.4 合同管理	（0～10）	40.00	10
	3.5 支付和交付	工作日	47.65	7
	3.6 政府采购	（0～10）	88.00	3
4. 招标投标	4.1 互联网＋招标采购	（0～10）	100.00	1
	4.2 投标和履约担保	（0～10）	61.82	4
	4.3 外地企业中标率	％	89.77	4
	4.4 建立公平有效的投诉机制	（0～12）	60.00	4
5. 知识产权创造、保护及运用	5.1 知识产权创造质量	项	42.20	8
	5.2 知识产权保护社会满意度	（0～10）	70.78	6
	5.3 非诉纠纷解决机构覆盖面	个	55.00	2
	5.4 知识产权运用效益	项	62.56	3

续表

一级指标	二级指标	单位	得分	全省排名
6. 包容普惠创新	6.1 创新创业活跃度	（0~100）	51.09	6
	6.2 人才流动便利度	（0~100）	90.00	3
	6.3 市场开放度	%	75.00	3
	6.4 基本公共服务群众满意度	个	57.39	6
	6.5 蓝天碧水净土森林覆盖指数	%	58.49	6
	6.6 城市立体交通指数	（0~10）	56.15	8

资料来源：贵州营商环境研究中心。

1. 获得用气

毕节市获得用气指标居全省第1名，其中报装时间及成本均位于全省前列（均为第2名）。从二级指标具体表现来看，毕节市企业燃气报装平均需5.33个环节，多于全省平均的5.04个环节，排名在全省靠后。燃气报装平均时间为5.67个工作日，全省平均为8.25个工作日。报装平均成本占当地人均收入比为6.69%，全省平均为12.38%。用气价格不占优势，毕节市用气企业燃气费用平均占其当期营收的3.42%，而安顺市只有1.3%，贵安新区只有1%。

毕节市燃气报装环节稍显烦琐。获得用气环节为5.33个，未实现用气报装环节精简为2个的目标。样本企业获得用气所需环节最多为6个，最少为5个，涉及报装申请、用气方案答复、办理道路挖掘许可、竣工验收、点火验收环节。

2. 执行合同

毕节市执行合同指标排全省第5名。从二级指标上看，毕节市企业解决商业纠纷平均需要347.25个工作日，排名全省第5，而排名第1的遵义市仅需248.5个工作日。

解决商业纠纷费用在索赔金额中平均占比为7.86%，排在全省第7名，而全省平均为6.66%，排名第1的贵阳市只有2.16%。调研结果表明，毕节市解决商业纠纷费用平均为55702元，主要费用包括律师费、执行费和诉讼费 3 类,样本企业中解决商业纠纷的费用最高为 118000 元,最高占比达 17.62%。

3. 政府采购

毕节市政府采购指标排全省第 9 名。其中电子采购平台问卷评价得 9.13 分,排全省第 1 名,表明毕节市政府电子采购平台功能较为完善。同时在考核采购过程是否规范和政府是否诚信的二级指标上,毕节市也获得全省第 3 名。

表现欠佳的二级指标包括:采购流程体现政府采购方面的规范程度,毕节市仅得 54.11 分,排名第 9,低于全省平均水平(66.40 分);合同管理主要衡量合同谈判、合同内容公开、履约担保等情况,毕节市仅得 40 分(全省最低),全省平均 80.94 分。在付款给企业方面,毕节市评分 47.65 分,排名第 7,而全省平均水平为 67.25 分。存在的主要问题包括:

(1) 支付和交付有待改进。

调研结果表明,毕节市在合同管理、支付交付方面得分偏低,表明采购流程、合同管理规范化和及时付款对企业满意度影响非常大,需要有关部门引起重视。

(2) 企业对合同管理总体评价不高。

企业在访谈环节希望政府在采购和执行合同方面,应有相对规范的操作规程,让企业有依可循。也一定程度上暴露出毕节市在政府采购和执行合同上存在监管不严和管理不规范等问题。

4. 招标投标

招标投标指标衡量流程规范性、企业进入市场的难易程度、投诉机制等情况,毕节市排全省第 3 名。其中"互联网 + 招标采购"排全省第 1 名。投标和履约担保 61.82 分,排全省第 4 名,略低于全省平均水平(62.76 分)。外地企业中标率 89.77 分、建立公平有效投诉机制 60 分,均排名全省第 4。

评估结果表明,毕节市在交易平台市场化程度、公共服务平台体系完善度、电子化行政监管和互联互通资源共享等方面表现优异。在投标和履约担保方面操作规范、程序严谨。外地企业中标率排名靠前,一定程度上说明了毕节市的营商环境开放程度较好。同时，投标投诉机制相对公平和公正，对工程类项目投标活动当事人合法权益的保护力度也较好。

访谈环节企业提出的意见包括：期待政府招标投标信息更公开化和透明化、处理招标投标投诉时能进行预审、加大对招投标市场监管力度等。

5. 知识产权保护及运用

毕节市知识产权及运用指标排在全省第6名。各项二级指标具体表现如下：知识产权创造质量方面，毕节市仅得42.20分，排在9个市（州）中的第8名；知识产权保护社会满意度方面，毕节市得70.78分，排名全省第6名，低于全省平均水平（76.43分）；非诉纠纷解决机构覆盖面方面，毕节市与贵阳市、遵义市等并列第2名；知识产权运用效益方面，毕节市评分62.56分，排全省第3名。

（1）知识产权创造质量较低。

评估结果显示，在知识产权创造质量中，毕节市R&D经费支出占GDP比重仅为0.26%，低于全省平均水平（0.62%）；平均每百万人专利年申请数仅为282.08项，低于全省998.67项的平均水平；平均每百万人发明专利年授权数4.04项，远远低于全省平均的49.96项。其中平均每百万人专利年申请数和平均每百万人发明专利年授权数均为全省最低。

（2）知识产权保护尚待加强。

毕节市未成立专业知识产权调解、仲裁机构。访谈结果也表明，部分企业反映法院不作为导致知识产权纠纷迟迟不能解决，企业在此环节融资受阻，举步维艰。同时，商标侵权的情况比较泛滥，政府监管还有待提升。

6. 包容普惠创新

毕节市包容普惠创新指标排在全省第4名。具体来看，毕节市在创新创业活跃度、人才流动便利度、市场开放度上均排名全省第3，表现上佳。但在基本公共服务群众满意度和蓝天碧水净土森林覆盖指数方面都排名全省第6，距离全省平均水平有一定差距。尤其城市立体交通指数方面，毕节市仅得分56.15分，排名全省第8，仅排在六盘水市之前，说明其交通便捷度存在较大提升空间。

（三）县域评估结果

从毕节市整体表现来看，表现最好的黔西县排在全省第 22 名，金沙县排在第 23 名，织金县排在最末位（全省第 66 名），其余区县位于 30～50 名（见表 3－77）。

表 3－77　　　　　毕节市下辖区县营商环境评估总得分情况

区县	开办企业	办理建筑许可（分）	获得电力（分）	获得用水（分）	登记财产（分）	纳税（分）	获得信贷（分）	政务服务（分）	市场监管（分）	企业信心（分）	总得分	全省排名	市内排名
黔西县	84.81	82.24	75.89	75.88	81.41	82.10	72.24	69.31	90.50	77.14	79.15	22	1
金沙县	82.18	79.23	78.40	85.66	73.46	83.37	76.84	73.41	84.69	73.63	79.09	23	2
纳雍县	79.91	80.12	89.57	86.23	87.91	80.82	65.28	75.54	71.35	55.66	77.24	32	3
七星关区	87.57	79.25	85.94	91.69	84.22	67.52	66.84	69.38	79.52	54.91	76.68	35	4
威宁县	79.21	80.73	77.03	74.76	82.19	80.56	69.73	74.24	80.73	62.65	76.18	39	5
大方县	87.11	78.70	83.00	84.06	70.80	69.74	66.53	75.43	84.66	60.08	76.01	43	6
赫章县	63.07	82.30	83.09	98.41	80.06	83.38	64.99	67.80	77.02	58.41	75.85	45	7
织金县	70.30	83.36	85.33	77.00	77.26	58.92	68.72	78.67	66.97	61.17	72.77	66	8

资料来源：贵州营商环境研究中心。

1. 开办企业

毕节市开办企业指标在全省普遍处于中下游水平，表现最好的七星关区仅居全省第 26 位。从指标得分来看，该项指标全省平均 80.48 分，毕节市仅有一半区县超过全省平均分。8 个县（市、区）具体表现如表 3－78 所示。

表 3－78　　　　　毕节市开办企业指标得分情况

区县	环节（分）	时间（分）	成本（分）	材料（分）	总得分	全省排名	市内排名
黔西县	62.95	93.03	100.00	83.24	84.81	36	3
金沙县	67.65	88.64	100.00	72.45	82.18	44	4
纳雍县	62.95	88.18	100.00	68.50	79.91	53	5

区县	环节（分）	时间（分）	成本（分）	材料（分）	总得分	全省排名	市内排名
七星关区	81.47	90.45	100.00	78.35	87.57	26	1
威宁县	49.12	87.42	100.00	80.29	79.21	56	6
大方县	86.18	92.42	96.39	73.45	87.11	30	2
赫章县	44.70	78.48	87.16	41.95	63.07	83	8
织金县	49.12	84.24	100.00	47.85	70.30	72	7

资料来源：贵州营商环境研究中心。

从二级指标来看，毕节市开办企业平均环节为 5.17 个，而全省平均 4.7 个，第 1 名的盘州市平均仅需 4.04 个，毕节市位于全省倒数第 2 名；开办企业平均时间为 2.8 个工作日，全省平均为 3.03 个工作日；开办企业成本方面，毕节市仅有织金县和大方县未能免费刻制部分印章，排名全省第 2 名；开办企业所需材料方面，平均需要 13.71 件材料，全省平均为 12.92 件，尚存在优化空间（见表 3-79）。

表 3-79　　　　　　　毕节市开办企业二级指标原始数据

区县	全省排名	总分	环节（个）	时间（工作日）	成本（%）	材料（件）
七星关区	26	87.57	4.50	2.63	0.00	12.00
大方县	30	87.11	4.33	2.50	0.18	12.83
黔西县	36	84.81	5.17	2.46	0.00	11.17
金沙县	44	82.18	5.00	2.75	0.00	13.00
纳雍县	53	79.91	5.17	2.78	0.00	13.67
威宁县	56	79.21	5.67	2.83	0.00	11.67
织金县	72	70.30	5.67	3.04	0.00	17.17
赫章县	83	63.07	5.83	3.42	0.64	18.17
全省平均		80.48	4.70	3.03	0.56	12.92
全省最优		98.82	3.83	2.00	0.00	8.33
全省最差		47.98	6	5.96	2.99	18.5

资料来源：贵州营商环境研究中心。

目前存在以下几个问题：

（1）开办企业时限存在压缩空间。

调研结果表明，毕节市开办企业平均办理时间为 2.80 个工作日，但赫章县 3.42 个工作日、织金县 3.04 个工作日，未能达成整体压缩至 3 个工作日以内的既定目标。其中，赫章县及织金县在银行开户环节未实现当日办结。

（2）办理企业退出注销较为困难。

部分企业在访谈环节反馈，其在领取营业执照后未开展经营活动也未发生债权债务，但在办理注销时手续复杂，且材料多、跑腿多，不少环节的办理都需要消耗大量时间精力，办理过程经常"卡壳"，企业退出难。

2. 办理建筑许可

毕节市办理建筑许可指标平均得 80.74 分，比全省平均水平（74.77分）高 5.97 分。织金县（第 16 名）、赫章县（第 19 名）、黔西县（第 20名）均进入全省前 20 名。排名最末的大方县也位于全省第 40 名。具体表现如表 3-80 所示。

表 3-80　　　　　　　　毕节市办理建筑许可指标得分情况

区县	环节（分）	时间（分）	成本（分）	材料（分）	总得分	全省排名	市内排名
黔西县	79.31	94.87	74.99	79.81	82.24	20	3
金沙县	77.24	70.37	83.73	85.58	79.23	33	7
纳雍县	81.38	83.68	82.54	72.88	80.12	28	5
七星关区	71.03	66.55	89.80	89.62	79.25	32	6
威宁县	83.45	75.34	83.45	80.67	80.73	25	4
大方县	89.66	49.46	80.02	95.67	78.70	40	8
赫章县	83.45	66.99	94.34	84.42	82.30	19	2
织金县	75.17	85.33	93.99	78.94	83.36	16	1

资料来源：贵州营商环境研究中心。

毕节市部分县市区存在耗时较长的情况。大方县平均耗时 263.25 个工作日，耗时较长环节涉及建设项目环境影响评价审批、水土保持方案报告书审批、地质勘查、建设用地规划许可证核发、建设工程规划许可证核发等，每个环节平均耗时 30 个工作日。七星关区平均 205 个工作日，耗时较长环节主要包括、建设项目环境影响评价审批、地质勘查、建设工程消防设计审查（见表 3 – 81）。

表 3 – 81　　　　　　　毕节市办理建筑许可二级指标原始数据

区县	全省排名	总分	环节（个）	时间（工作日）	成本（%）	材料（件）
织金县	16	83.36	23.00	141.00	1.46	99.50
赫章县	19	82.30	21.00	203.50	1.41	90.00
黔西县	20	82.24	22.00	108.50	4.18	98.00
威宁县	25	80.73	21.00	175.05	2.97	96.50
纳雍县	28	80.12	21.50	146.63	3.10	110.00
七星关区	32	79.25	24.00	205.00	2.06	81.00
金沙县	33	79.23	22.50	192.00	2.93	88.00
大方县	40	78.70	19.50	263.25	3.46	70.50
全省平均		74.77	23.07	183.12	3.43	106.76
全省最优		90.38	17.00	91.00	0.60	63.00
全省最差		48.27	31.50	291.75	9.19	167.00

资料来源：贵州营商环境研究中心。

目前存在以下几个问题：

（1）办理建筑许可环节。

毕节市区县办理建筑许可平均环节 21.81 个，全省平均 23.07 个。该项二级指标表现最好的是石阡县、务川县、玉屏县等，平均只需要 17 个环节。毕节市表现最好的是大方县，需要 19.5 个环节，距离全省最佳表现还有上升空间。

（2）办理建筑许可时间。

毕节市区县办理建筑许可平均时间为 179.37 个工作日，平均得分 74.07 分；全省平均 183.12 个工作日，平均得分为 73.60 分。全省排名第 1 的剑河县平均只需 91 个工作日。可见毕节市在环节上总体表现尚好，但仍有 4 个县低于全省平均水平。

（3）办理建筑许可成本。

毕节市区县办理建筑许可成本平均得分 85.36 分，排名全省第 2。该二级指标全省平均 80.49 分，排名第 1 的铜仁市，其所辖区县平均得 87.50 分。从分数来看，毕节市与铜仁市得分与平均分反映的差距几乎一致。

（4）办理建筑许可材料。

毕节市办理建筑许可所需材料平均得分 83.45 分，排名全省第 1，全省平均 75.47 分。但纳雍县的表现与其他区县还有一定差距，是毕节市唯一低于全省平均分的区县。

3.获得电力

获得电力指标全省平均 83.24 分，毕节市所辖区县平均得 82.28 分，总体上达到全省平均水平。从指标排名来看，毕节市仅有 2 个县排名进入全省前 30 名，纳雍县表现最好，排在全省第 16 名。具体表现如表 3-82 所示。

表 3-82　　　　　　　毕节市获得电力指标得分情况

区县	环节（分）	时间（分）	成本（分）	可靠性（分）	电价（分）	材料（分）	总分	全省排名	市内排名
黔西县	100.00	70.16	90.55	45.14	73.46	76.00	75.89	79	8
金沙县	100.00	63.77	100.00	65.71	47.77	93.14	78.40	67	6
纳雍县	100.00	84.01	93.37	65.71	100.00	94.34	89.57	16	1
七星关区	100.00	89.34	100.00	65.71	94.85	65.71	85.94	30	2
威宁县	100.00	83.59	73.13	65.71	68.39	71.37	77.03	70	7
大方县	100.00	65.79	100.00	65.71	97.89	68.63	83.00	46	5
赫章县	100.00	73.25	86.47	57.14	84.62	97.09	83.09	45	4
织金县	100.00	85.83	100.00	65.71	83.27	77.20	85.33	32	3

资料来源：贵州营商环境研究中心。

从二级指标表现来看，毕节市区县在获得电力时间和电力可靠性 2 项指标上表现欠佳，导致失分，影响获得电力指标的整体评价（见表 3-83）。

表3-83 毕节市获得电力二级指标原始数据

区县	全省排名	获得电力总分	环节（个）	时间（工作日）	成本（%）	供电可靠性	电力价格（%）	材料（份）
纳雍县	16	89.57	2.00	2.50	1.43	8.00	0.17	2.33
七星关区	30	85.94	2.00	2.00	0.00	8.00	0.78	4.00
织金县	32	85.33	2.00	2.33	0.00	8.00	2.15	3.33
赫章县	45	83.09	2.00	3.51	2.92	7.50	1.99	2.17
大方县	46	83.00	2.00	4.21	0.00	8.00	0.42	3.83
金沙县	67	78.40	2.00	4.40	0.00	8.00	6.35	2.40
威宁县	70	77.03	2.00	2.54	5.80	8.00	3.91	3.67
黔西县	79	75.89	2.00	3.80	2.04	6.80	3.31	3.40
全省平均		83.24	2.00	2.70	2.80	8.42	2.45	3.35
全省最优		95.48	2.00	1.00	0.00	10.00	0.17	2.17
全省最差		72.55	2.00	5.58	12.95	6.50	7.27	5.50

资料来源：贵州营商环境研究中心。

目前存在以下几个问题：

（1）获得电力时间。

全省电力报装平均需要2.7个工作日，平均得分81.87分，排名第1的六盘水市平均只需1.34个工作日。毕节市获得电力平均时间为3.16个工作日，高于全省平均值2.70个工作日，平均得76.97分，位于全省倒数第4名。其中大方县、赫章县、黔西县、金沙县平均时间为3.98个工作日，样本企业时间最长为10个工作日（申请报装1个工作日，装表接电9个工作日）。毕节市在该项二级指标上总体表现欠佳，距离前沿水平差距不小。

（2）获得电力成本。

全省获得电力成本平均得87.01分，毕节市区县平均得分92.94分，排名全省第1，排名第2的是黔东南州（92.87分），与毕节市相差不大。从得分来看，毕节市高于全省平均水平。

（3）供电可靠性。

供电可靠性方面，毕节市平均仅得62.07分，全省平均72.98分，排在全省第 1 名的黔南州得分为 93.57 分。毕节市黔西县、赫章县平均分仅为 51.14 分，主要问题表现在：2019 年停电频率大于 12 次、单次停电持续时间超过 10 小时；90.90% 的企业没有收到电力公司停电补偿。在该项二级指标上，毕节市表现稍差，不仅落后全省平均水平，与全省前沿水平更是有着 30 分的巨大差距。表明毕节市在供电可靠性、稳定性、持续性方面，还有很大进步空间。

（4）电力价格。

在电力价格方面，毕节市平均得分 81.28 分，排在全省第 5 名。全省平均为 80.69 分，排名第 1 的是六盘水市（91.91 分）。毕节市的表现比全省平均水平稍好，但显然离六盘水市还有一定的差距。需要说明的是这项指标的计算需要考虑到企业的总营收情况，并不仅仅反映电价的高低，只能代表在企业经营中用电支出的负担高还是低。

（5）获得电力材料。

在获得电力所需材料方面，毕节市区县平均需要 3.14 件，全省平均需要 3.35 件，表现略好。毕节市该项指标得分排在黔东南州和六盘水市之后，位列全省第 3 名，与第 2 名的六盘水市差 0.1 分，总体表现较好。

4. 获得用水

获得用水指标全省平均 80.60 分，毕节市平均为 84.21 分，半数区县进入全省前 30 名。其中赫章县表现最好，全省第 2 名；七星关区也排名全省第 13 名；织金县、黔西县和威宁县 3 个县表现稍差，分别列全省第 57 名、第 61 名和第 64 名（见表 3 - 84）。

表 3 - 84　　　　　　　毕节市获得用水指标得分情况

区县	环节（分）	时间（分）	成本（分）	价格（分）	总得分	全省排名	市内排名
黔西县	67.45	96.09	40.00	100.00	75.88	61	7
金沙县	79.00	84.86	88.04	90.72	85.66	28	4
纳雍县	74.95	83.69	100.00	86.30	86.23	25	3
七星关区	85.00	90.53	91.67	99.57	91.69	13	2
威宁县	55.00	78.14	69.89	96.00	74.76	64	8

续表

区县	环节（分）	时间（分）	成本（分）	价格（分）	总得分	全省排名	市内排名
大方县	59.95	76.53	100.00	99.74	84.06	36	5
赫章县	100.00	95.42	100.00	98.21	98.41	2	1
织金县	62.50	89.56	57.58	98.38	77.00	57	6

资料来源：贵州营商环境研究中心。

总体来看，毕节市区县在用水价格上表现最为出色，获得用水环节数量和时间控制也相对较好，但企业在用水报装成本方面失分较多（见表3-85）。

表3-85　　　　　　　　毕节市获得用水二级指标原始数据

区县	全省排名	总分	环节（个）	时间（工作日）	成本（%）	价格（%）
赫章县	2	98.41	2.00	3.00	0.00	0.27
七星关区	13	91.69	3.00	4.25	2.36	0.11
纳雍县	25	86.23	3.67	6.00	0.00	1.67
金沙县	28	85.66	3.40	5.70	3.39	1.15
大方县	36	84.06	4.67	7.83	0.00	0.09
织金县	57	77.00	4.50	4.50	12.02	0.25
黔西县	61	75.88	4.17	2.83	17.00	0.06
威宁县	64	74.76	5.00	7.42	8.53	0.53
全省平均		80.60	4.20	6.39	4.80	1.21
全省最优		99.81	2.00	1.83	0.00	0.06
全省最差		53.00	6.00	17.17	17.00	7.11

资料来源：贵州营商环境研究中心。

目前存在以下几个问题：

（1）用水报装环节。

在获得用水的环节上，毕节市区县平均3.80个，得分72.98分。全省88个县平均获得用水环节需要4.2个，平均66.98分。在这个环节上，毕节市的表现和整体表现相符，略高于全省平均水平，排名全省第3，位于安顺市和六盘水市之后。毕节市样本企业所需环节最多为6个（窗口登记、供水方案答复、工程设计方案审查、办理道路挖掘许可、竣工验收、挂表开栓），最少为2个（窗口登记、竣工验收）。

（2）用水报装时间。

在获得用水所需等待的时间上，毕节市区县平均5.19个工作日，平均得分86.85分，排在六盘水市、黔东南州和黔西南州之后位于全省第4。此环节全省平均需要6.39个工作日，平均得分82.17分。排名第1的六盘水市平均只需4.13个工作日，平均得分90.99分。毕节市在此环节的表现上总体好于全省平均水平，但在等待天数上距离六盘水市相差近1个工作日。

（3）用水报装成本。

在获得用水成本方面，毕节市排名全省倒数第3，低于全省平均水平83.05分，得分80.90分。此环节排名第1的是黔南州（88.32分，不考虑100分的贵安新区），毕节市与前沿水平相差近10分，在此环节上失分较多。说明毕节市区县的企业从申请报装到获得用水这个过程中，要付出略高的代价。毕节市样本企业获得用水成本平均为1711元，占当地人均收入比为5.41%（全省平均4.36%）；样本企业中获得用水最高成本达9800元。

（4）用水价格。

在用水价格方面，毕节市平均得分96.12分，排名全省第1，也高于全省平均的90.18分。领先全省排名第2的六盘水市0.4分。同样要强调的是，这个环节的衡量要考虑企业的总营收情况，不能简单地理解为水费过高或过低。从此次调研数据反映的结果来看，毕节市区县企业在用水方面并没有太大的负担。

5. 登记财产

毕节市登记财产指标平均得分79.66分，全省平均为73.34分，绝大多数区县高于全省平均水平，排名全省第1。全市8个区县中，有2个排名全省前10，4个排名全省前20，整体表现优异（见表3-86）。

表3-86 毕节市登记财产指标得分情况

区县	环节（分）	时间（分）	成本（分）	材料（分）	总得分	全省排名	市内排名
黔西县	70.00	97.50	74.79	83.33	81.41	18	4
金沙县	70.00	97.50	83.03	43.33	73.46	51	7
纳雍县	70.00	100.00	98.32	83.33	87.91	4	1
七星关区	70.00	100.00	83.53	83.33	84.22	9	2
威宁县	85.00	100.00	50.42	93.33	82.19	13	3
大方县	70.00	71.20	58.66	83.33	70.80	60	8
赫章县	70.00	93.70	83.19	73.33	80.06	23	5
织金县	100.00	52.50	83.19	73.33	77.26	35	6

资料来源：贵州营商环境研究中心。

总体来看，4项二级指标中，毕节市2项二级指标排名第1，其余依次为第2名和第3名，展现出全省前沿水平。各项二级指标具体如表3-87所示。

表3-87 毕节市登记财产二级指标原始数据

区县	全省排名	总分	环节（个）	时间（工作日）	成本（%）	材料（件）
纳雍县	4	87.91	4.00	2.00	2.15	15.00
七星关区	9	84.22	4.00	2.00	3.03	15.00
威宁县	13	82.19	3.50	2.00	5.00	13.50
黔西县	18	81.41	4.00	2.25	3.55	15.00
赫章县	23	80.06	4.00	2.63	3.05	16.50
织金县	35	77.26	3.00	6.75	3.05	16.50
金沙县	51	73.46	4.00	2.25	3.06	21.00
大方县	60	70.80	4.00	4.88	4.51	15.00
全省平均		73.34	3.98	3.89	3.86	16.67
全省最优		89.51	3.00	2.00	1.97	12.50
全省最差		50.11	5.00	8.00	5.62	21.50

资料来源：贵州营商环境研究中心。

目前存在以下几个问题:

(1) 登记财产环节。

在登记财产的所需环节上,毕节市区县平均 3.81 个,再次排名全省第 1,可谓毕节市的优势项目。但贵阳市平均 3.90 个环节紧随其后,让毕节市不能掉以轻心。此外,全省该项平均需要 3.98 个环节。

(2) 登记财产时间。

在登记财产的时间上,毕节市区县平均得分 89.05 分,排名全省第 2。全省平均 81.12 分,排名第 1 的六盘水市平均 89.60 分。虽然毕节市在此项的表现上也算上佳,但与排在 3~5 名的几个市(州)差距并不太大。

(3) 登记财产成本。

在登记财产成本方面,毕节市区县平均得分 76.89 分,再次排名全省第 1。从分数来看,毕节市只有 2 个县低于全省平均 69.56 分的水平。同时,毕节市与安顺市成为该指标的全省第一梯队,其他市(州)与它们的差距不小。

(4) 登记财产材料。

在登记财产所需材料方面,毕节市区县平均需要 15.94 份,平均得分 77.08 分,排名全省第 3。全省平均需要 16.67 份,平均得分 72.17 分。全省排名第 1 的是贵安新区,登记财产平均需要 15 份材料,得分 83.33 分。在这一环节上,毕节市表现尚佳,但存在进一步提升的空间。

6. 纳税

毕节市纳税指标表现与全省总评第 4 的排名不相符。从排名来看,表现最好的赫章县排全省第 50 名,有 3 个县在该指标上排在全省后 10 名,总体表现疲软。从得分来看,纳税指标全省平均分 83.04 分,毕节市 8 个区县平均只有 75.80 分,全市只有赫章县和金沙县勉强超过全省平均分,也成为该项指标全省 9 个市(州)及贵安新区中唯一平均分低于 80 分的被评估单位(见表 3-88)。

表 3-88　　　　毕节市纳税指标得分情况

区县	次数(分)	时间(分)	税费率(分)	总得分	全省排名	市内排名
黔西县	80.63	70.31	95.35	82.10	56	3
金沙县	67.09	83.04	100.00	83.37	51	2

续表

区县	次数（分）	时间（分）	税费率（分）	总得分	全省排名	市内排名
纳雍县	69.26	85.92	87.29	80.82	59	4
七星关区	73.86	77.25	51.47	67.52	85	7
威宁县	64.79	86.28	90.60	80.56	61	5
大方县	51.24	73.70	84.30	69.74	83	6
赫章县	62.48	89.01	98.63	83.38	50	1
织金县	40.00	75.22	61.55	58.92	88	8

资料来源：贵州营商环境研究中心。

总体来看，毕节市在纳税指标上表现全面疲软，2 项全省倒数第 1 名，1 项指标全省倒数第 2 名，极大影响毕节市各区县营商环境整体评价。3 项二级指标具体如表 3 – 89 所示。

表 3 – 89　　　　　　　　毕节市纳税二级指标原始数据

区县	全省排名	纳税总分	次数（次）	时间（小时）	税费率（%）
赫章县	51	83.38	6.17	109.76	3.72
金沙县	52	83.37	5.83	124.27	2.92
黔西县	57	82.10	4.83	155.18	5.64
纳雍县	60	80.82	5.67	117.28	10.36
威宁县	62	80.56	6.00	116.39	8.42
大方县	84	69.74	7.00	146.95	12.11
七星关区	86	67.52	5.33	138.33	31.32
织金县	89	58.92	7.83	143.25	25.42
全省平均		83.04	5.40	113.89	9.40
全省最优		97.84	3.40	83.08	2.92
全省最差		58.92	7.83	228.77	38.03

资料来源：贵州营商环境研究中心。

目前存在以下几个问题：

（1）部分县区纳税次数多。

纳税次数反映缴纳方式的复杂程度及频率。毕节市平均纳税次数为6.08次，高于全省平均值（5.40次），其中赫章县、大方县和织金县3个县区平均纳税次数较多，分别为6.17次、7.00次和7.83次。毕节市所辖区县平均分63.67分，得分最高的黔西县80.63分，最低的织金县仅40分，而全省平均分为72.89分。说明在缴税次数和频率上，毕节市企业远远高于全省平均水平。

（2）纳税时间长。

毕节市平均纳税时长为131.43小时，高于全省平均值（113.89小时），在9个市（州）及贵安新区排名第10位，其中黔西县、大方县、织金县和七星关区4个县区平均纳税时间分别为155.18小时、146.95小时、143.25小时和138.33小时。从指标得分来看，毕节市区县平均80.09分，全省平均87.31分，排名仍然为全省最末位。排名第一的黔南州该环节得93.74分，毕节市距离前沿水平还有一定距离。

（3）税费率相对较高。

总税收和缴费率方面，毕节市区县平均83.65分，但内部分化严重。表现最好的金沙县100分，表现最差的七星关区51.47分。全省该环节得分88.93分，56个县评分90分以上。此项表现上，毕节仅领先铜仁一个名次，排在全省倒数第2。全省第1的六盘水平均分95.40分。数据表明，毕节市区县企业的税费负担全省较重。

7. 获得信贷

从获得信贷指标排名来看，毕节市表现最好的金沙县（排在全省第25名）。8个区县中有4个排在全省60名以后，整体表现中等偏下。从指标得分来看，获得信贷全省平均71.50分，毕节市8个区县平均68.90分，全市仅黔西县和金沙县达到全省平均水平。然而，该项指标全省最高分仅76.96分（贵阳市），表明全省普遍得分偏低（见表3-90）。

表 3 - 90　　　　　　　　　毕节市获得信贷指标得分情况

区县	环节（分）	时间（分）	成本（分）	征信机构（分）	总得分	全省排名	市内排名
黔西县	70.00	78.95	100.00	40.00	72.24	44	2
金沙县	70.00	97.37	100.00	40.00	76.84	25	1
纳雍县	55.00	69.44	96.70	40.00	65.28	71	7
七星关区	49.90	77.45	100.00	40.00	66.84	64	5
威宁县	55.00	83.93	100.00	40.00	69.73	52	3
大方县	47.50	79.24	99.40	40.00	66.53	66	6
赫章县	70.00	47.01	100.00	42.94	64.99	72	8
织金县	49.90	84.98	100.00	40.00	68.72	56	4

资料来源：贵州营商环境研究中心。

毕节市各区县在降低企业贷款所需付出的成本方面做得相当出色，在获得信贷的时间和环节上也处于全省平均水平，在征信机构覆盖面上存在失分，具体情况如表 3 - 91 所示。

表 3 - 91　　　　　　　　　毕节市获得信贷二级指标原始数据

区县	全省排名	总分	环节（个）	时间（工作日）	成本（%）	征信机构（分）
金沙县	25	76.84	5.00	5.83	0.00	9.34
黔西县	44	72.24	5.00	16.00	0.00	9.34
威宁县	52	69.73	5.50	13.25	0.00	9.34
织金县	56	68.72	5.67	12.67	0.00	9.34
七星关区	64	66.84	5.67	16.83	0.00	9.34
大方县	66	66.53	5.75	15.84	0.02	9.34
纳雍县	71	65.28	5.50	21.25	0.11	9.34
赫章县	72	64.99	5.00	33.63	0.00	10.34
全省平均		71.50	5.38	18.36	0.26	16.51
全省最优		93.43	4.00	4.38	0.00	29.74
全省最差		49.22	6.00	37.50	2.00	9.34

资料来源：贵州营商环境研究中心。

目前存在以下几个问题：

（1）获得信贷环节稍多。

获得信贷环节方面，毕节市各区县平均手续 5.39 个，高于全省平均 5.38 个。大方县企业获贷环节最多（5.75 个），黔西县、金沙县、赫章县 3 个县均需 5 个环节。全省表现最好的是清镇市，平均只需要 4 个环节。毕节市企业反馈申贷资料冗繁，审批手续烦琐。

（2）获得信贷时间。

在获得信贷的时间上，毕节市区县平均需要 16.91 个工作日，全省平均需要 18.36 个工作日。毕节市区县的整体表现位于全省平均水平偏上，只有两个县（纳雍县和赫章县）的时间长于全省平均水平。不过，全省第一的仁怀市只需要 4.38 个工作日，为所有区县树立了学习典型。金沙县只需要 5.83 个工作日，表现也堪称惊艳。赫章县的 33.63 个工作日则远远长于全省的平均时间。

（3）获得信贷成本。

在获得信贷成本方面，毕节市区县所用成本占获得信贷额度的 0.02%，而全省平均为 0.26%。这说明在毕节市区县企业获得信贷所付出的成本远远低于全省平均水平，企业没有背负沉重的负担。评分上，毕节市平均的 99.51 分也远高于全省平均的 92.16 分。可以说，在这个指标上毕节市的表现比较出色。但是纳雍县的 96.70 分还没达到毕节市的平均水平。

（4）征信机构覆盖面表现不佳。

毕节市征信机构覆盖面平均得 40.37 分，全省平均值为 61.09 分。从调研数据来看，毕节市区县级企业征信数据覆盖率为 2.34%，自然人征信数据覆盖率为 32.65%，征信系统目前已接入的金融机构和非金融机构目前仅涉及商业银行。非银行信息各县市区采集有公积金缴存信息、法院判决和执行信息等，采集的部门信息有限。

（5）贷款门槛高且额度低。

企业反馈由于银行和企业之间信息不对称，银行贷款以抵押或担保为主，信用贷款的授信额度低。融资难问题体现在担保手续落实方面。符合银行要求的抵押物要求高，企业房产的财产登记可能不符合银行的担保要求。融资贵主要是融资担保费较高、资产评估费用贵、贷款到期需要的转贷费用过高。

（6）政策落实不到位。

企业反馈扶持和鼓励民营企业发展的政策落实打折扣。如税源贷，是按照缴税额度给企业贷款的项目，该项目规定只要是在税务获得 A 或 B 级的定级就能够获得贷款。有企业上年纳税到达了税源贷的额度，但是跑了好几家银行也没有贷到款。政府设立专门为中小企业融资担保的担保公司，但是目前担保公司的数量、规模远远不能满足企业贷款需求。

8. 政务服务

毕节市政务服务指标平均得分 72.97 分，全省平均分为 70.26 分，各区县排名集中于中上游，排名最好的织金县位于全省第 16 名。具体情况如表 3 - 92 所示。

表 3 - 92　　　　　　　毕节市政务服务指标得分情况

区县	网上服务（分）	便利度（分）	满意度（分）	数据共享（分）	总得分	全省排名	市内排名
黔西县	53.41	70.13	78.05	75.64	69.31	53	7
金沙县	60.49	60.63	81.26	91.27	73.41	35	5
纳雍县	59.76	68.25	76.70	97.45	75.54	27	2
七星关区	64.15	61.61	63.04	88.73	69.38	51	6
威宁县	59.51	69.15	74.84	93.45	74.24	34	4
大方县	62.68	71.48	74.84	92.73	75.43	29	3
赫章县	59.76	66.91	60.89	83.64	67.80	57	8
织金县	56.34	81.43	81.26	95.64	78.67	16	1

资料来源：贵州营商环境研究中心。

从二级指标具体表现来看，网上政务能力和政务服务事项便利度是影响该一级指标评价的主要因素（见表 3 - 93）。

表 3 - 93　　　　　　　毕节市政务服务二级指标原始数据

区县	全省排名	总分	网上政务服务能力（分）	政务服务事项便利度（分）	政务服务满意度（分）	政务服务数据共享（分）
织金县	16	78.67	2.54	9.89	45.17	1.88

区县	全省排名	总分	网上政务服务能力（分）	政务服务事项便利度（分）	政务服务满意度（分）	政务服务数据共享（分）
纳雍县	27	75.54	2.68	8.42	43.75	1.93
大方县	29	75.43	2.80	8.78	43.17	1.80
威宁县	34	74.24	2.67	8.52	43.17	1.82
金沙县	35	73.41	2.71	7.57	45.17	1.76
七星关区	51	69.38	2.86	7.68	39.5	1.69
黔西县	53	69.31	2.42	8.63	44.17	1.33
赫章县	57	67.80	2.68	8.27	38.83	1.55
全省平均		70.26	2.73	8.74	43.55	1.40
全省最优		84.77	4.33	11.96	51.00	2.00
全省最差		45.05	1.87	5.27	32.33	0.35

资料来源：贵州营商环境研究中心。

目前存在以下几个问题：

（1）网上政务服务能力有待提升。

毕节市所辖县（区）网上政务服务能力指标平均得分为 59.51 分，低于全省平均分（60.95 分）。在 8 个县（区）中，织金县、纳雍县、威宁县、金沙县、黔西县和赫章县 6 个县的网上政务服务事项实际办理率平均仅为 61.96%，好差评系统参评平均次数仅 27987.67 次，大幅度低于全省平均值。

（2）政务服务便利度低。

在政务服务事项便利度方面，毕节市平均得分 68.70 分，全省平均71.16 分。表现最好的织金县评分达 81.43 分，但金沙县和七星关区表现欠佳，市内呈现两极分化。该项指标毕节市排在全省 9 个市（州）及贵安新区的第 7 位。

（3）政务服务满意度。

政务服务满意度主要衡量的是企业、群众对政务服务的感受度和满意度。毕节市在此指标的平均得分为 73.86 分，全省平均分为 70.94 分。市内表现最好的是织金县和金沙县，达 81.26 分。毕节市在这个指标上排名全省第 3（遵义市和黔东南州排前 2 名）。表明企业和群众对毕节市区县政府的政务服务相对满意。

（4）政务平台数据共享。

国家政务服务平台数据共享方面，毕节市平均 89.82 分，全省平均78.01 分。凭借这个指标的优异表现，毕节市政务服务的总体评价得以再次提升。在这一指标上，毕节市仅排在黔东南州（91.14 分）之后，屈居第2。相比几个市（州）50＋的评分而言，毕节市表现相当不错。说明毕节市在政务服务数据公开、透明、共享等方面做得较为出色，甚至比省会贵阳市做得还好。

9. 市场监管

毕节市获得信贷指标平均得分为 79.43 分，全省平均分为 77.81 分。全市有 3 个县排名全省前 20 名，但同时也有 2 个县排名全省下游。黔西县表现最好，排名全省前 10。表现最差的是织金县，排名全省第 83 名（见表 3 - 94）。

表 3 - 94　　　　　　　　　毕节市市场监管指标得分情况

区县	监管覆盖（分）	信息公开（分）	政务诚信（分）	商务诚信（分）	总得分	全省排名	市内排名
黔西县	100.00	100.00	76.00	86.00	90.50	10	1
金沙县	85.00	100.00	70.00	83.75	84.69	16	2
纳雍县	70.00	100.00	56.00	59.39	71.35	73	7
七星关区	70.00	100.00	86.00	62.09	79.52	35	5
威宁县	70.00	100.00	80.00	72.92	80.73	31	4
大方县	85.00	100.00	78.00	75.63	84.66	17	3
赫章县	70.00	100.00	76.00	62.09	77.02	47	6
织金县	62.50	100.00	46.00	59.39	66.97	83	8

资料来源：贵州营商环境研究中心。

全省在监管执法信息公开率方面，通过查验各地提供的印证材料，均为满分，未拉开差距。毕节市该指标各项二级指标具体如表 3 - 95 所示。

表 3 - 95　　　　　　　毕节市市场监管二级指标原始数据

区县	全省排名	总分	"双随机、一公开"（分）	监管执法信息公开率（分）	政务诚信度（分）	商务诚信度（分）
黔西县	10	90.50	14.00	8.00	17.00	17.42
金沙县	16	84.69	12.00	8.00	15.50	17.00
大方县	17	84.66	12.00	8.00	17.50	15.50
威宁县	31	80.73	10.00	8.00	18.00	15.00
七星关区	35	79.52	10.00	8.00	19.50	13.00
赫章县	47	77.02	10.00	8.00	17.00	13.00
纳雍县	73	71.35	10.00	8.00	12.00	12.50
织金县	83	66.97	9.00	8.00	9.50	12.50
全省平均		77.81	10.25	8.00	15.22	14.87
全省最优		94.66	14.00	8.00	23.00	20.00
全省最差		40.00	6.00	8.00	8.50	10.00

资料来源：贵州营商环境研究中心。

目前存在以下几个问题：

（1）"双随机、一公开"监管。

"双随机、一公开"监管覆盖率方面，毕节市区县平均得分 76.56 分，全省平均分为 72.19 分。说明毕节市在"双随机、一公开"监管覆盖方面做得较好，高于全省平均水平。从排名来看，毕节市排在六盘水市和黔南州之后，位居全省第 3。

（2）政务诚信度。

政务诚信度方面，毕节市区县平均得分 71.00 分，全省平均 68.86 分，毕节市的表现再次好于全省平均水平。不过，纳雍县和织金县在此指标的表现还低于全省平均水平。整体来看，毕节市在此二级指标上排名全省第 2，仅随黔东南州之后（83.48 分）。说明毕节市区县政府在对社会、公民恪守信用方面表现出色。需要注意的是织金县在此指标上评分较低，仍有较大提升空间。

针对政府诚信度问卷调查结果显示，毕节市大部分县未建立起政府和社会资本合作失信违约记录制度，未将守信践诺情况未纳入街道和乡镇绩效考核体系。

（3）商务诚信度。

商务诚信度方面，毕节市区县平均得分70.16分，全省平均分72.31分，毕节市的表现低于全省平均水平。从毕节市8个区县的表现来看也是五五开，4个高于全省平均水平，4个低于全省平均水平。黔南州在该二级指标上表现最优，平均78.53分。整体来看，毕节市在此二级指标上排名全省第7。说明毕节市区县政府在社会信用体系建设方面，还有很多工作可做。

10. 企业信心

企业信心反映的是当地营商环境促进创业的效果及企业的投资意愿。毕节市各区县指标平均得分为62.96分，全省平均为63.16分，未达到全省平均水平。全省前沿水平是六盘水市，平均得分为75.46分，也是全省唯一得分上70分的市。具体表现如表3-96所示。

表3-96 毕节市企业信心指标得分情况

区县	投资意愿（分）	新增企业（分）	总得分	全省排名	市内排名
黔西县	82.34	71.95	77.14	6	1
金沙县	73.34	73.91	73.63	10	2
纳雍县	70.08	41.25	55.66	74	7
七星关区	62.32	47.50	54.91	75	8
威宁县	79.79	45.52	62.65	44	3
大方县	79.40	40.76	60.08	54	5
赫章县	74.85	41.97	58.41	59	6
织金县	82.34	40.00	61.17	50	4

资料来源：贵州营商环境研究中心。

毕节市2个区县排名全省前10，其余6个区县排名全省中下游水平，整体排名全省第6，表现欠佳。具体二级指标表现如表3-97所示。

表 3-97　　　　　　　毕节市企业信心二级指标原始数据

区县	全省排名	总分	中小企业投资意愿（分）	新登记注册企业增长率（％）
黔西县	6	77.14	71.67	69.02
金沙县	10	73.63	62.25	73.27
威宁县	44	62.65	69.00	11.92
织金县	49	61.17	71.67	-13.33
大方县	54	60.08	68.60	1.65
赫章县	59	58.41	63.83	4.25
纳雍县	74	55.66	58.83	2.70
七星关区	75	54.91	50.71	16.20
全省平均		63.29	64.89	17.93
全省最优		88.82	90.17	129.63
全省最差		40.00	27.33	-39.61

资料来源：贵州营商环境研究中心。

目前存在以下几个问题：

（1）中小企业投资意愿不高。

中小企业投资意愿方面，毕节市区县平均得分为 75.56 分，全省平均分为 74.39 分。整个毕节市，有 3 个区县未达到全省平均水平。应该说，毕节市区县的中小企业还是有着较好的投资意愿的，这一点从毕节市该指标排名全省第 3 中可以反映出来。该指标排名第 1 的是黔西南州，评分为 83.56 分，毕节市距前沿水平有 8 分的差距。

调研数据表明，中小企业投资意愿问卷的平均得分为 64.57 分，略低于全省平均值（满分为 98 分），七星关区得分最低，为 50.71 分。织金县的 2019 年新登记注册企业增长率为负增长，为 -13.33％，2019 年新增企业数 1352 家相比 2018 年新增企业数 1560 减少了 208 家。

（2）新登记企业增长率。

从新登记注册企业增长率来看，毕节市区县平均为 50.36 分，全省平均为 51.94 分。这一指标上毕节市的表现要低于全省平均水平。8 个县中，有 6 个区县的成绩没有达到全省平均水平，导致一定的失分。不过，这一指标上，毕节市仍然排在全省第 4 名，中等偏上。排在前面的是六盘水市、贵阳市和遵义市。

（四）存在的问题

1. 政府及社会诚信体系有待完善

访谈环节企业反映了几个方面信息：一是政府采购信息公开化不足，信息不透明、不醒目；二是认为对政府采购的质疑投诉，政府需要进行预审，而不是直接将皮球踢给被投诉企业，政府不调查便要求承担政府采购的企业提供证据自证清白，大大消耗企业的经营成本和时间；三是认为招标投标只是走个过场的企业大有人在；四是认为有企业利用极低价来进行恶性竞标，市场环境严重恶化。

2. 税务部门服务有待提升

从评估结果来看，毕节市各区县企业在缴税次数和缴税频率上高于全省平均水平；企业在缴纳税费上所花的时间全省最长；总税收和缴费率方面，毕节市区县排在全省倒数第 2，表明企业的税费负担全省较重。这些问题也反映在企业访谈中，调研小组将企业反馈的共性问题归纳如下：

一是提高经办人员业务水平，加强税务的贴心服务。一方面，企业期盼税务部门的税管人员能够对国家新的税收政策加深理解，避免因理解不一致造成反复填报；另一方面，企业期盼国家出台对企业优惠的税收政策时，税务人员可以与纳税人多接触沟通，宣传优惠政策，进而贴心地帮助企业享受税收福利。

二是缴税系统需要升级。多个区县的企业反映，首先，现在的缴税系统在填报高峰期便难以进入，系统的不稳定和不通顺导致企业填报时间增加；其次，申报系统更新过于频繁，网上申报受阻；最后，申报系统设计不够人性化，希望能够站在企业角度简化税种，完善申报电子系统。

三是"最多跑一次"还落实得不到位。有企业反映缴税办事过程中还有跑几次的现象；企业缴纳社会保险，每个月都要去打单子，然后再交款，不能融合办理；缴纳税费需要分别在几个系统上办理。

四是税务信息公开化、透明化不够。比如退税，多久可以退到、能退多少、什么规则、进行到哪一个环节等，企业希望可以通过软件查询了解税务部门的办理进度。

3. 企业经营成本高且融资困难

中小企业融资困难也并不仅是毕节市 8 个区县的问题，贵州省多数区县都面临这一顽疾。不少企业反映企业融资困难，难以满足经营运行的需要。主要表现在企业融资必须提供抵押担保，抵押担保又要进行融资评估，抵押评估费较高，企业融资时间长（赫章县企业平均需要 33.63 个工作日的周期），融资成本高，并且融资额度难以满足期望。如何帮助企业解决融资难题，释放企业经营压力，创造良好的营商环境是毕节市需要关注的问题。

4. 职能部门工作人员的服务水平和质量有待提升

毕节市区县的网上政务服务能力和政务服务事项便利度的总体评价都不高。在访谈中，仍有不少区县的企业反映职能部门的工作人员存在服务态度和服务质量的问题，集中体现在政务服务、开办企业、缴纳税费、获得信贷等事项上。有的反映政务服务办事窗口开放不充足，工作人员难以应付，导致排队等候时间长、办理业务时间长；有的企业反映有工作人员提前下班或不在岗的现象；有的企业反映税务窗口经常需要排队；有的企业反映银行窗口服务态度不佳。

（五）对策建议

1. 全方位加强诚信体系建设

加强政府诚信体系建设方面：一是建立政务失信记录，对政府和公务员在履职过程中，因违法违规、失信违约被司法判决、行政处罚、纪律处分、问责处理等信息纳入诚信信息入库；二是推进信用立法和地方标准制定，尽快推出《个人信用征信管理试行办法》《企业信用征信管理试行办法》等规章和制度；三是加大对政府和公务员失信行为的惩处和曝光力度，对政务失信易发多发领域，进行重点治理，建立健全政务失信记录机制，加强社会各方对政务诚信的监督。

强化社会信用体系建设方面：①加强行政执法社会监督，公开执法事项的职责权限，对不还贷款、欠发工资、不履行合同约定、欠税欠费等企业不诚信行为进行专项整治；加强个人诚信体系建设，尽快建立企业法人代表、社会公民诚信档案。②对公司法人负债及偿还情况进行实时监控，对失信人在一定范围内通报，人民法院加强对失信被执行人的联合信用惩戒，进一步修改完善失信被执行人名单制度，明确失信被执行人的纳入标准、救济途径、退出机制等问题。③建立健全个人严重失信行为披露、曝光与举报制度，将严重失信个人列为重点监管对象，依法依规采取联合惩戒措施。对失信企事业单位进行联合惩戒的同时，对相关责任人员进行相应惩戒。

2. 提升税务服务质量

一是提高税管经办人员业务水平，推进税务宣传服务。一方面，针对税务公务人员开展业务培训和技能培训，强化税管人员对国家税务政策的理解和熟练，强化普通问题解答能力，建立疑难专项解决机制，为企业提供优质的服务。另一方面，建立沟通机制，开展有针对性的服务，针对纳税企业法定代表人或税务经办人员，及时推介国家针对中小企业的税收优惠政策，帮助它们分析如何可以合法地享受国家税收优惠。方式可以多样，可以送服务上门，也可以在政务大厅的税收窗口设立咨询平台，及时地为纳税企业提供贴心服务，增强企业获得感。

二是优化升级缴税系统。首先，完善系统兼容性以适应不同操作环境，进一步优化数据存储传输以保证系统的稳定和流畅，避免由于系统或网络拥堵的原因导致企业申报困难；其次，维护申报系统避开工作高峰时段，保障系统能持久正常地运行；最后，以用户需求为中心，对申报系统进行人性化改良，站在纳税便捷的角度改进，简化操作要求，优化用户体验。

三是持续优化纳税服务。在持续推进"互联网＋税务"，大力推广扫码办税、网上办税，让纳税人"足不出户"办税的同时，狠抓落实办税窗口的"一窗式"受理和"一站式审批"项目，建立首问责任制、导税协税工作机制等，强化便民办税服务。具体可以尝试通过创新"一次性告知"、限时办结、预约服务、延时服务等方法来实现。

四是办理信息公开化、透明化。接入数据平台，使企业用过手机 App 就可以了解办事进度，随时跟进。

3. 合力破解企业融资难题

一方面，引导企业提高自身的财务管理水平，合理规划资金使用，充分利用政府的各种优惠政策与资本市场的各种力量，提高资金使用效率，防范资金链断裂风险。另一方面，银行需要创新中小企业的融资模式和方式。比如"供应链金融"，它改变了过去银行针对单一企业主体进行信用评估并据此做出授信决策的融资模式，使银行从专注于对中小企业本身的信用风险评估，转变为对整个供应链及其核心大企业之间交易的信用风险评估，从而有利于商业银行更好地发现中小企业的核心价值，使它们更容易获得银行贷款。

另外，逐步降低金融市场的准入门槛，增强金融市场竞争力，激发正规与非正规金融机构对中小企业融资的意愿，充分发挥中小银行或非正规金融机构对中小企业的支持优势，加快私募资本市场的发展，提升资本市场活力，增强对中小企业的支持力度。

4. 增强服务意识提高服务能力

职能部门工作人员首先要树立"为人民服务"的大局意识，坚持做到"以人为本"，把服务群众作为工作的重要职责。对意识形态和思想观念的引导和教育，建议通过基层党建的形式开展和推进。通过党政建设和宣传，让所有公职人员认同"政务就是服务，公务员就是服务员"的理念。

各职能部门，尤其是服务窗口更需要努力提升工作人员的业务水平和业务能力。这个目标通过两方面途径实现：一是通过学习、培训、评比、交流等方式，提升公职人员的业务能力；二是通过监督、考核、评估等形式，形成外在的奖惩约束。

五、黔东南州

（一）综合评估结果

黔东南州总分为 73.56 分，在全省 9 个市（州）及贵安新区中位列第 5 名。其中州本级得分为 69.56 分，仅位于全省第 8 名；所辖县（市、区）平均得分为 77.56 分，排在全省第 2 名（见表 3 - 98）。

表 3 - 98　　　贵州省 2019 年营商环境评估市（州）总分排名

排名	市（州）	市（州）本级得分	所辖县（市、区）平均得分	总分
1	贵阳市	76.39	75.79	76.09
2	六盘水市	71.08	81.06	76.07
3	遵义市	73.53	75.79	74.66
4	毕节市	71.13	76.62	73.88
5	黔东南州	69.56	77.56	73.56
6	黔西南州	70.20	75.92	73.06
7	黔南州	66.10	76.57	71.34
8	铜仁市	69.90	72.50	71.20
9	贵安新区	72.64	67.04	69.84
10	安顺市	62.70	71.90	67.30

注：总分计算方法：市（州）本级得分和所辖县（市、区）得分的平均值。
资料来源：贵州营商环境研究中心。

（二）州本级评估结果

黔东南州州本级各项一级指标表现如下：政府采购指标表现优秀，得分为 87.97 分，排在全省第 1 名；招标投标，知识产权创造、保护及运用，包容普惠创新 3 项指标处于全省中等水平，得分依次为 66.00 分（第

5 名）、63. 54 分（第 5 名）、61. 00 分（第 6 名）；执行合同、获得用气 2
项指标表现欠佳，得分依次为 73. 15 分（第 7 名）、65. 67 分（第 8 名）
（见表 3 - 99）。

表 3 - 99　　　　　　　黔东南州营商环境评估综合得分情况

一级指标	营商环境便利度得分	全省排名
获得用气	65. 67	8
执行合同	73. 15	7
政府采购	87. 97	1
招标投标	66. 00	5
知识产权创造、保护及运用	63. 54	5
包容普惠创新	61. 00	6

资料来源：贵州营商环境研究中心。

黔东南州州本级各项指标与全省最优表现对标分析如图 3 - 5 所示。

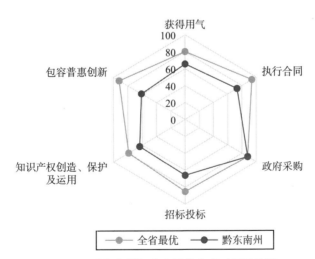

图 3 - 5　黔东南州与全省最优表现对标雷达图

资料来源：贵州营商环境研究中心。

与全省其他市（州）的对比分析表明，黔东南州包容普惠创新为当前营商环境建设中的主要短板，全省最优为遵义市的 92.01 分，黔东南州仅得 61.00 分，相差 31.01 分。此外，执行合同及政府采购 2 项指标也存在较大改进空间（见表 3－100）。

表 3－100 　　　　　　　黔东南州本级营商环境评估得分情况

一级指标	二级指标	单位	原始数据	得分	全省排名
1. 获得用气	1.1 获得用气环节	个	5.50	55.00	9
	1.2 获得用气时间	工作日	7.58	75.39	4
	1.3 获得用气成本	占当地人均收入比（%）	19.00	40.00	10
	1.4 用气价格	占总营收比（%）	1.68	92.30	3
2. 执行合同	2.1 解决商业纠纷的时间	工作日	395.70	61.01	6
	2.2 解决商业纠纷的费用	占索赔金额比（%）	5.64	85.29	5
3. 政府采购	3.1 电子采购平台评价	（0～10）	8.80	93.93	2
	3.2 采购流程	（0～10）	7.30	70.59	4
	3.3 采购结果确定和合同签订	（0～10）	8.00	100.00	1
	3.4 合同管理	（0～10）	6.50	100.00	1
	3.5 支付和交付	工作日	11.71	75.28	4
	3.6 政府采购	（0～10）	6.00	88.00	3
4. 招标投标	4.1 互联网＋招标采购	（0～10）	14.00	86.67	3
	4.2 投标和履约担保	（0～10）	5.00	49.35	9
	4.3 外地企业中标率	%	30.49	48.00	9
	4.4 建立公平有效的投诉机制	（0～12）	14.00	80.00	2
5. 知识产权创造、保护及运用	5.1 知识产权创造质量	项	1.98	46.61	4
	5.2 知识产权保护社会满意度	（0～10）	106.60	97.68	3
	5.3 非诉纠纷解决机构覆盖面	个	0.50	55.00	2
	5.4 知识产权运用效益	项	0.33	54.89	5

一级指标	二级指标	单位	原始数据	得分	全省排名
6. 包容普惠创新	6.1 创新创业活跃度	(0~100)	13.00	53.13	5
	6.2 人才流动便利度	(0~100)	9.50	63.33	6
	6.3 市场开放度	%	8.6	68.00	4
	6.4 基本公共服务群众满意度	个	26.79	40.00	9
	6.5 蓝天碧水净土森林覆盖指数	%	6.35	43.49	8
	6.6 城市立体交通指数	(0~10)	6.51	98.08	3

资料来源：贵州营商环境研究中心。

1. 获得用气

黔东南州获得用气指标得分为 65.67 分，排在全省第 8 名。全省平均得分为 70.19 分，黔东南州低于全省平均分 4.52 分，与全省第 1 名得分相差 14.61 分。从各项二级指标得分情况来看，获得用气环节为 5.5 个，比全省平均值高 0.46 个，仅得 55.00 分；获得用气平均时间为 7.58 个工作日，比全省平均值高 0.67 个工作日，得分为 75.39 分，与最优值相差 24.61 分；获得用气成本为 19.00%，比全省平均值高 13 个百分点，得全省最低分；获得用气价格占比为 1.68%，比全省平均值低 1.81%，得分为 92.30 分。存在问题简要分析如下。

（1）获得用气环节偏多。

黔东南州获得用气环节为 5.5 个，高于全省平均环节数（5 个），未能实现用气报装环节精简为 2 个的目标。样本企业获得用气所需环节最多为 6 个，最少为 5 个，普遍涉及报装申请、用气方案答复、设计审查、办理道路挖掘许可、竣工验收、点火通气等环节。

（2）获得用气成本全省最高。

黔东南州样本企业获得用气成本平均为 5724 元，占当地人均收入比为 19.00%，高于全省平均水平（12.38%）。样本企业中获得用气最高成本达到了 16000 元。调研发现，黔东南州天然气供应基础设施建设较为滞后，燃气管网覆盖率较低且管网造价较高，导致天然气报装程序较为烦琐，天然气安装成本较高。同时，当地用气报装过程中存在收费不规范的现象，也可能抬高用气报装成本。

2. 执行合同

黔东南州执行合同指标得分为 73.15 分，排在全省第 7 名。全省执行合同指标平均得分为 75.35 分，黔东南州低于全省平均分 2.20 分，与全省最高分相差 20.90 分。

从各项二级指标评估结果来看，解决商业纠纷的时间为 395.70 个工作日，比全省平均值高 32.95 个工作日，得分为 61.01 分；解决商业纠纷费用占比为 5.64%，比全省平均值高 1.02%，得分为 85.29 分。问题表现为：

（1）解决商业纠纷时间偏长。

黔东南州解决商业纠纷平均需 3 个环节（提交和送达诉讼文书、审判和收到判决书、执行判决），平均时间需 395.7 个工作日，样本企业最高需 744.5 个工作日，高于全省平均的 362.75 个工作日，其中执行判决所需时间较长。

（2）商业纠纷执行难。

评估结果表明，黔东南州在解决商业纠纷所耗费的时间和费用方面与全省最优水平存在较大差距。课题组在深度访谈环节发现，商业纠纷解决过程中执行效率不高、商业纠纷解决成本较高是造成该情况的主要原因。

3. 政府采购

黔东南州政府采购指标得分为 87.97 分，排在全省第 1 名。全省政府采购指标的平均得分为 76.79 分，比全省平均分高 11.18 分。

从各项二级指标表现来看，电子采购平台评价为 8.8 分，前沿距离得分为 93.93 分，比全省平均值高 1.02 分，与全省第 1 名得分差距为 6.7 分；采购流程为 7.3 分，前沿距离得分为 70.59 分，比全省平均值高 0.12 分，与全省第 1 名得分差距为 29.41 分；采购结果确定和合同签订为 8 分，前沿距离得分为 100 分，比全省平均值高 0.59 分；合同管理为 6.5 分，前沿距离得分为 100 分，比全省平均值高 0.1 分；支付和交付为 11.71 分，前沿距离得分为 75.28 分，比全省均值高 1.77 分，与全省第 1 名得分差距为 24.72 分；政府采购为 6 分，前沿得分为 88 分，比全省平均值高 0.4 分，与全省第 1 名得分差距为 12 分。

总体看来，黔东南州采购结果确定和合同签订、合同管理 2 项二级指标表现优异，均为全省第 1 名；电子采购平台评价、政府采购 2 项指标表现也较为突出，分别位于第 2 名和第 3 名；采购流程、支付和交付 2 项二级指标处于全省中上游水平，均为全省第 4 名。

评估结果表明，黔东南州政府采购指标整体表现较为突出，大多数二级指标的得分较高，但采购流程、支付和交付 2 项二级指标与全省最高得分还存在一些差距，有待进一步提升。

4. 招标投标

黔东南州招标投标指标得分为 66.00 分，排名为全省第 5 名。全省招标投标指标的平均得分为 69.59 分，黔东南州低于全省平均分 3.59 分，与全省第 1 名得分相差 19.15 分。

从招标投标的各项二级指标评估结果来看，黔东南州互联网 + 招标采购为 14 分，前沿距离得分为 86.67 分，高于平均值 2.2 分，与全省第 1 名得分相差 13.33 分；投标和履约担保为 5 分，前沿距离得分为 49.35 分，比全省平均值低 1.72 分，与全省第 1 名得分差距为 50.65 分；外地企业中标率为 30.49%，得分为 48.00 分，比全省平均值低 20.33%，与全省第 1 名得分差距为 52 分；建立公平有效的投诉机制为 14 分，前沿距离得分为 80 分，比全省平均值高 0.67 分，与全省第 1 名得分差距为 20 分。

黔东南州互联网 + 招标采购和建立公平有效的投诉机制 2 项指标得分处于全省中上水平，全省排名为第 3 名和第 2 名。投标和履约担保、外地企业中标率 2 项指标表现欠佳，全省排名均为第 9 名。

评估结果表明，黔东南州招标投标指标的完成情况在全省处于中等水平，互联网 + 招标采购和建立公平有效的投诉机制 2 项二级指标表现良好，但投标和履约担保、外地企业中标率 2 项二级指标还存在较大提升空间。问题表现为：

（1）投标和履约担保满意度较低。

针对投标和履约担保的问卷调查结果显示，黔东南州满分为 100 分的问卷中得分仅 49.35 分，且企业有反馈，存在采购人或采购代理机构逾期未退还投标保证金的情况。

（2）外地企业中标率不高。

问卷调查反映本地区参与招投标的房屋建筑和市政道路项目总数 446 家，外地企业中标数 136 家，中标率 30.49%，该问卷满分 100 分，黔东南州仅得 48 分。

（3）企业反馈问题。

在访谈中部分企业反映，招投标过程中存在招标门槛过高、招标文件繁杂、投标保证金过高、中小企业中标难等现实问题，这些问题是导致黔东南州部分二级指标得分较低的主要原因。

5. 知识产权创造、保护及运用

黔东南州知识产权创造、保护及运用指标得分为 63.54 分，排名为全省第 5 名。全省知识产权创造、保护及运用指标的平均得分为 62.80 分，黔东南州高于全省平均分 0.74 分，与全省第 1 名得分相差 15.39 分。

从各项二级指标评估结果来看，黔东南州知识产权创造质量为 1.98 项，得分为 46.61 分，比全省平均值低 0.41 分，与全省第 1 名得分相差 53.39 分；知识产权保护社会满意度为 106.6 分，前沿距离得分为 97.68 分，比平均值低 11.27 分，与全省第 1 名得分差距为 2.32 分；非诉纠纷解决机构覆盖面为 0.5 个，得分为 55 分，比全省平均值低 0.06 个，与全省第 1 名得分差距为 45 分；知识产权运用效益为 0.33 项，得分为 54.89 分，比全省平均值低 0.11 项，与全省第 1 名得分差距为 45.11 分。

评估结果表明，黔东南州知识产权保护及运用指标在全省处于中等水平。非诉纠纷解决机构覆盖面、知识产权保护社会满意度 2 项二级指标表现较好，全省排名分别为第 2 名和第 3 名。但知识产权创造质量、知识产权运用效益 2 项二级指标表现一般，全省排名分别为第 4 名和第 5 名。问题表现为：

（1）尚未成立专门的知识产权调解及仲裁机构。

在非诉纠纷解决覆盖面中仅建立了一个知识产权快速维权中心，而知识产权调解机构、知识产权仲裁机构还尚未建立，致使其非诉纠纷解决机构覆盖面得分仅获得 55 分，低于全省平均的 56.67 分。

（2）知识产权运用效益有待提高。

在知识产权运用效益方面，省级专利奖获奖数仅有 1 项，国家级专利奖获奖数为 0，黔东南州还需要结合自身地域优势，继续加强对企业知识产权运用的鼓励和引导。

（3）企业反馈问题。

课题组在与企业的深度访谈中发现，政府和企业在知识产权保护和运用过程中，存在知识产权保护意识不足、企业缺乏知识产权申报专业知识、知识产权侵权行为违法成本低、企业知识产权转化率不高等问题。

6. 包容普惠创新

黔东南州包容普惠创新指标得分为 61.00 分，排在全省第 6 名。全省包容普惠创新指标平均得分为 66.90 分，黔东南州低于全省平均分 5.9 分，与全省第 1 名得分相差 31.01 分。

从二级指标评估结果来看，黔东南州创新创业活跃度为 13 分，前沿距离得分为 53.13 分，比平均值低 1.95 分，与全省第 1 名得分相差 46.87 分；人才流动便利度为 9.5 分，前沿距离得分为 63.33 分，比全省平均值低 1.06 分，与全省第 1 名得分差距为 36.67 分；市场开放度为 8.6%，得分为 68.00 分，比全省平均值高 0.91%，与全省第 1 名得分差距为 32 分；基本公共服务群众满意度为 26.79 个，得分为 40 分，比全省平均值低 4.28 个，与全省第 1 名得分差距为 60 分；蓝天碧水净土森林覆盖指数为 6.35%，得分为 43.49 分，比全省平均值低 0.56%，与全省第 1 名得分差距为 56.51 分；城市立体交通指数为 6.51，得分为 98.08 分，比全省平均值高 1.03 分，与全省第 1 名得分差距为 1.92 分。

黔东南州包容普惠创新指标在全省处于中等水平。其中城市立体交通指数、市场开放度 2 项二级指标表现较好，全省排名分别为第 3 名和第 4 名；创新创业活跃度、人才流动便利度 2 项二级指标表现一般，全省排名分别为第 5 名和第 6 名；基本公共服务群众满意度、蓝天碧水净土森林覆盖指数 2 项二级指标全省排名较低，尤其是基本公共服务群众满意度与全省先进水平存在较大差距。

从企业座谈会反馈结果来看，部分企业反映市场活力不足、企业缺少研发资金、公共服务设施建设较为滞后、创业扶持政策落实不到位等因素影响了市场主体创新创业的积极性。

（三）县域评估结果

从黔东南州16个县（市、区）的整体得分情况来看，总分超过全省平均分的县（市、区）数量为10个，占比为63%。其中3个县（市、区）排名进入全省前十名，占比为19%；7个县（市、区）排名位于全省1~30名，占比为44%；6个县（市、区）排名位于全省30~60名，占比为38%；3个县（市、区）排名位于全省60~88名，占比为18%。

从县（区）排名情况来看，锦屏县总分为82.10分，排在全州第1名，全省排名为第5名；黄平县总分为72.45分，全州排名为第16名，全省排名为第67名。区县评估的10项一级指标情况如表3-101所示。

表3-101　　　　黔东南州下辖区县营商环境评估总得分情况

县（市）	开办企业（分）	办理建筑许可（分）	获得电力（分）	获得用水（分）	登记财产（分）	纳税（分）	获得信贷（分）	政务服务（分）	市场监管（分）	企业信心（分）	总分	全省排名	市内排名
锦屏县	85.02	84.63	83.96	94.31	79.39	79.94	69.14	76.38	92.60	75.66	82.10	5	1
丹寨县	82.81	89.71	80.61	96.13	74.69	86.39	81.36	71.91	93.02	62.84	81.95	7	2
黎平县	91.45	90.38	86.57	84.07	78.44	90.99	73.68	81.26	82.81	54.56	81.42	10	3
榕江县	79.95	66.18	95.42	94.41	77.35	92.20	67.81	80.39	94.66	58.22	80.66	13	4
剑河县	84.38	87.13	87.97	79.60	74.69	97.84	77.97	84.43	70.24	62.04	80.63	14	5
从江县	88.09	78.71	82.74	91.33	80.03	88.13	72.31	73.33	88.26	54.32	79.73	18	6
雷山县	77.93	69.14	92.49	93.00	75.37	82.09	81.29	78.10	81.83	60.42	79.16	21	7
三穗县	84.61	78.99	84.80	86.65	70.94	77.71	73.67	78.88	77.90	59.02	77.32	31	8
天柱县	87.14	88.29	87.57	77.69	57.28	82.12	70.51	72.29	81.57	56.16	76.06	42	9
施秉县	90.99	76.49	76.91	84.87	67.61	86.92	63.50	75.33	82.90	54.32	75.98	44	10
凯里市	69.79	79.39	82.30	82.68	81.84	89.71	65.97	72.08	77.76	55.74	75.73	46	11
麻江县	82.80	73.88	83.59	77.36	84.17	77.25	72.52	74.25	70.47	58.46	75.48	49	12
岑巩县	55.41	68.38	83.68	94.41	83.49	83.24	79.01	69.52	79.71	56.63	75.35	52	13
台江县	75.39	80.22	74.11	84.99	74.60	86.37	68.48	60.19	71.94	64.77	74.10	61	14
镇远县	80.58	78.82	80.80	69.32	66.74	81.47	66.93	70.74	77.07	56.07	72.85	64	15
黄平县	65.54	78.83	83.84	75.18	81.96	75.02	62.80	71.12	74.49	55.75	72.45	67	16

资料来源：贵州营商环境研究中心。

综合黔东南州 16 个县（市、区）在县域营商环境评估中 10 项一级指标的总体表现，结合课题组调研过程中获取的企业反馈意见，现将各项指标得分情况简要分析如下：

1. 开办企业

黔东南州 16 个县（市、区）开办企业指标平均得分为 80.12 分，有 9 个县（市、区）总分超过全省平均得分，占比为 56%。黎平县开办企业得分为 91.45 分，全州排名为第 1 名，全省排名为第 15 名。岑巩县开办企业得分为 55.41 分，全州排名为第 16 名，全省排名为第 87 名。黔东南州 16 个县（市、区）中有 4 个县（市、区）总分排名位于全省 1~30 名，占比为 25%；有 8 个县（市、区）总分排名位于全省 30~60 名，占比为 50%；有 4 个县（市、区）总分排名位于全省 60~88 名，占比为 25%。具体表现如表 3-102 所示。

表 3-102　　　　　　　　黔东南州开办企业指标得分情况

县（市）	环节（分）	时间（分）	成本（分）	材料（分）	总得分	全省排名	州内排名
黎平县	95.30	97.42	92.78	80.29	91.45	15	1
施秉县	95.30	96.21	100.00	72.45	90.99	17	2
从江县	86.18	96.21	95.59	74.40	88.09	25	3
天柱县	86.18	96.82	80.33	85.25	87.14	28	4
锦屏县	100.00	100.00	68.09	71.98	85.02	35	5
三穗县	72.35	93.64	100.00	72.45	84.61	37	6
剑河县	72.35	97.73	93.98	73.45	84.38	39	7
丹寨县	76.77	89.85	100.00	64.60	82.81	42	8
麻江县	86.18	97.42	65.28	82.30	82.80	43	9
镇远县	76.77	76.06	100.00	69.50	80.58	50	10
榕江县	76.77	93.64	77.93	71.45	79.95	52	11
雷山县	95.30	100.00	40.00	76.40	77.93	60	12
台江县	53.82	82.42	87.96	77.35	75.39	64	13
凯里市	67.65	71.52	100.00	40.00	69.79	74	14

续表

县（市）	环节（分）	时间（分）	成本（分）	材料（分）	总得分	全省排名	州内排名
黄平县	40.00	70.45	77.32	74.40	65.54	80	15
岑巩县	40.00	62.73	78.93	40.00	55.41	87	16

资料来源：贵州营商环境研究中心。

评估结果表明，黔东南州下辖县（市、区）开办企业指标整体表现一般。县（市、区）主要集中在 30~60 名之间，排名居于全省 60 名之后的县（市、区）数量较多，其中黄平县、岑巩县排名位于全省 80 名之后。由此可见，黔东南州县（市、区）开办企业指标整体水平与全省先进水平之间存在一定差距，仍有较大提升空间。4 项二级指标具体如表 3-103 所示。

表 3-103　　　　　　黔东南州开办企业二级指标原始数据

县（市）	全省排名	总分	环节（个）	时间（工作日）	成本（%）	材料（件）
黎平县	15	91.45	4.00	2.17	0.36	11.67
施秉县	17	90.99	4.00	2.25	0.00	13.00
从江县	25	88.09	4.33	2.25	0.22	12.67
天柱县	28	87.14	4.33	2.21	0.98	10.83
锦屏县	35	85.02	3.83	2.00	1.59	13.08
三穗县	37	84.61	4.83	2.42	0.00	13.00
剑河县	39	84.38	4.83	2.15	0.30	12.83
丹寨县	42	82.81	4.67	2.67	0.00	14.33
麻江县	43	82.80	4.33	2.17	1.73	11.33
镇远县	50	80.58	4.67	3.58	0.00	13.50
榕江县	52	79.95	4.67	2.42	1.10	13.17
雷山县	60	77.93	4.00	2.00	2.99	12.33
台江县	64	75.39	5.50	3.16	0.60	12.17
凯里市	74	69.79	5.00	3.88	0.00	18.50
黄平县	80	65.54	6.00	3.95	1.13	12.67

县（市）	全省排名	总分	环节（个）	时间（工作日）	成本（%）	材料（件）
岑巩县	87	55.41	6.00	4.46	1.05	18.50
全省平均		80.48	4.70	3.03	0.56	12.92
全省最优		98.82	3.83	2.00	0.00	8.33
全省最差		47.98	6	5.96	2.99	18.5

资料来源：贵州营商环境研究中心。

从课题组资料审查和深度访谈的结果来看，开办企业环节过多、提交材料过于繁杂是影响开办企业指标得分的主要因素。问题还表现在：

（1）开办企业时限未实现压缩至 3 个工作日以内。

此次评估发现，黔东南州开办企业平均时间为 2.72 个工作日，总体平均时间已经压缩至 3 个工作日以内。但结合各县的详细数据看，仍有 5 个县（区）未达实现该目标。分别是凯里市 3.88 个工作日，岑巩县 4.46 个工作日，台江县 3.16 个工作日，镇远县 3.58 个工作日，黄平县 3.95 个工作日。其中，凯里市在办理企业刻制印章环节未实现当日办结，岑巩县、镇远县在办理企业登记环节未实现当日办结，台江县、黄平县在办理银行开户环节未实现当日办结。

（2）免除刻章印章费用未实现全覆盖。

雷山县（3 枚印章免费，仅发票专用章未免费）未实现刻章印章费用全部由财政支付。调研访谈中发现，在新注册企业实现全部印章费用免除的地区，部分存在印章行业垄断和印章质量未达政府承诺标准、排队等待时间长等情况。

2. 办理建筑许可

黔东南州 16 个县（市、区）办理建筑许可指标平均得分为 79.32 分，有 12 个县（市、区）超过全省平均分，占比为 75%。其中黎平县办理建筑许可得分为 90.38 分，全州排名为第 1 名，全省排名为第 1 名。榕江县办理建筑许可得分为 66.18 分，全州排名为第 16 名，全省排名为第 74 名。黔东南州 16 个县（市、区）中 6 个总分排在全省 1～30 名，占比为 38%；7 个总分排名位于全省 30～60 名，占比为 44%；3 个县（市、区）总分排名位于全省 60 ~ 88 名，占比为 18%。黔东南州下辖 16 个县（市、区）在办理建筑许可指标上的表现如表 3 – 104 所示。

表 3 – 104 黔东南州办理建筑许可指标得分情况

县（市）	环节（分）	时间（分）	成本（分）	材料（分）	总得分	全省排名	州内排名
黎平县	87.59	96.33	87.99	89.62	90.38	1	1
丹寨县	81.38	89.88	97.69	89.90	89.71	2	2
天柱县	89.66	85.92	82.19	95.38	88.29	4	3
剑河县	71.03	100.00	100.00	77.50	87.13	5	4
锦屏县	89.66	87.90	74.51	86.44	84.63	14	5
台江县	95.86	83.72	64.38	76.92	80.22	27	6
凯里市	75.17	84.52	80.09	77.79	79.39	31	7
三穗县	68.97	85.92	81.84	79.23	78.99	34	8
黄平县	62.76	84.45	73.88	94.23	78.83	35	9
镇远县	62.76	83.35	94.27	74.90	78.82	36	10
从江县	71.03	92.15	69.27	82.40	78.71	39	11
施秉县	79.31	74.03	61.86	90.77	76.49	45	12
麻江县	75.17	71.10	81.56	67.69	73.88	56	13
雷山县	73.10	78.66	48.73	76.06	69.14	65	14
岑巩县	52.41	81.59	83.93	55.58	68.38	68	15
榕江县	73.10	78.80	44.54	68.27	66.18	74	16

资料来源：贵州营商环境研究中心。

评估结果表明，黔东南州下辖县（市、区）办理建筑许可指标表现突出，有 3/4 的县（市、区）得分超过全省平均水平。全州有 4 个县进入全省前十名，黎平县、丹寨县分别排名全省第 1 名和第 2 名；全州排名进入全省前 40 名的县（市、区）数量达到 11 个，占比为 69%。榕江县办理建筑许可指标得分低于 70 分，全省排名较为靠后。从企业座谈会的访谈结果来看，办理建筑许可成本较高、申报材料数量较多是企业反映较为突出的问题。二级指标具体情况如表 3 – 105 所示。

表 3 – 105　　　　　　　黔东南州办理建筑许可二级指标原始数据

县（市）	全省排名	总分	环节（个）	时间（工作日）	成本（%）	材料（件）
黎平县	1	90.38	20.00	103.50	2.32	81.00
丹寨县	2	89.71	21.50	125.50	0.93	80.50
天柱县	4	88.29	19.50	139.00	3.15	71.00
剑河县	5	87.13	24.00	91.00	0.60	102.00
锦屏县	14	84.63	19.50	132.25	4.25	86.50
台江县	27	80.22	18.00	146.25	5.70	103.00
凯里市	31	79.39	23.00	143.75	3.45	101.50
三穗县	34	78.99	24.50	139.00	3.20	99.00
黄平县	35	78.83	26.00	144.00	4.34	73.00
镇远县	37	78.82	26.00	147.75	1.42	106.50
从江县	39	78.71	24.00	117.75	5.00	93.50
施秉县	45	76.49	22.00	179.50	6.06	79.00
麻江县	56	73.88	23.00	189.50	3.24	119.00
雷山县	65	69.14	23.50	163.75	7.94	104.50
岑巩县	68	68.38	28.50	153.75	2.90	140.00
榕江县	74	66.18	23.50	163.25	8.54	118.00
全省平均		74.77	23.07	183.12	3.43	106.76
全省最优		90.38	17.00	91.00	0.60	63.00
全省最差		48.27	31.50	291.75	9.19	167.00

资料来源：贵州营商环境研究中心。

　　办理成本偏高问题较为普遍。黔东南州样本企业办理建筑许可成本平均比值为3.94%，高出全省平均值0.51%。样本企业中极个别办理成本占工程造价最大比值为9.30%。从黔东南州整体情况来看，主要成本来自第三方评估费用、异地建设费、城市基础设施配套费、工伤保险。有企业建设项目工程造价为36000000元，办理建筑许可成本总计3148214.67元，其中易地建设费1055328元、城市基础设施配套费1869315.2元。

3. 获得电力

黔东南州 16 个县（市、区）获得电力指标平均得分为 84.21 分，有 10 个县（市、区）获得电力总分超过全省平均分，占比为 63%。榕江县获得电力得分为 95.42 分，全州排名为第 1 名，全省排名为第 2 名。台江县得分为 74.11 分，全州排名为第 16 名，全省排名为第 84 名。黔东南州 16 个县（市、区）中有 5 个县（市、区）总分排名位于全省 1 ~ 30 名，占比为 31%；有 9 个县（市、区）总分排名位于全省 30 ~ 60 名，占比为 56%；有 2 个县（市、区）总分排名位于全省 60 ~ 88 名，占比为 13%。具体表现如表 3 – 106 所示。

表 3 – 106　　　　　　　　黔东南州获得电力指标得分情况

县（市）	环节（分）	时间（分）	成本（分）	可靠性（分）	电价（分）	材料（分）	总分	全省排名	州内排名
榕江县	100.00	92.65	100.00	94.34	97.04	88.51	95.42	2	1
雷山县	100.00	97.12	100.00	65.71	95.01	97.09	92.49	9	2
剑河县	100.00	87.53	100.00	65.71	86.06	88.51	87.97	19	3
天柱县	100.00	92.75	100.00	65.71	72.62	94.34	87.57	23	4
黎平县	100.00	81.78	100.00	65.71	80.48	91.43	86.57	26	5
三穗县	100.00	88.49	92.36	65.71	96.54	65.71	84.80	36	6
锦屏县	100.00	79.01	83.97	65.71	80.73	94.34	83.96	38	7
黄平县	100.00	68.03	96.11	65.71	81.29	91.43	83.84	40	8
岑巩县	100.00	86.68	94.07	65.71	85.63	70.00	83.68	41	9
麻江县	100.00	68.88	100.00	65.71	89.77	77.20	83.59	42	10
从江县	100.00	51.19	88.42	82.86	96.79	77.20	82.74	47	11
凯里市	100.00	55.13	100.00	65.71	95.77	77.20	82.30	50	12
镇远县	100.00	89.77	92.22	71.37	40.00	91.43	80.80	57	13
丹寨县	100.00	76.02	66.69	60.74	97.38	82.86	80.61	58	14
施秉县	100.00	92.01	80.22	65.71	52.17	71.37	76.91	74	15
台江县	100.00	86.68	91.85	63.31	40.00	62.80	74.11	84	16

资料来源：贵州营商环境研究中心。

评估结果表明，黔东南州下辖县（市、区）获得电力指标表现较好，有近2/3的县（市、区）得分超过全省平均分。榕江县、雷山县排名进入全省前十，分别为第2名和第9名。县（市、区）获得电力指标排名主要集中在30~60名之间，全州有8个县（市、区）进入全省前40名，占比为50%。台江县获得电力指标得分较低，排名位于全省80名之后。6项二级指标具体情况如表3-107所示。

表3-107　　　　　　　黔东南州获得电力二级指标原始数据

县（市）	全省排名	获得电力总分	环节（个）	时间（工作日）	成本（%）	供电可靠性（分）	电力价格（%）	材料（份）
榕江县	2	95.42	2.00	1.69	0.00	9.67	0.52	2.67
雷山县	9	92.49	2.00	1.27	0.00	8.00	0.76	2.17
剑河县	19	87.97	2.00	2.17	0.00	8.00	1.82	2.67
天柱县	23	87.57	2.00	1.68	0.00	8.00	3.41	2.33
黎平县	26	86.57	2.00	2.71	0.00	8.00	2.48	2.50
三穗县	36	84.80	2.00	2.08	1.65	8.00	0.58	4.00
锦屏县	38	83.96	2.00	2.97	3.46	8.00	2.45	2.33
黄平县	40	83.84	2.00	4.00	0.84	8.00	2.33	2.50
岑巩县	41	83.68	2.00	2.25	1.28	8.00	1.87	3.75
麻江县	42	83.59	2.00	3.92	0.00	8.00	1.38	3.33
从江县	47	82.74	2.00	5.58	2.50	9.00	0.55	3.33
凯里市	50	82.30	2.00	5.21	0.00	8.00	0.67	3.33
镇远县	57	80.80	2.00	1.96	1.68	8.33	7.27	2.50
丹寨县	58	80.61	2.00	3.25	7.19	7.71	0.48	3.00
施秉县	74	76.91	2.00	1.75	4.27	8.00	5.83	3.67
台江县	84	74.11	2.00	2.25	1.76	7.86	7.27	4.17
全省平均		83.24	2.00	2.70	2.80	8.42	2.45	3.35
全省最优		95.48	2.00	1.00	0.00	10.00	0.17	2.17
全省最差		72.55	2.00	5.58	12.95	6.50	7.27	5.50

资料来源：贵州营商环境研究中心。

结合资料审核和深度访谈的情况，课题组认为企业用电成本较高、供电稳定性有待提升是影响获得电力指标得分的主要因素。其余问题还包括：

（1）获得电力时间较长。

黔东南州获得电力时间 2.80 个工作日，高于全省平均值（2.70 个工作日）。从江县、凯里市、丹寨县、麻江县、黄平县、锦屏县获得电力平均时间较长，为 4.16 个工作日，其中样本企业获得电力时间最长的是 7.5 个工作日（申请报装 0.5 个工作日，装表接电 7 个工作日）。

（2）供电可靠性较差。

黔东南州供电可靠性成绩不理想，得分为 68.47 分，低于全省平均分（72.98 分）。大部分企业没有收到电力公司的停电补偿（占比 92.86%）；未得到"三零"服务（占比 35.71%）；2019 年系统平均停电频率大于 12 次（占比 7.14%）。

4. 获得用水

黔东南州 16 个县（市、区）获得用水指标平均得分为 85.37 分，有 11 个县（市、区）获得用水总分超过全省平均分，占比为 69%。丹寨县获得用水得分为 96.13 分，全州排名为第 1 名，全省排名为第 4 名。镇远县获得用水得分为 69.32 分，全州排名为第 16 名，全省排名为第 81 名。黔东南州 16 个县（市、区）中有 7 个县（市、区）总分排名位于全省 1~30 名，占比为 44%；有 7 个县（市、区）总分排名位于全省 30~60 名，占比为 44%；有 2 个县（市、区）总分排名位于全省 60~88 名，占比为 12%。具体表现如表 3-108 所示。

表 3-108　　　　　　　　黔东南州获得用水指标得分情况

县（市）	环节（分）	时间（分）	成本（分）	价格（分）	总得分	全省排名	州内排名
丹寨县	100.00	94.13	91.92	98.47	96.13	4	1
岑巩县	85.00	98.36	100.00	94.30	94.41	7	2
榕江县	85.00	95.11	100.00	97.53	94.41	8	3
锦屏县	100.00	100.00	86.34	90.89	94.31	9	4
雷山县	97.45	95.42	80.48	98.64	93.00	10	5

县（市）	环节（分）	时间（分）	成本（分）	价格（分）	总得分	全省排名	州内排名
从江县	91.00	99.92	75.08	99.32	91.33	16	6
三穗县	57.55	92.80	96.26	100.00	86.65	24	7
台江县	52.00	95.23	96.29	96.43	84.99	31	8
施秉县	58.00	93.08	89.59	98.81	84.87	33	9
黎平县	70.00	97.22	69.05	100.00	84.07	35	10
凯里市	55.00	88.58	93.44	93.70	82.68	39	11
剑河县	82.00	100.00	96.40	40.00	79.60	50	12
天柱县	70.00	71.96	68.80	100.00	77.69	54	13
麻江县	55.00	89.87	65.69	98.89	77.36	55	14
黄平县	44.95	74.22	84.86	96.68	75.18	62	15
镇远县	51.25	67.54	58.49	100.00	69.32	81	16

资料来源：贵州营商环境研究中心。

　　评估结果表明，黔东南州下辖县（市、区）获得用水指标表现突出，有近2/3的县（市、区）得分超过全省平均分。全省前10名中有5个县来自黔东南州，排名进入全省前40名的县（市、区）数量达到11个，占比为69%，各县（市、区）获得用水整体便利度较高。镇远县在全省排名较为靠后，与其他县（市、区）存在较大差距。从资料审核和企业访谈的情况来看，用水成本和用水报装时间是影响获得用水指标得分的主要因素。4项二级指标具体如表3-109所示。

表3-109　　　　　　　黔东南州获得用水二级指标原始数据

县（市）	全省排名	总分	环节（个）	时间（工作日）	成本（%）	价格（%）
丹寨县	4	96.13	2.00	3.33	2.29	0.24
岑巩县	7	94.41	3.00	2.25	0.00	0.73
榕江县	8	94.41	3.00	3.08	0.00	0.35
锦屏县	9	94.31	2.00	1.83	3.87	1.13

县（市）	全省排名	总分	环节（个）	时间（工作日）	成本（%）	价格（%）
雷山县	10	93.00	2.17	3.00	5.53	0.22
从江县	16	91.33	2.60	1.85	7.06	0.14
三穗县	24	86.65	4.83	3.67	1.06	0.06
台江县	31	84.99	5.20	3.05	1.05	0.48
施秉县	33	84.87	4.80	3.60	2.95	0.20
黎平县	35	84.07	4.00	2.54	8.77	0.06
凯里市	39	82.68	5.00	4.75	1.86	0.80
剑河县	50	79.60	3.20	1.83	1.02	7.11
天柱县	54	77.69	4.00	9.00	8.84	0.06
麻江县	55	77.36	5.00	4.42	9.72	0.19
黄平县	62	75.18	5.67	8.42	4.29	0.45
镇远县	82	69.32	5.25	10.13	11.76	0.06
全省平均		80.60	4.20	6.39	4.80	1.21
全省最优		99.81	2.00	1.83	0.00	0.06
全省最差		53.00	6.00	17.17	17.00	7.11

资料来源：贵州营商环境研究中心。

报装环节多的问题较为普遍。黔东南州样本企业获得用水的平均环节为3.86个，未完全实现报装环节精简为2个的目标。样本企业所需环节最多为6个（窗口登记、供水方案答复、工程设计方案审查、办理道路挖掘许可、竣工验收、挂表开栓）。有企业反映不能实现网上申办、施工存在安装服务费等问题。

5. 登记财产

黔东南州16个县（市、区）登记财产指标平均得分为75.54分，有12个县（市、区）登记财产总分超过全省平均分，占比为75%。麻江县登记财产得分为84.17分，全州排名为第1名，全省排名为第10名。天柱县登记财产得分为57.28分，全州排名为第16名，全省排名为第80名。黔东南州16个县（市、区）中有7个县（市、区）总分排名位于全省1~30名，占比为44%；有6个县（市、区）总分排名位于全省30~60名，占比为38%；有3个县（市、区）总分排名位于全省60~88名，占比为18%。具体表现如表3-110所示。

表3-110   黔东南州登记财产指标得分情况

县（市）	环节（分）	时间（分）	成本（分）	材料（分）	总得分	全省排名	州内排名
麻江县	85.00	95.00	83.36	73.33	84.17	10	1
岑巩县	70.00	100.00	73.95	90.00	83.49	11	2
黄平县	70.00	100.00	81.18	76.67	81.96	14	3
凯里市	70.00	97.50	83.19	76.67	81.84	15	4
从江县	70.00	78.70	88.07	83.33	80.03	24	5
锦屏县	70.00	97.50	66.72	83.33	79.39	27	6
黎平县	70.00	100.00	50.42	93.33	78.44	30	7
榕江县	70.00	89.50	66.55	83.33	77.35	33	8
雷山县	70.00	86.20	91.93	53.33	75.37	41	9
丹寨县	70.00	95.00	50.42	83.33	74.69	46	10
剑河县	70.00	95.00	50.42	83.33	74.69	47	11
台江县	70.00	95.00	66.72	66.67	74.60	48	12
三穗县	70.00	80.00	50.42	83.33	70.94	58	13
施秉县	70.00	70.00	50.42	80.00	67.61	67	14
镇远县	70.00	83.70	49.92	63.33	66.74	68	15
天柱县	70.00	68.70	50.42	40.00	57.28	80	16

资料来源：贵州营商环境研究中心。

评估结果表明，黔东南州下辖县（市、区）登记财产指标表现较好，有3/4的县（市、区）得分高于全省平均分。有1个县（市、区）排名进入全省前10名，县（市、区）登记财产指标排名主要集中在30~60名之间，全州有8个县（市、区）排名进入全省前40名，占比达到50%。天柱县登记财产指标得分低于60分，全省排名较为靠后，与其他县（市、区）之间存在较大差距。4项二级指标具体如表3-111所示。

表 3 -111　　　　　　　　　黔东南州登记财产二级指标原始数据

县（市）	全省排名	总分	环节（个）	时间（工作日）	成本（%）	材料（件）
麻江县	10	84.17	3.50	2.50	3.04	16.50
岑巩县	11	83.49	4.00	2.00	3.60	14.00
黄平县	14	81.96	4.00	2.00	3.17	16.00
凯里市	15	81.84	4.00	2.25	3.05	16.00
从江县	24	80.03	4.00	4.13	2.76	15.00
锦屏县	27	79.39	4.00	2.25	4.03	15.00
黎平县	30	78.44	4.00	2.00	5.00	13.50
榕江县	33	77.35	4.00	3.05	4.04	15.00
雷山县	41	75.37	4.00	3.38	2.53	19.50
丹寨县	46	74.69	4.00	2.50	5.00	15.00
剑河县	47	74.69	4.00	2.50	5.00	15.00
台江县	48	74.60	4.00	2.50	4.03	17.50
三穗县	58	70.94	4.00	4.00	5.00	15.00
施秉县	68	67.61	4.00	5.00	5.00	15.50
镇远县	69	66.74	4.00	3.63	5.03	18.00
天柱县	81	57.28	4.00	5.13	5.00	21.50
全省平均		73.34	3.98	3.89	3.86	16.67
全省最优		89.51	3.00	2.00	1.97	12.50
全省最差		50.11	5.00	8.00	5.62	21.50

资料来源：贵州营商环境研究中心。

根据资料审核和企业座谈的结果，课题组认为财产登记成本较高、申报材料较为复杂是影响登记财产指标得分的主要因素。

6. 纳税

黔东南州 16 个县（市、区）纳税指标平均得分为 84.84 分，有 9 个县（市、区）纳税总分超过全省平均分，占比为 56%。剑河县纳税得分为 97.84 分，全州排名为第 1 名，全省排名为第 1 名。黄平县纳税得分为 75.02 分，全州排名为第 16 名，全省排名为第 77 名。黔东南州 16 个县

（市、区）中有 8 个县（市、区）总分排名位于全省 1～30 名，占比为
50%；有 4 个县（市、区）总分排名位于全省 30～60 名，占比为 25%；有
4 个县（市、区）总分排名位于全省 60～88 名，占比为 25%。具体表现如
表 3-112 所示。

表 3-112　　　　　　　　黔东南州纳税指标得分情况

县（市）	次数（分）	时间（分）	税费率（分）	总得分	全省排名	州内排名
剑河县	98.65	95.11	99.76	97.84	1	1
榕江县	91.87	89.59	95.15	92.20	5	2
黎平县	100.00	88.38	84.60	90.99	10	3
凯里市	82.80	87.26	99.08	89.71	13	4
从江县	78.33	87.23	98.84	88.13	20	5
施秉县	100.00	71.75	89.01	86.92	27	6
丹寨县	71.56	87.62	100.00	86.39	29	7
台江县	78.33	82.67	98.10	86.37	30	8
岑巩县	62.48	91.41	95.83	83.24	52	9
天柱县	67.09	84.87	94.39	82.12	55	10
雷山县	64.79	90.07	91.40	82.09	57	11
镇远县	67.09	86.40	90.91	81.47	58	12
锦屏县	69.26	86.20	84.36	79.94	65	13
三穗县	67.09	88.36	77.68	77.71	71	14
麻江县	67.09	87.84	76.83	77.25	72	15
黄平县	40.00	85.06	100.00	75.02	77	16

资料来源：贵州营商环境研究中心。

评估结果表明，黔东南州下辖县（市、区）纳税指标表现较好，有半
数以上县（市、区）得分超过全省平均分。有 2 个县（市、区）排名进入
全省前 10 名，剑河县表现尤为突出，纳税指标得分排位全省第 1 名。全州
县（市、区）纳税指标排名主要集中在 1～30 名之间，但是排位居于全省
60～88 名之间的县（市、区）数量达到 4 个，可见全州各县（市、区）纳

税指标得分差异较大，全省排名较低的县（市、区）占比较高。三穗县、麻江县和黄平县排名均位于全省 70 名之后，存在较大提升空间。3 项二级指标具体如表 3 - 113 所示。

表 3 - 113 　　　　　　　　黔东南州纳税二级指标原始数据

县（市）	全省排名	纳税总分	次数（次）	时间（小时）	税费率（%）
剑河县	1	97.84	3.50	94.95	3.06
榕江县	6	92.20	4.00	108.35	5.76
黎平县	11	90.99	3.40	111.30	11.93
凯里市	14	89.71	4.67	114.01	3.46
从江县	21	88.13	5.00	114.08	3.60
施秉县	28	86.92	3.40	151.68	9.35
丹寨县	30	86.39	5.50	113.15	2.92
台江县	31	86.37	5.00	125.17	4.03
岑巩县	53	83.24	6.17	103.95	5.36
天柱县	56	82.12	5.83	119.83	6.20
雷山县	58	82.09	6.00	107.18	7.95
镇远县	59	81.47	5.83	116.10	8.24
锦屏县	66	79.94	5.67	116.60	12.07
三穗县	72	77.71	5.83	111.35	15.98
麻江县	73	77.25	5.83	112.61	16.48
黄平县	79	75.02	7.83	119.35	2.92
全省平均		83.04	5.40	113.89	9.40
全省最优		97.84	3.40	83.08	2.92
全省最差		58.92	7.83	228.77	38.03

资料来源：贵州营商环境研究中心。

从资料审核和企业座谈的情况来看，纳税次数较多、税费率较高是影响纳税指标得分的主要因素。其中黄平县、岑巩县和雷山县的平均纳税次数过多，分别为 7.83 次、6.17 次和 6 次，高于全省平均值（5.40 次）；黄平县、天柱县、台江县、施秉县平均纳税时长为 119.35 小时、119.83 小时、125.17 小时、155.18 小时，高于全省平均值（113.89 小时）。

7. 获得信贷

黔东南州 16 个县（市、区）获得信贷指标平均得分为 71.68 分，有 8 个县（市、区）纳税总分超过全省平均分，占比为 50%。丹寨县纳税得分为 81.36 分，全州排名为第 1 名，全省排名为第 8 名。黄平县纳税得分为 62.80 分，全州排名为第 16 名，全省排名为第 78 名。黔东南州 16 个县（市、区）中有 4 个县（市、区）总分排名位于全省 1~30 名，占比为 25%；有 8 个县（市、区）总分排名位于全省 30~60 名，占比为 50%；有 4 个县（市、区）总分排名位于全省 60~88 名，占比为 25%。具体表现如表 3-114 所示。

表 3-114　　　　　　　　黔东南州获得信贷指标得分情况

县（市）	环节（分）	时间（分）	成本（分）	征信机构（分）	总得分	全省排名	州内排名
丹寨县	70.00	97.52	98.50	59.41	81.36	8	1
雷山县	75.10	87.70	100.00	62.35	81.29	9	2
岑巩县	82.00	76.41	98.20	59.41	79.01	14	3
剑河县	64.90	87.55	100.00	59.41	77.97	20	4
黎平县	62.50	83.03	89.80	59.41	73.68	35	5
三穗县	40.00	95.25	100.00	59.41	73.67	36	6
麻江县	70.00	80.76	79.90	59.41	72.52	42	7
从江县	40.00	91.63	98.20	59.41	72.31	43	8
天柱县	55.00	67.63	100.00	59.41	70.51	49	9
锦屏县	55.00	77.14	85.00	59.41	69.14	55	10
台江县	64.00	50.51	100.00	59.41	68.48	57	11
榕江县	47.50	73.28	94.00	56.47	67.81	58	12
镇远县	47.50	63.77	100.00	56.47	66.93	63	13

续表

县（市）	环节（分）	时间（分）	成本（分）	征信机构（分）	总得分	全省排名	州内排名
凯里市	40.00	68.08	96.40	59.41	65.97	69	14
施秉县	76.00	78.59	40.00	59.41	63.50	75	15
黄平县	47.50	44.29	100.00	59.41	62.80	78	16

资料来源：贵州营商环境研究中心。

评估结果表明，黔东南州下辖县（市、区）获得信贷指标表现一般，有半数县（市、区）得分高于全省平均分。全州仅有丹寨县和雷山县排名进入全省前10名，全州县（市、区）纳税指标排名主要集中在30～60名之间，但排名位于全省1～30名的县（市、区）数量较少，且位于60名之后的县（市、区）占比较高，施秉县和黄平县全省排名较为靠后。4项二级指标具体如表3-115所示。

表3-115　　　　　黔东南州获得信贷二级指标原始数据

县（市）	全省排名	总分	环节（个）	时间（工作日）	成本（%）	征信机构（分）
丹寨县	8	81.36	5.00	5.75	0.05	15.94
雷山县	9	81.29	4.83	11.17	0.00	16.94
岑巩县	14	79.01	4.60	17.40	0.06	15.94
剑河县	20	77.97	5.17	11.25	0.00	15.94
黎平县	35	73.68	5.25	13.75	0.34	15.94
三穗县	36	73.67	6.00	7.00	0.00	15.94
麻江县	42	72.52	5.00	15.00	0.67	15.94
从江县	43	72.31	6.00	9.00	0.06	15.94
天柱县	49	70.51	5.50	22.25	0.00	15.94
锦屏县	55	69.14	5.50	17.00	0.50	15.94
台江县	57	68.48	5.20	31.70	0.00	15.94
榕江县	58	67.81	5.75	19.13	0.20	14.94
镇远县	63	66.93	5.75	24.38	0.00	14.94

县（市）	全省排名	总分	环节（个）	时间（工作日）	成本（%）	征信机构（分）
凯里市	69	65.97	6.00	22.00	0.12	15.94
施秉县	75	63.50	4.80	16.20	2.00	15.94
黄平县	78	62.80	5.75	35.13	0.00	15.94
全省平均		71.50	5.38	18.36	0.26	16.51
全省最优		93.43	4.00	4.38	0.00	29.74
全省最差		49.22	6.00	37.50	2.00	9.34

资料来源：贵州营商环境研究中心。

从资料审核和企业座谈的情况来看，企业贷款贵、征信机构发展滞后是影响获得信贷指标得分的主要因素。其余问题还包括：

（1）征信机构覆盖面表现不佳。

数据信息显示，黔东南州获得信贷失分的主要是环节征信机构覆盖率，低于全省平均值。黔东南州县级企业征信数据覆盖率为13.94%，自然人征信数据覆盖率为75.22%，征信系统已接入的金融机构和非金融机构目前仅涉及商业银行。非银行信息仅采集了环保处罚信息等有限的部门信息，企业无法通过更多有效渠道来提高征信。

（2）贷款门槛高、贷款额度低、贷款贵。

农业生产企业反馈资本财产难以办理到资产证书做抵押，借款困难。小规模企业都存在抵押担保不足的情况。土地是租赁的，厂房自建，没有产权不能做抵押，需要担保。而信用贷所借到的资金额度太低，无法满足企业的资金缺口。

贷款贵在抵押担保手续上，资产抵押评估收费较高。企业融资过程中评估、登记、审计、保险等中介服务相对复杂，收费标准相对较高。担保费按放贷时的总额收费，而还贷款时分期，存在差价。

8. 政务服务

黔东南州16个县（市、区）政务服务指标平均得分为74.39分，有14个县（市、区）政务服务总分超过全省平均分，占比达到88%。剑河县政务服务得分为84.43分，全州排名为第1名，全省排名为第2名。台江县政务服务得分为 60.19 分，全州排名为第 16 名，全省排名为第 78 名。黔东南州 16 个县（市、区）中有 7 个县（市、区）总分排名位于全省 1~30 名，占比为 44%；有 8 个县（市、区）总分排名位于全省 30~60 名，占比为 50%；有 1 个县（市、区）总分排名位于全省 60~88 名，占比为 6%。具体表现如表 3-116 所示。

表 3-116　　　　　　　黔东南州政务服务指标得分情况

县（市）	网上服务（分）	便利度（分）	满意度（分）	数据共享（分）	总得分	全省排名	州内排名
剑河县	72.44	78.74	90.91	95.64	84.43	2	1
黎平县	70.24	77.94	84.48	92.36	81.26	6	2
榕江县	63.90	75.34	82.32	100.00	80.39	9	3
三穗县	56.10	71.75	87.69	100.00	78.88	15	4
雷山县	49.51	84.30	79.66	98.91	78.10	20	5
锦屏县	69.02	71.66	83.39	81.45	76.38	25	6
施秉县	44.88	72.56	84.99	98.91	75.33	30	7
麻江县	51.71	65.11	80.17	100.00	74.25	33	8
从江县	67.07	55.16	71.08	100.00	73.33	36	9
天柱县	61.71	67.00	76.44	84.00	72.29	41	10
凯里市	61.71	65.11	77.50	84.00	72.08	43	11
丹寨县	47.07	63.86	80.72	96.00	71.91	44	12
黄平县	53.90	74.44	63.04	93.09	71.12	46	13
镇远县	54.39	67.35	73.23	88.00	70.74	47	14
岑巩县	55.12	71.03	64.65	87.27	69.52	49	15
台江县	45.61	55.87	80.72	58.55	60.19	78	16

资料来源：贵州营商环境研究中心。

评估结果表明，黔东南州下辖县（市、区）政务服务指标表现较为突出，全州绝大多数县（市、区）得分均超过全省平均水平。剑河县、黎平县和榕江县排名进入全省前 10 位，全州排名位于全省前 40 名的县（市、区）数量达到 9 个，有 15 个县（市、区）排名居于全省前 60 名，全州仅有 1 个县排名位于全省 60 名之后，台江县全省排名较为靠后。从全省范围来看，黔东南州下辖县（市、区）政务服务水平普遍较高，且各县（市、区）间政务服务建设水平较为均衡。从资料审核和企业座谈的情况来看，政务服务便利度、政务服务信息化程度是影响政务服务指标得分的主要因素。4 项二级指标具体如表 3 – 117 所示。

表 3 – 117　　　　　　黔东南州政务服务二级指标原始数据

县（市）	全省排名	政务服务总分（分）	网上政务服务能力（分）	政务服务事项便利度（分）	政务服务满意度（分）	政务服务数据共享（分）
剑河县	2	84.43	3.20	9.59	48.17	1.88
黎平县	6	81.26	3.11	9.50	46.17	1.79
榕江县	9	80.39	2.85	9.21	45.5	2.00
三穗县	15	78.88	2.53	8.81	47.17	2.00
雷山县	20	78.10	2.26	10.21	44.67	1.97
锦屏县	25	76.38	3.06	8.80	45.83	1.49
施秉县	30	75.33	2.07	8.90	46.33	1.97
麻江县	33	74.25	2.35	8.07	44.83	2.00
从江县	36	73.33	2.98	6.96	42.00	2.00
天柱县	41	72.29	2.76	8.28	43.67	1.56
凯里市	43	72.08	2.76	8.07	44.00	1.56
丹寨县	44	71.91	2.16	7.93	45.00	1.89
黄平县	46	71.12	2.44	9.11	39.50	1.81
镇远县	47	70.74	2.46	8.32	42.67	1.67
岑巩县	49	69.52	2.49	8.73	40.00	1.65
台江县	79	60.19	2.10	7.04	45.00	0.86
全省平均		70.26	2.73	8.74	43.55	1.40
全省最优		84.77	4.33	11.96	51.00	2.00
全省最差		45.05	1.87	5.27	32.33	0.35

资料来源：贵州营商环境研究中心。

尚存在以下几个问题：

（1）网上政务服务能力较弱。

黔东南州所辖县（市）网上政务服务能力指标得分为 57.77 分，低于全省平均分。在 16 个县（市）中，雷山县、施秉县、麻江县、丹寨县和台江县 5 个县的网上政务服务事项实际办理率平均仅为 18.6%，好差评系统参评平均次数仅 23152.4 次，仅有全省平均值的 1/3。

（2）政务服务便利度需要补短板。

黔东南州所辖县（市）政务服务便利度指标得分为 69.83 分，低于全省平均分。在 16 个县（市）中，从江县、丹寨县和台江县 3 个县的最多跑一次事项、减证便民事项平均值分别为 443.3 项和 51.5 项，大幅度低于全省平均值 211.2 项和 344.5 项。此外，台江县的公共服务事项认领关联率和四级四同关联率平均值分别为 56.2% 和 30%，分别低于全省平均值 14.8% 和 37.3%。

9. 市场监管

黔东南州 16 个县（市、区）市场监管指标平均得分为 81.08 分，有 9 个县（市、区）政务服务总分超过全省平均分，占比达到 56%。榕江县市场监管得分为 94.66 分，全州排名为第 1 名，全省排名为第 1 名。剑河县市场监管得分为 70.24 分，全州排名为第 16 名，全省排名为第 77 名。黔东南州 16 个县（市、区）中有 8 个县（市、区）总分排名位于全省 1～30 名，占比为 50%；有 4 个县（市、区）总分排名位于全省 30～60 名，占比为 25%；有 4 个县（市、区）总分排名位于全省 60～88 名，占比为 25%。具体表现如表 3－118 所示。

表 3－118 黔东南州市场监管指标得分情况

县（市）	监管覆盖（分）	信息公开（分）	政务诚信（分）	商务诚信（分）	总得分	全省排名	州内排名
榕江县	92.50	100.00	99.66	86.46	94.66	1	1
丹寨县	77.50	100.00	100.00	94.58	93.02	3	2
锦屏县	85.00	100.00	94.00	91.42	92.60	4	3
从江县	85.00	100.00	97.82	70.22	88.26	12	4

县（市）	监管覆盖（分）	信息公开（分）	政务诚信（分）	商务诚信（分）	总得分	全省排名	州内排名
施秉县	62.50	100.00	85.34	83.75	82.90	22	5
黎平县	77.50	100.00	91.66	62.09	82.81	23	6
雷山县	55.00	100.00	94.00	78.34	81.83	29	7
天柱县	85.00	100.00	82.34	58.93	81.57	30	8
岑巩县	77.50	100.00	93.66	47.66	79.71	33	9
三穗县	55.00	100.00	83.66	72.92	77.90	42	10
凯里市	85.00	100.00	68.00	58.03	77.76	44	11
镇远县	62.50	100.00	91.80	53.97	77.07	46	12
黄平县	70.00	100.00	52.34	75.63	74.49	61	13
台江县	47.50	100.00	87.66	52.62	71.94	69	14
麻江县	62.50	100.00	60.00	59.39	70.47	76	15
剑河县	62.50	100.00	53.66	64.80	70.24	77	16

资料来源：贵州营商环境研究中心。

　　评估结果表明，黔东南州下辖县（市、区）市场监管指标表现较好，全州有半数以上县（市、区）超过全省平均水平。榕江县排名全省第1名、丹寨县和锦屏县也进入全省前10位，有半数县（市、区）排名居于全省前30名，但是居于全省30~60名之间的县（市、区）有4个，排名位于全省60名之后的县（市、区）数量也达到了4个，麻江县、剑河县排名位于全省70名之后，各县（市、区）市场监督指标得分差异较大。从资料审核和企业座谈的情况来看，监管覆盖率、政务诚信度是影响市场监管指标得分的主要因素。黔东南州的县（市、区）只建立了市场主体名录库和执法检查人员的名录库，未探索建立专家库。4项二级指标具体如表3-119所示。

表3-119　　　　　黔东南州市场监管二级指标原始数据

县（市）	全省排名	总分	"双随机、一公开"监管（分）	监管执法信息公开率（分）	政务诚信度（分）	商务诚信度（分）
榕江县	1	94.66	13.00	8.00	22.92	17.50

续表

县（市）	全省排名	总分	"双随机、一公开"监管（分）	监管执法信息公开率（分）	政务诚信度（分）	商务诚信度（分）
丹寨县	3	93.02	11.00	8.00	23.00	19.00
锦屏县	4	92.60	12.00	8.00	21.50	18.42
从江县	12	88.26	12.00	8.00	22.46	14.50
施秉县	22	82.90	9.00	8.00	19.34	17.00
黎平县	23	82.81	11.00	8.00	20.92	13.00
雷山县	29	81.83	8.00	8.00	21.50	16.00
天柱县	30	81.57	12.00	8.00	18.59	12.42
岑巩县	33	79.71	11.00	8.00	21.42	10.34
三穗县	43	77.90	8.00	8.00	18.92	15.00
凯里市	44	77.76	12.00	8.00	15.00	12.25
镇远县	46	77.07	9.00	8.00	20.95	11.50
黄平县	61	74.49	10.00	8.00	11.09	15.50
台江县	69	71.94	7.00	8.00	19.92	11.25
麻江县	76	70.47	9.00	8.00	13.00	12.50
剑河县	77	70.24	9.00	8.00	11.42	13.50
全省平均		77.81	10.25	8.00	15.22	14.87
全省最优		94.66	14.00	8.00	23.00	20.00
全省最差		40.00	6.00	8.00	8.50	10.00

资料来源：贵州营商环境研究中心。

10. 企业信心

黔东南州16个县（市、区）企业信心指标平均得分为59.06分，有2个县（市、区）企业信心总分超过全省平均分，占比为13%。锦屏县企业信心得分为75.66分，全州排名为第1名，全省排名为第9名。从江县和施秉县企业信心得分均为54.32分，全州排名并列第15名，全省排名并列第80名。黔东南州16个县（市、区）中有1个县（市、区）总分排名位于全省1~30名，占比为6%；有7个县（市、区）总分排名位于全省30~60

名，占比为44%；有8个县（市、区）总分排名位于全省60～88名，占比为50%。具体表现如表3-120所示。

表3-120　　　　　　黔东南州企业信心指标得分情况

县（市）	投资意愿（分）	新增企业（分）	总得分	全省排名	州内排名
锦屏县	75.33	76.00	75.66	9	1
台江县	75.97	53.57	64.77	35	2
丹寨县	85.68	40.00	62.84	42	3
剑河县	84.08	40.00	62.04	46	4
雷山县	73.42	47.41	60.42	52	5
三穗县	78.04	40.00	59.02	55	6
麻江县	76.92	40.00	58.46	58	7
榕江县	76.44	40.00	58.22	60	8
岑巩县	73.27	40.00	56.63	68	9
天柱县	72.31	40.00	56.16	70	10
镇远县	72.15	40.00	56.07	71	11
黄平县	71.51	40.00	55.75	72	12
凯里市	64.64	46.84	55.74	73	13
黎平县	69.12	40.00	54.56	78	14
从江县	68.64	40.00	54.32	80	15
施秉县	68.64	40.00	54.32	80	15

资料来源：贵州营商环境研究中心。

评估结果表明，黔东南州下辖县（市、区）企业信心指标整体表现较差，仅有锦屏县和台江县得分超过全省平均水平。全州仅有1个县排名进入全省前10位，排名进入全省前40名的县（市、区）数量仅为2个，有半数县（市、区）排名居于全省60名之后，从江县、施秉县排名位于全省80名、81名，各县（市、区）企业信心指标得分整体偏低。2项二级指标具体如表3-121所示。

表3-121 黔东南州企业信心二级指标原始数据

县（市）	全省排名	总分	中小企业投资意愿（分）	新登记注册企业增长率（%）
锦屏县	9	75.66	64.33	77.78
台江县	35	64.77	65.00	29.31
丹寨县	42	62.84	75.17	-16.72
剑河县	46	62.04	73.50	-11.79
雷山县	52	60.42	62.33	16.02
三穗县	55	59.02	67.17	-39.61
麻江县	58	58.46	66.00	-13.61
榕江县	60	58.22	65.50	-11.46
岑巩县	68	56.63	62.17	-30.34
天柱县	70	56.16	61.17	-3.19
镇远县	71	56.07	61.00	-32.37
黄平县	72	55.75	60.33	-5.48
凯里市	73	55.74	53.14	14.78
黎平县	78	54.56	57.83	-5.91
从江县	80	54.32	57.33	-34.62
施秉县	81	54.32	57.33	-12.62
全省平均		63.29	64.87	17.93
全省最优		88.82	90.17	129.63
全省最差		40.00	27.33	-39.61

资料来源：贵州营商环境研究中心。

从资料审核和企业座谈会的访谈结果来看，市场主体活力激发力度不够，投资环境缺乏吸引力，企业投资意愿较低是导致企业信心指标表现较差的主要原因。其余问题还表现在：

（1）中小企业投资意愿普遍不高。

黔东南州中小企业主观投资意愿普遍不高，问卷平均得分仅63.08分（满分98分），低于全省平均，得分最低的凯里市仅53.14分，得分最高的丹寨县为75.17分。

（2）新登记注册企业增长率整体为负增长。

16 个区县总体新登记注册企业增长率为 - 6.24%，2019 年全州新增企业数 6099 家，相比 2018 年新增企业数 6505 家减少了 406 家。所有县市中，有 12 个县的 2019 年新登记注册企业增长率为负增长，三穗县的增长率最低，为 - 39.61%。

（四）存在的问题

1. 营商环境整体水平有待进一步优化

2019 年黔东南州营商环境整体水平较 2018 年有所改善，全州营商环境涉及的多项指标得到了不同程度的提升。但评估结果也表明，2019 年黔东南州营商环境综合得分仅处于全省中等水平，与全省排名居前的市（州）仍存在一定差距，营商环境整体水平有待进一步提升。评估过程中课题组发现，州本级营商环境水平与州下辖县（市、区）营商环境水平存在较大差异，州下辖县（市、区）营商环境全省排名显著优于州本级营商环境排名。提升黔东南州营商环境整体水平，需要在保持优势项目的前提下，对标省内先进水平，有针对性地补齐短板，实现州、县（市、区）两级营商环境水平的均衡发展。

2. 州本级营商环境建设存在短板

黔东南州营商环境综合得分虽然处于全省中等水平，但是州本级营商环境得分不够理想，在全省 9 个市（州）及贵安新区中排名较为靠后，仅为全省第 8 名，州本级营商环境一级指标存在明显短板。评估结果表明，黔东南州执行合同、获得用气 2 项一级指标表现欠佳，对州本级营商环境水平带来较大负面影响。执行合同指标中较为突出的问题是商业纠纷处理时间较长，而且企业在解决商业纠纷过程中面临较高的经济成本。获得用气指标中企业反映较多的问题有二：一是用气报装程序较为烦琐，报装环节较多；二是燃气报装过程中收费较高，增加了企业的用气报装成本。

3. 县（市、区）营商环境各项一级指标表现不均衡

从全省范围来看，黔东南州所辖县（市、区）营商环境平均得分在全省排名靠前，但各县（市、区）一级指标存在较大差异，既有优势指标，

同时也存在明显弱项。办理建筑许可、获得用水、政务服务3项一级指标表现较为突出；获得电力、登记财产、纳税、市场监管4项一级指标表现较好；开办企业、获得信贷、企业信心3项指标表现欠佳，尤其是企业信心指标整体得分偏低，与全省先进水平存在较大差距。从资料审核和企业访谈的结果来看，各县（市、区）在优化营商环境的过程中，普遍存在市场主体活力激发力度不足、企业贷款成本较高、投资环境缺乏吸引力、企业投资意愿较低等突出问题。未来需要围绕以上突出问题，有针对性地制定解决措施，着力优化弱项一级指标，进一步提升县（市、区）营商环境水平。

（五）对策建议

1. 确保各项便民利企政策落地生根

要树立营商环境是最好优惠政策、招商引资最大法宝，给予企业最大支持的理念，将营商环境建设作为助推经济发展的重要动力。2020年是《优化营商环境条例》实行的开局之年，要坚决贯彻落实好条例精神，按照省关于优化营商环境系列文件的要求，加快打造市场化、国际化、法治化的营商环境，更大力度深化"放管服"改革，为各类市场主体投资兴业破堵点、解难题，确保各项便民利企政策落地生根。

2. 对标先进补齐短板

首先，要进一步优化企业投资服务环境，打造平等竞争的市场环境。坚持权利平等、机会平等、规则平等，消除各类隐性壁垒。深化商事制度改革，放宽市场准入，按照"非禁即入"原则放开民间资本投资领域。其次，要进一步提升政务服务水平，打造高效透明的政务环境。要深入推进"放管服"改革，真正把企业的事当作自己的事，将企业办事的难点、痛点、堵点作为工作切入点，落实权责清单、监管清单和马上办、网上办、一次办等工作机制。最后，全力打造公平公正的法治环境，建设法治化营商环境。牢固树立法治思维，坚持依法行政、依法办事，对侵害企业和企业家合法权益行为，坚决依法严厉处治。对企业和企业家合法经营行为，坚决依法予以保护。

3. 切实解决企业资金短缺问题

要综合运用定向降准、扶贫再贷款、支小再贷款等货币政策工具，为金融机构发放民营、小微企业贷款提供流动性支持，引导银行业金融机构扩大民营、小微企业信贷投放；要定期召开"政银企"对接会，形成"政银企"对接常态机制，积极加强与企业的联系，及时了解企业的融资需求，主动为企业提供信息咨询服务，要充分利用好现有的贷款政策，最大限度地为企业提供资金支持，实现银企之间的良性互动。

4. 全面提升窗口服务水平

积极实行政务服务窗口工作人员轮岗制，定期外出参加业务培训，选派业务精、能力强、素质好的骨干充实窗口一线，切实提高窗口服务能力和水平。坚持以问题为导向，严格考核问责，确保持续推进营商环境不断改善。要开展政务服务质量专项整治。通过学习教育、日常巡查、陪同服务等方式，开展服务专项整治行动。着力整治事项梳理不全面、进驻不彻底、授权不充分、工作流程不顺畅、办事环节烦琐，办理时限长、涉企收费不公开、服务态度不端正、申请材料公示不彻底等问题，切实提高服务质量。

六、黔 西 南 州

（一）综合评估结果

黔西南州营商环境便利度综合得分为 73.56 分，在全省 9 个市（州）及贵安新区位列第 6 名。其中市（州）本级得分为 70.20 分，辖区内 8 个县（市、区）算术平均分为 75.92 分（见表 3-122）。

表 3-122　　贵州省 2019 年营商环境评估市（州）总分排名表

排名	市（州）	市（州）本级得分	所辖县（市、区）平均得分	总分
1	贵阳市	76.39	75.79	76.09
2	六盘水市	71.08	81.06	76.07
3	遵义市	73.53	75.79	74.66
4	毕节市	71.13	76.62	73.88
5	黔东南州	69.56	77.56	73.56
6	黔西南州	70.20	75.92	73.06
7	黔南州	66.10	76.57	71.34
8	铜仁市	69.90	72.50	71.20
9	贵安新区	72.64	67.04	69.84
10	安顺市	62.70	71.90	67.30

注：总分计算方法：市（州）本级得分和所辖县（市、区）得分的平均值。
资料来源：贵州营商环境研究中心。

（二）州本级评估结果

从一级指标整体表现来看，黔西南州在招标投标、执行合同指标上的表现较好，分别排在全省第 2 名与第 3 名；政府采购、知识产权创造、保护及运用，包容普惠创新等指标表现欠佳，尤其是政府采购指标，位于全省倒数第 1，希望引起相关部门重视（见表 3-123）。

表 3 – 123　　　　　　　　黔西南州营商环境评估综合得分情况

一级指标	营商环境便利度得分	全省排名
获得用气	75.17	4
执行合同	86.18	3
政府采购	68.19	10
招标投标	77.95	2
知识产权创造、保护及运用	56.11	7
包容普惠创新	57.61	7

资料来源：贵州营商环境研究中心。

黔西南州与全省最佳表现对标结果表明，包容普惠创新为当前营商环境建设中的主要短板，全省最优为遵义市的 92.01 分，黔西南州仅得 57.61 分，相差 34.4 分。此外，在知识产权指标及政府采购指标方面也存在较大改进空间。黔西南州获得用气指标及招标投标接近全省最优水平（见图 3 – 6）。

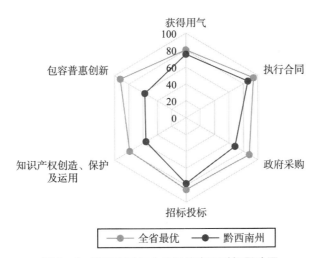

图 3 – 6　黔西南州与全省最优表现对标雷达图

资料来源：贵州营商环境研究中心。

黔西南州本级一级参评指标具体表现如表 3 – 124 所示。

表 3 – 124 　　　　　　　　黔西南州本级营商环境评估得分情况

一级指标	二级指标	原始数据	得分	全省排名
1. 获得用气	1.1 获得用气环节（个）	4.00	100.00	1
	1.2 获得用气时间（工作日）	4.68	100.00	1
	1.3 获得用气成本（占当地人均收入比）（%）	15.62	55.60	8
	1.4 用气价格（占总营收比）（%）	5.85	45.09	9
2. 执行合同	2.1 解决商业纠纷的时间（工作日）	335.10	77.06	4
	2.2 解决商业纠纷的费用（占索赔金额比）（%）	3.27	95.31	3
3. 政府采购	3.1 电子采购平台评价（0~10）	7.59	71.21	6
	3.2 采购流程（0~10）	7.50	77.39	2
	3.3 采购结果确定和合同签订（0~10）	5.00	40.00	10
	3.4 合同管理（0~10）	6.50	100.00	1
	3.5 支付和交付（工作日）	4.92	44.53	8
	3.6 政府采购（0~10）	5.00	76.00	3
4. 招标投标	4.1 互联网+招标采购（0~10）	12.00	73.33	4
	4.2 投标和履约担保（0~10）	9.67	85.74	2
	4.3 外地企业中标率（%）	64.56	92.74	3
	4.4 建立公平有效的投诉机制（0~12）	13.00	60.00	并列第4
5. 知识产权创造、保护及运用	5.1 知识产权创造质量（项）	1.91	45.70	5
	5.2 知识产权保护社会满意度（0~110）	107.17	98.76	2
	5.3 非诉纠纷解决机构覆盖面（个）	0	40.00	10
	5.4 知识产权运用效益（项）	0	40.00	10.00
6. 包容普惠创新	6.1 创新创业活跃度	8.80	40.00	10
	6.2 人才流动便利度	6.00	40.00	9
	6.3 市场开放度（%）	7.80	64.00	5
	6.4 基本公共服务群众满意度（个）	32.27	72.75	5
	6.5 蓝天碧水净土森林覆盖指数（%）	6.66	54.30	7
	6.6 城市立体交通指数	5.29	74.62	5

资料来源：贵州营商环境研究中心。

1. 获得用气

黔西南州在二级指标"获得用气环节"和"获得用气时间"上表现最好，均为全省第 1 名。全省获得用气平均环节为 5.04 个，黔西南州为 4 个；全省获得用气的平均时间为 8.25 个工作日，黔西南州为 4.68 个工作日。黔西南州在该项指标上失分主要因为"获得用气成本"和"获得用气价格"表现欠佳，"获得用气成本"全省平均占比为 12.38%，黔西南州为 15.62%，高于全省平均水平，位列全省第 8 名；"用气价格"全省平均占比为 3.49%，黔西南州为 5.85%，远高于全省平均水平，位列全省第 9 名。

尚存在以下问题：

（1）获得用气环节较多。

黔西南州获得用气环节为 4 个，未能实现用气报装环节精简为 2 个的目标。涉及报装申请、用气方案答复、竣工验收、点火通气环节。

（2）获得用气成本和用气价格较高。

黔西南州样本企业获得用气成本平均为 4750 元，占当地人均收入比为 15.62%，高于全省平均占比（12.38%），样本企业中获得用气最高成本达 17001 元。

2. 执行合同

黔西南州执行合同指标表现较好，综合得分为 86.18 分，位列全省第 3 位。其所涉及的二级指标"解决商业纠纷时间"为 335.1 个工作日，得分为 77.06 分，位列全省第 4 位；"解决商业纠纷的费用"得分为 95.31 分，位列全省第 3 名。

结合黔西南州企业家访谈，当前"执行合同"指标欠佳的原因包括：首先法院在立案过程中有人为设卡的现象，多是由于"被告人信息不全"等原因需要增加资料收集时间，客观上增加了立案受理时间；其次企业家反映黔西南州立案受理的排队现象普遍，由于工作人员较少，黔西南州没有电子取号机制，只能人工排队，再加上对立案有限制，导致有的企业家要跑 4 次以上法院才能够立案；最后企业家们普遍反映法院工作人员工作效率有待提高，尤其在审核材料环节，工作效率有较大提升空间。

3. 政府采购

黔西南州在政府采购指标上表现欠佳，综合得分为 68.19 分，位列全省末位。其中二级指标"电子采购平台评价"得分 71.21 分，位列全省第 6 名；"采购流程"得分 77.39 分，位列全省第 2 名；"采购结果确定和合同签订"得分 40 分，位列全省第 10 名；"合同管理"得分 100 分，为全省第 1 名；"支付和交付"得分 44.53 分，位列全省第 8 名。在该项指标上，黔西南州半数二级指标位于全省后 50%，造成总体排名不佳。

（1）支付和交付的总体评价不高。

针对支付和交付问卷调查结果显示，黔西南州在满分为 100 分的问卷中得分仅 44.53 分，低于全省平均分 67.25 分。

（2）采购结果确定和合同签订的总体评价不高。

针对采购结果确定和合同签订问卷调查结果显示，黔西南州在满分为 100 分的问卷中得分仅 40 分，低于全省平均分 88.21 分。

（3）企业反馈问题。

黔西南州企业家在访谈环节提出的问题如下：一是电子采购平台仅仅只是方便了专家评审，而没有照顾到企业办事的便利，因为对代理公司及投标人而言，既要做纸质文件，又要做电子文件，增加了企业不少工作量；二是采购过程仍存在一定程度的不透明，企业投标过程中，发现招标单位仍然有自行选择关系好、熟悉的代理机构的情况，且代理机构没有明确的收费标准，导致企业家认为风险较高，不敢投标；三是去年（2018 年）黔西南州交易中心有一个项目资金监管账户，该账户主要用于保证招标人不用担心资金风险，今年由于领导更替，资金监管已取消，再加上现在投资大环境一般，所以企业家担心资金风险，造成本来想去但不敢去投标的情况。

4. 招标投标

黔西南州在招标投标指标上表现较好，综合得分 77.95 分，位于全省第 2 名。其所涉及的二级指标"互联网＋招标采购"得分 73.33 分，位列全省第 4 名；"投标和履约担保"得分 85.74 分，位列全省第 2 名；"外地企业中标率"得分 92.74 分，位列全省第 3 名；"建立公平有效的投诉机制"得分 60 分，位列全省第 4 名（并列）。现场访谈环节，企业家反馈问题如下：

针对"外地企业中标率"，企业家认为黔西南州存在区域保护，如部分招标项目明确表示"在中国企业网上查询为本地区的可加多少分"等就是最好证明；

针对"投标和履约担保"，企业家反映在投标过程中，甲方（政府）有时设置门槛较高，如要求注册资金在 1000 万元以上，又或在业绩分值部分设定加分条件，中小微企业根本无法开出相应证明材料，导致中小微企业不易中标；

此外企业家还反映，在缴纳投标保证金但没有中标后，黔西南州存在由于甲方（招标单位）和乙方（企业）在退保证金合同没有达成协议，从而影响其他企业退保证金的时间。

5. 知识产权创造、保护及运用

黔西南州在知识产权创造、保护及运用指标上的表现欠佳，综合得分为 56.11 分，位列全省第 7 名。其所涉及的二级指标"知识产权创造质量"得分 45.70 分，位列全省第 5 名；"知识产权保护社会满意度"得分 98.76 分，位列全省第 2 名；"非诉纠纷解决机构覆盖面"得分 40 分，位列全省第 10 名；"知识产权运用效益"得分 40 分，位列全省第 10 名。

（1）知识产权创造质量较低。

评估结果显示，在知识产权创造质量中，黔西南州经费投入较高，但是创造质量却与投入不匹配。R&D 经费支出占 GDP 比重（0.77%）为全省第 2，科技专项经费支出占 GDP 比重（0.82%）为全省第 1，但是其平均每百万人专利年申请数（613.7 项）和平均每百万人发明专利年授权数（12.05 项）均低于全省平均水平（分别为 998.67 项和 49.96 项）；企业专利授权数仅为 60 项，远远低于全省平均的 1128.33 项，为全省最低。

（2）尚未成立专门的知识产权调解机构。

因黔西南州未成立专业知识产权调解、仲裁机构快速维权中心，"非诉纠纷调解机构覆盖面"指标得分为 0，位列全省倒数第 1。由此可以看出，政府部门对企业的知识产权服务渠道有限、缺乏专业化服务队伍。

（3）知识产权运用效益空白。

评估结果显示，黔西南州"知识产权运用效益"指标各项内容均为 0，黔西南州对企业知识产权运用的鼓励、引导和帮助上还任重道远。

（4）企业反馈问题。

针对"非诉纠纷解决机构覆盖面"，企业家们认为，政府对举报的侵权行为的调查和取缔、对知识产权保护的宣传力度等相关业务，开设的服务窗口数量都有限。

针对"知识产权运用效益"指标，企业家们反映在黔西南注册商标的过程烦琐，等待时间较长。有企业家因商标名字与已登记在册的商标重复导致申请被驳回，在此过程中，企业向政府部门提交申请，经政府部门查阅不合格被驳回，企业反复修改及提交申请导致时间成本增加。此外，黔西南州的企业家普遍反映通常注册一个商标从提交申请到政府回复是否通过申请需要半年以上的时间，等待时间实在太长。

针对"知识产权创造质量"指标，企业家反映，许多企业没有主动保护知识产权的意识，都是中介公司打电话给企业咨询是否需要申请商标后才有问题意识，其原因是企业不了解知识产权方面的知识，也不清楚如何申请商标，这体现出政府的宣传不到位，且在办理注册商标时政府所开具的材料清单专业性较强，一些办理业务的企业无法准确理解清单内容，导致材料准备不达标，提交后被反复驳回。

6. 包容普惠创新

黔西南州在包容普惠创新指标上的表现欠佳，综合得分为 57.61 分，位列全省第 7 名。其所涉及的二级指标"创新创业活跃度"得分 40 分，位列全省第 10 名；"人才流动便利度"得分 40 分，位列全省第 9 名；"市场开放度"得分 64 分，位列全省第 5 名；"基本公共服务群众满意度"得分 72.75 分，位列全省第 5 名；"蓝天碧水净土森林覆盖指数"得分 54.30 分，位列全省第 7 名；"城市立体交通指数"得分 74.62 分，位列全省第 5 名。

（三）县域评估结果

从辖区内全部区县的整体表现来看，黔西南州有 37.5% 的区县在总分排名上位于全省前 50%，其中成绩最好的为黔西南州兴仁市，位列全省第 6 名。其余区县排名均在全省后 50%，其中晴隆县排在全州第 8 名，位列全省第 69 名。黔西南州区县部分评估的 10 项一级指标情况如表 3 - 125 所示。

表 3 - 125　　　　　　　　黔西南州下辖区县营商环境评估总得分情况

县（市）	开办企业（分）	办理建筑许可（分）	获得电力（分）	获得用水（分）	登记财产（分）	纳税（分）	获得信贷（分）	政务服务（分）	市场监管（分）	企业信心（分）	总分	全省排名	市内排名
兴仁市	98.82	77.84	87.84	84.96	77.46	85.91	78.70	72.75	91.01	65.47	82.08	6	1
贞丰县	93.58	83.18	90.24	76.86	54.38	76.03	82.42	79.22	75.83	69.42	78.12	27	2
册亨县	85.54	74.51	79.78	85.28	65.01	83.83	72.54	79.05	78.22	58.05	76.18	40	3
普安县	73.03	72.11	81.59	90.21	76.01	83.62	73.56	60.55	74.18	66.15	75.10	53	4
兴义市	98.82	48.27	82.71	83.54	82.62	80.44	76.53	65.41	70.51	61.96	75.08	54	5
望谟县	81.58	78.34	77.24	80.99	70.83	80.19	73.00	61.33	75.08	67.62	74.62	58	6
安龙县	72.48	78.37	85.55	54.88	79.55	84.98	76.89	76.08	65.79	65.39	73.99	62	7
晴隆县	78.31	48.27	86.31	91.76	63.75	78.85	75.41	61.25	74.91	62.77	72.16	69	8

资料来源：贵州营商环境研究中心。

1. 开办企业

黔西南州下辖 8 个县（市、区）在开办企业指标上表现较好。有 4 个县（市、区）位于全省排名的前 50%，其中兴仁市、兴义市的表现尤为突出，均获得 98.82 分的总分成绩，并列获得该项指标全省第 1。贞丰县表现也同样优异，排在全省第 6 名。册亨县排在全省第 32 名，属中等水平。望谟县、晴隆县、普安县排名一般，都排在全省后 50%。安龙县排名最靠后，位列全省第 70 名（见表 3 - 126）。

表 3 - 126　　　　　　　　黔西南州开办企业指标得分情况

县（市）	环节（分）	时间（分）	成本（分）	材料（分）	总得分	全省排名	州内排名
兴仁市	95.30	100.00	100.00	100.00	98.82	1	1
兴义市	95.30	100.00	100.00	100.00	98.82	1	1
贞丰县	95.30	91.82	100.00	87.20	93.58	6	3
册亨县	72.35	89.85	93.78	86.19	85.54	32	4
望谟县	78.71	81.06	100.00	66.55	81.58	48	5
晴隆县	73.18	75.76	85.95	78.35	78.31	57	6

续表

县（市）	环节（分）	时间（分）	成本（分）	材料（分）	总得分	全省排名	州内排名
普安县	72.35	82.12	80.94	56.70	73.03	69	7
安龙县	58.53	87.42	100.00	43.95	72.48	70	8

资料来源：贵州营商环境研究中心。

全省营商环境调研结果显示，全省在该项指标上表现为：平均环节为 4.70 个，平均时间为 3.03 个工作日，平均成本占当地城市可支配收入的 0.56%，平均材料为 12.92 件。黔西南州在该指标的表现为平均环节为 4.55 个，平均时间为 2.76 个工作日，平均成本为 0.25%，平均材料为 12.17 件。比较发现，黔西南州在时间、环节、成本、材料上均远高于全省平均水平，主要原因在于册亨县、望谟县、普安县、安龙县在开办环节上高于全省平均水平；晴隆县、普安县等开办企业时间较长等（见表 3 - 127）。

表 3 - 127　　　　　　黔西南州开办企业二级指标原始数据

县（市）	全省排名	总分	环节（个）	时间（工作日）	成本（%）	材料（件）
兴仁县	1	98.82	4.00	2.00	0.00	8.33
兴义市	1	98.82	4.00	2.00	0.00	8.33
贞丰县	6	93.58	4.00	2.54	0.00	10.50
册亨县	32	85.54	4.83	2.67	0.31	10.67
望谟县	48	81.58	4.60	3.25	0.00	14.00
晴隆县	57	78.31	4.80	3.60	0.70	12.00
普安县	69	73.03	4.83	3.18	0.95	15.67
安龙县	70	72.48	5.33	2.83	0.00	17.83
州内平均		85.27	4.55	2.76	0.25	12.17
全省平均		80.48	4.70	3.03	0.56	12.92
全省最优		98.82	3.83	2.00	0.00	8.33
全省最差		47.98	6.00	5.96	2.99	18.5

资料来源：贵州营商环境研究中心。

总体来看，黔西南州3个县未达到开办企业时间压缩至3个工作日以内的要求。普安县3.18个工作日，望谟县3.25个工作日，晴隆县3.60个工作日。普安县在办理刻制印章环节未能实现当日办结，望谟县、晴隆县在办理银行开户环节未能实现当日办结。

现场访谈环节，企业提出由于系统不稳定、办事人员业务不够熟悉、各部门之间将企业相应材料互设为前提办理业务等问题。

2. 办理建筑许可

黔西南州下辖8个县在办理建筑许可指标上总体表现欠佳。没有一个县进入全省前10名，尤其晴隆县和兴义市在该项指标上的表现为全省最后一名（并列），大大影响了黔西南州在该项指标上的综合评分（见表3-128）。

表3-128　　　　　黔西南州办理建筑许可指标得分情况

县（市）	环节（分）	时间（分）	成本（分）	材料（分）	总得分	全省排名	州内排名
贞丰县	95.86	73.74	79.25	83.85	83.18	17	1
安龙县	87.59	72.42	56.346	97.12	78.37	41	2
望谟县	54.48	85.33	90.29	83.27	78.34	42	3
兴仁市	54.48	76.60	96.16	84.13	77.84	43	4
册亨县	71.03	59.51	96.93	70.58	74.51	54	5
普安县	56.55	80.71	87.22	63.94	72.11	61	6
晴隆县	—	—	—	—	48.27	85	7
兴义市	52.41	58.78	41.89	40.00	48.27	85	7

资料来源：贵州营商环境研究中心。

综合来看，黔西南州在环节、时间、成本上表现都低于全省平均水平。就各县（市）而言，全州仅有安龙县在环节上优于全省平均水平；兴仁市、贞丰县、望谟县在时间上高于全省平均水平；兴仁市、册亨县、普安县、望谟县在成本上优于全省平均水平；安龙县、望谟县、贞丰县、兴仁市在材料上优于全省平均水平，其他各县在不同分项指标上与全省平均水平都有一定差距（见表3-129）。

表3-129 黔西南州办理建筑许可二级指标原始数据

县（市）	全省排名	总分	环节（个）	时间（工作日）	成本（%）	材料（件）
贞丰县	17	83.18	18.00	180.50	3.57	91.00
安龙县	41	78.37	20.00	185.00	6.85	68.00
望谟县	42	78.34	28.00	141.00	1.99	92.00
兴仁市	43	77.84	28.00	170.75	1.15	90.50
册亨县	54	74.51	24.00	229.00	1.04	114.00
普安县	61	72.11	27.50	156.75	2.43	125.50
晴隆县	85	48.27	—	—	—	—
兴义市	88	48.27	28.50	231.50	8.92	167.00
州内平均		70.11	24.86	184.93	3.71	106.86
全省平均		74.77	23.07	183.12	3.43	106.76
全省最优		90.38	17.00	91.00	0.60	63.00
全省最差		48.27	31.5	291.75	9.19	167.00

资料来源：贵州营商环境研究中心。

尚存在以下问题：

（1）办理环节偏多。

全省办理建筑许可平均环节为23.07个，黔西南州样本企业平均办理环节为24.86个（晴隆县无合格样本除外），比全省平均值多1.79个环节，调查样本中环节最多达29个。

（2）办理成本较高。

全省办理建筑许可成本占工程造价的平均比值为3.43%，黔西南州样本企业的平均比值为3.71%（晴隆县无合格样本除外），比全省高0.28%。从黔西南州整体情况来看，主要成本来自第三方评估费用、城市基础设施配套费、工伤保险。占比最高的样本的数据为14.33%，该工程项目造价为61845300元，办理建筑许可成本总计8863845元，其中城市基础设施配套费8272999元。

（3）企业反馈问题。

经过评估小组对企业家开展的访谈，企业认为当前黔西南州存在平台一体化不到位、工作人员服务态度有待提高、政府对企业资料准备指导不积极、企业材料在住建系统存在丢失等问题。

3. 获得电力

黔西南州下辖8个县（市、区）在获得电力指标上表现一般。8个县中无一排名进入前10或后10名，排名最高为贞丰县，位列全省第14名；排名最低为望谟县，位列全省第69位（见表3-130）。

表3-130　　　　　　　　黔西南州获得电力指标得分情况

县（市）	环节（分）	时间（分）	成本（分）	可靠性（分）	电价（分）	材料（分）	总分	全省排名	州内排名
贞丰县	100.00	95.52	100.00	53.54	98.06	94.34	90.24	14	1
兴仁市	100.00	100.00	86.93	65.71	91.55	82.86	87.84	21	2
晴隆县	100.00	85.83	100.00	65.71	92.06	74.29	86.31	28	3
安龙县	100.00	85.83	100.00	65.71	96.03	65.71	85.55	31	4
兴义市	100.00	75.49	99.12	62.80	100.00	58.86	82.71	48	5
普安县	100.00	80.50	100.00	65.71	63.41	79.94	81.59	53	6
册亨县	100.00	93.29	51.72	65.71	79.46	88.51	79.78	63	7
望谟县	100.00	72.50	89.20	65.71	78.87	57.14	77.24	69	8

资料来源：贵州营商环境研究中心。

综合来看，黔西南州在环节、时间、成本、可靠性、电价、材料等二级指标表现上都优于或与全省平均水平持平。就各县表现而言：环节上黔西南州各县与全省一致；时间上普安县、兴义市、望谟县都高于全省平均时限；成本上册亨县表现较差，是全省平均水平的10倍；可靠性方面，黔西南州与全省平均水平持平；电价上普安县劣势较为突出，是全省平均水平的2倍；材料上兴义市与望谟县的材料数量都比全省平均数高出1件（见表3-131）。

表 3 – 131　　　　　　　　黔西南州获得电力二级指标原始数据

县（市）	全省排名	获得电力总分	环节（个）	时间（工作日）	成本（%）	供电可靠性	电力价格（%）	材料（份）
贞丰县	14	90.24	2.00	1.42	0.00	7.29	0.40	2.33
兴仁市	21	87.84	2.00	1.00	2.82	8.00	1.17	3.00
晴隆县	28	86.31	2.00	2.33	0.00	8.00	1.11	3.50
安龙县	31	85.55	2.00	2.33	0.00	8.00	0.64	4.00
兴义市	48	82.71	2.00	3.30	0.19	7.83	0.17	4.40
普安县	53	81.59	2.00	2.83	0.00	4.50	4.50	3.17
册亨县	63	79.78	2.00	1.63	10.42	8.00	2.60	2.67
望谟县	69	77.24	2.00	3.58	2.33	8.00	2.67	4.50
州内平均		83.91	2.00	2.30	1.97	7.89	1.66	3.45
全省平均		83.24	2.00	2.70	2.80	8.42	2.45	3.35
全省最优		95.48	2.00	1.00	0.00	10.00	0.17	2.17
全省最差		72.55	2.00	5.58	12.95	6.50	7.27	5.50

资料来源：贵州营商环境研究中心。

尚存在以下问题：

（1）申请材料稍多。

望谟县、兴义市、安龙县、晴隆县平均 4.1 份，高于全省平均材料件数（3.35 件）。样本企业申请材料最多为 6 份，存在不同环节要求重复提交材料的情况。

（2）供电可靠性较差。

黔西南州供电可靠性不高，得分 63.83 分，低于全省平均分（72.98分）。兴义市、贞丰县平均为 58.17 分，主要失分原因为：由于系统停电未收到电力公司补偿的占比 92.31%；系统平均停电持续时间 1 ~ 4 小时占比 15.38%；停电当天通知占比 7.69%；2019 年系统平均停电频率大于 12 次占比 7.69%；2019 年系统平均停电频率大于 6 ~ 12 次占比 7.69%。

企业家在访谈环节提出，黔西南州在电力报装过程中，存在审批流程仍然烦琐、不定期停电时有发生、高压带电作业费较高、企业用电成本高等问题。

4. 获得用水

黔西南州下辖 8 个县（市、区）在获得用水指标上的表现良好。全州有半数以上区县排名位于全省前 50%，但没有一个县排到全省前 10 名。全州排名最佳为晴隆县，位列全省第 12 名；安龙县综合得分为 54.88 分，排名全省倒数第 3 名，全州最末位（见表 3 - 132）。

表 3 - 132　　　　　　黔西南州获得用水指标得分情况

县（市）	环节（分）	时间（分）	成本（分）	价格（分）	总得分	全省排名	州内排名
晴隆县	88.00	91.28	88.28	99.49	91.76	12	1
普安县	70.00	97.97	93.89	98.98	90.21	17	2
册亨县	82.00	92.29	67.67	99.15	85.28	30	3
兴仁市	55.00	92.69	92.34	99.83	84.96	32	4
兴义市	55.00	86.82	93.01	99.32	83.54	37	5
望谟县	57.55	72.27	96.12	98.04	80.99	46	6
贞丰县	85.00	95.11	55.07	72.26	76.86	58	7
安龙县	44.95	80.80	53.76	40.00	54.88	86	8

资料来源：贵州营商环境研究中心。

综合来看，黔西南州用水成本与用水价格 2 项二级指标比全省平均占比高。就县区表现而言：环节上除贞丰县、册亨县、普安县、晴隆县外，其余县都高于全省平均值；时间上望谟县与安龙县比全省平均值高出两三倍；成本上贞丰县与安龙县高于全省平均值 2 倍；水价占比安龙县与贞丰县比全省平均值分别高出近 7 倍和 3 倍（见表 3 - 133）。

表 3 - 133　　　　　　黔西南州获得用水二级指标原始数据

县（市）	全省排名	总分	环节（个）	时间（工作日）	成本（%）	价格（%）
晴隆县	12	91.76	2.80	4.06	3.32	0.12
普安县	17	90.21	4.00	2.35	1.73	0.18

县（市）	全省排名	总分	环节（个）	时间（工作日）	成本（%）	价格（%）
册亨县	30	85.28	3.20	3.80	9.16	0.16
兴仁县	32	84.96	5.00	3.70	2.17	0.08
兴义市	37	83.54	5.00	5.20	1.98	0.14
望谟县	46	80.99	4.83	8.92	1.10	0.29
贞丰县	58	76.86	3.00	3.08	12.73	3.32
安龙县	87	54.88	5.67	6.74	13.10	7.11
州内平均		81.06	4.19	4.73	5.66	1.43
全省平均		80.60	4.20	6.39	4.80	1.21
全省最优		99.81	2.00	1.83	0.00	0.06
全省最差		53.00	6.00	17.17	17.00	7.11

资料来源：贵州营商环境研究中心。

尚存在以下问题：

（1）办理环节多。

黔西南州样本企业获得用水的平均环节为 4.19 个（全省平均环节为 4.20 个），尚未完全实现报装环节精简为 2 个的目标。样本企业所需环节最多为 6 个（窗口登记、供水方案答复、工程设计方案审查、办理道路挖掘许可、竣工验收、挂表开栓），且不能实现网上报装。

（2）报装用水成本较高。

黔西南州样本企业获得用水成本平均为 1832 元，占当地人均收入比为 5.66%，高于全省平均（4.80%）。样本企业中获得用水最高成本达 6698 元。

（3）企业反馈问题。

现场访谈环节有企业反映污水处理费较高。安装材料必须由水务公司提供，企业无法自行到市场购买；二次加压费、材料费用、人工费用不透明等问题。此外，还存在施工用水无阶梯水价、不定期停水未通知到位、水务公司提供的报装材料费用较高的问题。

5. 登记财产

黔西南州下辖 8 个县（市、区）在登记财产指标上的表现一般。没有一个县进入全省前 10 名，其中贞丰县排位最低，综合得分 54. 38 分，为全省第 85 名（见表 3 - 134）。

表 3 - 134　　　　　　　黔西南州登记财产指标得分情况

县（市）	环节（分）	时间（分）	成本（分）	材料（分）	总得分	全省排名	州内排名
兴义市	70. 00	98. 70	91. 76	70. 00	82. 62	12	1
安龙县	70. 00	80. 00	84. 87	83. 33	79. 55	26	2
兴仁市	70. 00	97. 50	82. 35	60. 00	77. 46	32	3
普安县	70. 00	97. 50	83. 19	53. 33	76. 01	39	4
望谟县	70. 00	96. 20	53. 78	63. 33	70. 83	59	5
册亨县	70. 00	68. 70	81. 34	40. 00	65. 01	73	6
晴隆县	55. 00	90. 00	40. 00	70. 00	63. 75	74	7
贞丰县	55. 00	82. 50	40. 00	40. 00	54. 38	85	8

资料来源：贵州营商环境研究中心。

综合来看，黔西南州在登记财产指标中的环节、材料 2 项二级指标高于全省平均值。就全州 8 个县的表现而言：环节上全州只有贞丰县、晴隆县环节比全省平均值多；时间上册亨县、安龙县办理时限较长，比全省平均时间高出 1 个工作日；成本上贞丰县、望谟县、晴隆县都比全省平均值高出近 2 个百分点；材料上贞丰县、册亨县、普安县所需材料数都比全省平均值高（见表 3 - 135）。

表 3 - 135　　　　　　　黔西南州登记财产二级指标原始数据

县（市）	全省排名	总分	环节（个）	时间（工作日）	成本（%）	材料（件）
兴义市	12	82. 62	4. 00	2. 13	2. 54	17. 00
安龙县	26	79. 55	4. 00	4. 00	2. 95	15. 00
兴仁市	32	77. 46	4. 00	2. 25	3. 10	18. 50

县（市）	全省排名	总分	环节（个）	时间（工作日）	成本（%）	材料（件）
普安县	39	76.01	4.00	2.25	3.05	19.50
望谟县	59	70.83	4.00	2.38	4.80	18.00
册亨县	74	65.01	4.00	5.13	3.16	21.50
晴隆县	75	63.75	4.50	3.00	5.62	17.00
贞丰县	86	54.38	4.50	3.75	5.62	21.50
州内平均		71.20	4.13	3.11	3.86	18.50
全省平均		73.34	3.98	3.89	3.86	16.67
全省最优		89.51	3.00	2.00	1.97	12.50
全省最差		50.11	5.00	8.00	5.62	21.50

资料来源：贵州营商环境研究中心。

企业访谈环节，黔西南州受访企业反馈登记财产业务办理过程中，相关窗口开设较少、工作人员业务不够熟悉、跨部门材料获取难度高、材料清单告知不准确等问题不同程度存在。

6. 纳税

黔西南州下辖 8 个县（市、区）在纳税指标上表现一般。没有一个县进入全省前 10 名，成绩最好为兴仁市，综合得分 85.91 分，位列全省第 33 名；其余县市排名都在全省后 70%，其中贞丰县纳税指标排名最低，得分 76.03 分，位列全省第 75 名（见表 3 - 136）。

表 3 - 136　　　　　　　　黔西南州纳税指标得分情况

县（市）	次数（分）	时间（分）	税费率（分）	总得分	全省排名	州内排名
兴仁市	67.09	95.40	95.23	85.91	33	1
安龙县	82.80	88.16	83.97	84.98	40	2
册亨县	64.79	86.70	100.00	83.83	48	3
普安县	71.56	86.62	92.69	83.62	49	4
兴义市	69.80	89.27	82.24	80.44	63	5

县（市）	次数（分）	时间（分）	税费率（分）	总得分	全省排名	州内排名
望谟县	63.02	86.10	91.44	80.19	64	6
晴隆县	64.79	86.50	85.27	78.85	68	7
贞丰县	64.79	89.43	73.89	76.03	75	8

资料来源：贵州营商环境研究中心。

综合来看，黔西南州纳税次数与税费率都高于全省平均值。就全州 8 个县的表现而言：次数上全州除安龙县优于全省平均值外，其余县都劣于全省平均值；时间上除兴仁市、贞丰县、兴义市优于全省平均值外，其余都劣于全省平均值；税费率上贞丰县、兴义市、安龙县、晴隆县都超过了10%，且贞丰县达到全省平均值的近 2 倍（见表 3 – 137）。

表 3 – 137　　　　　　　黔西南州纳税二级指标原始数据

县（市）	全省排名	纳税总分	次数（次）	时间（小时）	税费率（%）
兴仁市	34	85.91	5.83	94.25	5.71
安龙县	41	84.98	4.67	111.82	12.30
册亨县	49	83.83	6.00	115.37	2.92
普安县	50	83.62	5.50	115.58	7.20
兴义市	64	80.44	5.63	109.14	13.31
望谟县	65	80.19	6.13	116.83	7.93
晴隆县	69	78.85	6.00	115.87	11.54
贞丰县	76	76.03	6.00	108.75	18.20
州内平均		81.73	5.72	110.95	9.89
全省平均		83.04	5.40	113.89	9.40
全省最优		97.84	3.40	83.08	2.92
全省最差		58.92	7.83	228.77	38.03

资料来源：贵州营商环境研究中心。

尚存在以下问题：

（1）大部分县纳税次数过多。

黔西南州各县（市、区）平均纳税次数 5.72 次，高于全省平均次数（5.40 次），在 10 个州市中排名第 9 名，其中黔西南册亨县、晴隆县、贞丰县、望谟县 4 个县区的平均纳税次数均高于 6 次。

（2）企业反映的问题。

企业普遍反馈税务系统出现卡顿现象、对企业税务培训不到位、缴税方式过于单一等问题。具体情况如下：①兴仁市企业反映税务系统稳定性不够影响办事效率；应具备手机支付渠道，能用支付宝、微信等缴纳税款；②安龙县企业反映老年会计较多，不能熟练操作网上申报系统，导致办税效率较低；政务大厅泊车位太少，不方便办事，企业办理业务排队花费过多时间；③普安县企业反映对最新税收优惠政策不能及时了解，培训较少；④册亨县企业反映，电子税务局中三方协议扣款有时反馈结果是英文，工作人员不知道是否扣款成功，希望可以增加多个缴费渠道，比如支付宝和微信等，个人所得税退税程序有点较为复杂；⑤望谟县企业反映电子税务系统申报缴纳税费时，缴纳渠道单一，希望增加其他付款渠道。

7. 获得信贷

黔西南州下辖 8 个县（市、区）在获得信贷指标上表现良好。所有县市排位都进入全省前 50%，其中排名最靠前的贞丰县，得分 82.42 分，位列全省第 7 名（见表 3 – 138）。

表 3 – 138　　　　　　黔西南州获得信贷指标得分情况

县（市）	环节（分）	时间（分）	成本（分）	征信机构（分）	总得分	全省排名	州内排名
贞丰县	79.90	91.03	100.00	58.76	82.42	7	1
兴仁市	70.00	91.39	97.60	55.82	78.70	17	2
安龙县	60.10	91.63	100.00	55.82	76.89	24	3
兴义市	62.50	84.84	100.00	58.76	76.53	28	4
晴隆县	62.50	93.21	90.10	55.82	75.41	31	5

续表

县（市）	环节（分）	时间（分）	成本（分）	征信机构（分）	总得分	全省排名	州内排名
普安县	55.00	88.22	95.20	55.82	73.56	37	6
望谟县	47.50	96.83	88.90	58.76	73.00	39	7
册亨县	40.00	94.35	100.00	55.82	72.54	41	8

资料来源：贵州营商环境研究中心。

综合来看，黔西南州获得信贷指标在时间、环节、成本上总体优于全省平均水平，但征信机构覆盖率要低于全省平均水平1个百分点。就全州8个县的表现而言：环节上仅有册亨县与普安县略高于全省平均的5.38个环节；时间上除兴义市所需时间为12.75个工作日以外，其余县基本保持在10个工作日以内；成本上贞丰县、册亨县、兴义市、安龙县均实现0成本；征信机构覆盖率方面，全州所有县都低于全省平均值的16.51%，比全省低1~2个百分点（见表3-139）。

表3-139　　　　　　　黔西南州获得信贷二级指标原始数据

县（市）	全省排名	总分	环节（个）	时间（工作日）	成本（%）	征信机构（%）
贞丰县	7	82.42	4.67	9.33	0.00	15.72
兴仁市	17	78.70	5.00	9.13	0.08	14.72
安龙县	24	76.89	5.33	9.00	0.00	14.72
兴义市	28	76.53	5.25	12.75	0.00	15.72
晴隆县	31	75.41	5.25	8.13	0.33	14.72
普安县	37	73.56	5.50	10.88	0.16	14.72
望谟县	39	73.00	5.75	6.13	0.37	15.72
册亨县	41	72.54	6.00	7.50	0.00	14.72
州内平均		76.13	5.34	9.11	0.12	15.10
全省平均		71.50	5.38	18.36	0.26	16.51
全省最优		93.43	4.00	4.38	0.00	29.74
全省最差		49.22	6.00	37.50	2.00	9.34

资料来源：贵州营商环境研究中心。

尚存在以下问题：

（1）征信机构覆盖面表现不佳。

调研结果显示，黔西南州获得信贷失分主要缘于征信机构覆盖率低。全州区县级企业征信数据覆盖率为 15.69%，自然人征信数据覆盖率为 54.81%。征信系统目前已接入的金融机构和非金融机构仅涉及商业银行。非银行信息仅采集了法院判决及执行信息、环保处罚信息等有限的部门信息，企业无法通过更多有效渠道来提高征信。地方政府或上级政府未能直接与金融机构合作，未能通过政府增信降低企业的融资门槛。

（2）贷款渠道单一、门槛高、贷款贵。

企业反馈贷款渠道相对单一，大部分融资都是从银行借款获得。没有针对中小微企业的政策性担保公司，不少地区担保公司丧失了担保能力，不能为企业担保。政府设置的担保公司只认可企业的房产作为抵押物。少数外地企业，因为找不到担保人，只能找担保公司担保，但担保公司要求的材料比较复杂，并且担保公司的担保费也普遍较高，增加了企业的负担。商业抵押获得率太低，大多只能够获得 50%，农商行的额度 2018 年是 70%，2019 年降到了 60%。另外因为无健全的续贷体系，转贷过桥资金成本较高。

（3）政策落实不到位。

企业反馈扶持、鼓励民营企业发展的政策落实打折扣。如税源贷，是按照缴税额度给企业贷款的项目，该项目规定只要是在税务获得 A 级或 B 级的定级就能够获得贷款。有企业反映其税务定级为 B 级，却无法获得税源贷，并且没有任何解释，感觉该政策形同虚设。又如有的县允许农业企业用流转土地来融资，但是有的县却不允许，且经济果林和木材也不被认可为抵押物，农业企业融资困难。此外，企业还反馈担保公司收取利率较高、商业抵押获得率太低、授信贷款不稳定等问题。

8. 政务服务

黔西南州下辖 8 个县（市、区）在政务服务指标上的表现一般。全州有一半县区排名位于全省前 50%，但没有一个县进入全省前 10 名。排名最靠前的贞丰县，位列全省第 12 名。值得注意的是，望谟县、晴隆县、普安县的排名都位列全省 70 多名，属于全省中下游水平（见表 3 - 140）。

表 3-140　　　　　　　黔西南州政务服务指标得分情况

县（市）	网上服务（分）	便利度（分）	满意度（分）	数据共享（分）	总得分	全省排名	州内排名
贞丰县	52.68	87.35	83.39	93.45	79.22	12	1
册亨县	56.83	87.62	83.39	88.36	79.05	13	2
安龙县	52.20	80.90	91.97	79.27	76.08	26	3
兴仁市	74.63	86.19	40.00	90.18	72.75	38	4
兴义市	58.29	74.26	40.00	89.09	65.41	61	5
望谟县	49.76	42.96	58.77	93.82	61.33	73	6
晴隆县	48.05	75.87	40.00	81.09	61.25	74	7
普安县	51.46	67.89	62.50	60.36	60.55	77	8

资料来源：贵州营商环境研究中心。

综合来看，黔西南州在便利度、满意度、数据共享上都优于全省平均值，仅网上服务二级指标略低于全省平均水平 0.2 个百分点。就全州 8 个县的具体表现而言：网上服务兴仁县最高，达到了 3.29%，其余县均与全省平均值相差 0.2~0.3 个百分点；便利度方面全州有望谟县、普安县低于全省平均值，且望谟县排名较低（仅 5.60%），与全州第一的册亨县相差近 5 个百分点；满意度方面普安县与望谟县表现欠佳，望谟县相差全省平均值近 5 个百分点；数据共享方面，普安县仅达到 0.91%，是全州唯一没有上 1% 的县（见表 3-141）。

表 3-141　　　　　　　黔西南州政务服务二级指标原始数据

县（市）	全省排名	总分	网上政务服务能力（分）	政务服务事项便利度（分）	政务服务满意度（分）	政务服务数据共享（分）
贞丰县	12	79.22	2.39	10.55	45.83	1.82
册亨县	13	79.05	2.56	10.58	45.83	1.68
安龙县	26	76.08	2.37	9.83	48.5	1.43
兴仁市	38	72.75	3.29	10.42	32.33	1.73

县（市）	全省排名	总分	网上政务服务能力（分）	政务服务事项便利度（分）	政务服务满意度（分）	政务服务数据共享（分）
兴义市	61	65.41	2.62	9.09	32.33	1.70
望谟县	74	61.33	2.27	5.60	38.17	1.83
晴隆县	75	61.25	2.20	9.27	32.33	1.48
普安县	78	60.55	2.34	8.38	39.33	0.91
州内平均		69.46	2.51	9.22	46.25	1.57
全省平均		70.26	2.73	8.74	43.55	1.40
全省最优		84.77	4.33	11.96	51.00	2.00
全省最差		45.05	1.87	5.27	32.33	0.35

资料来源：贵州营商环境研究中心。

尚存在以下问题：

（1）网上政务服务普及率低。

黔西南州所辖县（市）网上政务服务能力指标得分为55.49分，低于全省平均分。8个县（市）的网上政务服务事项实际办理率平均仅为39.7%，好差评系统参评平均次数仅40206次，均不到全省平均值的1/2。

（2）数据共享度低。

黔西南州所辖县（市）国家政务服务平台数据共享指标得分为84.45分，比全省平均分低5.41分；在8个县（市）中，安龙县、晴隆县和普安县等3个县的四级四同关联率平均值为50.99%，比全省平均值低16.31%；普安县的公共服务事项认领关联率为50%，比全省平均值低21%。

9. 市场监管

黔西南州下辖8个县（市、区）在市场监管指标上的表现一般。除兴仁市与册亨县排名进入全省前50%以外，其余6个县的排名都在全省排名的后50%，且普安县、兴义市、安龙县处于全省的中下游水平（见表3-142）。

表 3 - 142　　　　　　　黔西南州市场监管指标得分情况

县（市）	监管覆盖（分）	信息公开（分）	政务诚信（分）	商务诚信（分）	总得分	全省排名	州内排名
兴仁市	85.00	100.00	98.00	81.05	91.01	7	1
册亨县	62.50	100.00	65.72	84.65	78.22	40	2
贞丰县	62.50	100.00	76.00	64.80	75.83	53	3
望谟县	70.00	100.00	52.00	78.34	75.08	55	4
晴隆县	70.00	100.00	54.00	75.63	74.91	58	5
普安县	62.50	100.00	64.00	70.22	74.18	62	6
兴义市	55.00	100.00	60.00	67.05	70.51	75	7
安龙县	62.50	100.00	44.00	56.68	65.79	85	8

资料来源：贵州营商环境研究中心。

　　综合来看，黔西南州在信息公开、商务诚信指标上与全省平均值持平，但监管覆盖和政务诚信上都比全省平均值低 1 个百分点。就全州 8 个县的表现而言：监管覆盖率方面，全州除了兴仁市超过全省平均水平以外，其他县都低于全省平均值；信息公开方面，所有县市都与全省平均值一致；政务诚信方面，兴仁市表现最好（达到 22.5%），高于省平均值近 10 个百分点，安龙县表现较差，是全州唯一未上 10% 的县；在商务诚信上，贞丰县、兴义市、安龙县比全省平均值低，且安龙县是全州最低，为 12%（见表 3 - 143）。

表 3 - 143　　　　　　黔西南州市场监管二级指标原始数据

县（市）	全省排名	市场监管总分	"双随机、一公开"监管覆盖率（分）	监管执法信息公开率（分）	政务诚信度（分）	商务诚信度（分）
兴仁市	7	91.01	12.00	8.00	22.50	16.50
册亨县	40	78.22	9.00	8.00	14.43	17.17
贞丰县	53	75.83	9.00	8.00	17.00	13.50
望谟县	55	75.08	10.00	8.00	11.00	16.00
晴隆县	58	74.91	10.00	8.00	11.50	15.50

县（市）	全省排名	市场监管总分	"双随机、一公开"监管覆盖率（分）	监管执法信息公开率（分）	政务诚信度（分）	商务诚信度（分）
普安县	62	74.18	9.00	8.00	14.00	14.50
兴义市	75	70.51	8.00	8.00	13.00	13.92
安龙县	85	65.79	9.00	8.00	9.00	12.00
州内平均		75.69	9.5	8.00	14.05	14.89
全省平均		77.81	10.25	8.00	15.22	14.87
全省最优		94.66	14.00	8.00	23.00	20.00
全省最差		40.00	6.00	8.00	8.50	10.00

资料来源：贵州营商环境研究中心。

尚存在以下问题：

（1）"双随机、一公开"监管方面。

黔西南州在"双随机、一公开"监管覆盖率问卷调查中获得9.5分（满分为14分），低于全省平均分0.75分，全省排名第6名。问卷显示黔西南州大部分县未探索建立专家库，且每次随机抽查工作结束形成抽查情况报告后，未在一定范围内定向通报。

（2）诚信政府建设方面。

针对政府诚信度问卷调查结果显示，黔西南州在满分为27分的问卷中得分为14.05分，比全省平均分低1.17分，全州仅2个县高于全省平均分。大部分县未建立起政府和社会资本合作的失信违约记录制度；未建立项目责任回溯机制，将项目守信履约情况与实施成效纳入项目政府方责任人信用记录；未将守信践诺情况纳入街道和乡镇绩效考核体系。总体而言，当前还存在企业不知道举报渠道、监管机制仍有一定欠缺、行政执行标准不统一等问题。

10. 企业信心

黔西南州下辖8个县（市、区）在企业信心指标上的表现良好。全州除了册亨县以外，其余7个县排名都进入了全省前50%，其中贞丰县排名最高，得分69.42分，位列全省第19名。综合对全省就该指标各环节的评分，评估小组发现黔西南州在新增企业指标上比全省平均值低近 5 个百分点（见表 3 – 144）。

表 3 – 144　　　　　　　　黔西南州企业信心指标得分情况

县（市）	投资意愿（分）	新增企业（分）	总得分	全省排名	州内排名
贞丰县	95.54	43.30	69.42	19	1
望谟县	84.72	50.53	67.62	21	2
普安县	94.27	38.02	66.15	31	3
兴仁市	78.04	52.90	65.47	32	4
安龙县	86.47	44.30	65.39	34	5
晴隆县	83.13	42.41	62.77	43	6
兴义市	71.74	52.18	61.96	47	7
册亨县	74.54	41.56	58.05	62	8

资料来源：贵州营商环境研究中心。

　　就全州 8 个县的表现而言：在投资意愿上，仅兴义市的指标表现低于全省平均值；在新增企业上，值得关注的是普安县新增企业是全州唯一的负数（－4.27%），且贞丰县、册亨县、晴隆县在该指标上的表现都与全省平均值相差较远，都未能达到 10% 以上。访谈环节企业认为存在资金扶持不到位、融资难、政策承诺与落实存在差距等问题（见表 3 – 145）。

表 3 – 145　　　　　　　　黔西南州企业信心二级指标原始数据

县（市）	全省排名	总分	中小企业投资意愿（分）	新登记注册企业增长率（%）
贞丰县	19	69.42	85.50	7.13
望谟县	21	67.62	74.17	22.74
普安县	31	66.15	84.17	－4.27
兴仁市	32	65.47	67.17	27.87
安龙县	34	65.39	76.00	9.29
晴隆县	43	62.77	72.50	5.21
兴义市	47	61.96	60.57	26.31

续表

县（市）	全省排名	总分	中小企业投资意愿（分）	新登记注册企业增长率（%）
册亨县	62	58.05	63.50	3.36
州内平均		64.60	72.95	12.21
全省平均		63.29	64.87	17.93
全省最优		88.82	90.17	129.63
全省最差		40.00	27.33	−39.61

资料来源：贵州营商环境研究中心。

（四）存在的问题

1. "互联网＋政务服务"亟须优化

综合黔西南州各项指标的表现和企业访谈的记录发现，黔西南州的"互联网＋政务服务"亟须优化。黔西南州的企业家们在"政府采购""办理施工许可""缴纳税费""开办企业"等指标中都对政府采购平台、网络报建平台、缴税平台、开办企业系统表达出了由于系统不稳定、卡顿、资料丢失导致增加其具体业务办理的担忧和困惑。"互联网＋政务服务"作为深化"放管服"改革、优化营商环境的重要抓手，在未来将是黔西南州优化营商环境的重点改革方向。

2. 工作人员业务素质有待提升

综合黔西南州各项指标的表现和企业访谈的记录发现，黔西南州的一线办事工作人员的业务素质与服务态度仍有待提升。工作人员的业务素质及工作态度，不仅影响到企业办理业务过程中的满意度，而且对"放管服"向纵深发展、切实提升区域营商环境便利度至关重要。黔西南州的企业家们在"开办企业""办理建筑许可""登记财产""政务服务""执行合同"等指标都反映了相关一线办事人员业务不熟悉、办事效率较低、态度较差的问题。

3. 政府相关业务培训亟待增加

综合黔西南州各项指标的表现和企业访谈的记录发现，黔西南州在相关指标对于企业家的业务培训仍然不到位。近年来由于"放管服"改革向纵深推进,我国诸多政策法规在动态调整优化,在此过程中往往会造成企业家由于政策不熟悉、系统不熟悉而无法办理具体业务的现象,针对这一情况当地政府的相关业务指导就显得尤为重要。黔西南州的企业家们在"知识产权保护及运用""缴纳税费""登记财产""市场监管"等指标都反映过由于不知道具体业务如何操作,或者是政府虽然有相应培训,但是数量上往往还无法满足企业需求,导致企业在办理具体业务时多次跑、到处问现象时有发生。

(五) 对策建议

1. 优化线上政务服务平台

针对黔西南州存在的"互联网+政务服务"亟须优化的缺陷,可以从以下几个方面来开展工作。首先,进一步拓宽各项行政审批事项的并联审批覆盖面,以达到人民群众在办理一个业务时,可以申请各项步骤同时进行,以减少人民群众的等待时间;其次,制定相应的网络办理宣传展览和相应的宣传手册,通过对应模块的流程展板和免费发放的宣传手册,有效地引导群众到相应的政务服务窗口办理业务;最后,保持与上级行政部门的沟通,打通现在仍然存在的数据共享壁垒。

2. 健全业务监督机制

针对黔西南州所存在的工作人员业务素质有待提高的问题,评估小组建议从以下几个方面提高:首先,增加对一线办事人员尤其是临聘人员的业务培训,强化现有的业务考试模式;其次,健全监督机制,除了固有的电子监察系统、视频监控、热线投诉等手段,州政府还可以聘请第三方针对服务满意度进行不定期评估,作为工作人员年终绩效考核的重要依据;最后,开设相应的潮汐综合窗口,在业务繁忙时对集中业务进行量化分流,提高行政审批效率。

3. 加强业务培训

针对黔西南州所存在的政府相关业务培训不足的问题,尤其是针对"缴纳税费""办理建筑许可""登记财产"等指标,由于相应的系统更新频率较快，州政府可以指定相应的培训机制，不定期对企业家进行业务培训，让企业家熟悉相关业务的同时，还可以提高行政审批效率。此外，在人工培训无法满足现有要求的情况下，可尝试运用新媒体"QQ""微信"等责成相关业务部门成立一定的业务咨询群，方便企业家对业务进行随时咨询。

七、黔 南 州

（一）综合评估结果

黔南州营商环境便利度综合得分为 71.34 分，在全省 9 个市（州）及贵安新区位列第 7 名。其中市（州）本级得分为 66.10 分，辖区内 12 个县（市、区）算术平均分为 76.57 分（见表 3 – 146）。

表 3 – 146   贵州省 2019 年营商环境评估市（州）总分排名表

排名	市（州）	市（州）本级得分	所辖县（市、区）平均得分	总分
1	贵阳市	76.39	75.79	76.09
2	六盘水市	71.08	81.06	76.07
3	遵义市	73.53	75.79	74.66
4	毕节市	71.13	76.62	73.88
5	黔东南州	69.56	77.56	73.56
6	黔西南州	70.20	75.92	73.06
7	黔南州	66.10	76.57	71.34
8	铜仁市	69.90	72.50	71.20
9	贵安新区	72.64	67.04	69.84
10	安顺市	62.70	71.90	67.30

注：总分计算方法：市（州）本级得分和所辖县（市、区）得分的平均值。
资料来源：贵州营商环境研究中心。

（二）州本级评估结果

从黔南州营商环境各项一级指标整体表现来看：招标投标成绩最好，排全省第 1 名；政府采购和包容普惠创新 2 项指标成绩较好，分别排在全省第 3 和第 5 名；获得用气指标成绩居于全省中等偏下位次，排在全省第 7 名；执行合同和知识产权创造、保护及运用 2 项指标表现欠佳，位于全省第

9名，全部处于倒数第2位次（见表3-147）。

表3-147　　黔南州市本级营商环境评估指标综合得分及排名情况

一级指标	营商环境便利度得分	全省排名
获得用气	69.96	7
执行合同	40.00	9
政府采购	82.76	3
招标投标	85.15	1
知识产权创造、保护及运用	54.20	9
包容普惠创新	64.55	5

资料来源：贵州营商环境研究中心。

黔南州与全省最佳表现对标结果表明：6项市本级参评指标普遍表现欠佳，其中执行合同指标最为突出，该指标全省最优表现为铜仁市，得分为94.05分，而黔南州仅得40.00分，差距高达54.05分，排在全省最末位。此外，黔南州包容普惠创新及知识产权创造保护方面存在较大改进空间（见图3-7）。

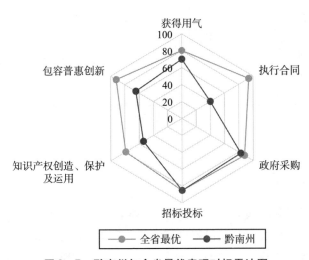

图3-7　黔南州与全省最优表现对标雷达图

资料来源：贵州营商环境研究中心。

黔南州参评指标的二级指标具体得分及排名情况如表 3 - 148 所示。

表 3 - 148　　　黔南州市本级营商环境评估各二级指标得分情况

一级指标	二级指标	原始数据	得分	全省排名
1. 获得用气	1.1 获得用气环节（个）	4.67	79.90	2
	1.2 获得用气时间（工作日）	11.75	40.00	10
	1.3 获得用气成本（占当地人均收入比）（%）	6.00	100.00	1
	1.4 用气价格（占总营收比）（%）	4.54	59.92	7
2. 执行合同	2.1 解决商业纠纷的时间（工作日）	475.00	40.00	9
	2.2 解决商业纠纷的费用（占索赔金额比）（%）	16.35	40.00	9
3. 政府采购	3.1 电子采购平台评价（0~10）	8.75	92.99	3
	3.2 采购流程（0~10）	7.00	60.40	7
	3.3 采购结果确定和合同签订（0~10）	6.42	68.30	9
	3.4 合同管理（0~10）	6.42	83.55	6
	3.5 支付和交付工作日（工作日）	15.25	91.31	3
	3.6 政府采购调查（0~10）	7.00	100.00	1
4. 招标投标	4.1 互联网+招标采购（0~10）	16.00	100.00	1
	4.2 投标和履约担保（0~10）	6.33	59.71	5
	4.3 外地企业中标率（%）	55.52	80.87	6
	4.4 建立公平有效的投诉机制（0~15）	15.00	100.00	1
5. 知识产权创造、保护及运用	5.1 知识产权创造质量（项）	1.67	42.59	8
	5.2 知识产权保护社会满意度（0~110）	96.80	79.21	5
	5.3 非诉纠纷解决机构覆盖面（个）	0.50	55.00	3
	5.4 知识产权运用效益（项）	0.00	40.00	10
6. 包容普惠创新	6.1 创新创业活跃度（0~100）	14.50	57.81	4
	6.2 人才流动便利度（0~100）	11.00	73.33	5
	6.3 市场开放度（%）	3.00	40.00	9
	6.4 基本公共服务群众满意度数（个）	33.03	77.29	3
	6.5 蓝天碧水净土森林覆盖指数（%）	6.25	40.00	9
	6.6 城市立体交通指数（0~10）	6.55	98.85	2

资料来源：贵州营商环境研究中心。

1. 获得用气

黔南州获得用气指标排在全省第 7 名。该指标主要问题为获得用气时间和获得用气价格 2 项二级指标：全省获得用气平均时间是 8.25 个工作日，平均价格占当地城镇人均 GDP 的 3.49%；黔南州平均耗时为 11.75 个工作日，平均成本为 4.54%，其评估得分仅为 40.00 分。存在问题：

（1）获得用气环节较多。

黔南州获得用气环节为 4.67 个，未能实现用气报装环节精简为 2 个的目标。样本企业获得用气所需环节最多为 6 个，涉及报装申请、用气方案答复、设计审查、办理道路挖掘许可、竣工验收、点火通气等环节。

（2）获得用气所需时间全省最长。

黔南州获得用气平均时间为 11.75 个工作日，样本企业获得用气所需时间最长为 21.5 个工作日，最少为 8 个工作日。其中"设计审查"平均耗时较高，需要 4 个工作日。

（3）企业反馈问题。

问卷调查和访谈环节样本企业关注的问题包括：①天然气价格，样本企业比较天然气、燃气锅炉和燃柴成本之后，认为天然气成本最高，期待是否可适当降低天然气价格，从而降低企业运营成本；②供气稳定性问题，部分企业反映天然气公司在企业欠费之后即刻断供天然气，给企业生产带来影响，是否可以出台一些企业用气优惠或缓交相关政策，以保证企业正常运营并降低其运营成本。

2. 执行合同

黔南州执行合同指标评估成绩排在全省第 9 名。全省解决商业纠纷的平均时间为 362.75 个工作日，黔南州平均时间为 475 个工作日；全省解决商业纠纷的费用占索赔额的平均比例为 6.66%，黔南州平均占比为 16.35%，其评估得分均为 40.00 分，致总评成绩排在末位。存在问题：

（1）解决商业纠纷时间过长。

黔南州解决商业纠纷平均需 3 个环节（提交和送达诉讼文书、审判和收到判决书、执行判决），平均时间需 475 个工作日，最高需 761.5 个工作日，大大高于全省平均值（362.75 个工作日），其中执行判决所需时间较长。

（2）解决商业纠纷费用过高。

黔南州解决商业纠纷的平均费用为453261元，平均占索赔人比重达16.35%，大大高于全省平均值6.66%。主要费用包括律师费用、执行费用和诉讼费用3类。样本企业中解决商业纠纷的费用最高达752652元，最高占比达25.08%，说明解决商业纠纷费用成本高的问题依然比较明显。

（3）企业反馈问题。

问卷调查和访谈环节，样本企业反映解决商业纠纷的时间长和解决商业纠纷费用高的问题。此外，部分企业反映执行合同过程中合同当事人的诚信及履约能力问题，希望进一步提升合同当事人的法律意识，明确树立诚信理念。

3. 政府采购

黔南州政府采购评估成绩排在全省第3名，处中上水平。得分较低的二级指标分别为：采购流程和采购结果确定指标全省平均分为7.18分，黔南州得分为7.00分；合同签订调查问卷全省原始得分的平均分为7.41分，黔南州仅得6.42分。存在问题：

（1）采购流程评价不高。

针对政府采购流程的问卷调查结果显示，黔南州得60.40分，低于全省平均分66.40分。部分样本企业反馈，终止招标后采购人或者采购代理机构未能在5个工作日内退还招标文件费用、招标保证金及其利息。

（2）采购结果确定和合同签订满意度不高。

针对采购结果确定和合同签订问卷调查结果显示，黔南州在满分为100分的问卷中得分仅68.30分，低于全省平均分88.21分。

（3）企业反馈问题。

问卷调查和访谈环节，部分企业反馈政府采购营商环境有待提升。具体表现为：一是采购存在倾向性、透明度相对较低的问题；二是企业按合同要求履行后未能及时拿到相应款项，影响企业健康发展；三是企业希望主管部门能多开展继续教育培训，组织相关职业技能考试，以提升本地中小型企业人员素养和人才储备，提高竞争力。

4. 招标投标

黔南州招标投标指标评估成绩排在全省第1名，为全省最好成绩。虽然排名较好，但投标和履约担保全省平均分为 62.76 分，而黔南州仅得 59.71 分；外地企业中标率全省平均 77.60 分，黔南州得 80.87 分，虽超过平均分，但仅排在全省第 6 名。存在问题：

（1）保证金退还及时性不足。

针对投标和履约担保的问卷调查结果显示，黔南州问卷得分仅 59.71 分，低于全省平均分 62.76 分。问卷反映出黔南州存在采购人或采购代理机构逾期退还投标保证金的情况，且个别项目保证金占工程造价的 10%，对不中标的企业而言，资金占用较大，对企业资金流动产生影响。

（2）企业反馈问题。

问卷调查和访谈环节，所有企业认为没有遭遇过不公正对待，在招标投标的项目中均是依据项目要求投标人资质，并未对外地或本地企业倾斜，未出现区域保护或地域歧视现象。主要反映问题集中在企业自身资金储备、人才储备等方面。

5. 知识产权创造、保护及运用

黔南州知识产权创造、保护及运用指标评估成绩排在全省第 9 名。主要原因在于：知识产权创造质量全省平均值为 2.39 项，黔南州仅有 1.67 项；知识产权运用效益全省为 0.44 个，但黔南州为 0；评估得分依次为 42.59 分和 40.00 分。存在问题：

（1）知识产权创造质量较低。

评估结果显示，知识产权创造质量方面，黔南州 R&D 经费支出占 GDP 比重仅为 0.31%，低于全省平均水平（0.62%）；科技专项经费支出占 GDP 比重仅为 0.47%，低于全省平均水平（0.54%）；平均每百万人专利年申请数仅为 588.45 项、平均每百万人发明专利年授权数仅有 12.46 项，均分别低于全省平均水平的 998.67 项和 49.96 项；企业版权自愿登记数 80 项，远远低于全省平均的 1128.33 项。以上指标均排名全省靠后，知识产权对 GDP 贡献值较低，创造质量不高。此外，评估结果显示，黔南州"知识产权运用效益"指标各项内容均为 0。

（2）尚未成立专门的知识产权调解及仲裁机构。

在非诉纠纷解决覆盖面中仅建立了一家知识产权快速维权中心，尚未建立知识产权调解机构、知识产权仲裁机构，致使其非诉纠纷解决机构覆盖面得分仅获得 55 分，低于全省平均的 56.67 分。

（3）企业反馈问题。

问卷调查和访谈环节，部分企业认为当地政府会根据实际情况为企业提供知识产权申报流程的指导，有利于提升企业知识产权质量；不少企业则反映尽管侵权行为得到遏制，但知识产权保护不够全面，希望有关部门能够调整对侵权行为的惩罚力度，使遏制侵权行为工作效率更全面有效。

6. 包容普惠创新

黔南州包容普惠创新指标评估成绩排名为全省第 5，在全省 10 个市（州）（含贵安新区）处于中游位置。该指标 6 项二级指标中，黔南州市场开放度（全省平均 63.44 分）和蓝天碧水净土森林覆盖指数（全省平均 62.91 分）两项二级指标，评估得分均为 40.00 分，致使总评成绩不佳。

（三）县域评估结果

黔南州辖区内 12 个区县整体成绩表现较好，县（市、区）营商环境平均成绩排 10 个市（州）第 4 名。大致分为 3 个区间：一是营商环境良好区县（总分超 80 分），具体为龙里县（82.40 分）、长顺县（81.54 分）、平塘县（80.78 分）和贵定县（80.19 分），在全省分别排在第 4、第 9、第 12 和第 16 名；二是营商环境一般（成绩排 30～50 名之间）区县，依次为独山县（76.98 分）、都匀市（76.44 分）、荔波县（76.35 分）和福泉市（75.44 分），在全省依次排在第 34、第 37、第 38 和第 50 名；三是营商环境较差（成绩排 51 名之后）区县，分别为罗甸县（75.07 分）、惠水县（72.79 分）、瓮安县（70.52 分）和三都县（70.36 分），在全省分别排在第 55、第 65、第 81 和第 84 名（见表 3－149）。

表 3－149　　　　黔南州下辖区县营商环境评估总得分情况

县（市）	开办企业（分）	办理建筑许可（分）	获得电力（分）	获得用水（分）	登记财产（分）	纳税（分）	获得信贷（分）	政务服务（分）	市场监管（分）	企业信心（分）	总分	全省排名	市内排名
龙里县	88.38	86.54	85.26	99.81	59.27	92.40	73.45	78.29	93.82	66.77	82.40	4	1
长顺县	93.11	71.42	93.05	95.87	68.95	86.46	87.16	78.30	79.31	61.76	81.54	9	2

续表

县 (市)	开办 企业 (分)	办理建 筑许可 (分)	获得 电力 (分)	获得 用水 (分)	登记 财产 (分)	纳税 (分)	获得 信贷 (分)	政务 服务 (分)	市场 监管 (分)	企业 信心 (分)	总分	全省 排名	市内 排名
平塘县	92.81	65.06	94.03	85.94	81.30	88.92	76.81	67.16	88.21	67.54	80.78	12	3
贵定县	93.14	64.30	76.89	89.61	89.20	85.48	77.16	74.55	84.16	67.46	80.19	16	4
独山县	90.22	61.65	75.40	69.76	77.09	89.19	77.86	83.32	74.86	70.48	76.98	34	5
都匀市	73.40	62.67	87.95	82.02	78.60	85.43	82.99	69.33	76.58	65.46	76.44	37	6
荔波县	89.26	55.42	90.41	70.70	73.02	80.54	78.46	76.75	79.39	69.64	76.35	38	7
福泉市	80.21	73.51	91.24	70.34	56.77	85.41	78.71	63.57	84.08	70.55	75.44	50	8
罗甸县	78.13	72.53	89.85	67.68	73.14	84.13	49.22	80.58	92.37	63.10	75.07	55	9
惠水县	81.68	73.87	80.20	67.06	79.56	87.91	63.28	67.81	71.90	54.66	72.79	65	10
瓮安县	66.93	58.79	79.87	76.10	86.88	86.11	58.67	60.12	69.35	62.39	70.52	81	11
三都县	93.45	64.62	81.02	71.16	69.33	71.79	77.83	82.71	40.00	51.71	70.36	84	12

资料来源：贵州营商环境研究中心。

1. 开办企业

黔南州辖区内 12 个区县的开办企业评估成绩整体较好，平均得分 85.06 分，位于全省 10 个市（州）第 3 名。其中三都县、贵定县、长顺县和平塘县总分分别为 93.45 分、93.14 分、93.11 分和 92.81 分，全省排名分别为第 7、第 8、第 9 和第 10 名，这 4 个县区得分较高；独山县、龙里县排名靠中上，处于全省 88 个区县的 11~30 名之间；惠水县、福泉市和罗甸县全省排名分别为第 47、第 51 和第 59 名，处于全省 88 个县区的 30~60 名之间，是全省开办企业评估成绩属于中等的县区；其余 2 个区县排名靠后，成绩较差，分别位于全省 88 个区县的第 68 名和第 78 名（见表 3-150）。

表 3-150　　　　　　　黔南州开办企业指标得分情况

县（市）	环节（分）	时间（分）	成本（分）	材料（分）	总得分	全省排名	市内排名
三都县	95.30	96.21	100.00	82.30	93.45	7	1
贵定县	100.00	95.00	89.36	88.20	93.14	8	2

县（市）	环节（分）	时间（分）	成本（分）	材料（分）	总得分	全省排名	市内排名
长顺县	100.00	100.00	100.00	72.45	93.11	9	3
平塘县	95.30	93.64	100.00	82.30	92.81	10	4
独山县	90.60	96.82	100.00	73.45	90.22	21	5
荔波县	86.18	97.42	100.00	73.45	89.26	23	6
龙里县	90.60	90.45	100.00	72.45	88.38	24	7
惠水县	67.65	64.70	94.38	100.00	81.68	47	8
福泉市	72.35	76.06	100.00	72.45	80.21	51	9
罗甸县	86.18	74.24	75.72	76.40	78.13	59	10
都匀市	49.12	73.48	95.59	75.40	73.40	68	11
瓮安县	49.12	64.39	71.91	82.30	66.93	78	12

资料来源：贵州营商环境研究中心。

黔南州开办企业指标成绩排在 10 个市（州）第 3 名，但部分县（市、区）时间过长、环节过多，提交材料过多导致排名未能更靠前。因此亟须加大改革力度，从环节、时间和材料方面进行全面优化。具体如表 3－151 所示。

表 3－151　　　　　黔南州开办企业二级指标原始数据

县（市）	全省排名	总分	环节（个）	时间（工作日）	成本（%）	材料（件）
三都县	7	93.45	4.00	2.25	0.00	11.33
贵定县	8	93.14	3.83	2.33	0.53	10.33
长顺县	9	93.11	3.83	2.00	0.00	13.00
平塘县	10	92.81	4.00	2.42	0.00	11.33
独山县	21	90.22	4.17	2.21	0.00	12.83
荔波县	23	89.26	4.33	2.17	0.00	12.83
龙里县	24	88.38	4.17	2.63	0.00	13.00
惠水县	47	81.68	5.00	4.33	0.28	8.33

县（市）	全省排名	总分	环节（个）	时间（工作日）	成本（%）	材料（件）
福泉市	51	80.21	4.83	3.58	0.00	13.00
罗甸县	59	78.13	4.33	3.70	1.21	12.33
都匀市	68	73.40	5.67	3.75	0.22	12.50
瓮安县	78	66.93	5.67	4.35	1.40	11.33
全省平均		80.48	4.70	3.03	0.56	12.92
全省最优		98.82	3.83	2.00	0.00	8.33
全省最差		47.98	6.00	5.96	2.99	18.50

资料来源：贵州营商环境研究中心。

黔南州 5 个县未达到开办企业时间压缩至 3 个工作日以内的要求。其中，都匀市 3.75 个工作日、福泉市 3.58 个工作日、罗甸县 3.70 个工作日、惠水县 4.33 个工作日、瓮安县 4.35 个工作日，未达标的县占比 41.62%。具体表现都匀市、福泉县、惠水县、瓮安县 4 个区县在办理企业登记环节均未实现当日办理，罗甸县在办理银行开户环节未能实现当日办结。

2. 办理建筑许可

黔南州辖 12 个区县的办理建筑许可成绩较差，除龙里县（得分 86.54 分）排在第 7 名之外，其他区县均排在 50 名之后。惠水县、福泉市、罗甸县得分分别为 73.87 分、73.51 分、72.53 分，分别排在全省 88 个区县的第 57、第 58 和第 59 名，处于全省 88 个县区的 31~60 名之间，在全省属于成绩中等的县区；其余 8 个区县排名靠后，其中独山县、瓮安县和荔波县分别排在全省 88 个区县的第 80、第 81 和第 83 名（见表 3-152）。

表 3-152　　　　　　　　黔南州办理建筑许可指标得分情况

县（市）	环节（分）	时间（分）	成本（分）	材料（分）	总得分	全省排名	市内排名
龙里县	81.38	96.55	97.35	70.87	86.54	7	1
惠水县	64.83	65.53	91.97	73.17	73.87	57	2
福泉市	73.10	91.64	63.05	66.25	73.51	58	3

续表

县（市）	环节（分）	时间（分）	成本（分）	材料（分）	总得分	全省排名	市内排名
罗甸县	79.31	79.46	40.00	91.35	72.53	59	4
长顺县	66.90	44.47	93.64	80.67	71.42	63	5
平塘县	62.76	54.30	57.04	86.15	65.06	76	6
三都县	68.97	67.76	51.46	70.29	64.62	77	7
贵定县	60.69	41.10	89.73	65.67	64.30	78	8
都匀市	54.48	72.20	84.00	40.00	62.67	79	9
独山县	64.83	43.67	91.76	46.35	61.65	80	10
瓮安县	52.41	62.52	80.23	40.00	58.79	81	11
荔波县	40.00	56.06	74.64	50.96	55.42	83	12

资料来源：贵州营商环境研究中心。

结合课题组调研过程获取的样本企业反馈意见，黔南州办理建筑许可成绩不佳的主要原因是大部分县办理建筑许可的时间过长、环节过多、成本过高、提交的材料过多（见表3－153）。

表3－153　　　　黔南州办理建筑许可二级指标原始数据

县（市）	全省排名	总分	环节（个）	时间（工作日）	成本（%）	材料（件）
龙里县	7	86.54	21.50	102.75	0.98	113.50
惠水县	57	73.87	25.50	208.50	1.75	109.50
福泉市	58	73.51	23.50	119.50	5.89	121.50
罗甸县	59	72.53	22.00	161.00	9.19	78.00
长顺县	63	71.42	25.00	280.25	1.51	96.50
平塘县	76	65.06	26.00	246.75	6.75	87.00
三都县	77	64.62	24.50	200.88	7.55	114.50
贵定县	78	64.30	26.50	291.75	2.07	122.50
都匀市	79	62.67	28.00	185.75	2.89	167.00
独山县	80	61.65	25.50	283.00	1.78	156.00

续表

县（市）	全省排名	总分	环节（个）	时间（工作日）	成本（%）	材料（件）
瓮安县	81	58.79	28.50	218.75	3.43	167.00
荔波县	83	55.42	31.50	240.75	4.23	148.00
全省平均		74.77	23.07	183.12	3.43	106.76
全省最优		90.38	17.00	91.00	0.60	63.00
全省最差		48.27	31.50	291.75	9.19	167.00

资料来源：贵州营商环境研究中心。

尚存在以下问题：

（1）办理时限偏长。

黔南州样本企业办理建筑许可平均时间为 211.64 个工作日，高出全省平均办理时间 28.52 个工作日，样本企业所需时间长达 322 个工作日。耗时较长的环节主要包括：投资项目核准备案、环境影响报告书（表）审批（建设项目环境影响评价审批）、水土保持方案报告书审批、地质勘察、获得施工图审查合格证（含人防、消防、技防）、人防工程建设审批、建设工程规划许可证核发、人防工程质量监督、建设工程消防设计审查、建设工程规划条件核实、人防工程竣工验收、建设工程消防设施与系统检测、建设工程竣工验收备案。访谈环节样本企业反映黔南州具备人防工程设计资质的企业不到 10 家，导致人防工程的设计审批、质量监督耗时较长。

（2）申请材料偏多。

黔南州办理建筑许可平均所需材料为 123.42 件，超出全省平均值 16.66 件，样本企业提交材料最多为 227 件。要求提交材料超过 10 件的事项包括：建设工程规划许可证核发、建筑工程施工许可证核发、建设工程规划条件核实、建设工程消防验收、建设工程竣工验收备案、到不动产登记部门登记不动产（不动产初始或首次登记），存在材料重复提交情况。比如建设工程规划许可证核发、建筑工程施工许可证核发、建设工程竣工验收备案等多个环节都需要提供项目施工图审查合格书，办理建筑工程施工许可证、办理建设工程规划条件核实、到不动产登记部门登记不动产（不动产初始或首次登记）等环节都需要提交法人身份证明文件、建设工程规划许可证、建设用地规划许可证。

3. 获得电力

黔南州辖区内 12 个区县的获得电力评估成绩整体较好，平均得分85.42 分，位于全省 10 个市（州）第 2 名。其中平塘县和长顺县总分分别为 94.03 分和 93.05 分，全省排名分别为第 4 名和第 6 名；福泉市、荔波县、罗甸县和都匀市排名靠中上，处于全省 88 个区县的 11～30 名之间；龙里县、三都县和惠水县全省排名分别为第 33、第 55 和第 60 名，处于全省88 个县区的 30～60 名之间，属于成绩中等县区；其余 3 个区县排名靠后，分别位于全省 88 个区县的第 62、第 75 和第 81 名（见表 3－154）。

表 3－154　　　　　　黔南州获得电力指标得分情况

县（市）	环节（分）	时间（分）	成本（分）	可靠性（分）	电价（分）	材料（分）	总分	全省排名	市内排名
平塘县	100.00	84.76	100.00	100.00	100.00	79.43	94.03	4	1
长顺县	100.00	94.67	87.54	100.00	93.24	82.86	93.05	6	2
福泉市	100.00	74.74	92.77	100.00	100.00	79.94	91.24	11	3
荔波县	100.00	80.28	78.64	100.00	100.00	82.86	90.30	13	4
罗甸县	100.00	84.23	89.34	100.00	88.34	77.20	89.85	15	5
都匀市	100.00	66.32	81.65	100.00	96.87	82.86	87.95	20	6
龙里县	100.00	100.00	70.95	100.00	57.75	82.86	85.26	33	7
三都县	100.00	81.14	56.40	65.71	100.00	82.86	81.02	55	8
惠水县	100.00	84.87	84.94	100.00	40.00	71.37	80.20	60	9
瓮安县	100.00	89.45	66.92	100.00	40.00	82.86	79.87	62	10
贵定县	100.00	76.02	75.58	65.71	52.59	91.43	76.89	75	11
独山县	100.00	85.83	40.00	91.43	69.41	65.71	75.40	81	12

资料来源：贵州营商环境研究中心。

结合课题组调研过程中获得电力的样本企业反馈意见，黔南州所有区县环节均为 2 个，时间普遍较短。获得电力成本除独山县较高外，其余县区企业感受良好。总体看来，黔南州供电可靠性高，申请材料较少。具体如表 3－155 所示。

表 3–155　　　　　　　　　黔南州获得电力二级指标原始数据

县（市）	全省排名	获得电力总分	环节（个）	时间（工作日）	成本（％）	供电可靠性	电力价格（％）	材料（份）
平塘县	4	94.03	2.00	2.43	0.00	10.00	0.17	3.20
长顺县	6	93.05	2.00	1.50	2.69	10.00	0.97	3.00
福泉市	11	91.24	2.00	3.37	1.56	10.00	0.17	3.17
荔波县	13	90.30	2.00	2.85	4.61	10.00	0.17	3.00
罗甸县	15	89.85	2.00	2.48	2.30	10.00	1.55	3.33
都匀市	20	87.95	2.00	4.16	3.96	10.00	0.54	3.00
龙里县	33	85.26	2.00	1.00	6.27	10.00	5.17	3.00
三都县	55	81.02	2.00	2.77	9.41	8.00	0.17	3.00
惠水县	60	80.20	2.00	2.42	3.25	10.00	7.27	3.67
瓮安县	62	79.87	2.00	1.99	7.14	10.00	7.27	3.00
贵定县	75	76.89	2.00	3.25	5.27	8.00	5.78	2.50
独山县	81	75.40	2.00	2.33	12.95	9.50	3.79	4.00
全省平均		83.24	2.00	2.70	2.80	8.42	2.45	3.35
全省最优		95.48	2.00	1.00	0.00	10.00	0.17	2.17
全省最差		72.55	2.00	5.58	12.95	6.50	7.27	5.50

资料来源：贵州营商环境研究中心。

　　黔南州样本企业获得电力成本较高，占当地人均收入4.95％，高于全省平均占比（2.80％）。其中瓮安县、龙里县、独山县、三都县平均值达到8.94％，这4个县样本企业中获得电力最高成本达9000元（报装申请和装表接电分别收取了4500元）。

　　4. 获得用水

　　黔南州辖区内12个区县的获得用水评估成绩整体表现一般，平均得分78.84分，位于全省10个市（州）第7名，排名较为靠后。其中龙里县和长顺县总分分别为99.81分和95.87分，全省排名分别为第1名和第5名，是全省获得用水评估成绩靠前的县区；贵定县和平塘县排名靠中上，处于全省88个区县的11~30名之间；都匀市和瓮安县全省排名分别为41名和

60 名，处于全省 88 个县区的 30～60 名之间，是全省获得用水评估成绩属于中等的县区；其余 6 个区县排名靠后，成绩较差，特别是独山县、罗甸县和惠水县分别位于全省 88 个区县的第 80、第 83 和第 84 名（见表 3－156）。

表 3－156　　　　　　　　黔南州获得用水指标得分情况

县（市）	环节（分）	时间（分）	成本（分）	价格（分）	总得分	全省排名	市内排名
龙里县	100.00	100.00	100.00	99.23	99.81	1	1
长顺县	89.95	94.13	100.00	99.40	95.87	5	2
贵定县	81.25	90.73	95.31	91.15	89.61	18	3
平塘县	55.00	88.77	100.00	100.00	85.94	27	4
都匀市	55.00	73.25	100.00	99.83	82.02	41	5
瓮安县	42.55	81.07	100.00	80.77	76.10	60	6
三都县	61.15	52.40	87.86	83.23	71.16	74	7
荔波县	55.00	88.97	98.84	40.00	70.70	76	8
福泉市	55.00	86.31	40.92	99.15	70.34	79	9
独山县	40.00	67.26	76.11	95.66	69.76	80	10
罗甸县	59.95	87.29	83.48	40.00	67.68	83	11
惠水县	52.00	41.60	77.34	97.28	67.06	84	12

资料来源：贵州营商环境研究中心。

　　根据二级指标得分和课题组调研过程中获得用水的企业反馈意见得知，虽然龙里县和长顺县得分较高，但排名靠后的区县过多导致黔南州获得用水成绩不佳，诸如独山县环节较多、惠水县办理时间长、惠水县获得用水成本高、罗甸县获得用水价格较高等。具体如表 3－157 所示。

表 3－157　　　　　　　黔南州获得用水二级指标原始数据

县（市）	全省排名	总分	环节（个）	时间（工作日）	成本（%）	价格（%）
龙里县	1	99.81	2.00	1.83	0.00	0.15
长顺县	5	95.87	2.67	3.33	0.00	0.13

县（市）	全省排名	总分	环节（个）	时间（工作日）	成本（%）	价格（%）
贵定县	18	89.61	3.25	4.20	1.33	1.10
平塘县	27	85.94	5.00	4.70	0.00	0.06
都匀市	41	82.02	5.00	8.67	0.00	0.08
瓮安县	60	76.10	5.83	6.67	0.00	2.32
三都县	74	71.16	4.59	14.00	3.44	2.03
荔波县	76	70.70	5.00	4.65	0.33	7.11
福泉市	80	70.34	5.00	5.33	16.74	0.16
独山县	81	69.76	6.00	10.20	6.77	0.57
罗甸县	84	67.68	4.67	5.08	4.68	7.11
惠水县	85	67.06	5.20	16.76	6.42	0.38
全省平均		80.60	4.20	6.39	4.80	1.21
全省最优		99.81	2.00	1.83	0.00	0.06
全省最差		53.00	6.00	17.17	17.00	7.11

资料来源：贵州营商环境研究中心。

尚存在以下问题：

（1）办理环节多。

黔南州样本企业获得用水的平均环节为4.52个（全省平均环节为4.20个），未完全实现报装环节精简为2个的目标。除龙里县和长顺县以外，其余区县样本企业所需环节最多为6个（窗口登记、供水方案答复、工程设计方案审查、办理道路挖掘许可、竣工验收、挂表开栓）。

（2）用水成本较高且价格透明度不够。

在与企业访谈的过程中，有企业反映用水成本高，污水处理费较高；安装材料被水务公司垄断且远远高于市场价格。

5. 登记财产

黔南州辖区内12个区县的登记财产评估成绩整体表现较好，平均得分74.42分，位于全省10个市（州）第4名，在全省为中上等水平。其中贵定县和瓮安县总分分别为89.20分和86.88分，全省排名分别为第2

名和第5名, 是全省登记财产评估成绩靠前的县区; 平塘县、惠水县和都匀市排名靠中上, 处于全省88个区县的11~30名之间; 独山县、罗甸县和荔波县全省排名分别为第37、第52和第54名, 处于全省88个县区的前30~60名之间, 是全省登记财产评估成绩属于中等的县区; 其余4个区县排名靠后, 成绩较差, 特别是福泉市, 总分56.77分, 位于全省88个区县的第82名 (见表3-158)。

表3-158　　　　　　　　黔南州登记财产指标得分情况

县 (市)	环节 (分)	时间 (分)	成本 (分)	材料 (分)	总得分	全省排名	市内排名
贵定县	85.00	93.10	82.02	96.67	89.20	2	1
瓮安县	85.00	82.50	100.00	80.00	86.88	5	2
平塘县	70.00	85.00	83.53	86.67	81.30	19	3
惠水县	70.00	83.70	84.54	80.00	79.56	25	4
都匀市	70.00	88.70	85.71	70.00	78.60	29	5
独山县	70.00	93.70	77.98	66.67	77.09	37	6
罗甸县	70.00	72.50	66.72	83.33	73.14	52	7
荔波县	70.00	95.00	50.42	76.67	73.02	54	8
三都县	70.00	47.00	76.97	83.33	69.33	63	9
长顺县	70.00	78.70	50.42	76.67	68.95	64	10
龙里县	70.00	70.00	50.42	46.67	59.27	77	11
福泉市	70.00	40.00	50.42	66.67	56.77	82	12

资料来源: 贵州营商环境研究中心。

根据二级指标的得分和课题组调研过程中登记财产的企业反馈意见得知, 黔南州登记财产环节平均3.92个。三都县和福泉市登记时间过长, 长顺县和龙里县登记成本过高, 龙里县和福泉市提交的材料过多, 这些是造成黔南州办理获取登记财产成绩只是在中上游水平的主要原因。具体如表3-159所示。

表 3-159 　　　　　　　　黔南州登记财产二级指标原始数据

县（市）	全省排名	总分	环节（个）	时间（工作日）	成本（%）	材料（件）
贵定县	2	89.20	3.50	2.69	3.12	13.00
瓮安县	5	86.88	3.50	3.75	2.05	15.50
平塘县	19	81.30	4.00	3.50	3.03	14.50
惠水县	25	79.56	4.00	3.63	2.97	15.50
都匀市	29	78.60	4.00	3.13	2.90	17.00
独山县	37	77.09	4.00	2.63	3.36	17.50
罗甸县	52	73.14	4.00	4.75	4.03	15.00
荔波县	54	73.02	4.00	2.50	5.00	16.00
三都县	64	69.33	4.00	7.30	3.42	15.00
长顺县	65	68.95	4.00	4.13	5.00	16.00
龙里县	78	59.27	4.00	5.00	5.00	20.50
福泉市	83	56.77	4.00	8.00	5.00	17.50
全省平均		73.34	3.98	3.89	3.86	16.67
全省最优		89.51	3.00	2.00	1.97	12.50
全省最差		50.11	5.00	8.00	5.62	21.50

资料来源：贵州营商环境研究中心。

6. 纳税

黔南州辖区内 12 个区县的纳税评估成绩整体表现较好，平均得分 85.31 分，位于全省 10 个市（州）第 3 名，排名比较靠前。其中龙里县总分为 92.40 分，全省排名为第 4 名，是全省纳税评估成绩靠前的县区；独山县、平塘县、惠水县和长顺县排名靠中上，处于全省 88 个区县的 11~30 名之间；瓮安县、都匀市、福泉市和罗甸县全省排名分别为第 31、第 36、第 37 和第 45 名，处于全省 88 个县区的 30~60 名之间，是全省纳税评估成绩属于中等的县区；其余 2 个区县排名靠后，成绩较差，特别是三都县，总分 71.79 分，位于全省 88 个区县的第 81 名（见表 3-160）。

表 3 - 160　　　　　　　　黔南州纳税指标得分情况

县（市）	次数（分）	时间（分）	税费率（分）	总得分	全省排名	市内排名
龙里县	80.63	99.72	96.84	92.40	4	1
独山县	78.33	90.35	98.87	89.19	16	2
平塘县	78.33	93.51	94.92	88.92	18	3
惠水县	71.56	94.43	97.74	87.91	23	4
长顺县	70.20	90.64	98.55	86.46	28	5
瓮安县	64.79	94.60	98.94	86.11	31	6
贵定县	73.86	90.38	92.21	85.48	35	7
都匀市	78.33	95.96	82.01	85.43	36	8
福泉市	80.63	99.21	76.38	85.41	37	9
罗甸县	60.32	96.81	95.25	84.13	45	10
荔波县	64.79	93.46	83.37	80.54	62	11
三都县	71.56	85.82	57.99	71.79	81	12

资料来源：贵州营商环境研究中心。

　　根据二级指标的得分和课题组调研过程中纳税的企业反馈意见得知，三都县缴纳税费时间长，总税收和缴费率高，总得分低于平均分10分之多，这些是造成黔南州纳税评估失分的主要原因。具体如表 3 - 161 所示。

表 3 - 161　　　　　　　　黔南州纳税二级指标原始数据

县（市）	全省排名	总分	次数（次）	时间（小时）	税费率（%）
龙里县	5	92.40	4.83	83.77	4.77
独山县	17	89.19	5.00	106.50	3.58
平塘县	19	88.92	5.00	98.85	5.89
惠水县	24	87.91	5.50	96.60	4.24
长顺县	29	86.46	5.60	105.80	3.77
瓮安县	32	86.11	6.00	96.19	3.54
贵定县	36	85.48	5.33	106.45	7.48

县（市）	全省排名	总分	次数（次）	时间（小时）	税费率（%）
都匀市	37	85.43	5.00	92.89	13.45
福泉市	38	85.41	4.83	85.00	16.74
罗甸县	46	84.13	6.33	90.82	5.70
荔波县	63	80.54	6.00	98.97	12.65
三都县	82	71.79	5.50	117.50	27.50
全省平均		83.04	5.40	113.89	9.40
全省最优		97.84	3.40	83.08	2.92
全省最差		58.92	7.83	228.77	38.03

资料来源：贵州营商环境研究中心。

尚存在以下问题：

（1）部分县纳税次数较多。

黔南州所辖县市区纳税次数平均 5.41 次，高于全省平均次数（5.40 次），在 10 个州市中排名第 6 名。其中罗甸县、瓮安县和荔波县 3 个县区的平均纳税次数均超过 6 次。

（2）企业反馈问题。

贵定县企业反馈要推进大数据应用改革，将企业报表数据与纳税申报进行融合，提高申报效率；荔波县企业反映网上申报系统更换频繁，企业学习操作流程存在困难；瓮安县企业反映在缴纳税费过程中存在纳税系统不通畅现象，希望增加手机银行、微信、支付宝等多渠道缴纳税费方式，办税窗口人员变更频繁，造成办税人员业务不熟练，办事效率低下；长顺县企业反映要加大纳税宣传和财务人员的知识培训。

7. 获得信贷

黔南州辖区内 12 个区县的获得信贷评估成绩整体表现较好，平均得分 73.47 分，位于全省 10 个市（州）第 3 名，排名比较靠前。其中长顺县和都匀市总分分别为 87.16 分和 82.99 分，全省排名分别为第 3 名和第 6 名，是全省获得信贷评估成绩靠前的县区；福泉市、荔波县、独山县、三都县、贵定县和平塘县 6 个区县排名靠中上，处于全省 88 个区县的 11~30 名之间；龙里县全省排名为第 38 名，处于全省 88 个县区的 30～60 名之间，是全省获得信贷评估成绩属于中等的县区；其余 3 个区县排名靠后，成绩较差，特别是瓮安县和罗甸县，总分分别为 58.67 分和 49.22 分，分别位于全省 88 个区县的第 83 名和倒数第 1 名（见表 3 - 162）。

表 3 - 162　　　　　　　　黔南州获得信贷指标得分情况

县（市）	环节（分）	时间（分）	成本（分）	征信机构（分）	总得分	全省排名	市内排名
长顺县	79.90	89.22	100.00	79.53	87.16	3	1
都匀市	70.00	94.20	100.00	67.76	82.99	6	2
福泉市	60.10	92.84	100.00	61.88	78.71	16	3
荔波县	85.00	69.89	100.00	58.94	78.46	18	4
独山县	70.00	79.55	100.00	61.88	77.86	21	5
三都县	64.68	84.76	100.00	61.88	77.83	22	6
贵定县	85.00	61.74	100.00	61.88	77.16	23	7
平塘县	40.00	87.70	100.00	79.53	76.81	26	8
龙里县	55.00	76.90	100.00	61.88	73.45	38	9
惠水县	40.00	42.41	100.00	70.71	63.28	76	10
瓮安县	52.00	40.00	80.80	61.88	58.67	83	11
罗甸县	40.00	40.00	55.00	61.88	49.22	88	12

资料来源：贵州营商环境研究中心。

　　根据二级指标的得分和课题组调研过程中获得信贷的企业反馈意见得知，平塘县和罗甸县获得信贷环节过多，瓮安县和罗甸县获得信贷时间过长，罗甸县获得信贷的成本过高以及大部分征信机构覆盖面较少，这些是造成黔南州获得信贷评估失分的主要原因。具体如表 3 - 163 所示。

表 3 - 163　　　　　　　　黔南州获得信贷二级指标原始数据

县（市）	全省排名	总分	环节（个）	时间（工作日）	成本（%）	征信机构（分）
长顺县	3	87.16	4.67	10.33	0.00	22.78
都匀市	6	82.99	5.00	7.58	0.00	18.78

县（市）	全省排名	总分	环节（个）	时间（工作日）	成本（%）	征信机构（分）
福泉市	16	78.71	5.33	8.33	0.00	16.78
荔波县	18	78.46	4.50	21.00	0.00	15.78
独山县	21	77.86	5.00	15.67	0.00	16.78
三都县	22	77.83	4.63	13.06	0.00	16.78
贵定县	23	77.16	4.50	25.50	0.00	16.78
平塘县	26	76.81	6.00	11.17	0.00	22.78
龙里县	38	73.45	5.50	17.13	0.00	16.78
惠水县	76	63.28	6.00	36.17	0.00	19.78
瓮安县	83	58.67	5.60	37.50	0.64	16.78
罗甸县	88	49.22	6.00	37.50	1.50	16.78
全省平均		71.50	5.38	18.36	0.26	16.51
全省最优		93.43	4.00	4.38	0.00	29.74
全省最差		49.22	6.00	37.50	2.00	9.34

资料来源：贵州营商环境研究中心。

尚存在以下问题：

（1）获得信贷时间偏长。

黔南州全州获得信贷的平均时间为20.08个工作日，高于全省平均时间18.36工作日。企业反映贷款资料太多，提供原件还要截图，以证明资料是真的。不少企业在授信审查环节的办理时限超过7个工作日，甚至个别企业长达50个工作日，个别企业在办理抵押担保手续环节耗时长达27个工作日，导致获贷时间偏长。

（2）征信机构覆盖面表现不佳。

黔南州区县级企业征信数据覆盖率为12.12%，自然人征信数据覆盖率为70.40%。征信系统目前已接入的金融机构和非金融机构仅涉及商业银行。非银行信息采集的部门信息相对局限，企业无法通过更多有效渠道来提高征信。

（3）贷款门槛高、贷款额度低、贷款贵。

企业反馈银行对资产抵押和担保的要求比较高，获得贷款尤其是外地企业很困难。贷款额度低，3000 多万元资产的企业，信用贷款只得到 100 万元。对企业固定资产进行评估的过程中评估值过少，导致放贷额度过低。担保方式不多，符合银行要求的抵押物不多。担保公司收取担保费太高、贷款利率过高和贷款到期需要的转贷费用过高。一些无息贷款的扶持政策并没有很好落实。

8. 政务服务

黔南州辖区内 12 个区县的政务服务评估成绩整体表现较好，平均得分73.54 分，位于全省 10 个市（州）第 3 名，排名比较靠前。其中独山县、三都县和罗甸县总分分别为 83.32、82.71 分和 80.58 分，全省排名分别为第 3、第 4 和第 8 名，是全省政务服务评估成绩靠前的县区；长顺县、龙里县和荔波县 3 个区县排名靠中上，处于全省 88 个区县的 11～30 名之间；贵定县、都匀市、惠水县和平塘县全省排名分别为第 32、第 52、第 56 和第 59 名，处于全省 88 个县区的 30～60 名之间，是全省政务服务评估成绩属于中等的县区；福泉市和瓮安县 2 个区县排名靠后，成绩较差，总分分别为 63.57 分和60.12 分，分别位于全省 88 个区县的第 67 名和第 79 名（见表 3 - 164）。

表 3 - 164　　　　　　　　黔南州政务服务指标得分情况

县（市）	网上服务（分）	便利度（分）	满意度（分）	数据共享（分）	总得分	全省排名	市内排名
独山县	71.95	73.63	87.69	100.00	83.32	3	1
三都县	77.56	84.04	71.08	98.18	82.71	4	2
罗甸县	62.20	82.33	81.78	96.00	80.58	8	3
长顺县	52.44	88.79	72.68	99.27	78.30	18	4
龙里县	73.17	100.00	40.00	100.00	78.29	19	5
荔波县	60.49	63.68	93.03	89.82	76.75	24	6
贵定县	64.88	72.47	84.48	76.36	74.55	32	7
都匀市	48.78	68.52	69.47	90.55	69.33	52	8
惠水县	79.51	59.55	51.79	80.36	67.81	56	9

续表

县（市）	网上服务（分）	便利度（分）	满意度（分）	数据共享（分）	总得分	全省排名	市内排名
平塘县	75.61	78.83	40.00	74.18	67.16	59	10
福泉市	44.15	83.23	40.00	86.91	63.57	67	11
瓮安县	40.00	62.78	76.96	60.73	60.12	79	12

资料来源：贵州营商环境研究中心。

根据二级指标的得分和课题组调研过程中政务服务的企业反馈意见得知，瓮安县政务网上服务能力较差，惠水县政务服务便利度不高，平塘县和龙里县的政务服务满意度低，瓮安县的服务数据共享指数低，这些是造成黔南州政务服务评估失分的主要原因。具体如表 3 - 165 所示。

表 3 - 165　　　　　黔南州政务服务二级指标原始数据

县（市）	全省排名	总分	网上政务服务能力（分）	政务服务事项便利度（分）	政务服务满意度（分）	政务服务数据共享（分）
独山县	3	83.32	3.18	9.02	47.17	2.00
三都县	4	82.71	3.41	10.18	42.00	1.95
罗甸县	8	80.58	2.78	9.99	45.33	1.89
长顺县	18	78.30	2.38	10.71	42.5	1.98
龙里县	19	78.29	3.23	11.96	32.33	2.00
荔波县	24	76.75	2.71	7.91	48.83	1.72
贵定县	32	74.55	2.89	8.89	46.17	1.35
都匀市	52	69.33	2.23	8.45	41.5	1.74
惠水县	56	67.81	3.49	7.45	36.00	1.46
平塘县	59	67.16	3.33	9.60	32.33	1.29
福泉市	67	63.57	2.04	10.09	32.33	1.64
瓮安县	80	60.12	1.87	7.81	43.83	0.92
全省平均		70.26	2.73	8.74	43.55	1.40
全省最优		84.77	4.33	11.96	51.00	2.00
全省最差		45.05	1.87	5.27	32.33	0.35

资料来源：贵州营商环境研究中心。

存在以下问题：

（1）网上政务服务能力有待提升。

在12个县（市）中，都匀市、福泉市和瓮安县等3个县（市）的网上政务服务事项实际办理率平均仅为13.94%，好差评系统参评平均次数仅18865次，均不到全省平均值的1/4。

（2）与国家政务服务平台的数据共享度低。

黔南州所辖县市区的四级四同关联率为61.1%，低于全省平均值；黔南州所辖县（市）国家政务服务平台数据共享指标得分为87.7分，低于全省平均分；在12个县（市）中，贵定县、惠水县、平塘县和瓮安县的公共服务事项认领关联率为37.5%，低于全省平均值71%。

9. 市场监管

黔南州辖区内12个区县的市场监管评估成绩整体表现一般，平均得分77.84分，位于全省10个市（州）第5名，排名比较靠前。其中龙里县和罗甸县总分分别为93.82分和92.37分，全省排名分别为第2名和第5名，是全省市场监管评估成绩靠前的县区；平塘县、贵定县和福泉市3个区县排名靠中上，处于全省88个区县的11~30名之间；荔波县、长顺县、都匀市和独山县4个区县全省排名分别为第37、第38、第50和第59名，处于全省88个县区的30~60名之间，是全省市场监管评估成绩属于中等的县区；其余3个区县排名靠后，成绩较差，特别是瓮安县和三都县，总分分别为69.35分和40.00分，分别位于全省88个区县的80名和倒数第1名（见表3-166）。

表3-166　　　　　黔南州市场监管指标得分情况

县（市）	监管覆盖（分）	信息公开（分）	政务诚信（分）	商务诚信（分）	总得分	全省排名	市内排名
龙里县	100.00	100.00	78.00	97.29	93.82	2	1
罗甸县	85.00	100.00	87.20	97.29	92.37	5	2
平塘县	92.50	100.00	82.00	78.34	88.21	13	3
贵定县	85.00	100.00	76.00	75.63	84.16	18	4
福泉市	100.00	100.00	58.00	78.34	84.08	19	5
荔波县	62.50	100.00	74.00	81.05	79.39	37	6

县（市）	监管覆盖（分）	信息公开（分）	政务诚信（分）	商务诚信（分）	总得分	全省排名	市内排名
长顺县	85.00	100.00	51.66	80.59	79.31	38	7
都匀市	70.00	100.00	58.00	78.34	76.58	50	8
独山县	62.50	100.00	64.00	72.92	74.86	59	9
惠水县	77.50	100.00	48.00	62.09	71.90	70	10
瓮安县	70.00	100.00	48.00	59.39	69.35	80	11
三都县	100.00	100.00	68.00	81.05	40.00	88	12

资料来源：贵州营商环境研究中心。

根据二级指标的得分和课题组调研过程中市场监管的企业反馈意见得知，独山县市场监管覆盖率低，惠水县和瓮安县政务诚信度不高，瓮安县的商务诚信度较低，这些是造成黔南州市场监管评估失分的主要原因。具体如表 3 - 167 所示。

表 3 - 167　　　　　　黔南州市场监管二级指标原始数据

县（市）	全省排名	总分	"双随机、一公开"监管覆盖率（分）	监管执法信息公开率（分）	政务诚信度（分）	商务诚信度（分）
龙里县	2	93.82	14.00	8.00	17.50	19.50
罗甸县	5	92.37	12.00	8.00	19.80	19.50
平塘县	13	88.21	13.00	8.00	18.50	16.00
贵定县	18	84.16	12.00	8.00	17.00	15.50
福泉市	19	84.08	14.00	8.00	12.50	16.00
荔波县	37	79.39	9.00	8.00	16.50	16.50
长顺县	38	79.31	12.00	8.00	10.92	16.42
都匀市	50	76.58	10.00	8.00	12.50	16.00
独山县	59	74.86	9.00	8.00	14.00	15.00
惠水县	70	71.90	11.00	8.00	10.00	13.00
瓮安县	80	69.35	10.00	8.00	10.00	12.50
三都县	89	40.00	6.00	8.00	8.50	10.00

县（市）	全省排名	总分	"双随机、一公开"监管覆盖率（分）	监管执法信息公开率（分）	政务诚信度（分）	商务诚信度（分）
全省平均		77.81	10.25	8.00	15.22	14.87
全省最优		94.66	14.00	8.00	23.00	20.00
全省最差		40.00	6.00	8.00	8.50	10.00

资料来源：贵州营商环境研究中心。

针对政务诚信度问卷调查结果显示，黔南州在满分为 27 分的问卷中得分为 14.52 分，低于全省平均分 15.22 分，且近半数的县低于平均分。问卷显示其主要问题：政务守信激励与失信惩戒机制不健全，未将其作为政府部门和公务员考核的依据；未建立起政府和社会资本合作失信违约记录制度和项目责任回溯机制，将项目守信履约情况与实施成效纳入项目政府方责任人信用记录等。

10. 企业信心

黔南州辖区内 12 个区县的企业信心评估成绩整体表现较好，平均得分 64.29 分，位于全省 10 个市（州）第 4 名，排名比较靠前，但无排名靠前的区县。其中福泉市、独山县、荔波县、平塘县、贵定县和龙里县 6 个区县排名靠中上，处于全省 88 个区县的 11～30 名之间；都匀市、罗甸县、瓮安县和长顺县 4 个区县全省排名分别为第 33、第 41、第 45 和第 48 名，处于全省 88 个县区的 30～60 名之间，是全省企业信心评估成绩属于中等的县区；其余 2 个区县排名靠后，成绩较差，特别是三都县，总分为 51.71 分，位于全省 88 个区县的倒数第 2 名（见表 3-168）。

表 3-168　　　　黔南州企业信心指标得分情况

县（市）	投资意愿（分）	新增企业（分）	总得分	全省排名	市内排名
福泉市	92.99	48.10	70.55	13	1
独山县	99.26	41.70	70.48	14	2
荔波县	94.27	45.01	69.64	18	3

县（市）	投资意愿（分）	新增企业（分）	总得分	全省排名	市内排名
平塘县	89.33	45.74	67.54	22	4
贵定县	90.60	44.32	67.46	23	5
龙里县	93.54	40.00	66.77	26	6
都匀市	77.24	53.67	65.46	33	7
罗甸县	80.90	45.30	63.10	41	8
瓮安县	77.74	47.03	62.39	45	9
长顺县	40.00	83.51	61.76	48	10
惠水县	68.49	40.84	54.66	77	11
三都县	62.92	40.51	51.71	87	12

资料来源：贵州营商环境研究中心。

根据二级指标的得分和课题组调研过程中企业信心的企业反馈意见得知，长顺县、惠水县和三都县企业投资意愿低，三都县和惠水县新增企业增长率过低是造成黔南州企业信心评估失分的主要原因。龙里县和三都县的 2019 年新登记注册企业增长率为负增长，分别为 -1.81% 和 -0.15%。具体如表 3 - 169 所示。

表 3 - 169　　　　黔南州企业信心二级指标原始数据

县（市）	全省排名	总分	中小企业投资意愿（分）	新登记注册企业增长率（%）
福泉市	13	70.55	82.83	17.50
独山县	14	70.48	89.40	3.68
荔波县	18	69.64	84.17	10.82
平塘县	22	67.54	79.00	12.40
贵定县	23	67.46	80.33	9.34
龙里县	26	66.77	83.40	-1.81
都匀市	33	65.46	66.33	29.54
罗甸县	41	63.10	70.17	11.46

县（市）	全省排名	总分	中小企业投资意愿（分）	新登记注册企业增长率（%）
瓮安县	45	62.39	66.86	15.19
长顺县	48	61.76	27.33	94.01
惠水县	77	54.66	57.17	1.81
三都县	88	51.71	51.33	−0.15
全省平均		63.29	64.87	17.93
全省最优		88.82	90.17	129.63
全省最差		40.00	27.33	−39.61

资料来源：贵州营商环境研究中心。

（四）存在的问题

1. 有关优化营商环境政策执行不到位

为加快打造市场化、法治化、国际化营商环境，增强企业发展信心和竞争力，贵州省人民政府办公厅专门出台了《贵州省营商环境优化提升工作方案》，对开办企业等 17 个方面做了明确性整改要求，从评估结果和企业访谈意见看，黔南州有几个方面落实不力，有关评估成绩显示，如黔南州获得用气、执行合同、知识产权创造保护及运用、办理建筑许可、财产登记和市场监管等多个指标在涉及环节、时间、成本和材料等方面，没有达到文件要求，明显与《贵州省营商环境优化提升工作方案》整改要求有一定差距，特别是黔南州州本级指标表现较差，亟须认真落实有关政策的基础上加强州本级营商环境的深化改革力度。

2. 指标普遍失分较多

从调研结果来看，黔南州市（州）层面执行合同和知识产权创造保护及运用，区县层面办理建筑许可成绩较差。执行合同方面，主要问题是解决商业纠纷的时间和解决商业纠纷的费用这 2 项二级指标的成绩都极不理想，均为全省最低分；知识产权创造保护及运用方面，主要问题是知识产权创造质量和知识产权运用效益这 2 项二级指标的成绩都极不理想；在办理建筑许可方面，平均得分 67.53 分，低于全省平均分 7 分之多，位于全省十个市（州）倒数第 2 名（因贵安新区无有效样本按最低排名计算）。区县中除龙里县排在全省区县第 7 名之外，其他区县均排在 50 名之后。主要是因为黔南州大多区县在办理该环节中办理时间过长，环节过多，成本过高，提交的材料过多。这 3 项指标中，执行合同和办理建筑许可 2 项指标还因贵安新区无有效样本而排在倒数第 2，足以说明这 3 项指标基本上在全省 10 个市（州）上排在末尾，这也是黔南州整体排名靠后的主要原因。

3. 企业经营成本高

评估调研显示，黔南州企业经营成本高。部分反映企业税费负担较重，特别一些行业企业反映能够享受涉企优惠政策少，企业税负水平较高，而人工成本、物流运输成本、能源价格较高，占企业经营成本比重较大。评估调研还显示，企业融资困难。不少民营企业和中小微企业都反映融资比较难，难以满足经营运行需要。部分企业反馈融资必须提供抵押担保，又因此需要融资评估并且支付高昂评估费，这就使得企业融资时间长，融资成本高。黔南州辖区内 12 个区县的获得信贷评估成绩整体虽然不错，但仍有大部分区县排名靠后，罗甸县成绩居全省末尾位置，很大程度上是企业融资困难的真实反映。

4. 公共服务保障能力不足

黔南州在城镇基础设施建设仍存短板，特别县级镇基础设施建设仍有较大的改进提升空间。黔南州县级层面城区配套设施相对落后，交通集运能力不足，水、电、网、物流服务不健全，部分管路和网线承载能力不足，网络服务稳定性较差，生活配套政策与设施不足，教育服务、医疗卫生服务和基本公共服务水平都有待提高。黔南州县的营商环境建设与交通、水、电、网、物流服务、基础设施建设等配套不健全，公共服务保障能力不足。

5. 深化"放管服"改革仍然力度不够

优化发展环境需要继续深化政务改革，不断优化政务服务水平，大幅放宽市场准入，全面落实投资负面清单管理制度，加快厘清权责清单。目前，对已下放的事项论证和研究不够，导致下放事项"接不住"。同时，不同程度存在梳理和排查权责清单，厘清权责边界不及时，不彻底，企业投资项目管理流程还需要进一步优化等问题。

（五）对策建议

1. 认真贯彻落实有关政策文件

黔南州、县两级政府要认真对照这次各个指标失分的二级指标，依照《贵州省营商环境优化提升工作方案》要求，对开办企业等17个方面做出全面整改，大力优化市县两级的营商环境，特别是市（州）本级的营商环境。在开办企业、建筑施工许可、获得电力、获得用水、获得用气、获得信贷、办理破产和执行合同等指标中，要尽可能减少环节、缩短时间、降低成本和减少申请材料，在政府采购、招标投标、知识产权创造保护及运用、包容普惠创新和市场监管等方面制定合乎自身实际地方规章或规范性的实施细则，进一步提升政府服务效率，优化政策环境，确保有关营商环境优化政策文件能够执行落实到位。

2. 切实缓解企业运营成本压力

黔南州县两级政府要积极进行财税政策创新，结合自身实际制定多种涉企优惠政策，制定相对灵活的社保缴费标准，降低社保费用，降低企业税费压力，降低用电用气用水成本，多方合力降低物流运输成本，切实缓解企业运营成本压力。同时，市县政府各职能部门建立企业融资联席会议制度，搭建银企对接平台，规范和优化业务流程，严格规范担保、评估、登记、审计等服务收费，降低企业融资成本，多方合作，合理破解企业融资难题。

3. 提高公共服务保障能力

黔南州应进一步完善营商环境配套工作。根据黔南州市县财政实际，抽部分专项资金加强传统基础设施建设。要积极发展公共交通、加强城区基础设施建设，完善道路物流运输网络系统，加强供水、污水、雨水、燃气、供热、通信等各类管网建设、改造和检查，加强对道路、桥梁、运输、管网、楼宇的信息化改造提升。此外，还要加快大数据、云计算、物联网、人工智能等信息基础设施建设，不断完善营商环境配套工作，提高宽带接入能力、网络服务质量和应用水平。此外，黔南州县政府要加大基本公共服务的供给配套，要不断提高外地人员户籍办理、子女入学、医疗救助、通勤交通等公共服务水平，切实解决企业后顾之忧，不断提高黔南州县公共服务保障能力水平，打造设施完善、配套一流、保障有力宜居的营商环境。

4. 着力提升政务服务能力和水平

实行备案制投资的项目不设置任何前置条件，实行核准制投资的项目只保留选址意见、用地预审前置条件。简化项目审批程序和简化电网项目手续流程，建立项目供电审批与项目审批同步规划、同步设计、同步施工、同步验收机制。抓好实体大厅和贵州省网上办事大厅建设，提升"一门进一网办一次成"政务服务水平。持续开展"减证便民"专项行动，加强干部作风建设，提升政务窗口服务人员整体素质。加强执法能力建设，完善各部门执法联络协调机制，着力解决多头执法、重复执法、"零执法"等问题，加强业务指导，提升执法质效，推进"双随机、一公开"实施更加规范。

八、铜 仁 市

（一）综合评估结果

铜仁市营商环境便利度综合得分为 71.20 分，在全省 9 个市（州）及贵安新区位列第 8 名。其中市（州）本级得分为 69.90 分，辖区内 10 个县（市、区）得分的平均值为 72.50 分（见表 3 - 170）。

表 3 - 170 贵州省 2019 年营商环境评估市州总分排名

排名	市（州）	市（州）本级得分	所辖县（市、区）平均得分	总分
1	贵阳市	76.39	75.79	76.09
2	六盘水市	71.08	81.06	76.07
3	遵义市	73.53	75.79	74.66
4	毕节市	71.13	76.62	73.88
5	黔东南州	69.56	77.56	73.56
6	黔西南州	70.20	75.92	73.06
7	黔南州	66.10	76.57	71.34
8	铜仁市	69.90	72.50	71.20
9	贵安新区	72.64	67.04	69.84
10	安顺市	62.70	71.90	67.30

注：总分计算方法：市（州）本级得分和所辖县（市、区）得分的平均值。
资料来源：贵州营商环境研究中心。

（二）市本级评估结果

铜仁市执行合同、政府采购、包容普惠创新 3 项指标排名比较靠前，尤其"执行合同"排在全省第 1 名；获得用气、招标投标和知识产权创造保护及运用 3 项指标表现欠佳，其中知识产权创造保护及运用排名全省最末位。整体而言，铜仁市营商环境市级指标之间差距明显，且总体表现欠佳，6 项指标中多达 3 项排在全省末位（见表 3 – 171）。

表 3 – 171　　　　铜仁市市本级营商环境评估指标综合得分及排名情况

一级指标	营商环境便利度得分	全省排名
获得用气	58. 66	9
执行合同	94. 05	1
政府采购	77. 83	4
招标投标	61. 65	9
知识产权创造保护及运用	52. 31	10
包容普惠创新	74. 87	3

资料来源：贵州营商环境研究中心。

铜仁市与全省最佳表现对标情况如下：知识产权创造保护及运用为当前铜仁市主要短板，全省最优为贵阳市（78. 93 分），铜仁市仅得 52. 31 分，相差 26. 62 分。此外，在招标投标及获得用气指标方面也存在较大改进空间。铜仁市执行合同指标为全省最优水平（见图 3 – 8）。

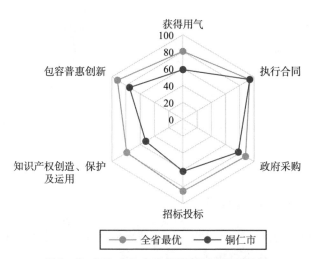

图 3 – 8　铜仁市与全省最优表现对标雷达图

资料来源：贵州营商环境研究中心。

具体来看，铜仁市二级指标得分及排名情况如表 3-172 所示。

表 3-172　　　　铜仁市市本级营商环境评估各二级指标得分情况

一级指标	二级指标	原始数据	得分
1. 获得用气	1.1 获得用气环节（个）	5.00	70.00
	1.2 获得用气时间（工作日）	8.63	66.48
	1.3 获得用气成本（占当地人均收入比）（%）	17.00	49.23
	1.4 用气价格（占总营收比）（%）	5.51	48.94
2. 执行合同	2.1 解决商业纠纷的时间（工作日）	288.80	89.32
	2.2 解决商业纠纷的费用（占索赔金额比）（%）	2.45	98.77
3. 政府采购	3.1 电子采购平台评价（0~10）	7.17	63.36
	3.2 采购流程（0~10）	7.42	74.50
	3.3 采购结果确定和合同签订（0~10）	8.00	100.00
	3.4 合同管理（0~10）	6.50	100.00
	3.5 支付和交付工作日（工作日）	4.17	41.13
	3.6 政府采购调查（0~10）	6.00	88.00
4. 招标投标	4.1 "互联网+"招标采购（0~10）	12.00	73.33
	4.2 投标和履约担保（0~10）	3.80	40.00
	4.3 外地企业中标率（%）	49.73	73.26
	4.4 建立公平有效的投诉机制（0~15）	13.00	60.00
5. 知识产权创造、保护及运用	5.1 知识产权创造质量（项）	2.33	51.14
	5.2 知识产权保护社会满意度（0~110）	88.25	63.09
	5.3 非诉纠纷解决机构覆盖面（个）	0.50	55.00
	5.4 知识产权运用效益（项）	0.00	40.00
6. 包容普惠创新	6.1 创新创业活跃度（0~100）	15.50	60.94
	6.2 人才流动便利度（0~100）	11.00	73.33
	6.3 市场开放度（%）	4.80	49.00
	6.4 基本公共服务群众满意度数（个）	32.45	73.82
	6.5 蓝天碧水净土森林覆盖指数（%）	7.97	100.00
	6.6 城市立体交通指数（0~10）	6.20	92.12

资料来源：贵州营商环境研究中心。

1. 获得用气

铜仁市获得用气指标评估成绩排名靠后，为全省第9名。全省获得用气平均成本占当地人均收入比为12.38%，铜仁市获得用气平均成本为17%，其评估得分为49.23分；全省用气价格占总营收比的平均值为3.49%，铜仁市用气价格为5.51%，其评估得分为48.94分，致使其总评不佳。存在问题包括：

(1) 用气报装环节多时间较长。

铜仁市用气报装平均环节为5个，包括报装申请、用气方案答复、设计审查、办理道路挖掘许可、竣工验收、点火通气环节，未能实现将用气报装环节精简为2个的目标。平均办理时间为8.63个工作日，样本企业所需最长时间达13个工作日，其中"报装申请"和"设计审查"平均耗时较高，各需2.5个工作日。

(2) 用气报装成本和燃气价格较高。

铜仁市样本企业获得用气成本平均为5000元，占当地人均收入比为17%，样本企业中获得用气最高成本达10000元。铜仁市样本企业平均用气价格为3.96元/米^3，平均用气支出为330296元。样本企业中用气单价最高为4.09元，用气支出最高为1224241元。

2. 执行合同

铜仁市执行合同指标评估成绩排名为全省第1名。问卷调查和企业访谈环节，企业也反映诉讼很方便，工作人员办案快捷，对于执行结果也很满意。

铜仁市平均解决商业纠纷的时间为288.8个工作日，耗时最长样本企业需598.5个工作日，前沿距离得分为89.32分。

铜仁市解决商业纠纷的平均费用为10510元，主要费用包括律师费用、执行费和诉讼费用3类。费用占索赔金额的比例为2.45%，前沿距离得分为98.77分。样本企业中解决商业纠纷的费用最高达44367元，最高占比达8.14%。

3. 政府采购

铜仁市政府采购评估成绩排名为全省第4名，排名比较靠前，企业反映按照合同要求履约后能及时拿到相应款项。但对于大型项目或服务采购，政府也会设置较高门槛，中小企业无法获得竞标资格，也有企业提出希望加强政府采购过程管理，做好监督和反馈工作。

问卷调查结果显示，企业对铜仁市电子化采购平台的功能和应用评价不高，仅得63.36分，远低于全省平均分74.78分。针对支付和交付的问卷调查结果显示，铜仁市仅得41.13分，低于全省平均分67.25分。问卷反映出样本企业提交付款申请时间在4个工作日左右。企业在访谈环节反馈，在大型项目或服务采购中，采购单位对国企或央企有一定倾斜，中小微企业在竞争中处于不利地位。

4. 招标投标

铜仁市招标投标指标评估成绩排名为全省第9名，相对靠后。全省投标和履约担保二级指标问卷原始平均分为6.72分，而铜仁市该指标问卷原始得分仅得3.8分，评估得分为40分，排在所在二级指标末位，这是铜仁市招标投标评估成绩不理想的重要原因。

在问卷调查和访谈时，有企业反映人员配比、公司业绩和财力方面与大企业存在差距，在招标和投标方面是否可以对中小微企业给予倾斜和照顾。

企业普遍对采购人或采购代理机构逾期退还投标保证金的满意度不高。此外，铜仁市在建立公平有效的投诉机制方面也仅得60分。企业在访谈环节反馈，由于政府资金不足，多数情况下由企业先垫付所需费用，但政府并不能按时汇款，导致企业运转艰难。

5. 知识产权保护及运用

铜仁市知识产权保护及运用指标评估成绩排在全省第10名。该指标的主要问题是知识产权保护社会满意度和知识产权运用效益这2项二级指标，全省问卷调研的原始数据平均值分别为95.33分和0.44个，而铜仁市依次为88.25分和0，评估得分分别为63.09分和40分，这2项指标的得分过低。在问卷调查和访谈时，不少企业反映尽管侵权行为有得到遏制，但是知识产权保护不够全面，希望有关部门能够调整对侵权行为的惩罚力度，提高遏制侵权行为的工作效率。同时，政府要多开展知识产权保护宣传，对于企业申报专利、高新企业进行指导，在产权成果转化上给予扶持。

铜仁市知识产权保护社会满意度平均分仅为 63.09 分，低于全省平均分 92.24 分近 30 分，排全省倒数第 2。"知识产权运用效益"各项二级指标得分均为 0。目前仅建立一个知识产权快速维权中心，而知识产权调解机构、知识产权仲裁机构还尚未建立，致使其非诉纠纷解决机构覆盖面得分仅获得 55 分，低于全省平均的 56.67 分。

6. 包容普惠创新

铜仁市包容普惠创新指标评估成绩排名为全省第 3 名，其中蓝天碧水净土森林覆盖指数这个指标在全省排名首位，创新创业活跃度、人才流动便利度、基本公共服务群众满意度和城市立体交通指数排名也比较理想，但市场开放度指标分数低于全省平均值，说明铜仁市在对外贸易方面还需要加强。

（三）县域评估结果

铜仁辖区内不同区县的排名差异较大，万山区总分 82.74 分，排全省第 3 名，属于全省营商环境评估成绩优秀的县区；思南县总分 76.66 分，全省排 36 位；江口县总分 75.53，全省排 48 位，属于全省营商环境评估成绩良好的县区；松桃县、印江县、玉屏县、石阡县、德江县、沿河县和碧江区 7 个区县排名相对靠后，成绩不太理想（见表 3－173）。

表 3－173　　　　　铜仁市下辖区县营商环境评估总得分情况

区县	开办企业（分）	办理建筑许可（分）	获得电力（分）	获得用水（分）	登记财产（分）	纳税（分）	获得信贷（分）	政务服务（分）	市场监管（分）	企业信心（分）	总得分	全省排名	市内排名
万山区	91.94	84.84	86.78	85.29	80.11	82.16	93.27	63.37	89.5	70.14	82.74	3	1
思南县	81.76	74.81	84.84	83.14	80.17	89.69	72.93	72.08	74.83	52.34	76.66	36	2
江口县	70.06	85.02	84.23	72.32	75.30	75.91	79.12	67.61	82.01	63.68	75.53	48	3
松桃县	78.15	76.15	83.50	71.39	73.91	85.27	56.38	59.53	82.19	54.88	72.13	70	4
印江县	67.67	75.80	76.81	81.48	75.94	91.69	71.65	54.47	66.45	57.35	71.93	73	5
玉屏县	67.65	76.09	86.42	74.13	55.65	78.93	70.15	53.88	69.55	76.50	70.90	76	6

续表

区县	开办企业（分）	办理建筑许可（分）	获得电力（分）	获得用水（分）	登记财产（分）	纳税（分）	获得信贷（分）	政务服务（分）	市场监管（分）	企业信心（分）	总得分	全省排名	市内排名
石阡县	72.10	80.98	73.79	53.26	69.79	87.97	69.59	66.14	80.26	53.45	70.73	79	7
德江县	64.87	85.76	72.55	74.50	72.61	77.96	59.36	60.68	79.53	57.98	70.58	80	8
沿河县	68.82	48.27	79.89	79.16	66.43	77.00	69.34	58.81	77.90	57.83	68.35	85	9
碧江区	66.68	78.82	78.79	70.56	50.11	61.52	50.12	72.33	67.88	58.15	65.50	88	10

资料来源：贵州营商环境研究中心。

1. 开办企业

铜仁辖区内 10 个区县的开办企业评估成绩整体表现一般，排名最靠前的是万山区，总分 91.94 分，排在全省第 12 位（见表 3-174）。

表 3-174 　　　　　　　铜仁市开办企业指标得分情况

区县	环节（分）	时间（分）	成本（分）	材料（分）	总得分	全省排名	市内排名
万山区	95.30	100.00	100.00	72.45	91.94	12	1
思南县	67.65	79.09	100.00	80.29	81.76	46	2
松桃县	76.77	81.06	100.00	54.75	78.15	58	3
石阡县	72.35	71.52	79.93	64.60	72.10	71	4
江口县	78.71	72.73	61.27	67.55	70.06	73	5
沿河县	76.77	81.06	45.02	72.45	68.82	75	6
印江县	67.65	72.27	90.77	40.00	67.67	76	7
玉屏县	58.53	66.52	74.11	71.45	67.65	77	8
碧江区	58.53	84.85	75.52	47.85	66.68	79	9
德江县	53.82	53.33	98.60	53.75	64.87	81	10

资料来源：贵州营商环境研究中心。

结合课题组调研过程中获取的企业反馈意见，课题组认为铜仁市开办企业指标成绩不佳的主要原因是部分县区开办企业的开办时间过长，开办环节过多，开办成本过高，提交的材料过多。虽然从 2019 年 7 月开始，贵州省全面实行为新开办企业免费提供印章刻制服务，但有企业反映，刻制印章的地方距离政务中心较远，所以还是选择自己刻制印章。二级指标具体情况如表 3 - 175 所示。

表 3 - 175 铜仁市开办企业二级指标原始数据

区县	全省排名	总分	环节（个）	时间（工作日）	成本（%）	材料（件）
万山区	12	91.94	4.00	2.00	0.00	13.00
思南县	46	81.76	5.00	3.38	0.00	11.67
松桃县	58	78.15	4.67	3.25	0.00	16.00
石阡县	71	72.10	4.83	3.88	1.00	14.33
江口县	73	70.06	4.60	3.80	1.93	13.83
沿河县	75	68.82	4.67	3.25	2.74	13.00
印江县	76	67.67	5.00	3.83	0.46	18.50
玉屏县	77	67.65	5.33	4.21	1.29	13.17
碧江区	79	66.68	5.33	3.00	1.22	17.17
德江县	81	64.87	5.50	5.08	0.07	16.17
全省平均		80.48	4.70	3.03	0.56	12.92
全省最优		98.82	3.83	2.00	0.00	8.33
全省最差		47.98	6.00	5.96	2.99	18.50

资料来源：贵州营商环境研究中心。

存在问题包括：

（1）办理时限普遍未压缩至 3 个工作日内。

铜仁市开办企业平均时间为 3.57 个工作日。未压缩至 3 个工作日的区县包括：德江县（5.08）、玉屏县（4.21）、石阡县（3.88）、印江县（3.83）、江口县（3.80）、思南县（3.38）、松桃县（3.25）、沿河县（3.25），以上 8 县均在企业登记环节未能实现当日办结。此外，江口县在刻制印章、印江县在银行开户环节未实现当日办结。

（2）免除刻章印章费用未实现全覆盖。

调研发现，2019 年 7 月 10 日后登记注册的企业，铜仁市仍有沿河县

（2 枚印章免费，发票专用章和财务专用章未免费）、玉屏县（1 枚印章即企业公章免费）的刻章印章费用未实现全部由财政支付。部分企业反映定制印章质量未达政府承诺标准、存在排队等待时间长等情况。

（3）网络服务质量不高。

企业反映甚至抱怨政务大厅经常断网、平台不稳定、由于人手紧缺未能及时指导等原因，一定程度上增加在线申请开办企业时间。

2. 办理建筑许可

铜仁辖区内办理建筑许可指标成绩较为理想，有合格样本的区县排名均在全省中等水平以上，但玉屏县和思南县在办理时间上、石阡县在申请材料方面还需要进一步的改善和提升。此外，沿河县因为没有合格样本，影响了铜仁市的整体平均水平（见表 3－176）。沿河县、普定县、晴隆县办理建筑许可指标因无合格样本，按全省最低分 48.27 分计算。

表 3－176 铜仁市办理建筑许可指标得分情况

区县	环节（分）	时间（分）	成本（分）	材料（分）	总得分	全省排名	市内排名
德江县	66.90	84.16	91.97	100.00	85.76	10	1
江口县	83.45	95.60	89.31	71.73	85.02	12	2
万山区	84.81	74.16	85.75	94.62	84.84	13	3
石阡县	100.00	75.65	96.16	52.12	80.98	24	4
碧江区	75.17	67.87	86.10	86.15	78.82	36	5
松桃县	95.86	57.90	83.45	67.40	76.15	46	6
玉屏县	100.00	43.37	78.28	82.69	76.09	47	7
印江县	68.97	81.30	82.96	70.00	75.80	49	8
思南县	89.66	51.00	93.50	65.10	74.81	52	9
沿河县					48.27	86	10

资料来源：贵州营商环境研究中心。

铜仁市办理建筑许可平均时间为 192.87 个工作日（沿河县无有效样本除外），高出全省平均时间 9.75 个工作日，样本企业耗时最多为 284 个工作日。耗时较长的环节主要包括：投资项目核准备案、环境影响报告书

（表）审批（建设项目环境影响评价审批）、水土保持方案报告书审批、地质勘察、获得施工图审查合格证（含人防、消防、技防）、建设用地（含临时用地）规划许可证核发、建设工程规划许可证核发、建设工程消防设计审查、建筑工程消防验收、建设工程竣工验收备案。个别企业仅建设工程消防设计审查这一环节就耗时 61 个工作日。二级指标如表 3 - 177 所示。

表 3 - 177　　　　　铜仁市办理建筑许可二级指标原始数据

区县	全省排名	总分	环节（个）	时间（工作日）	成本（%）	材料（件）
德江县	10	85.76	25.00	145.00	1.75	63.00
江口县	12	85.02	21.00	106.00	2.13	112.00
万山区	13	84.84	20.67	179.07	2.64	72.33
石阡县	24	80.98	17.00	174.00	1.15	146.00
碧江区	36	78.82	23.00	200.50	2.59	87.00
松桃县	46	76.15	18.00	234.50	2.97	119.50
玉屏县	47	76.09	17.00	284.00	3.71	93.00
印江县	49	75.80	24.50	154.75	3.04	115.00
思南县	52	74.81	19.50	258.00	1.53	123.50
沿河县	86	48.27	—	—	—	—
全省平均		74.77	23.07	183.12	3.43	106.76
全省最优		90.38	17.00	91.00	0.60	63.00
全省最差		48.27	31.50	291.75	9.19	167.00

资料来源：贵州营商环境研究中心。

3. 获得电力

铜仁辖区内 10 个区县的获得电力评估成绩整体表现一般，石阡县和德江县 2 个县分别排在了全省第 87 名、第 88 名的位置（见表 3 - 178）。2019年 4 月，南方电网贵州公司印发的《进一步提升供电服务水平优化电力营商环境实施方案》中明确低压客户用电报装只需"用电申请""现场勘查和装表接电" 2 个环节，报装零成本，综合而言，大部分地区在环节、成本这

2 项二级指标的得分均很高。

表 3 -178　　　　　　　　　　铜仁市获得电力指标得分情况

区县	环节（分）	时间（分）	成本（分）	可靠性（分）	电价（分）	材料（分）	总分	全省排名	市内排名
万山区	100.00	96.80	88.51	62.80	84.03	88.51	86.78	25	1
玉屏县	100.00	88.17	81.37	81.14	94.59	73.26	86.42	27	2
思南县	100.00	77.62	100.00	76.00	100.00	55.43	84.84	35	3
江口县	100.00	88.28	92.08	67.43	73.04	84.57	84.23	37	4
松桃县	100.00	91.15	70.67	65.71	93.49	79.94	83.50	43	5
沿河县	100.00	77.73	94.86	67.94	94.51	44.29	79.89	61	6
碧江区	100.00	83.27	89.67	65.71	51.24	82.86	78.79	65	7
印江县	100.00	65.90	99.77	48.57	80.90	65.71	76.81	76	8
石阡县	100.00	79.86	100.00	65.71	40.00	57.14	73.79	87	9
德江县	100.00	94.67	69.19	65.71	40.00	65.71	72.55	88	10

资料来源：贵州营商环境研究中心。

　　结合课题组调研过程中获取电力的企业反馈意见，沿河县获取用电提交的材料过多，碧江区、石阡县、德江县企业的用电成本占当地人均收入的比率偏高，有企业反映除电费之外还有其他附加费用，还有企业呼吁供电公司提供节能方面的宣传。这些都是铜仁市获得电力成绩不佳的重要原因。二级指标原始数据如表 3 -179 所示。

表 3 -179　　　　　　　铜仁市获得电力二级指标原始数据

区县	全省排名	获得电力总分	环节（个）	时间（工作日）	成本（%）	供电可靠性（分）	电力价格（%）	材料（份）
万山区	25	86.78	2.00	1.30	2.48	7.83	2.06	2.67
玉屏县	27	86.42	2.00	2.11	4.02	8.90	0.81	3.56
思南县	35	84.84	2.00	3.10	0.00	8.60	0.17	4.60
江口县	37	84.23	2.00	2.10	1.71	8.10	3.36	2.90

区县	全省排名	获得电力总分	环节（个）	时间（工作日）	成本（%）	供电可靠性（分）	电力价格（%）	材料（份）
松桃县	43	83.50	2.00	1.83	6.33	8.00	0.94	3.17
沿河县	61	79.89	2.00	3.09	1.11	8.13	0.82	5.25
碧江区	65	78.79	2.00	2.57	2.23	8.00	5.94	3.00
印江县	76	76.81	2.00	4.20	0.05	7.00	2.43	4.00
石阡县	87	73.79	2.00	2.89	0.00	8.00	7.27	4.50
德江县	89	72.55	2.00	1.50	6.65	8.00	7.27	4.00
全省平均		83.24	2.00	2.70	2.80	8.42	2.45	3.35
全省最优		95.48	2.00	1.00	0.00	10.00	0.17	2.17
全省最差		72.55	2.00	5.58	12.95	6.50	7.27	5.50

资料来源：贵州营商环境研究中心。

存在问题包括：

（1）供电可靠性仍有提升空间。

铜仁市供电可靠性仅得 66.67 分，比全省平均分 72.98 分低 6.22 分。印江县得分最低，其主要失分原因包括：停电未提供任何补偿；系统平均停电持续时间大于 10 小时占比 50%；平均停电频率 6～12 次占比 25%。

（2）电力价格占企业总营收比例高。

铜仁市样本企业电力价格占企业总营收比 3.11%（全省 2.45%），其中，碧江区、石阡县、德江县、江口县表现欠佳，4 个县平均值达到 5.96%。

（3）重复要求提交材料。

铜仁市电力报装申请材料平均 3.77 份，稍高于全省平均值 3.35 份。样本企业申请材料最多为 8 份，其中营业执照、用地权属证明、委托书和经办人有效身份证件、企业法人居民身份等 4 份资料，在不同环节被要求重复提交。

4. 获得用水

铜仁辖区内 10 个区县的获得用水评估成绩整体表现一般，排名最高的是万山区，位于全省排名的第 29（见表 3-180）。

表 3 - 180　　　　　　　　　铜仁市获得用水指标得分情况

区县	环节（分）	时间（分）	成本（分）	价格（分）	总得分	全省排名	市内排名
万山区	77.50	82.71	81.05	99.91	85.29	29	1
思南县	65.05	70.00	99.96	97.53	83.14	38	2
印江县	57.55	73.91	97.28	97.19	81.48	45	3
沿河县	40.00	77.82	99.68	99.15	79.16	51	4
德江县	50.05	86.31	85.32	76.34	74.50	65	5
玉屏县	55.00	74.30	77.45	89.79	74.13	66	6
江口县	43.75	78.80	79.25	87.49	72.32	70	7
松桃县	55.00	73.91	66.86	89.79	71.39	72	8
碧江区	47.50	76.96	60.40	97.36	70.56	78	9
石阡县	50.05	54.35	44.45	64.17	53.26	87	10

资料来源：贵州营商环境研究中心。

　　根据二级指标得分和课题组调研过程中获取的反馈意见得知，铜仁市大部分区县获取用水环节过多，不少企业反映供水公司存在市场垄断，负压泵必须经过供水安装公司采购。这些是造成铜仁市办理获取用水成绩不佳的主要原因。二级指标数据如表 3 - 181 所示。

表 3 - 181　　　　　　　　铜仁市获得用水二级指标原始数据

区县	全省排名	总分	环节（个）	时间（工作日）	成本（%）	价格（%）
万山区	29	85.29	3.50	6.25	5.37	0.07
思南县	38	83.14	4.33	9.50	0.01	0.35
印江县	45	81.48	4.83	8.50	0.77	0.39
沿河县	51	79.16	6.00	7.50	0.09	0.16
德江县	65	74.50	5.33	5.33	4.16	2.84
玉屏县	66	74.13	5.00	8.40	6.39	1.26
江口县	70	72.32	5.75	7.25	5.88	1.53
松桃县	72	71.39	5.00	8.50	9.39	1.26

续表

区县	全省排名	总分	环节（个）	时间（工作日）	成本（%）	价格（%）
碧江区	78	70.56	5.50	7.72	11.22	0.37
石阡县	88	53.26	5.33	13.50	15.74	4.27
全省平均		80.60	4.20	6.39	4.80	1.21
全省最优		99.81	2.00	1.83	0.00	0.06
全省最差		53.00	6.00	17.17	17.00	7.11

资料来源：贵州营商环境研究中心。

存在问题包括：

（1）办理环节多时限长。

铜仁市样本企业用水报装的平均环节为5.06个（全省平均环节为4.20个），未实现报装环节精简为2个的目标。样本企业所需环节最多为6个（窗口登记、供水方案答复、工程设计方案审查、办理道路挖掘许可、竣工验收、挂表开栓）。办理时间平均为8.25个工作日，比全省平均时间7.32个工作日高出0.93个工作日。

（2）用水报装成本高，市场化程度较低。

铜仁市样本企业获得用水平均成本为1785元，占当地人均收入比为5.90%（全省平均4.36%），样本企业中最高成本达6563元。同时有企业反馈合同清单造价不合理，部分材料造价高，严重偏离市场价；安装过程中多数企业需经供水公司购买负压泵，存在垄断问题；使用智能水表费用过高；以欠费为由不给上户；施工工艺不精、新旧管道混合施工等问题。

5. 登记财产

铜仁辖区内10个区县的登记财产评估成绩整体表现一般，排名比较靠前的是思南县和万山区，总分分别为80.17分、80.11分，全省排名分别为第21名和第22名，排名靠后的是玉屏县和碧江区，处在全省第83名和第88名的位置（见表3-182）。

表 3 - 182　　　　　　　　铜仁市登记财产指标得分情况

区县	环节（分）	时间（分）	成本（分）	材料（分）	总得分	全省排名	市内排名
思南县	55.00	82.50	83.19	100.00	80.17	21	1
万山区	70.00	100.00	50.42	100.00	80.11	22	2
印江县	70.00	100.00	50.42	83.33	75.94	40	3
江口县	70.00	75.00	86.22	70.00	75.30	43	4
松桃县	70.00	68.70	93.61	63.33	73.91	50	5
德江县	70.00	80.00	50.42	90.00	72.61	55	6
石阡县	40.00	78.70	97.14	63.33	69.79	62	7
沿河县	70.00	45.00	87.39	63.33	66.43	70	8
玉屏县	70.00	62.50	50.08	40.00	55.65	83	9
碧江区	70.00	40.00	50.42	40.00	50.11	88	10

资料来源：贵州营商环境研究中心。

　　根据二级指标得分和课题组调研过程中登记财产的企业反馈意见得知，石阡县办理不动产登记环节过多，沿河县、玉屏县和碧江区登记时间过长，提交材料过多，这些是造成铜仁市办理获取登记财产成绩不佳的主要原因。登记财产二级指标原始数据如表 3 - 183 所示。

表 3 - 183　　　　　　　　铜仁市登记财产二级指标原始数据

区县	全省排名	总分	环节（个）	时间（工作日）	成本（%）	材料（件）
思南县	21	80.17	4.50	3.75	3.05	12.50
万山区	22	80.11	4.00	2.00	5.00	12.50
印江县	40	75.94	4.00	2.00	5.00	15.00
江口县	43	75.30	4.00	4.50	2.87	17.00
松桃县	50	73.91	4.00	5.13	2.43	18.00
德江县	55	72.61	4.00	4.00	5.00	14.00
石阡县	62	69.79	5.00	4.13	2.22	18.00
沿河县	71	66.43	4.00	7.50	2.80	18.00

续表

区县	全省排名	总分	环节（个）	时间（工作日）	成本（%）	材料（件）
玉屏县	84	55.65	4.00	5.75	5.02	21.50
碧江区	89	50.11	4.00	8.00	5.00	21.50
全省平均		73.34	3.98	3.89	3.86	16.67
全省最优		89.51	3.00	2.00	1.97	12.50
全省最差		50.11	5.00	8.00	5.62	21.50

资料来源：贵州营商环境研究中心。

3 个区县登记财产办理时限偏长：碧江区初审平均时间为 3 个工作日（其中一家样本企业办完所有业务共耗费 10 个工作日）；松桃县初审和复审时间较长，均耗费约 2 个工作日；沿河县初审时间较长，平均耗时 2 个工作日。

6. 纳税

铜仁辖区内 10 个区县的纳税评估成绩整体表现较好。印江县、思南县、石阡县总分分别为 91.69 小时、89.69 小时、87.97 小时，全省排名分别为第 8 名、第 14 名、第 22 名，处于全省 88 个县的前 30 名，属于全省纳税指标评估成绩良好的县区，碧江区因为纳税次数多，税费较高，排在了第 87 名。此外，江口县、玉屏县纳税次数较多，德江县税费较高，有企业反映对于网络操作不太熟练，而且系统经常出现卡顿现象，这些是造成铜仁市纳税评估失分的主要原因（见表 3-184）。

表 3-184　　　　　　　　铜仁市纳税指标得分情况

区县	次数（分）	时间（分）	税费率（分）	总得分	全省排名	市内排名
印江县	100.00	82.24	92.82	91.69	8	1
思南县	81.04	91.64	96.38	89.69	14	2
石阡县	72.91	92.15	98.86	87.97	22	3
松桃县	72.37	86.58	96.86	85.27	38	4
万山区	68.17	92.85	85.44	82.16	53	5

区县	次数（分）	时间（分）	税费率（分）	总得分	全省排名	市内排名
玉屏县	55.71	85.55	95.54	78.93	67	6
德江县	89.98	92.15	51.76	77.96	70	7
沿河县	73.18	88.04	69.79	77.00	73	8
江口县	53.95	98.98	74.81	75.91	76	9
碧江区	55.71	88.86	40.00	61.52	87	10

资料来源：贵州营商环境研究中心。

全省平均总税率为 9.40%，铜仁市高达 14.49%。碧江区、德江县、沿河县和江口县的平均总税率过高，分别为 38.03%、31.15%、20.60% 和 17.66%。究其原因，铜仁市企业缴纳的税种较多（普遍 8~11 项税费），税收优惠减免政策及商业利润较低。企业在访谈环节对加大增值税抵扣力度、加强国家减税降费政策宣传、降低增值税中大众消费品的消费税负担、降低企业和居民的社保费和住房公积金负担、农业行业进项抵扣获得困难等问题呼声较高。二级指标如表 3-185 所示。

表 3-185　　　　　　　　　　铜仁市纳税二级指标原始数据

区县	全省排名	总分	次数（次）	时间（小时）	税费率（%）
印江县	9	91.69	3.40	126.20	7.12
思南县	15	89.69	4.80	103.37	5.04
石阡县	23	87.97	5.40	102.15	3.59
松桃县	39	85.27	5.44	115.67	4.76
万山区	54	82.16	5.75	100.43	11.44
玉屏县	68	78.93	6.67	118.17	5.53
德江县	71	77.96	4.14	102.15	31.15
沿河县	74	77.00	5.38	112.12	20.60
江口县	77	75.91	6.80	85.55	17.66
碧江区	88	61.52	6.67	110.13	38.03

区县	全省排名	总分	次数（次）	时间（小时）	税费率（%）
全省平均		83.04	5.40	113.89	9.40
全省最优		97.84	3.40	83.08	2.92
全省最差		58.92	7.83	228.77	38.03

资料来源：贵州营商环境研究中心。

7. 获得信贷

铜仁辖区内 10 个区县获得信贷评估成绩差异很大，万山区总分为 93.27 分，排在全省第 2 名的位置。德江县、松桃县、碧江区 3 个区县成绩较差，排在全省 80 名之后（见表 3-186）。

表 3-186　　　　　　　　铜仁市获得信贷指标得分情况

区县	环节（分）	时间（分）	成本（分）	征信机构（分）	总得分	全省排名	市内排名
万山区	82.00	91.09	100.00	100.00	93.27	2	1
江口县	55.00	80.31	98.80	82.35	79.12	13	2
思南县	52.00	87.37	70.00	82.35	72.93	40	3
印江县	58.00	48.33	97.90	82.35	71.65	45	4
玉屏县	46.00	40.00	94.60	100.00	70.15	51	5
石阡县	49.90	40.00	97.30	91.18	69.59	53	6
沿河县	55.00	40.00	100.00	82.35	69.34	54	7
德江县	45.10	40.00	70.00	82.35	59.36	82	8
松桃县	40.00	48.15	55.00	82.35	56.38	85	9
碧江区	40.00	40.76	55.00	64.71	50.12	87	10

资料来源：贵州营商环境研究中心。

根据二级指标得分和课题组调研过程中获得的企业反馈意见，铜仁市不少县区获得信贷环节过多，时间过长。松桃县和碧江区获得信贷成本过高，不少企业反映贷款利率高，担保手续复杂，这些是造成铜仁市获得信贷评估失分的主要原因。获得信贷二级指标数据如表 3 - 187 所示。

表 3 - 187　　　　　　　　　　铜仁市获得信贷二级指标原始数据

区县	全省排名	总分	环节（个）	时间（工作日）	成本（%）	征信机构（分）
万山区	2	93.27	4.60	9.30	0.00	29.74
江口县	13	79.12	5.50	15.25	0.04	23.74
思南县	40	72.93	5.60	11.35	1.00	23.74
印江县	45	71.65	5.40	32.90	0.07	23.74
玉屏县	51	70.15	5.80	37.50	0.18	29.74
石阡县	53	69.59	5.67	37.50	0.09	26.74
沿河县	54	69.34	5.50	37.50	0.00	23.74
德江县	82	59.36	5.83	37.50	1.00	23.74
松桃县	85	56.38	6.00	33.00	1.50	23.74
碧江区	87	50.12	6.00	37.08	1.50	17.74
全省平均		71.50	5.38	18.36	0.26	16.51
全省最优		93.43	4.00	4.38	0.00	29.74
全省最差		49.22	6.00	37.50	2.00	9.34

资料来源：贵州营商环境研究中心。

存在问题包括：

（1）获得信贷环节偏多、时间偏长。

铜仁市获得信贷环节的全市平均值为 5.59 个，大于全省平均 5.38 个；时间平均为 28.89 个工作日，大于全省平均环节 18.36 个工作日，其中玉屏县、石阡县、德江县、沿河县、碧江区的企业获贷平均时间均为 37.5 个工作日，为全省最长时限。不少企业在授信审查环节的办理时限超过 7 个工作日，甚至个别企业长达 49 个工作日，个别企业在办理抵押担保手续环节耗时长达 39 个工作日，导致获贷时间偏长。贷款审批流程烦琐，提交资料过于繁杂，放款时间慢。尤其是中长期贷款、担保贷款固定资产抵押、评估、验收、放款程序较多，需要的材料繁多。

（2）贷款渠道单一、门槛高、贷款额度低、贷款贵。

企业反馈银行贷款以抵押或担保为主，制约了企业发展，甚至有些县只采用担保贷款。无抵押担保，授信额度低；抵押物不足，贷款时限不长。银行对抵押物要求过高过严，厂房、设备、林权、集体土地这些资产，银行不认可。融资贵主要是融资担保费较高、融资利息较高、贷款到期需要的转贷费用过高。第三方机构收取的金融服务费不够规范合理，资产评估和报表审计费用较高。一些无息贷款的扶持政策并没有很好落实。农业产业回本慢，贷款时间短，企业压力大。

（3）征信机构覆盖面表现不佳。

铜仁市征信系统目前已接入的金融机构和非金融机构目前仅涉及商业银行领域。企业无法通过更多有效渠道来提高征信。

8. 政务服务

铜仁辖区内 10 个区县的政务服务评估成绩整体表现较差，排名靠前的是碧江区，得分 72.33 分，排在全省第 40 名，松桃县、沿河县、印江县、玉屏县排名靠后，评估成绩较差（见表 3 - 188）。

表 3 - 188　　　　　　　　铜仁市政务服务指标得分情况

区县	网上服务（分）	便利度（分）	满意度（分）	数据共享（分）	总得分	全省排名	市内排名
碧江区	64.88	72.56	87.15	64.73	72.33	40	1
思南县	73.41	53.54	64.65	96.73	72.08	42	2
江口县	50.98	82.33	58.22	78.91	67.61	58	3
石阡县	70.24	59.10	93.03	42.18	66.14	60	4
万山区	61.95	58.48	91.97	41.09	63.37	68	5
德江县	54.88	60.54	79.66	47.64	60.68	76	6
松桃县	61.22	56.05	64.10	56.73	59.53	82	7
沿河县	47.56	69.51	71.62	46.55	58.81	84	8
印江县	53.90	67.26	40.00	56.73	54.47	85	9
玉屏县	69.27	40.00	66.26	40.00	53.88	86	10

资料来源：贵州营商环境研究中心。

根据二级指标的得分和课题组调研过程中企业反馈意见得知，印江县和德江县政务网上服务能力较差，玉屏县政务服务的便利度不高，印江县的政务服务的满意度低，玉屏县、万山区和石阡县的数据共享指数低，窗口办事人员态度较差，区别对待现象依然存在，这些是造成铜仁市获得政务服务评估失分的主要原因。政务服务二级指标数据如表 3 – 189 所示。

表 3 – 189　　　　　　　铜仁市政务服务二级指标原始数据

区县	全省排名	总分	网上政务服务能力（分）	政务服务事项便利度（分）	政务服务满意度（分）	政务服务数据共享（分）
碧江区	40	72.33	2.89	8.90	47	1.03
思南县	42	72.08	3.24	6.78	40	1.91
江口县	58	67.61	2.32	9.99	38	1.42
石阡县	60	66.14	3.11	7.40	48.83	0.41
万山区	68	63.37	2.77	7.33	48.5	0.38
德江县	77	60.68	2.48	7.56	44.67	0.56
松桃县	83	59.53	2.74	7.06	39.83	0.81
沿河县	85	58.81	2.18	8.56	42.17	0.53
印江县	86	54.47	2.44	8.31	32.33	0.81
玉屏县	87	53.88	3.07	5.27	40.5	0.35
全省平均		70.26	2.73	8.74	43.55	1.40
全省最优		84.77	4.33	11.96	51.00	2.00
全省最差		45.05	1.87	5.27	32.33	0.35

资料来源：贵州营商环境研究中心。

存在问题包括：

（1）网上政务服务能力有待提升。

铜仁市所辖县（区）网上政务服务能力指标得分为 60.88 分，比全省平均分低 1.55 分。江口县、德江县、沿河县和印江县等 4 个县的网上政务服务事项实际办理率平均仅为 28.41%，好差评系统参评平均次数仅 65849

次，进驻政务服务中心的部门比例为 95.53%，分别比全省平均值低51.22%、18071 次和 4.12%，网上政务服务事项实际办理率仅略高于全省平均值的 1/3。

（2）与国家政务服务平台的数据共享度过低。

铜仁市本级的四级四同关联率为 66.03%，低于全省市（州）本级平均值 4.12%；铜仁市所辖县（区）国家政务服务平台数据共享指标得分为57.13 分，低于全省平均分 32.73 分。除思南县外的 9 个县（区）公共服务事项认领关联率和四级四同关联率平均值分别为 37% 和 33.24%，分别低于全省平均值 34% 和 34.06%，这两个三级指标均低于全省平均值的 1/2。

（3）与国家政务服务平台的数据共享度过低。

铜仁市本级的四级四同关联率为 66.03%，比全省本级平均值低4.12%；铜仁市所辖县（区）国家政务服务平台数据共享指标得分为 57.13分，低于全省平均分 32.73 分。除思南县外的 9 个县（区）公共服务事项认领关联率和四级四同关联率平均值分别为 37% 和 33.24%，分别低于全省平均值 34% 和 34.06%，这两个三级指标均低于全省平均值的 1/2。

9. 市场监管

铜仁辖区内 10 个区县的市场监管评估成绩整体表现一般，排名靠前的是万山区、松桃县、江口县，评估成绩分别为 89.50 分、82.19 分、82.01分，全省排名分别为第 11 名、第 25 名、第 26 名，碧江区、印江县 2 个区县排名靠后，评估成绩较差（见表 3 - 190）。

表 3 - 190　　　　　　　　铜仁市市场监管指标得分情况

区县	监管覆盖（分）	信息公开（分）	政务诚信（分）	商务诚信（分）	总得分	全省排名	市内排名
万山区	100.00	100.00	58.00	100.00	89.50	11	1
松桃县	62.50	100.00	79.80	86.46	82.19	25	2
江口县	62.50	100.00	79.60	85.92	82.01	26	3
石阡县	70.00	100.00	70.00	81.05	80.26	32	4
德江县	70.00	100.00	75.20	72.92	79.53	34	5
沿河县	70.00	100.00	76.80	64.80	77.90	42	6

区县	监管覆盖（分）	信息公开（分）	政务诚信（分）	商务诚信（分）	总得分	全省排名	市内排名
思南县	77.50	100.00	55.00	66.83	74.83	60	7
玉屏县	62.50	100.00	51.20	64.50	69.55	78	8
碧江区	40.00	100.00	64.00	67.51	67.88	82	9
印江县	62.50	100.00	50.00	53.29	66.45	84	10

资料来源：贵州营商环境研究中心。

　　根据二级指标得分和课题组调研过程中市场监管的企业反馈意见得知，碧江区市场监管覆盖率低，印江县和玉屏县政务诚信度不高，印江县的商务诚信度较低，这些是造成铜仁市市场监管评估失分的主要原因。市场监管二级指标数据如表3-191所示。

表3-191　　　　　　　铜仁市市场监管二级指标原始数据

区县	全省排名	总分	"双随机、一公开"监管覆盖率（分）	监管执法信息公开率（分）	政务诚信度（分）	商务诚信度（分）
万山区	11	89.50	14.00	8.00	12.50	20.00
松桃县	25	82.19	9.00	8.00	17.95	17.50
江口县	26	82.01	9.00	8.00	17.90	17.40
石阡县	32	80.26	10.00	8.00	15.50	16.50
德江县	34	79.53	10.00	8.00	16.80	15.00
沿河县	42	77.90	10.00	8.00	17.20	13.50
思南县	60	74.83	11.00	8.00	11.75	13.88
玉屏县	78	69.55	9.00	8.00	10.80	13.45
碧江区	82	67.88	6.00	8.00	14.00	14.00
印江县	84	66.45	9.00	8.00	10.50	11.38
全省平均		77.81	10.25	8.00	15.22	14.87
全省最优		94.66	14.00	8.00	23.00	20.00
全省最差		40.00	6.00	8.00	8.50	10.00

资料来源：贵州营商环境研究中心。

铜仁市在"双随机、一公开"监管覆盖率问卷调查中仅得 9.7 分，比全省平均分 10.29 分低 0.59 分，其中碧江区仅 6 分，为全省最低分。问卷显示失分原因主要在未建立专家库、未避免扰民原则、抽查结果未及时公开等方面。政府诚信度问卷调查结果显示，铜仁市在满分为 27 分的问卷中仅得 14.49 分，低于全省平均的 15.22 分。问卷显示铜仁市未能佐证的问题有：政务诚信监督检查机制建设、政务诚信评价评级、公务员诚信教育、守信激励与失信惩戒机制等。

10. 企业信心

铜仁辖区内 10 个区县的企业信心评估成绩整体表现一般，排名靠前的是玉屏县，评估得分为 76.50 分，全省排名为第 7 名，德江县、印江县、松桃县、石阡县、思南县的新增企业率均为负数，新增企业增长率过低是造成铜仁市企业信心评估失分的主要原因。企业信心指标数据如表 3-192 所示。

表 3-192　　　　　　　　　铜仁市企业信心指标得分情况

区县	投资意愿（分）	新增企业（分）	总得分	全省排名	市内排名
玉屏县	73.42	79.58	76.50	7	1
万山区	90.96	49.32	70.14	16	2
江口县	79.50	47.85	63.68	40	3
碧江区	67.74	48.56	58.15	61	4
德江县	75.97	40.00	57.98	63	5
沿河县	74.44	41.22	57.83	64	6
印江县	74.70	40.00	57.35	67	7
松桃县	69.76	40.00	54.88	76	8
石阡县	66.90	40.00	53.45	83	9
思南县	64.67	40.00	52.34	86	10

资料来源：贵州营商环境研究中心。

在访谈过程中，很多企业反映物流成本高，生产所需原材料需要从外地运输过来，行业生产链、产业链不够完善。此外，铜仁市中小企业主观投资意愿普遍不高，平均得分为 62.74 分，其中思南县得分最低，为 53.17 分。2019 年全市新增企业数 6713 家，比 2018 年同期的 6853 家减少 140 家，增长率为 -2.04%。其中 5 个区县为负增长，增长率最低的德江县低至 -32.82%。二级指标具体如表 3-193 所示。

表 3-193　　　　　　　　铜仁市企业信心二级指标原始数据

区县	全省排名	总分	中小企业投资意愿（分）	新登记注册企业增长率（%）
玉屏县	7	76.50	62.33	85.51
万山区	16	70.14	80.70	20.14
江口县	40	63.68	68.70	16.96
碧江区	61	58.15	56.38	18.49
德江县	63	57.98	65.00	-32.82
沿河县	64	57.83	63.40	2.63
印江县	67	57.35	63.67	-29.81
松桃县	76	54.88	58.50	-10.92
石阡县	83	53.45	55.50	-13.46
思南县	86	52.34	53.17	-27.13
全省平均		63.29	64.87	17.93
全省最优		88.82	90.17	129.63
全省最差		40.00	27.33	-39.61

资料来源：贵州营商环境研究中心。

（四）存在的问题

1. 政策执行不到位

不少区县在开办企业、办理建筑许可、获得用水、获得用气等方面，与《贵州省营商环境优化提升工作方案》要求相差甚远。不少企业反映开办企业、办理建筑许可、纳税的网络系统复杂不稳定，存在需要多次上报、重复上报有关资料等问题。部门权责清单不清、窗口人员区别对待现象依然存在。

2. 企业生产经营成本高

在调研过程中我们发现不少区县的要素成本较高，给企业的生产经营带来了很大压力。不少企业反映自己所处行业在铜仁市的生产链相对薄弱，批量加工、技术加工主要来源于外省，但交通运输、物流成本高，给企业造成了一定的负担。还有企业反映企业税费负担较重，能够享受涉企优惠政策少，企业税负水平较高。

3. 中小企业融资难、融资贵

贷款门槛高是中小企业融资难的主要原因。中小企业普遍缺乏土地、厂房、设备等有效抵押物，现阶段很难从银行获得融资。由于贷款基准利率上浮标准和贴现利率浮动标准都由各家银行自行制定，中小企业取得银行贷款的利率偏高。民间融资虽然获取难度降低，但是融资成本更高，中小企业融资负担整体较重。调研过程中，不少生态农业型企业反映农业类项目前期投入大，回报期限长，融资难贷款难在很大程度上限制了企业的发展。

4. 企业所需人才引不进、留不住

中小微企业人才招引渠道狭窄、招引的专业化程度不够，由于缺少综合性的人才供需平台，企业和人才的需求信息交流受到制约，双方难以通过供需平台进行双向选择。而且由于中小微企业的平台受限，缺乏吸引力，留不住人才。

5. 营商环境法治化建设还有待加强

知识产权的推广保护工作力度不够，专利的转化效率低。有企业反映，铜仁市在专利、质量认证方面没有相应的支持和资金奖励，对于辖区内企业申请高新企业缺少专业指导。

（五）对策建议

1. 继续紧抓既有改革政策的有效落地

目前，国家、省级层面都出台了一系列优化营商环境的政策措施，各级部门要依据改革工作要求明确具体操作规范，借助"互联网+政务服务"，推进各项改革措施的及时落地。

2. 加快完善"互联网＋政务服务"体系

加强数据共享、业务协同，推进移动政务广泛应用，推动政务服务事项网上办理，加快与省级平台的对接，力求更多事项审批"不见面"、群众"不跑路"。同时，建立窗口工作人员的日常监管机制，加强对窗口工作人员的业务培训和定期考核，并将考核结果作为窗口工作人员年终考核兑现奖惩的重要依据，以调动窗口工作人员的工作积极性和主动性。

3. 切实缓解企业运营成本压力

合力破解企业融资难题。积极进行财税政策创新，结合自身实际制定多种涉企优惠政策，制定相对灵活的社保缴费标准，降低社保费用，降低企业税费压力，降低生产要素成本，多方合力降低物流运输成本，切实缓解企业运营成本压力。同时，市县政府各职能部门建立企业融资联席会议制度，搭建银企对接平台，规范和优化业务流程，严格规范担保、评估、登记、审计等服务收费，降低企业融资成本，多方合作，合理破解企业融资难题。

4. 推进公共服务质量

持续提升城市环境，全面落实人才政策。结合铜仁市的经济社会发展和产业规划，精准引进相关专业大学生，同时加强本土人才培育力度。以主导产业为核心，通过人才培育计划，为企业培养高素质人才队伍，助力企业研发、生产提质增效。同时，升级城市功能"硬环境"，让人才"想进来、留得住、不想走"。

5. 加强营商环境法制建设

一方面，打造透明高效的营商环境，推行行政执法公示制度、执法全过程记录制度、重大执法决定法制审核制度，强化社会监督，规范行政执法行为。与此同时，建立健全市场主体诚信档案、行业黑名单制度和市场退出机制，打造公共信用信息统一对外发布、查询和异议受理等信用信息平台，让企业真真切切感受到公平公正公开。另一方面，在创建法治化营商环境中，注重企业法治文化建设，建立企业经营管理决策层及管理人员法治培训制度，做到普法教育经常化、制度化；建立法治宣传员队伍，建立人员调解组织和法律援助联络员，让企业员工知法、守法、遇事用法。

九、贵 安 新 区

（一）综合评估结果

贵安新区营商环境便利度综合得分为 69.84 分，在全省 9 个市（州）及贵安新区位列第 9 名。其中市（州）本级指标得分为 72.64 分，县（市、区）指标得分为 67.04 分（见表 3 - 194）。

表 3 - 194 　　　　　贵州省 2019 年营商环境评估市州总分排名

排名	市（州）	市（州）本级得分	所辖县（市、区）平均得分	总分
1	贵阳市	76.39	75.79	76.09
2	六盘水市	71.08	81.06	76.07
3	遵义市	73.53	75.79	74.66
4	毕节市	71.13	76.62	73.88
5	黔东南州	69.56	77.56	73.56
6	黔西南州	70.20	75.92	73.06
7	黔南州	66.10	76.57	71.34
8	铜仁市	69.90	72.50	71.20
9	贵安新区	72.64	67.04	69.84
10	安顺市	62.70	71.90	67.30

注：总分计算方法：市州本级得分和所辖县（市、区）得分的平均值。
资料来源：贵州营商环境研究中心。

（二）市域指标评估结果

贵安新区执行合同、包容普惠创新 2 项一级指标，由于新区机构设置暂不具备相关职能，缺乏有效样本，未纳入总分计算。在招标投标、知识产权创造及保护运用 2 项指标中，部分二级指标因上述同样原因无法填报，评估组经综合考虑，采取通过贵阳市和安顺市2市的平均分作为贵安新区相应得分的做法加以解决。因此贵安新区排名靠后，部分为指标缺项所致（见表3-195）。

表3-195 贵安新区市本级营商环境评估指标综合得分及排名情况

一级指标	营商环境便利度得分	全省排名
获得用气	78.82	2
执行合同	—	—
政府采购	72.09	8
招标投标	72.08	4
知识产权创造保护及运用	67.56	3
包容普惠创新	—	—

资料来源：贵州营商环境研究中心。

贵安新区由于行政区划的特殊原因，相关职能部门尚未配套齐全，仅有4项指标参加市（州）本级评估。从对标结果来看（见图3-9），获得用气指标接近全省最优表现，其余3项指标与全省最佳绩效相差不大，参评指标表现较为平稳。

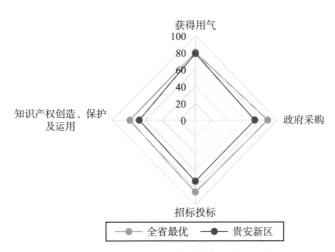

图3-9 贵安新区与全省最优表现对标雷达图

资料来源：贵州营商环境研究中心。

从贵安新区整体表现来看，获得用气、知识产权创造及保护运用、招标投标成绩较好，分别排名在全省第2、第3、第4名。政府采购指标表现欠佳，位于全省第8名（见表3-196）。

表3-196 贵安新区市本级营商环境评估各二级指标得分情况

一级指标	二级指标	原始数据	得分	全省排名
1. 获得用气	1.1 获得用气环节（个）	5.25	62.5	7
	1.2 获得用气时间（工作日）	9.25	61.22	7
	1.3 获得用气成本（占当地人均收入比）（%）	7.83	91.55	3
	1.4 用气价格（占总营收比）（%）	1.00	100.00	1
2. 政府采购	2.1 电子采购平台评价（0~10）	8.10	80.84	5
	2.2 采购流程（0~10）	6.40	40.00	10
	2.3 采购结果确定和合同签订（0~10）	7.50	90.00	7
	2.4 合同管理（0~10）	6.30	61.29	9
	2.5 支付和交付工作日（工作日）	11.08	72.42	5
	2.6 政府采购调查（0~10）	6.00	88.00	3
3. 招标投标	3.1 "互联网+"招标采购（0~10）	10.00	60.00	8
	3.2 投标和履约担保（0~10）	11.50	100.00	1
	3.3 外地企业中标率（%）	—	68.30	8
	3.4 建立公平有效的投诉机制（0~15）		60.00	8
4. 知识产权创造、保护及运用	4.1 知识产权创造质量（项）	—	—	—
	4.2 知识产权保护社会满意度（0~110）	76.00	40.00	10
	4.3 非诉纠纷解决机构覆盖面（个）	—	—	—
	4.4 知识产权运用效益（项）	—	—	—

资料来源：贵州营商环境研究中心。

1. 获得用气

贵安新区获得用气指标评估成绩排全省第2名。具体到二级指标，获得用气成本、获得用气价格2项表现较好，环节和时间2项指标表现欠佳。全省获得用气平均环节是5.04个，平均时间是8.25个工作日；贵安新区获得用气平均环节 5.25 个，时间 9.25 个工作日；其评估得分依次为 62.5 分、61.22 分。

总体看来，贵安新区用气报装环节多时间长。燃气报装环节平均为 5.25 个（报装申请、用气方案答复、办理道路挖掘许可、竣工验收、点火通气等），未能实现用气报装环节精简为 2 个的目标。报装平均时间为 9.25 个工作日，用时最多样本企业耗费长达 22 个工作日，其中"申请报装"平均耗时相对较长，需要 3.25 个工作日。

问卷调查和访谈环节，部分样本企业反映的主要问题涉及获得用气办理周期较长，排队等待时间长，施工进度缓慢。根据企业反映和评估结果，可见获得用气的时间、环节是贵安获得用气指标评估丢分主要原因。

2. 政府采购

贵安新区政府采购评估成绩排名为全省第 8 名，在全省 10 个市（州）（含贵安新区）排倒数第 2 名。该指标主要问题是出在采购流程、采购结果确定和合同签订这 2 项二级指标上，全省采购流程、采购结果确定和合同签订的平均分为 66.40 分和 80.94 分，贵安新区相应得分仅分别为 40 分和 61.29 分，采购流程为全省最低分。由于这 2 项二级指标的得分过低，致使其总评分不佳。

贵安新区政府采购流程问卷仅得 40 分，为全省最低。企业普遍对投标保证金满意度不高，包括企业按合同履约后付款不及时，以及逾期退还投标保证金时，未按中国人民银行同期贷款基准利率上浮 20% 支付超期资金占用费等。针对合同管理满意度的问卷调查结果显示，贵安新区得分为 61.29 分，低于全省平均分 80.94 分，反映企业对合同管理总体评价不高，主要表现在合同验收没有制订验收方案等方面。

问卷调查和访谈环节，部分企业反映终止招标时，政府（采购人或者采购代理机构）没有按时退还招标文件费用和保证金及其利息。此外，政府部分工作人员业务素质有待提升，企业在咨询某些业务时，需要多次跑腿，才能找到相应的对接人。因此，政府相关业务人员制度执行不到位、知识储备不足，业务素质不高是政府采购评估成绩不理想的重要原因。

3. 招标投标

贵安新区招标投标指标评估成绩排名全省第 4 名。4 项二级指标中，外地企业中标率、建立公平有效的投诉机制 2 项指标，因贵安新区暂无相关职能未评分。由于贵阳市、安顺市承担了贵安新区在该项指标中的部分职能，经课题组研究，决定选取贵阳和安顺的平均分作为贵安新区在该项二级指标的评分，分别为 68.30 分和 60 分，排名均为全省第 8 名。

此外，"互联网 +"招标采购、投标和履约担保 2 项二级指标是贵安新区实际获得成绩。其中"互联网 +"招标采购成绩欠佳，全省平均分为 72 分，贵安新区仅得 60 分，全省排名倒数第 3。"互联网 +"招标采购反映了贵安新区在招标采购电子平台的功能上还需进一步完善。投标和履约担保成绩优异，排名全省第 1。

样本企业在现场访谈环节反馈，招投标过程中互联互通程度有待提高。此外，针对建立公平有效投诉机制的问卷调查结果显示，贵安新区得分仅为 60 分，低于全省平均的 66 分，部分企业在访谈环节表达了招投标结果内定的不满。

4. 知识产权保护及运用

贵安新区知识产权保护及运用指标评估成绩排在全省第 8 名，但 4 项二级指标中有 3 项为贵阳市和安顺市的平均值，仅有知识产权保护社会满意度二级指标为贵安新区实际成绩。

知识产权保护社会满意度评价得分 40 分，为全省最低。问卷调查和现场访谈环节，不少企业反映侵权行为没有得到根本性遏制，知识产权保护不够全面。有企业反映本地区知识产权行政管理部门工作人员的专业能力不强、服务意识不强。希望政府加大有关知识产权的社会培训力度。

（三）县域指标评估结果

贵安新区区县指标成绩表现不佳，总分 67.04 分，排在全省第 88 名（见表 3 - 197）。其中办理建筑许可、获得信贷 2 项指标，因贵安新区不具备相关职能无有效样本，未纳入总分计算。

表 3 - 197　　　　贵安新区区县营商环境区县指标评估总得分情况

序号	指标名称	得分	全省平均分	省内排名
1	开办企业	51. 54	80. 48	88
2	办理建筑许可	—	74. 77	—
3	获得电力	73. 35	83. 24	88
4	获得用水	70. 43	80. 60	79
5	登记财产	69. 69	73. 34	63
6	缴纳税费	92. 40	83. 04	5
7	获得信贷	—	71. 50	—
8	政务服务	63. 29	70. 26	69
9	市场监管	63. 68	77. 81	86
10	企业信心	51. 90	63. 16	87
	总体情况	67. 04	75. 82	88

资料来源：贵州营商环境研究中心。

1. 开办企业

贵安新区在开办企业评估成绩整体表现不佳，得分 51. 54 分，全省倒数第 2，与全省平均分相差 28. 94 分。调查结果显示，贵安新区开办企业平均办理时间为 4. 25 个工作日，未能缩短到 3 个工作日内，在企业登记环节时未实现当日办结。所需材料为 18. 50 件，比全省平均值（12. 92 件）多 5. 58件（见表 3 - 198）。

表 3 - 198　　　　贵安新区开办企业指标与全省平均成绩对比

贵安新区			全省平均	差距
开办企业环节	开办企业环节（个）	6. 00	4. 70	1. 30
	开办企业环节得分	40. 00	75. 86	- 35. 86
开办企业时间	开办企业时间（工作日）	4. 25	3. 03	1. 22
	开办企业时间（得分）	65. 91	84. 40	- 18. 49

续表

贵安新区			全省平均	差距
开办企业成本	开办企业成本（%）	1.98	0.56	1.42
	开办企业成本得分	60.27	88.69	-28.42
申请材料	申请材料（份）	18.50	12.92	5.58
	申请材料得分	40.00	72.95	-32.95
总分		51.54	80.48	-28.94

资料来源：贵州营商环境研究中心。

现场访谈环节，企业反馈准备资料多，浪费时间长，如身份证、营业执照等资料被要求反复提交。此外，一次性告知不清晰，导致反复跑、多次跑的情况不同程度存在。

2. 获得电力

贵安新区获得电力评估成绩整体表现不佳，总分73.35分，与全省平均分相差9.89分。细化到二级指标，除环节与全省平均值对齐外，其余的时间、成本、供电可靠性、材料4项指标成绩均不理想（见表3-199）。

表3-199　　　　贵安新区获得电力指标与全省平均成绩对比

贵安新区			全省平均	差距
获得电力环节	获得电力环节（个）	2.00	2.00	0.00
	获得电力环节得分	100.00	100.00	0.00
获得电力时间	获得电力时间（工作日）	5.25	2.70	2.55
	获得电力时间得分	54.71	81.87	-27.16
获得电力成本	获得电力成本（%）	2.77	2.80	-0.03
	获得电力成本得分	87.17	87.01	0.16
供电可靠性	供电可靠性	8.00	8.42	-0.42
	供电可靠性得分	65.71	72.98	-7.26
电力价格	电力价格（%）	4.10	2.45	1.65
	电力价格得分	66.79	80.69	-13.91

	贵安新区		全省平均	差距
申请材料	申请材料（份）	4.00	3.35	0.65
	申请材料得分	65.71	76.90	-11.19
总分		73.35	83.24	-9.89

资料来源：贵州营商环境研究中心。

贵安新区用电报装时限为 5.25 个工作日，比全省平均用时（2.70 工作日）高 2.55 个工作日，样本企业中最长耗时为长 6.4 个工作日。电力报装成本占当地人均收入的 2.77%，全省平均 2.80%，样本企业中最高成本为 3000 元。申请材料 4 份，由于没有建立部门协同和信息共享机制，企业法人身份证和营业执照在不同环节被要求重复提交。总体看来，用电报装申请提交材料较多，存在临时停电未提前通知，影响企业生产等情况，导致用电指标整体绩效不佳。

3. 获得用水

贵安新区获得用水评估成绩整体表现一般，得分 70.43 分，全省排名第 79 名。与全省平均分相差 10.17 分。二级指标中除成本高于全省平均水平，其余 3 项均低于全省平均值。其中，用水报装环节与全省平均值相差不大，仅低 1.93 分。时间和价格得分不太理想（见表 3-200）。

表 3-200　　　贵安新区获得用水指标与全省平均成绩对比

	贵安新区		全省平均	差距
获得用水环节	获得用水环节（个）	4.33	4.20	0.13
	获得用水环节得分	65.05	66.98	-1.93
获得用水时间	获得用水时间（工作日）	17.17	6.39	10.78
	获得用水时间得分	40.00	82.17	-42.17
获得用水成本	获得用水成本（%）	0.00	4.80	-4.80
	获得用水成本得分	100.00	83.05	16.95

续表

	贵安新区		全省平均	差距
获得用水价格	获得用水价格（%）	2.80	1.21	1.59
	获得用水价格得分	76.68	90.18	-13.50
总分		70.43	80.60	-10.17

资料来源：贵州营商环境研究中心。

贵安新区样本企业用水报装的平均环节为 4.33 个（全省平均环节为 4.20 个），未实现报装环节精简为 2 个的目标。所需报装环节最多为 5 个（窗口登记、供水方案答复、工程设计方案审查、竣工验收、挂表开栓）。办理时间平均为 17.17 个工作日（全省平均时间仅为 6.39 个工作日）。

企业反馈当地水务公司强势，企业不能进行申辩，用户投诉没有得到合理解决。另外，申请用水报装与审批的表格不一致，偶尔有停水 1～2 天，出现影响企业生产的情况。

4. 登记财产

贵安新区登记财产评估成绩整体表现一般，总分 69.69 分，全省排名第 63 名。具体到二级指标，申请材料成绩较好，全省平均 16.67 件，贵安新区 15 件。环节与全省平均值相接近，全省平均 3.98 个，贵安新区 4 个。时间、成本 2 项二级指标成绩不理想（见表 3-201）。

表 3-201　　　　　贵安新区登记财产指标与全省平均成绩对比

	贵安新区		全省平均	差距
登记财产环节	登记财产环节（个）	4.00	3.98	0.02
	登记财产环节得分	70.00	70.51	-0.51
登记财产时间	登记财产时间（工作日）	4.50	3.89	0.61
	登记财产时间得分	75.00	81.12	-6.12
登记财产成本	登记财产成本（%）	5.00	3.86	1.14
	登记财产成本得分	50.42	69.56	-19.14

	贵安新区		全省平均	差距
申请材料	申请材料（份）	15.00	16.67	−1.67
	申请材料得分	83.33	72.17	11.16
总分		69.69	73.34	−3.65

资料来源：贵州营商环境研究中心。

根据企业反馈意见，贵安新区登记财产办理业务存在窗口少、审批人员数量不足、归档耗时长、报盘数据只能人工录入等不足，导致办理业务效率低下。

5. 纳税

贵安新区纳税评估成绩整体表现较好，得分 92.40 分，全省排名第 5 名。细化到二级指标，纳税次数、总税收和缴费率表现较好。纳税时间表现一般，低于全省平均分（见表 3 – 202）。

表 3 – 202　　　　　贵安新区纳税指标与全省平均成绩对比

	贵安新区		全省平均	差距
纳税次数	纳税次数（次）	3.40	5.40	−2.00
	纳税次数得分	100.00	72.89	27.11
纳税时间	纳税时间（工作日）	117.00	113.89	3.11
	纳税时间得分	86.03	87.31	−1.28
总税收和缴费率	总税收和缴费率	8.09	9.40	−1.31
	总税收和缴费率得分	91.16	88.93	2.23
总分		92.40	83.04	9.36

资料来源：贵州营商环境研究中心。

贵安新区纳税时间为 117 小时，仅比全省平均纳税时间（113.89 小时）多 3.11 个小时，存在一定进步空间。企业反馈社保系统和公积金缴纳系统未与税务系统并网、办税系统不稳定、缺乏政策宣传和必要培训、现场排队等待时间长等问题。企业对缴纳税费的相关政策，尤其是政府扶持优惠政策不熟悉，希望纳税部门予以及时告知。

6. 政务服务

贵安新区政务服务评估成绩整体表现一般，得分为 63.29 分、全省排名第 69 名。具体到二级指标，网上政务服务能力、政务服务事项便利度、国家政务服务平台数据共享这 3 项二级指标成绩比较理想，均高于全省平均值。但是政务服务满意度成绩较差，是全省最低值，拉低了一级指标得分和名次（见表 3 - 203）。

表 3 - 203 　　　　　贵安新区政务服务指标与全省平均成绩对比

贵安新区			全省平均	差距
网上政务服务能力	网上政务服务能力	2.83	2.73	0.10
	网上政务服务能力得分	63.41	60.95	2.47
政务服务事项便利度	政务服务事项便利度	8.75	8.74	0.01
	政务服务事项便利度得分	71.21	71.16	0.05
政务服务满意度	政务服务满意度	32.33	43.55	-11.22
	政务服务满意度得分	40.00	70.94	-30.94
国家政务服务平台数据共享	国家政务服务平台数据共享	1.41	1.40	0.01
	国家政务服务平台数据共享得分	78.55	78.01	0.53
总分		63.29	70.26	-6.97

资料来源：贵州营商环境研究中心。

存在问题包括：

（1）政务服务便利度有待提升。

贵安新区政务服务便利度指标得分为 71.21 分，仅比全省平均分高0.05 分。贵安新区的零跑腿事项、集成套餐数量、纳入一窗服务的事项比例和减证便民事项等 4 项三级指标的数值分别为 50 分、21 分、80.22% 和170 项，分别低于全省平均值 109.14 分、13.45 分、12.53% 和 235 分。

（2）四级四同关联率偏低。

贵安新区国家政务服务平台数据共享指标得分为 78.55 分，仅比全省平均分高 0.53 分，四级四同关联率为 60.91%，低于全省市（州）平均值 9.14%。

（3）企业反馈问题。

企业反馈部分业务只能线上办理，企业操作不熟练，缺少相关人员的帮助；行政审批效率有待提升，例如消防窗口，审批过程等待时间长。

7．市场监管

贵安新区市场监管评估成绩表现较差，得分 63.68 分，全省排名第 86 名。具体到二级指标，除监管执法信息公开率与全省平均值持平外，"双随机、一公开"监管覆盖率、政务诚信度、商务诚信度这 3 项二级指标均低于全省平均值（见表 3-204）。

表 3-204　　　　贵安新区市场监管指标与全省平均成绩对比

	贵安新区		全省平均	差距
"双随机、一公开"监管覆盖率	"双随机、一公开"监管覆盖率（%）	8.00	10.29	-2.29
	"双随机、一公开"监管覆盖率得分	55.00	72.19	-17.19
监管执法信息公开率	监管执法信息公开率（%）	8.00	8.00	0.00
	监管执法信息公开率得分	100.00	100.00	0.00
政务诚信度	政务诚信度	8.90	15.22	-6.32
	政务诚信度得分	43.60	68.86	-25.26
商务诚信度	商务诚信度	11.90	14.89	-2.99
	商务诚信度得分	56.14	72.31	-16.18
总分		63.68	77.81	-14.13

资料来源：贵州营商环境研究中心。

贵安新区在"双随机、一公开"监管覆盖率问卷调查中仅得 8.00 分，全省排名倒数第 1。问卷显示其在建立专家库、监管抽取方式、抽查结果公开等方面亟须改进。政务诚信问卷得分为 8.90 分，为全省最低分，主要问题在于：政务诚信监督体系尚未建立、未开展公务员诚信教育、政务守信激励与失信惩戒机制不健全、未建立政府和社会资本合作失信违约记录制度、地方债务相关体系不健全等。

8. 企业信心

贵安新区的企业信心评估成绩表现较差，得分51.90分，排名第87名。2项二级指标中小企业投资意愿和新登记注册企业增长率成绩均不理想。根据二级指标表现及企业反馈意见，中小企业贷款融资困难，贵安新区吸引企业的优惠政策没有按时落地、贵安新区周边商业配套不成熟等原因，导致中小企业信心不足（见表3-205）。

表3-205　　　　　贵安新区企业信心指标与全省平均成绩对比

贵安新区			全省平均	差距
中小企业投资意愿	中小企业投资意愿	52.25	64.87	-12.62
	中小企业投资意愿得分	63.79	74.39	-10.60
新登记注册企业增长率	新登记注册企业增长率（%）	-45.74	17.22	-62.96
	新登记注册企业增长率得分	40.00	51.94	-11.94
总分		51.90	63.16	-11.27

资料来源：贵州营商环境研究中心。

此外，贵安新区中小企业投资意愿不高，问卷得分仅52.25分。2019年新增企业数2425家，比2018年同期的4469家减少了2044家，新登记企业增长率为-45.74%。

（四）存在的问题

1. 有关优化营商环境政策落实不到位

为加快打造市场化、法治化、国际化营商环境，增强企业发展信心和竞争力，贵州省人民政府办公厅专门出台了《贵州省营商环境优化提升工作方案》，对开办企业等17个方面做了具有明确性整改要求，从各指标评估结果和企业访谈意见看，贵安新区很多指标都没有达标文件要求，如开办企业，获得电力、获得用水、登记财产等多个指标在涉及环节、时间、成本和材料等方面，明显与《贵州省营商环境优化提升工作方案》整改要求相差甚远。很多企业反映贵安新区招商引资政策落实不到位，政府不兑现承诺。中海信电子科技有限公司反映，政府当初招商引资时给出的承诺未落实。如装修补贴、人才引进等等优惠政策，导致企业资金周转困难，经营生产难以为继。贵州长江汽车有限公司反映由于政府配套资金不到位，原计划 2019 年要投产的项目，现在连厂房的基础设施还未建完，已经严重影响了该公司的发展规划。这些问题都是有关政策执行落实不力表现，亟须完善。

2. 营商环境服务意识有待提升

评估调研显示，贵安新区企业对政务服务评价不理想。部分企业反映相关办理业务人员业务不熟，效率不高。中介服务管理混乱。政府部门涉企服务中有推诿扯皮，不作为、不担当的现象。投诉反馈渠道不通畅，企业没有及时获得或者根本没有投诉反馈的处理结果。某建筑工程公司反映，2017 年该企业申请办理安全生产许可证，至今未办理下来，原因是省厅暂停办理该项业务，导致企业招标无法进行，不能正常经营，没有利润，并且贵安新区接近 300 家企业都存在这类情况。该企业多次投诉反馈，至今无果。此次评估中，企业对贵安新区营商环境主观性评价指标成绩不理想，例如政务服务满意度、企业投资意愿等，这些就是营商环境服务意识有待提升的明证。

3. 企业运营成本高

评估调研显示，贵安新区企业经营成本高。部分企业反映物流设施不完善、费用高，人力资源成本高，保税区企业报关费用高，政府承诺的相关补贴没有到位，企业经营十分困难。另有一家企业反映需要缴纳年营业额 3% 的工会会费，对此十分不理解。评估调研还显示，企业融资困难。不少民营企业和中小微企业都反映融资比较难，难以满足经营运行的需要。金融机构贷款门槛较高，企业在创业初期，无法满足，银行拒贷。若转向民间借贷，成本负担加重，影响企业生产经营。

4. 配套设施建设滞后

贵安新区基础设施建设方面走在了前面，但生产、生活性配套设施亟待加强，与生产企业运行相关的金融、物流、咨询等生产性服务业发展不足，与职工生活相关的住房、餐饮、文化、学校、就医等配套建设还不完善，大部分员工仍然住在贵阳市里，上下班交通不便，会导致公司增加额外的支出，如给员工开设交通车等，同时这种方式也不利于公司对其员工进行安全管控。

（五）对策建议

1. 加强对标对表

贵安新区要认真对照这次各个指标失分的二级指标，依照《贵州省营商环境优化提升工作方案》要求，对各指标做出全面整改，大力优化市县两级的营商环境。在开办企业，获得电力、获得用水、登记财产等指标中要尽可能减少环节、缩短时间、减低成本和减少申请材料，在政务服务、政府采购、招标投标、知识产权创造保护及运用和市场监管等方面制定合乎自身实际地方规章或规范性的实施细则，进一步提升政府服务效率，优化政策环境，确保有关营商环境优化政策文件能够执行落实到位。

2. 提高工作效率和服务水平

优化营商环境，应该多从发展角度、企业角度、群众角度出发考虑问题，深化"放管服"改革，用政府权力的"减法"换取市场活力的"加法"。政府部门做到主动服务不推诿、协调服务不扯皮、高效服务不拖拉、廉洁服务不设卡。要想方设法让企业办事办得更顺畅、更顺心。要真正把纳税人当成衣食父母，把自己当成为企业服务的"店小二"，主动上门为企业提供创业政策、司法维权、融资担保等全方位综合服务，全程呵护企业成长。主动为项目全程提供"专家＋管家"式服务，设身处地帮助企业解决各种实际困难。

3. 落实企业减负政策

贵安新区应结合本区实际制定多种涉企优惠政策，并且及时有效的告知企业，减轻企业生产运营成本负担。承诺的优惠政策要尽快落实，不要政府失信，企业伤心。要建立完善的银企沟通协调机制，搭建政银企合作平台，密切政府与金融机构的关系。要积极运用金融科技，加快推进针对性的信贷产品、创新担保方式，做大做强政府性融资担保体系，扩大涉中小企业担保贷款业务规模，撬动更多金融资金投向民营企业。要准确把握方向，构建良性互惠关系，拓宽渠道、优化结构，鼓励民营企业上市，运用多项政策措施，破解小微民营企业发展融资难题。

4. 提高公共服务保障能力

贵安新区要完善营商环境配套工作，加大基本公共服务的供给配套。可以尝试推出一批人才公寓，以解决新区员工居住问题，更好吸引产业人才。同时，引入餐饮、文化娱乐、商业零售、社交等配套，满足企业员工的购物休闲需求。完善新区内的公共交通建设，增开公交班线，满足员工的出行需求；不断提高外地人员户籍办理、子女入学、医疗救助等公共服务水平；不断提高贵安新区公共服务保障能力水平，打造设施完善，配套一流、保障有力宜居的营商环境。

十、安 顺 市

（一）综合评估结果

安顺市营商环境便利度综合得分为 67.30 分，在全省 9 个市（州）及贵安新区位列第 10 名。其中市（州）本级得分为 62.70 分，辖区内 6 个县（市、区）算术平均分为 71.90 分（见表 3-206）。

表 3-206　　　贵州省 2019 年营商环境评估市州总分排名

排名	市（州）	市（州）本级得分	所辖县（市、区）平均得分	总分
1	贵阳市	76.39	75.79	76.09
2	六盘水市	71.08	81.06	76.07
3	遵义市	73.53	75.79	74.66
4	毕节市	71.13	76.62	73.88
5	黔东南州	69.56	77.56	73.56
6	黔西南州	70.20	75.92	73.06
7	黔南州	66.10	76.57	71.34
8	铜仁市	69.90	72.50	71.20
9	贵安新区	72.64	67.04	69.84
10	安顺市	62.70	71.90	67.30

注：总分计算方法：市州本级得分和所辖县（市、区）得分的平均值。

资料来源：贵州营商环境研究中心。

（二）市本级评估结果

安顺市市本级评估指标中，"获得用气"和"政府采购"两个指标成绩居于全省中等偏下位次，均排在全省第 6 名；其余指标表现欠佳，均位于全省第 8 名，尤其以"包容普惠创新"和"执行合同"最为突出。"包容普惠创新"全省最优为遵义市的 92.01 分，安顺市仅得 51.93 分，相差达 40.08

分。此外，"执行合同"全省最优表现为铜仁市，得分为 94.05 分，而安顺市仅得 56.95 分，差距达 37.1 分（见表 3 – 207）。

表 3 – 207　　　安顺市市本级营商环境评估指标综合得分及排名情况

一级指标	营商环境便利度得分	全省排名
获得用气	73.40	6
执行合同	56.95	8
政府采购	74.68	6
招标投标	63.49	8
知识产权创造保护及运用	55.76	8
包容普惠创新	51.93	8

资料来源：贵州营商环境研究中心。

安顺市 6 项市本级评估指标与全省最佳表现对标结果如图 3 – 10 所示。

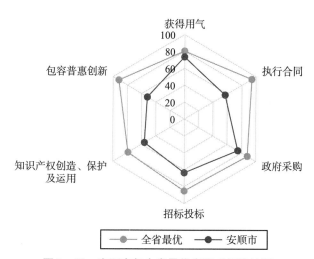

图 3 – 10　安顺市与全省最优表现对标雷达图

资料来源：贵州营商环境研究中心。

安顺市 10 项市本级参评指标得分及排名情况见表 3 – 208。

表 3 – 208　　　　　　安顺市市本级营商环境评估各二级指标得分情况

一级指标	二级指标	原始数据	得分	全省排名
1. 获得用气	1.1 获得用气环节（个）	4.67	79.90	2.00
	1.2 获得用气时间（工作日）	10.00	54.85	8.00
	1.3 获得用气成本（占当地人均收入比）（%）	14.18	62.25	7.00
	1.4 用气价格（占总营收比）（%）	1.3	96.00	2.00
2. 执行合同	2.1 解决商业纠纷的时间（工作日）	461.00	43.71	9.00
	2.2 解决商业纠纷的费用（占索赔金额比）（%）	9.21	70.19	8.00
3. 政府采购	3.1 电子采购平台评价（0~10）	5.92	40.00	10.00
	3.2 采购流程（0~10）	8.17	100.00	1.00
	3.3 采购结果确定和合同签订（0~10）	8.00	100.00	1.00
	3.4 合同管理（0~10）	6.34	68.06	7.00
	3.5 支付和交付工作日（工作日）	17.17	100.00	1.00
	3.6 政府采购调查（0~10）	2.00	40.00	10.00
4. 招标投标	4.1 "互联网＋"招标采购（0~10）	8.00	46.67	9.00
	4.2 投标和履约担保（0~10）	5.17	50.68	7.00
	4.3 外地企业中标率（%）	67.5	96.60	2.00
	4.4 建立公平有效的投诉机制（0~15）	13.00	60.00	5.00
5. 知识产权创造、保护及运用	5.1 知识产权创造质量（项）	1.67	42.59	8.00
	5.2 知识产权保护社会满意度（0~110）	100.17	85.56	4.00
	5.3 非诉纠纷解决机构覆盖面（个）	0.00	40.00	10.00
	5.4 知识产权运用效益（项）	0.33	54.89	7.00
6. 包容普惠创新	6.1 创新创业活跃度（0~100）	10.95	46.72	8.00
	6.2 人才流动便利度（0~100）	7.00	46.60	8.00
	6.3 市场开放度（%）	3.50	42.50	9.00
	6.4 基本公共服务群众满意度数（个）	26.99	41.20	8.00
	6.5 蓝天碧水净土森林覆盖指数（%）	6.87	61.63	4.00
	6.6 城市立体交通指数（0~10）	5.20	72.88	6.00

资料来源：贵州营商环境研究中心。

1. 获得用气

安顺市获得用气指标评估成绩排在全省第 6 名，在全省 10 个市（州）（含贵安新区）属于中等偏下水平。主要问题在于获得用气时间及成本 2 项二级指标：全省获得用气平均时间为 8.25 个工作日，安顺市平均时间为 10 个工作日；全省平均成本占当地人均收入的 12.38%，安顺市平均成本则为 14.18%；按"前沿距离"公式计算得分，安顺市分别得 54.85 分、62.25 分，直接导致该一级指标总评不佳。存在问题包括：

（1）用气报装环节偏多时间较长。

安顺市用气报装平均环节为 4.67 个，样本企业报装用时最多为 12 个工作日，最少为 8 个工作日。从报装环节来看，尚未能将办理环节压缩为"申请受理"和"验收供应"2 个环节。

（2）报装及用气成本偏高。

全市燃气报装平均成本为 4207 元，占当地人均收入比为 14.18%，样本企业中获得用气最高成本为 12606 元，报装成本偏高。所有样本企业平均用气价格单价为 3.10 元，月平均用气支出为 25138 元，半年用气支出最高为 69765 元。

（3）企业反馈问题。

样本企业在问卷调查和访谈环节反馈的主要问题包括：一是燃气报装困难，燃气公司敷设管道离厂区有一段距离，所需管道成本要企业自己解决，总体上安装时间长、成本较高；二是天然气价格高，企业用气成本高，不利于企业的发展；三是燃气公司只许其下属部门报装，因而存在价格不透明的情况，明显高于市场价格。根据企业反映和评估结果，可见获得用气的时间长和用气成本高是安顺市获得用气指标评估丢分的主要原因。

2. 执行合同

安顺市"执行合同"指标评估成绩排在全省第 8 名，2 项二级指标成绩均不理想：全省"解决商业纠纷时间"平均为 362.75 个工作日，安顺市样本企业中最长时间达 732 个工作日，平均用时为 461 个工作日；全省"解决商业纠纷的费用"平均占索赔额的 6.66%，安顺市解决商业纠纷费用平均为 135830 元，占索赔额平均比值为 9.21%，样本企业中费用最高达 205170

元，占索赔额比值达 16.35%。2 项二级指标"前沿距离"得分依次为 43.71 分和 70.19 分，分别排在相应二级指标的倒数第 2 名和末位。

问卷调查和访谈环节，现场有企业反映解决商业纠纷时间长和费用高问题，以及执行合同过程中合同当事人诚信、履约能力等问题。总体来看，企业家们希望进一步培养合同当事人的法律意识，明确树立诚信理念，进一步加强法官职业素质。可见，解决商业纠纷效率不高，解决纠纷的费用高是安顺市执行合同指标评估成绩不佳的主要原因。

3. 政府采购

安顺市政府采购评估成绩排在全省 10 个市（州）（含贵安新区）的第 6 名。主要原因在于：全省电子采购平台评价平均分 7.25 分，安顺市调查问卷原始得分为 5.92 分；全省政府采购调查问卷原始平均得分为 6.50 分，安顺市仅得 2 分。2 项二级指标得分均为 40 分，为相应二级指标全省最低分，致其总评不佳。

调查问卷结果显示，企业普遍对安顺市电子化采购平台的功能和应用评价不高，仅得 40 分，为全省最低。同样在针对政府采购满意度的问卷调查中，安顺市仅得 40 分，大幅低于全省平均分 83.20 分。

问卷调查和现场访谈环节，企业反馈希望主管部门能多开展继续教育培训，组织相关职业技能考试，提升本地中小型企业人员素养和人才储备，提高竞争力；部分企业提出政府在通过财政资金向市场采购过程中应确保公平，希望能给中小企业更多机会和政策倾斜。

4. 招标投标

安顺市招标投标指标评估成绩排名为全省第 8 名。主要原因在于：全省"互联网＋"招标采购问卷平均得分为 11.5 分，安顺市仅得 8 分，前沿距离得分 46.67 分；投标和履约担保全省问卷原始平均得分为 6.72 分，安顺市仅得 5.17 分，前沿距离得分为 50.68 分。2 项二级指标得分分别排在全省倒数第 2 和倒数第 4 位，致使总评成绩不佳。

针对投标和履约担保问卷调查结果显示，安顺市仅得 50.68 分，低于全省平均分 62.76 分，反映出采购人或采购代理机构逾期退还投标保证金的情况。

问卷调查和访谈环节，企业反馈中小企业在人员配备和物力方面都和大企业有差距，需要给中小微企业在招标投标方面给予倾斜，同时提升本地中小型企业人员素养，增加人才储备，提高竞争力。

5. 知识产权保护及运用

安顺市知识产权保护及运用指标评估成绩排在全省第 8 名。主要原因在于：全省知识产权创造质量平均值为 2.39 项，安顺市目前仅 1.67 项，前沿距离得分为 42.59 分；非诉纠纷解决机构覆盖面全省平均 0.56 个，而安顺市目前为 0，评估得分为 40 分。以上 2 项二级指标得分过低，分别排在相应二级指标的倒数第 4 位及末位，致总评成绩过低。

问卷调查和访谈环节，不少企业反映尽管侵权行为已得到一定遏制，但知识产权保护不够全面，希望有关部门能够调整对侵权行为的惩罚力度，使之更全面有效。产权保护及运用既与政府管理水平有关，也与地方经济实力和教育科技水平密不可分。调查结果显示，安顺市尚未成立专门的知识产权调解、仲裁机构和快速维权中心，因此知识产权服务渠道有限、缺乏专业化队伍相对明显。

6. 包容普惠创新

安顺市包容普惠创新指标评估成绩排名为全省第 8 名。该指标 6 项二级指标中有 4 项成绩排在全省末位，具体表现为：创新创业活跃度 46.67 分，全省平均 59.22 分；人才流动便利度 46.6 分，全省平均 70.37 分；基本公共服务群众满意度数 41.20 分，全省平均 65.57 分，以上 3 项二级指标均排在全省倒数第 3 名；市场开放度 42.50 分，全省平均 63.44 分，排在全省倒数第 2 名。

安顺市以上 4 项二级指标均与全省平均分相差较大，可见安顺市创新创业活跃度不高、人才流动不便利、市场开放度低和基本公共服务群众满意度不高，是造成包容普惠创新成绩不佳的主要原因。

（三）县域评估结果

安顺市辖区内 6 个区县整体表现不佳。排名最靠前的紫云县总分 77.85 分，全省排名第 28 名，属于全省营商环境评估成绩良好县区。排名第 2 的镇宁县 75.05 分，全省排第 56 名，属于全省营商环境评估成绩中等地区。其余 4 个区县排名相对靠后（见表 3 - 209）。

表 3 - 209　　　　　　安顺市下辖区县营商环境评估总得分情况

区县	开办企业（分）	办理建筑许可（分）	获得电力（分）	获得用水（分）	登记财产（分）	纳税（分）	获得信贷（分）	政务服务（分）	市场监管（分）	企业信心（分）	总分	全省排名	市内排名
紫云县	79.40	78.80	81.40	73.05	84.85	89.63	67.00	80.00	73.80	70.60	77.85	28	1
镇宁县	85.74	81.37	83.92	74.81	68.69	90.54	71.32	67.84	71.74	54.50	75.05	56	2
平坝区	84.32	79.60	73.94	92.33	57.11	78.43	52.24	67.95	75.08	58.67	71.97	72	3
西秀区	75.51	75.48	74.95	79.62	53.95	84.97	66.63	63.81	73.61	58.88	70.74	78	4
关岭县	56.27	65.17	75.84	71.27	77.29	74.43	66.40	61.84	76.82	57.51	68.28	86	5
普定县	47.98	48.27	76.92	86.17	80.44	88.93	60.11	45.05	77.29	63.98	67.51	87	6

资料来源：贵州营商环境研究中心。

1. 开办企业

安顺市下辖 6 个区县的开办企业评估成绩整体表现不佳，有 2 个县成绩倒数。总体来看，镇宁县、平坝区和紫云县总分依次为 85.74 分、84.32 分和 79.40 分，位于全省 88 个县（区）的 30 ~ 60 名，为全省开办企业评估成绩中等县区。其余 3 个区县排名靠后，普定县处于全省倒数第 1 位（见表 3 - 210）。

表 3 - 210　　　　　　安顺市开办企业指标得分情况

区县	环节（分）	时间（分）	成本（分）	材料（分）	总得分	全省排名	市内排名
镇宁县	84.24	78.03	100.00	80.71	85.74	31	1
平坝区	95.30	88.03	61.87	92.09	84.32	40	2
紫云县	81.47	73.48	72.51	90.15	79.40	55	3
西秀区	86.18	81.06	56.45	78.35	75.51	63	4
关岭县	67.65	52.58	52.04	52.80	56.27	86	5
普定县	49.12	40.00	47.02	55.75	47.98	88	6

资料来源：贵州营商环境研究中心。

结合课题组调研过程中获取的企业反馈意见，课题组认为安顺市开办企业指标成绩不佳的主要原因为：部分县区开办企业时间过长、办理环节过多、办理成本过高、提交材料过多，因此亟须加大改革力度，从环节、时间、成本和材料方面进行全面优化。开办企业二级指标原始数据如表 3 - 211 所示。

表 3 - 211 安顺市开办企业二级指标原始数据

区县	全省排名	总分	环节（个）	时间（工作日）	成本（%）	材料（件）
镇宁县	31	85.74	4.40	3.45	0.00	11.60
平坝区	40	84.32	4.00	2.79	1.90	9.67
紫云县	55	79.40	4.50	3.75	1.37	10.00
西秀区	63	75.51	4.33	3.25	2.17	12.00
关岭县	86	56.27	5.00	5.13	2.39	16.33
普定县	88	47.98	5.67	5.96	2.64	15.83
全省平均		80.48	4.70	3.03	0.56	12.92
全省最优		98.82	3.83	2.00	0.00	8.33
全省最差		47.98	6.00	5.96	2.99	18.50

资料来源：贵州营商环境研究中心。

存在问题包括：

（1）时限普遍未压缩至 3 个工作日内。

第三方评估结果表明，安顺市开办企业平均时间为 4.06 个工作日。除平坝县办理时限为 2.79 个工作日之外，未达标区县占比 83.33%。具体表现为：紫云县（3.75 个工作日）和关岭县（5.13 个工作日）在银行开户环节、镇宁县（3.45 个工作日）在刻制印章环节、西秀区（3.25 个工作日）在企业登记环节均未实现当日办结。普定县样本企业平均开办时限高达 5.96 个工作日。

（2）免除刻章印章费用未实现全覆盖。

安顺市当前仍有西秀区（4 枚公章未免费）未能免除刻章印章费用。部分企业反馈当地政府提供的免费印章材质较差，达不到企业质量要求，只能选择价格较高的收费服务。

（3）"一网通办"面临实际困难。

部分企业反馈一网办理涉及市场监管、税务、公安、银行、住房公积金等诸多部门，提交材料多，由于缺乏周到详细的填报指南、热线咨询和及时指导，较难准确快速提交申请，存在需要反复修改的情况，从而产生了"网上办理比柜台办理更麻烦"的抱怨。

2. 办理建筑许可

安顺市下辖6个区县办理建筑许可成绩一般，2个县成绩排在全省倒数位置。镇宁县、平坝区总分分别为81.37分、79.60分，处于全省88个县区的前30名，属于全省成绩良好县区。紫云县和西秀区分别获得78.80分和75.48分，位于全省88个县区的31~60名，属于成绩中等县区。其余2个区县排名靠后，其中关岭县和普定县分别位于全省第75名和第88名（见表3-212）。

表3-212　　　　　　　　　安顺市办理建筑许可指标得分情况

区县	环节（分）	时间（分）	成本（分）	材料（分）	总得分	全省排名	市内排名
镇宁县	91.72	80.64	77.93	75.19	81.37	23	1
平坝区	79.31	86.80	73.95	78.37	79.60	29	2
紫云县	83.45	63.84	88.68	79.23	78.80	38	3
西秀区	85.52	53.20	79.05	84.13	75.48	50	4
关岭县	83.45	43.23	58.51	75.48	65.17	75	5
普定县	—	—	—	—	48.27	88	6

注：沿河县、普定县、晴隆县办理建筑许可指标因无合格样本，按全省最低分48.27分计算。
资料来源：贵州营商环境研究中心。

结合课题组调研过程中获取的企业反馈意见，安顺市办理建筑许可成绩不佳的主要原因是部分县区办理建筑许可时间过长、环节过多、成本过高、提交材料过多。此外，普定县办理建筑许可指标因无合格样本，按全省最低分48.27计分，也是造成办理建筑许可成绩总体欠佳重要原因。二级指标具体如表 3 - 213 所示。

表 3 - 213　　　　　　　安顺市办理建筑许可二级指标原始数据

区县	全省排名	总分	环节（个）	时间（工作日）	成本（%）	材料（件）
镇宁县	23	81.37	19.00	157.00	3.76	106.00
平坝区	29	79.60	22.00	136.00	4.33	100.50
紫云县	38	78.80	21.00	214.25	2.22	99.00
西秀区	50	75.48	20.50	250.50	3.60	90.50
关岭县	75	65.17	21.00	284.50	6.54	105.50
普定县	87	48.27	—	—	—	—
全省平均		74.77	23.07	183.12	3.43	106.76
全省最优		90.38	17.00	91.00	0.60	63.00
全省最差		48.27	31.50	291.75	9.19	167.00

资料来源：贵州营商环境研究中心。

安顺市办理建筑许可平均时间为 208.45 个工作日（普定县无样本企业），比全省平均时间高出 25.33 个工作日，样本企业中所需最长时间达 299.5 个工作日。耗时较长环节主要包括：投资项目核准备案、环境影响报告书（表）审批、水土保持方案报告书审批、地质勘察、获得施工图审查合格证（含人防、消防、技防）、建设用地（含临时用地）规划许可证核发、建设工程规划许可证核发、建设工程消防设计审查、建筑工程施工许可证核发、建设工程竣工验收备案。个别企业仅获得施工图审查合格证（含人防、消防、技防）环节就需要 51 个工作日才办结。

3. 获得电力

安顺市下辖 6 个区县获得电力评估成绩总体欠佳。镇宁县、平紫云总分分别为 83.92 分、81.40 分，处于全省 88 个县区的 31～60 名。其余 4 个区县排名靠后，其中西秀区和平坝区分别位于全省第 83 名和第 85 名（见表 3 - 214）。

表3-214　　　　　　　　　安顺市获得电力指标得分情况

区县	环节（分）	时间（分）	成本（分）	可靠性（分）	电价（分）	材料（分）	总分	全省排名	市内排名
镇宁县	100.00	80.50	87.63	65.71	86.82	82.86	83.92	39	1
紫云县	100.00	92.33	95.64	63.31	40.00	97.09	81.40	54	2
普定县	100.00	63.98	76.79	40.00	86.39	94.34	76.92	73	3
关岭县	100.00	89.34	66.69	54.23	84.70	60.06	75.84	80	4
西秀区	100.00	54.07	66.22	65.71	84.28	79.43	74.95	83	5
平坝区	100.00	89.34	100.00	48.57	40.00	65.71	73.94	85	6

资料来源：贵州营商环境研究中心。

结合课题组调研过程中获取电力的企业反馈意见，普定县和西秀区获取用电时间过长，关岭和西秀区用电成本过高，平坝区、关岭县和西秀区用电力缺乏可靠性，平坝区、关岭县获得电力时提交的材料过多，均为安顺市获得电力成绩不佳的重要原因。获得电力二级指标原始数据如表3-215所示。

表3-215　　　　　　　　安顺市获得电力二级指标原始数据

区县	全省排名	获得电力总分	环节（个）	时间（工作日）	成本（%）	供电可靠性	电力价格（%）	材料（份）
镇宁县	39	83.92	2.00	2.83	2.67	8.00	1.73	3.00
紫云县	54	81.40	2.00	1.72	0.94	7.86	7.27	2.17
普定县	73	76.92	2.00	4.38	5.01	6.50	1.78	2.33
关岭县	80	75.84	2.00	2.00	7.19	7.33	1.98	4.33
西秀区	83	74.95	2.00	5.31	7.29	8.00	2.03	3.20
平坝区	85	73.94	2.00	2.00	0.00	7.00	7.27	4.00
全省平均		83.24	2.00	2.70	2.80	8.42	2.45	3.35
全省最优		95.48	2.00	1.00	0.00	10.00	0.17	2.17
全省最差		72.55	2.00	5.58	12.95	6.50	7.27	5.50

资料来源：贵州营商环境研究中心。

存在问题包括：

（1）获得电力时间稍长。

安顺市获得电力时间为 3.04 个工作日，全省平均 2.70 个工作日。西秀区和普定县平均耗时 4.85 个工作日。样本企业获得电力时间最长为 10 个工作日（申请报装 1 个工作日，装表接电 9 工作日）。

（2）供电可靠性仍有提升空间。

安顺市供电可靠性表现欠佳，得分为 56.26 分，低于全省平均分 72.98 分。其中普定县和关岭县平均得分仅 47.11 分，主要失分原因包括：系统停电并未进行补偿；2019 年系统平均停电持续时间 5 ~ 10 小时，占比11.11%；平均停电频率 6 ~ 12 次，占比达 22.22%。

（3）获得电力成本较高。

安顺市企业获得电力成本占当地人均收入 3.04%（全省平均 2.80%）。其中，普定县、关岭县、西秀区成绩不理想，高于全省平均值，3 个区县平均值为 6.50%。样本企业中获得电力最高成本达 4500 元；获得电力最低成本是 0（2019 年 4 月 1 日以后取消收费）。

（4）电力价格占企业总营收比例高。

安顺市样本企业电力价格占企业总营收比 3.68%（全省 2.45%），其中，紫云县、平坝区成绩不理想，高于全省平均值，两个区县平均值为 7.27%。

4. 获得用水

安顺市获得用水总得分 79.54 分，位于贵州 9 个市（州）以及贵安新区 10 个地区的第 6 位。安顺辖区内 6 个区县的获得用水评估成绩整体表现一般，有 3 个县成绩较差。安顺市平坝区和普定县总分分别为 92.33 分、86.17 分，全省排名分别为第 11 名、第 25 名，处于全省 88 个县区的前 30 名；平坝区、普定县获得用水评估成绩属于全省成绩良好的县区，西秀区评估得分为 79.62 分，全省排名为第 49 名，位于属于全省中等的县区；镇宁县、紫云县、关岭县 3 个区县排名靠后，评估成绩属于全省成绩较差县区（见表 3 - 216）。

表 3 –216　　　　　　　　安顺市获得用水指标得分情况

区县	环节（分）	时间（分）	成本（分）	价格（分）	总得分	全省排名	市内排名
平坝区	92.50	95.42	82.67	98.72	92.33	11	1
普定县	82.45	89.87	93.54	78.81	86.17	25	2
西秀区	55.00	75.87	88.46	99.15	79.62	49	3
镇宁县	85.00	81.73	84.93	47.57	74.81	63	4
紫云县	77.50	55.33	83.69	75.66	73.05	68	5
关岭县	55.00	65.70	72.40	92.00	71.27	73	6

资料来源：贵州营商环境研究中心。

根据二级指标得分和课题组调研过程中获取的企业反馈意见得知，西秀区和关岭县获取用水环节过多，紫云和关岭县获取用水时间过长，关岭获取用水成本过高，镇宁县的用水价格较高，紫云县、关岭县获得用水时提交的材料过多，是造成安顺市办理获取用水成绩不佳的主要原因。获得用水二级指标原始数据如表 3 –217 所示。

表 3 –217　　　　　　　安顺市获得用水二级指标原始数据

区县	全省排名	总分	环节（个）	时间（工作日）	成本（%）	价格（%）
平坝区	11	92.33	2.50	3.00	4.91	0.21
普定县	26	86.17	3.17	4.42	1.83	2.55
西秀区	49	79.62	5.00	8.00	3.27	0.16
镇宁县	63	74.81	3.00	6.50	4.27	6.22
紫云县	68	73.05	3.50	13.25	4.62	2.92
关岭县	73	71.27	5.00	10.60	7.82	1.00
全省平均		80.60	4.20	6.39	4.80	1.21
全省最优		99.81	2.00	1.83	0.00	0.06
全省最差		53.00	6.00	17.17	17.00	7.11

资料来源：贵州营商环境研究中心。

存在问题包括：

（1）报装成本偏高。

安顺市样本企业获得用水成本平均为 1316 元，占当地人均收入比为 4.45%（全省平均 4.36%），样本企业中获得用水最高成本达 10000 元。

（2）供水稳定性及污水处理能力不足。

部分企业反馈停水较长的问题，停水时间在半天到 3 天不等，且出现过没有提前通知的情况。由于排水管道太小导致污水排放不畅，下雨就成臭河。当地水库水质差且无部门管理干预，导致相关环境问题突出。

5. 登记财产

安顺辖区内 6 个区县的登记财产评估成绩整体表现一般，其中 2 个县成绩全省倒数。紫云县、普定县总分分别为 84.85 分、80.44 分，全省排名分别为第 8 名、第 20 名，属于登记财产指标评估成绩良好的县区；关岭评估成绩为 77.29 分，全省排名为第 34 名，属于全省登记财产指标评估成绩中等的县区；其余 3 个区县排名靠后，其中平坝区和西秀区分别位于全省第 81 名和第 86 名（见表 3 - 218）。

表 3 - 218　　　　　　　　安顺市登记财产指标得分情况

区县	环节（分）	时间（分）	成本（分）	材料（分）	总得分	全省排名	市内排名
紫云县	70.00	96.20	83.19	90.00	84.85	8	1
普定县	70.00	82.50	89.24	80.00	80.44	20	2
关岭县	70.00	62.50	100.00	76.67	77.29	34	3
镇宁县	70.00	71.20	66.89	66.67	68.69	66	4
平坝区	70.00	51.20	67.23	40.00	57.11	81	5
西秀区	70.00	48.70	50.42	46.67	53.95	86	6

资料来源：贵州营商环境研究中心。

根据二级指标的得分和课题组调研过程中获取的企业反馈意见得知，西秀区和关岭县获取用水环节过多，西秀区、平坝和关岭登记时间过长，镇宁和西秀区登记成本过高，镇宁县、平坝区和西秀区提交的材料过多，这些是造成安顺市办理获取登记财产成绩不佳的主要原因。二级指标具体如表3－219所示。

表3－219 安顺市登记财产二级指标原始数据

区县	全省排名	总分	环节（个）	时间（工作日）	成本（%）	材料（件）
紫云县	8	84.85	4.00	2.38	3.05	14.00
普定县	20	80.44	4.00	3.75	2.69	15.50
关岭县	34	77.29	4.00	5.75	2.05	16.00
镇宁县	67	68.69	4.00	4.88	4.02	17.50
平坝区	82	57.11	4.00	6.88	4.00	21.50
西秀区	87	53.95	4.00	7.13	5.00	20.50
全省平均		73.34	3.98	3.89	3.86	16.67
全省最优		89.51	3.00	2.00	1.97	12.50
全省最差		50.11	5.00	8.00	5.62	21.50

资料来源：贵州营商环境研究中心。

总体来看，安顺市下设6个区县中，共有平坝区、关岭县、西秀区3个区县未达到文件《贵州省营商环境优化提升工作方案》要求。关岭县初审、复审平均耗时为1.5个工作日；平坝区复审平均耗时3.5个工作日；西秀区核定环节平均耗时4个工作日。

6. 纳税

安顺辖区内6个区县的纳税评估成绩整体表现较好，2个区县成绩较差。其镇宁县、紫云县、普定县总分分别为90.54分、89.63分、88.93分，全省排名分别为第11名、第15名、第17名，处于全省88个县区的前30名，属于全省纳税指标评估成绩良好的县区；西秀区成绩为84.97分，全省排名为第41名，处于全省88个县区的31～60名，属于全省纳税指标评估成绩中等的县区；平坝区和关岭县排名靠后（见表3－220）。

表 3 – 220   安顺市纳税指标得分情况

区县	次数（分）	时间（分）	税费率（分）	总得分	全省排名	市内排名
镇宁县	83.75	100.00	87.88	90.54	11	1
紫云县	72.64	100.00	96.26	89.63	15	2
普定县	80.63	86.16	100.00	88.93	17	3
西秀区	91.87	95.68	67.36	84.97	41	4
平坝区	63.02	89.64	82.62	78.43	69	5
关岭县	72.37	80.50	70.42	74.43	79	6

资料来源：贵州营商环境研究中心。

根据二级指标得分和课题组调研过程中获取的企业反馈意见得知，平坝区纳税次数过多，平坝和关岭纳税时间较长，关岭县和平坝区税费较高，是造成安顺市纳税评估失分的主要原因。纳税二级指标原始数据如表 3 – 221 所示。

表 3 – 221   安顺市纳税二级指标原始数据

区县	全省排名	纳税总分	次数（次）	时间（小时）	税费率（％）
镇宁县	12	90.54	4.60	83.08	10.01
紫云县	16	89.63	5.42	83.08	5.11
普定县	18	88.93	4.83	116.68	2.92
西秀区	42	84.97	4.00	93.56	22.02
平坝区	70	78.43	6.13	108.23	13.09
关岭县	80	74.43	5.44	130.42	20.23
全省平均		83.04	5.40	113.89	9.40
全省最优		97.84	3.40	83.08	2.92
全省最差		58.92	7.83	228.77	38.03

资料来源：贵州营商环境研究中心。

总体来看，全省样本企业平均总税率为 9.40%，安顺市为 12.23%。平坝区、关岭县和西秀区的平均总税率分别达 13.09%、20.23%、22.02%。

企业集中反馈网上报税业务、开具发票、税务税法知识等方面的指导和培训力度不足，且电子报税系统不稳定导致企业增加报税时间等问题。

7. 获得信贷

安顺辖区内6个区县的获得信贷评估成绩整体表现不佳，5个区县成绩较差。镇宁县总分为71.32分，全省排名为46名，属于全省获得信贷指标评估成绩中等县区；紫云县、平坝区、西秀区、关岭县和普定县5个区县排名均在60名之后，总体成绩较差（见表3-222）。

表3-222　　　　　　　安顺市获得信贷指标得分情况

区县	环节（分）	时间（分）	成本（分）	征信机构（分）	总得分	全省排名	市内排名
镇宁县	55.00	83.93	100.00	46.35	71.32	46	1
紫云县	40.00	81.67	100.00	46.35	67.00	61	2
西秀区	47.21	77.74	95.20	46.35	66.63	65	3
关岭县	52.00	68.44	98.80	46.35	66.40	67	4
普定县	55.00	40.00	99.10	46.35	60.11	81	5
平坝区	55.00	67.63	40.00	46.35	52.24	86	6

资料来源：贵州营商环境研究中心。

根据二级指标得分和课题组调研过程中获取的企业反馈意见得知，安顺市普遍获得信贷环节过多，普定县、平坝区和关岭县获得信贷时间过长，平坝区获得信贷成本过高以及征信机构缺失，为造成安顺市获得信贷评估失分的主要原因。获得信贷二级指标原始数据如表3-223所示。

表3-223　　　　　　　安顺市获得信贷二级指标原始数据

区县	全省排名	总分	环节（个）	时间（工作日）	成本（%）	征信机构（分）
镇宁县	46	71.32	5.50	13.25	0.00	11.50
紫云县	61	67.00	6.00	14.50	0.00	11.50
西秀区	65	66.63	5.60	17.05	0.16	11.50
关岭县	67	66.40	5.60	21.80	0.04	11.50

续表

区县	全省排名	总分	环节（个）	时间（工作日）	成本（%）	征信机构（分）
普定县	81	60.11	5.50	37.50	0.03	11.50
平坝区	86	52.24	5.50	22.25	2.00	11.50
全省平均		71.50	5.38	18.36	0.26	16.51
全省最优		93.43	4.00	4.38	0.00	29.74
全省最差		49.22	6.00	37.50	2.00	9.34

资料来源：贵州营商环境研究中心。

存在的问题包括：

（1）获得信贷环节偏多时间偏长。

安顺市全市获得信贷平均环节为 5.62 个，比全省平均环节 5.38 个多 0.24 个。当前安顺市企业贷款普遍仍需要贷款申请、资产评估、授信审查、办理抵押担保手续、签订贷款合同、发放贷款等 6 个环节。

安顺市获得信贷平均时限为 21.06 个工作日，比全省平均长 2.70 个工作日。在授信审查环节不少企业超过 7 个工作日，个别企业达到 32 个工作日；个别企业在办理抵押担保手续环节耗时长达 79 个工作日，导致获贷时间偏长。

（2）征信机构覆盖面表现不佳。

安顺市县区级企业征信数据覆盖率仅达到 4.55%，自然人征信数据覆盖率为 41.40%。征信系统目前已接入的金融机构和非金融机构仅涉及商业银行。非银行信息仅采集了公积金缴存信息、环保处罚信息等有限的部门信息，企业无法通过更多有效渠道来提高征信知晓率。

（3）贷款门槛高、贷款额度低。

企业集中反馈融资渠道不多，贷款项目少，银行授信金额难以满足企业资金需求。银行审核时间长、需要抵押物条件高、所需材料多等门槛，一定程度上削弱了企业获贷能力。同时贷款的周期偏短、利率上浮大，企业还贷压力比较大。此外，部分企业反馈政府取消贴息政策、鼓励民营企业发展的金融措施不到位等问题，加大民营企业的运营压力。

8. 政务服务

安顺辖区内 6 个区县的政务服务评估成绩整体表现一般，普定县成绩排在全省倒数第 1。紫云政务服务评估成绩为 80.00 分，处于全省 88 个县区的前 10 名，属于政务服务指标评估成绩优秀的县区；平坝区和镇宁县成绩分别为 67.95 分和 67.84 分，全省排名分别为第 54 名、第 55 名，处于全省 88 个县区的 31~60 名，属于政务服务指标评估成绩中等的县区；西秀区、关岭和普定区县排名靠后，评估成绩较差（见表 3 - 224）。

表 3 - 224　　　　　　　　　安顺市政务服务指标得分情况

区县	网上服务（分）	便利度（分）	满意度（分）	数据共享（分）	总得分	全省排名	市内排名
紫云县	56.10	86.91	84.99	92.00	80.00	10	1
平坝区	69.27	65.02	96.79	40.73	67.95	54	2
镇宁县	55.12	70.40	78.56	67.27	67.84	55	3
西秀区	100.00	50.22	43.21	61.82	63.81	66	4
关岭县	43.17	75.96	78.05	50.18	61.84	70	5
普定县	45.37	42.33	51.79	40.73	45.05	88	6

资料来源：贵州营商环境研究中心。

根据二级指标得分和课题组调研过程中政务服务的样本企业反馈意见得知，关岭县和普定县政务网上服务能力较差，普定和西秀区政务服务的便利度不高，西秀区和普定的政务服务的满意度低，平坝区、普定和关岭的数据共享指数低，这些是造成安顺市获得政务服务评估失分的主要原因。政务服务二级指标原始数据如表 3 - 225 所示。

表 3 - 225　　　　　　　　　安顺市政务服务二级指标原始数据

区县	全省排名	总分	网上政务服务能力（分）	政务服务事项便利度（分）	政务服务满意度（分）	政务服务数据共享（分）
紫云县	10	80.00	2.53	10.50	46.33	1.78
平坝区	54	67.95	3.07	8.06	50	0.37
镇宁县	55	67.84	2.49	8.66	44.33	1.10

区县	全省排名	总分	网上政务服务能力（分）	政务服务事项便利度（分）	政务服务满意度（分）	政务服务数据共享（分）
西秀区	66	63.81	4.33	6.41	33.33	0.95
关岭县	71	61.84	2.00	9.28	44.17	0.63
普定县	89	45.05	2.09	5.53	36.00	0.37
全省平均		70.26	2.73	8.74	43.55	1.40
全省最优		84.77	4.33	11.96	51.00	2.00
全省最差		45.05	1.87	5.27	32.33	0.35

资料来源：贵州营商环境研究中心。

存在的问题包括：

（1）网上政务服务能力有待提升。

普定县、关岭县、紫云县和镇宁县等4个县的网上政务服务事项实际办理率平均仅为15.2%，好差评系统参评平均次数仅56865.5次，均大幅度低于全省平均值64.43%和27054.5次。

（2）政务服务便利度低。

安顺市四级四同关联率为49.53%，比全省市（州）本级平均值低20.62%。西秀区、平坝区、关岭县、镇宁县和普定县等5个县（区）的公共服务事项认领关联率和四级四同关联率平均值分别为35%和30.3%，分别低于全省平均值36%和37%，两个三级指标均未达到全省平均值的1/2。

（3）政务服务的数据共享度低。

安顺市四级四同关联率为49.53%，比全省市（州）本级平均值低20.62%。西秀区、平坝区、关岭县、镇宁县和普定县等5个县（区）的公共服务事项认领关联率和四级四同关联率平均值分别为35%和30.3%，分别低于全省平均值36%和37%，两个三级指标均未达到全省平均值的1/2。

9. 市场监管

安顺辖区内6个区县的市场监管评估成绩整体表现一般，2个县的成绩较差。普定县、关岭县、平坝区评估成绩分别为77.29分、76.82分、75.08分，依次排在全省第45名、第48名、第55名，处于全省88个县区的 31~60 名，属于全市场监管指标评估成绩中等的县区；紫云县、镇宁县、西秀区 3 个区县排名靠后，评估成绩较差（见表 3-226）。

表 3-226　　　　　　安顺市市场监管指标得分情况

区县	监管覆盖（分）	信息公开（分）	政务诚信（分）	商务诚信（分）	总得分	全省排名	市内排名
普定县	62.50	100.00	64.00	82.67	77.29	45	1
关岭县	70.00	100.00	66.00	71.30	76.82	48	2
平坝区	70.00	100.00	52.00	78.34	75.08	55	3
紫云县	55.00	100.00	70.00	70.22	73.80	63	4
西秀区	55.00	100.00	63.80	75.63	73.61	64	5
镇宁县	62.50	100.00	59.66	64.80	71.74	71	6

资料来源：贵州营商环境研究中心。

根据二级指标的得分和课题组调研过程中市场监管的企业反馈意见得知，紫云县和西秀区市场监管覆盖率低，镇宁县和平坝区政务诚信度不高，镇宁县的商务诚信度较低，这些是造成安顺市市场监管评估失分的主要原因。市场监管二级指标原始数据如表 3-227 所示。

表 3-227　　　　　　安顺市市场监管二级指标原始数据

区县	全省排名	总分	"双随机、一公开"监管覆盖率（分）	监管执法信息公开率（分）	政务诚信度（分）	商务诚信度（分）
普定县	45	77.29	9.00	8.00	14.00	16.80
关岭县	48	76.82	10.00	8.00	14.50	14.70
平坝区	56	75.08	10.00	8.00	11.00	16.00
紫云县	63	73.80	8.00	8.00	15.50	14.50
西秀区	64	73.61	8.00	8.00	13.95	15.50
镇宁县	71	71.74	9.00	8.00	12.92	13.50
全省平均		77.81	10.25	8.00	15.22	14.87
全省最优		94.66	14.00	8.00	23.00	20.00
全省最差		40.00	6.00	8.00	8.50	10.00

资料来源：贵州营商环境研究中心。

存在的问题包括：

（1）"双随机、一公开"监管亟须改进。

问卷调查结果显示，安顺市多数区县当前仍未建立专家库；67%的区县不认可"职能部门与下级主管部门之间随机抽取执法检查人员"的方式；所有区县对随机抽查结果的公开方式仍需改进。

（2）诚信政府建设仍待加强。

问卷调查结果显示，安顺市下辖区县在政务诚信问卷上表现不佳。主要表现在：政务诚信考核评价机制尚未建立，公务员诚信教育、守信激励与失信惩戒机制不健全。

10. 企业信心

安顺辖区内6个区县的企业信心评估成绩整体表现一般，2个成绩较差。紫云县评估得分为70.60分，全省排名为第12名，属于全省企业信心指标评估成绩良好的县区；普定县、西秀区和平坝区分别为63.98分、58.88分、58.67分，全省排名分别为第38名、第56名、第57名，属于全省营商环境评估成绩中等的县区；其余2个区县排名靠后，成绩较差（见表3-228）。

表3-228　　　　　　　　安顺市企业信心指标得分情况

区县	投资意愿（分）	新增企业（分）	总得分	全省排名	市内排名
紫云县	75.65	65.55	70.60	12	1
普定县	78.35	49.61	63.98	38	2
西秀区	66.14	51.62	58.88	56	3
平坝区	77.33	40.00	58.67	57	4
关岭县	66.42	48.59	57.51	66	5
镇宁县	62.72	46.28	54.50	79	6

资料来源：贵州营商环境研究中心。

根据二级指标的得分和课题组调研过程中企业信心的企业反馈意见得知，西秀区、关岭岭、镇宁县企业投资意愿低，镇宁县、平坝区和关岭新增企业增长率过低是造成安顺市企业信心评估失分的主要原因。企业信心二级指标原始数据如表 3 - 229 所示。

表 3 - 229　　　　　　　　安顺市企业信心二级指标原始数据

区县	全省排名	总分	中小企业投资意愿（分）	新登记注册企业增长率（%）
紫云县	12	70.60	64.67	55.21
普定县	38	63.98	67.50	20.77
西秀区	56	58.88	54.71	25.30
平坝区	57	58.67	66.43	-10.96
关岭县	66	57.51	55.00	18.56
镇宁县	79	54.50	51.13	13.56
全省平均		63.29	64.87	17.93
全省最优		88.82	90.17	129.63
全省最差		40.00	27.33	-39.61

资料来源：贵州营商环境研究中心。

调查结果显示安顺市中小企业主观投资意愿普遍不高，平均得分仅为 59.91 分。2019 年全市新增企业数 5317 家，相比 2018 年同期的 4513 家，增长率为 17.82%。其中平坝区 2019 年新增企业数 699 家，相较 2018 同期的 785 减少了 86 家，增长率为 -10.96%。

（四）存在的问题

1. 有关优化营商环境政策执行不到位

为加快打造市场化、法治化、国际化营商环境，增强企业发展信心和竞争力，贵州省人民政府办公厅专门出台了《贵州省营商环境优化提升工作方案》，对开办企业等 17 个方面做出明确整改要求。从各指标评估结果和企业访谈意见看，安顺市几乎在 17 个方面落实不力，有关评估成绩显示，17 个指标都未达标，如安顺市开办企业、获得电力、获得用水、获得用气和获得信贷等多个指标，在涉及环节、时间、成本和材料等方面，明显与《贵州省营商环境优化提升工作方案》整改要求相差甚远。企业也反映安顺市存在不重视招商后提高服务质量，甚至不兑现承诺政策的现象，"最多跑一次"流于口号，网络系统复杂不稳定，需要多次上报、重复上报有关资料等问题。这些问题都有关政策执行落实不力表现，亟须认真落实有关政策。

2. 营商环境方面缺乏工作人员和专业人才

评估调研显示，安顺市县区投促局和政务服务中心合并，真正负责营商环境人员由于编制有限，工作人员严重不足，疲于应付营商环境方面日常事项的管理。与其他州市相比，安顺营商环境方面工作人员相对缺乏。同时，市和县区两级中对营商环境各个指标知识只是真懂的专业人才极为缺乏，不能够有效的理解专业性较强的评估指标，不能对涉及营商环境评估的部门和企业进行必要有效指导。评估中安顺市部门问卷和企业问卷填写内容缺失，指标概念理解错误，专业知识不能够正确作答，问卷填写质量不高，这些就是安顺市营商环境方面专业人才缺乏的证明。

3. 企业融资困难

评估调研显示，安顺市企业经营成本高。部分反映企业税费负担较重，特别是能够享受的涉企优惠政策少，而人工成本、物流运输成本、能源价格较高，占企业经营成本比重较大。评估调研还显示，企业融资困难。不少民营企业和中小微企业都反映融资比较难，难以满足经营运行的需要。不少反映企业融资必须提供抵押担保，抵押担保又要进行再融资评估，抵押评估费较高，这就使得企业融资时间长、融资成本高。安顺辖区内6个区县的获得信贷评估成绩整体表现不佳，成绩居全省末位，很大程度上是企业融资困难的真实反映。

4. 公共服务保障能力不足

安顺市在城镇基础设施建设仍存短板，特别县级镇基础设施建设仍有较大的改进提升空间。安顺县级层面城区配套设施相对落后，交通集运能力不足，水、电、网、物流服务不健全，部分管路和网线承载能力不足，网络服务稳定性较差，生活配套政策与设施不足，教育服务、医疗卫生服务和基本公共服务水平都有待提高。安顺市县的营商环境建设与交通、水、电、网、物流服务、基础设施建设等配套不健全，公共服务保障能力不足。

（五）对策建议

1. 全面落实有关政策文件

安顺市、县两级政府要认真对照这次各个指标失分的二级指标，依照《贵州省营商环境优化提升工作方案》要求，对开办企业等 17 个方面做出全面整改，大力优化市县两级的营商环境。在开办企业，建筑施工许可，获得电力、获得用水、获得用气、获得信贷、办理破产和执行合同等指标中要尽可能减少环节、缩短时间、降低成本和减少申请材料等方面，在政府采购、招标投标、知识产权创造保护及运用、包容普惠创新和市场监管等方面制定合乎自身实际地方规章或规范性的实施细则，进一步提升政府服务效率，优化政策环境，确保有关营商环境优化政策文件能够执行落实到位。

2. 加强营商环境专门人才培养力度

安顺市应该借鉴贵州省其他地市经验，适当增加营商环境部门力量。全省绝大多数县市设有专门主管营商环境的业务部门，遵义市在市级成立营商环境局，让专门的部门负责营商环境。安顺市由于县级政务服务中心和投促局合并，主管营商环境人员不足，是一个县市面临的现实难题，增加营商环境部门人员力量是当务之急；另外，安顺市市县区都要大力培养营商环境方面专业人才，让专业人士主管对营商环境方面业务，在专业人才极为缺乏的条件，应该加强现有人员的培训，以便对有涉及营商环境评估的部门和企业进行必要的有效指导。

3. 合力破解企业融资难题

安顺市县两级政府要积极进行财税政策创新，结合自身实际制定多种涉企优惠政策，制定相对灵活的社保缴费标准，降低社保费用，降低企业税费压力，降低用电力用气用水成本，多方合力降低物流运输成本，切实缓解企业运营成本压力。同时，市县政府各职能部门建立企业融资联席会议制度，搭建银企对接平台，规范和优化业务流程，严格规范担保、评估、登记、审计等服务收费，降低企业融资成本，多方合作，合理破解企业融资难题。

4. 完善营商环境政策配套

安顺市要完善营商环境配套工作。根据安顺市市县财政实际，抽部分专项资金，加强传统基础设施建设。要积极发展公共交通、加强城区基础设施建设，完善道路物流运输网络系统，加强供水、污水、雨水、燃气、供热、通信等各类管网建设和改造和检查，加强对道路、桥梁、运输、管网、楼宇的信息化改造提升，还要加快大数据、云计算、物联网、人工智能等信息基础设施建设，不断完善营商环境配套工作，提高宽带接入能力、网络服务质量和应用水平。同时，政府应提高公共服务保障能力。加大基本公共服务的供给配套，要不断提高外地人员户籍办理、子女入学、医疗救助，通勤交通等公共服务水平，切实解决企业后顾之忧，不断提高安顺市县公共服务保障能力水平，打造设施完善，配套一流、保障有力宜居的营商环境。

第四章　县域营商环境便利度

营商环境优化提升是"十四五"时期各级政府对市场主体的郑重承诺，作为激发市场主体活力、发展内生动力的关键之举，将对新时期重塑政府—市场关系产生深远影响，势必关系到各地高质量发展的推进和落实成效。县域是社会经济发展中非常重要的地域单元，通过优化提升营商环境发展壮大县域经济，必将为贵州省各地巩固脱贫攻坚成果、持续推进当地经济健康发展提供切实保障。本部分主要展示第三方对贵州省88个县（市、区）营商环境建设水平开展独立评估后得到综合结果。

全省88个县（市、区）开展的营商环境评估涵盖10项一级指标，39项二级指标。具体指标包括：开办企业、办理建筑许可、获得电力、获得用水、登记财产、纳税、获得信贷、政务服务、市场监管、企业信心。

贵安新区营商环境评估涵盖20项全部一级指标。

由于篇幅所限，该部分不再展示各县（市、区）评估报告。

一、县域评估概况

为提升市（州）各部门对辖区内县（市、区）的业务指导力度，倒逼各地形成系统性改革合力，贵州省营商环境评估各市（州）综合得分为市（州）本级得分与辖区内县（市、区）算术平均分加权构成。

（一）综合得分情况

通过综合考量市（州）本级及辖区内全部区县的得分表现，得到全省 9 个市（州）及贵安新区营商环境便利度得分。总体来看，全省排名依次为：贵阳市、六盘水市、遵义市、毕节市、黔东南州、黔西南州、黔南州、铜仁市、安顺市。具体情况如表 4－1 所示。

表 4－1　贵州省 2019 年营商环境评估市（州）综合得分排名情况

排名	市（州）	市（州）本级得分	所辖县（市、区）平均得分	总分
1	贵阳市	76.39	75.79	76.09
2	六盘水市	71.08	81.06	76.07
3	遵义市	73.53	75.79	74.66
4	毕节市	71.13	76.62	73.88
5	黔东南州	69.56	77.56	73.56
6	黔西南州	70.20	75.92	73.06
7	黔南州	66.10	76.57	71.34
8	铜仁市	69.90	72.50	71.20
9	贵安新区	72.64	67.04	69.84
10	安顺市	62.70	71.90	67.30

注：总分计算方法为市（州）本级得分和所辖县（市、区）算术平均分的平均值。

资料来源：贵州营商环境研究中心。

（二）市（州）本级分析

通过对 9 个市（州）及贵安新区本级 6 项一级指标（其余 4 项指标由于设置为观察指标或无法在全省范围内获取有效数据未参与计分）进行实地调研，各地营商环境便利度得分情况如图 4 - 1 所示。

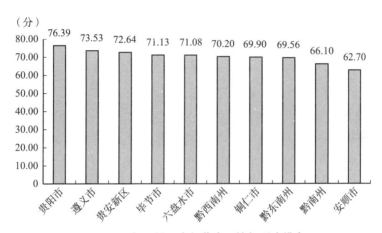

图 4 - 1　市（州）本级营商环境便利度排名

资料来源：贵州营商环境研究中心。

综上所述，贵阳市在市（州）本级得分最高，为 76.39 分；安顺市得分最低，为 62.70 分；极差为 13.69 分。总体而言，省会城市贵阳领先较为明显，黔东南州及安顺市短板突出，其余 6 个市（州）及贵安新区在得分上表现趋近。调研结果表明，包括省会贵阳市在内，2019 年度营商环境评估中，未能有任何一个市（州）同时在 2 项及以上指标绩效上处于领先水平。市（州）本级 6 项评估指标在全省的最佳表现如表 4 - 2 所示。

表 4 - 2　　　　市（州）本级评估指标最优表现及得分情况

序号	评估指标	最优表现（分）	所属地区
1	获得用气	80.28	毕节市
2	执行合同	94.05	铜仁市
3	政府采购	87.97	黔东南州

序号	评估指标	最优表现（分）	所属地区
4	招标投标	85.15	黔南州
5	知识产权创造保护及运用	78.93	贵阳市
6	包容普惠创新	92.01	遵义市

资料来源：贵州营商环境研究中心。

（三）辖区内区县表现分析

按照《2019 年贵州省市（州）及县（市、区）营商环境考核评估实施方案》要求，各市（州）营商环境便利度综合得分由市本级指标得分与辖区内区县算术平均分加权构成，各占 50% 权重。具体表现如图 4-2 所示。

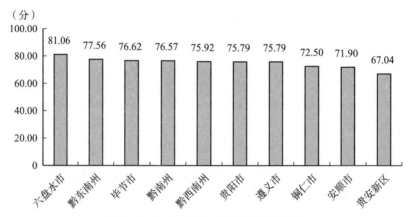

图 4-2　各市（州）所辖区县平均得分

资料来源：贵州营商环境研究中心。

从数据分布情况来看，9 个市（州）所辖区县及贵安新区平均得分大致集中在 4 个区间：第一区间为六盘水市，所辖 4 个区县平均分为 81.06 分；第二区间为黔东南州、毕节市、黔南州、黔西南州、贵阳市、遵义市，其平均分位列 75.79～77.56 分，尤其全省所辖区县最多的黔东南州，16 个区县平均分排在全省第 2 名，提升效果显著；第三区间为铜仁市和安顺市，平均分在 72 分；排在全省末位的是贵安新区，仅得 67.04 分。

二、营商环境便利度

贵州省 2019 年县域营商环境评估共包含 10 项一级指标，通过对全省 88 个县（市、区）进行实地调研，广泛采集政府部门及企业端数据，得出县域层级的营商环境便利度。贵安新区作为国家级新区具有一定特殊性，未参与区县排名。全省 88 个县（市、区）具体排名如表 4-3 所示。

表 4-3　贵州省 2019 年营商环境评估县（市、区）指标排名情况

排名	县（市、区）	总分	开办企业（分）	办理建筑许可（分）	获得电力（分）	获得用水（分）	登记财产（分）	纳税（分）	获得信贷（分）	政务服务（分）	市场监管（分）	企业信心（分）
1	盘州市	85.63	91.94	86.07	95.48	95.12	75.31	95.26	85.60	75.09	91.65	64.75
2	清镇市	84.97	94.11	79.44	92.81	87.35	85.17	84.38	93.43	78.67	85.30	69.08
3	万山区	82.74	91.94	84.84	86.78	85.29	80.11	82.16	93.27	63.37	89.50	70.14
4	龙里县	82.40	88.38	86.54	85.26	99.81	59.27	92.40	73.45	78.29	93.82	66.77
5	锦屏县	82.10	85.02	84.63	83.96	94.31	79.39	79.94	69.14	76.38	92.60	75.66
6	兴仁县	82.08	98.82	77.84	87.84	84.96	77.46	85.91	78.70	72.75	91.01	65.47
7	丹寨县	81.95	82.81	89.71	80.61	96.13	74.69	86.39	81.36	71.91	93.02	62.84
8	修文县	81.65	85.10	84.17	92.05	88.66	73.09	91.94	79.72	73.27	83.83	64.67
9	长顺县	81.54	93.11	71.42	93.05	95.87	68.95	86.46	87.16	78.30	79.31	61.76
10	黎平县	81.42	91.45	90.38	86.57	84.07	78.44	90.99	73.68	81.26	82.81	54.56
11	钟山区	81.20	87.13	75.13	86.96	91.50	74.90	90.09	78.71	65.14	76.36	86.02
12	平塘县	80.78	92.81	65.06	94.03	85.94	81.30	88.92	76.81	67.16	88.21	67.54
13	榕江县	80.66	79.95	66.18	95.42	94.41	77.35	92.20	67.81	80.39	94.66	58.22
14	剑河县	80.63	84.38	87.13	87.97	79.60	74.69	97.84	77.97	84.43	70.24	62.04
15	习水县	80.34	91.10	88.36	87.64	84.50	70.19	87.62	70.97	84.77	71.18	66.97
16	贵定县	80.19	93.14	64.30	76.89	89.61	89.20	85.48	77.16	74.55	84.16	67.46
17	赤水市	80.02	91.75	86.84	89.33	82.01	78.77	84.10	67.13	80.71	73.26	66.28

排名	县（市、区）	总分	开办企业（分）	办理建筑许可（分）	获得电力（分）	获得用水（分）	登记财产（分）	纳税（分）	获得信贷（分）	政务服务（分）	市场监管（分）	企业信心（分）
18	从江县	79.73	88.09	78.71	82.74	91.33	80.03	88.13	72.31	73.33	88.26	54.32
19	南明区	79.39	96.86	74.13	86.02	80.27	86.60	71.43	76.00	64.23	69.54	88.82
20	六枝特区	79.30	90.21	77.46	82.10	87.35	71.15	86.04	65.52	69.67	84.05	79.43
21	雷山县	79.16	77.93	69.14	92.49	93.00	75.37	82.09	81.29	78.10	81.83	60.42
22	黔西县	79.15	84.81	82.24	75.89	75.88	81.41	82.10	72.24	69.31	90.50	77.14
23	金沙县	79.09	82.18	79.23	78.40	85.66	73.46	83.37	76.84	73.41	84.69	73.63
24	绥阳县	78.89	90.79	67.70	89.45	87.51	88.31	84.99	63.24	75.47	71.51	69.95
25	仁怀市	78.74	83.00	82.78	75.38	82.01	89.51	85.64	83.87	69.46	72.07	63.71
26	水城县	78.12	90.71	53.58	94.62	77.23	77.26	92.11	61.29	77.80	85.00	71.65
27	贞丰县	78.12	93.58	83.18	90.24	76.86	54.38	76.03	82.42	79.22	75.83	69.42
28	紫云县	77.85	79.40	78.80	81.40	73.05	84.85	89.63	67.00	80.00	73.80	70.60
29	凤冈县	77.82	87.48	81.83	80.85	97.56	66.66	91.33	66.10	61.50	78.45	66.48
30	云岩区	77.77	76.46	80.42	80.29	80.75	81.80	80.73	79.17	61.34	72.73	84.03
31	三穗县	77.32	84.61	78.99	84.80	86.65	70.94	77.71	73.67	78.88	77.90	59.02
32	纳雍县	77.24	79.91	80.12	89.57	86.23	87.91	80.82	65.28	75.54	71.35	55.66
32	播州区	77.09	92.67	67.78	93.24	72.25	74.22	79.37	75.00	78.89	76.56	60.92
34	独山县	76.98	90.22	61.65	75.40	69.76	77.09	89.19	77.86	83.32	74.86	70.48
35	七星关区	76.68	87.57	79.25	85.94	91.69	84.22	67.52	66.84	69.38	79.52	54.91
36	思南县	76.66	81.76	74.81	84.84	83.14	80.17	89.69	72.93	72.08	74.83	52.34
37	都匀市	76.44	73.40	62.67	87.95	82.02	78.60	85.43	82.99	69.33	76.58	65.46
37	荔波县	76.35	89.26	55.42	90.30	70.70	73.02	80.54	78.46	76.75	79.39	69.64
39	威宁县	76.18	79.21	80.73	77.03	74.76	82.19	80.56	69.73	74.24	80.73	62.65
40	册亨县	76.18	85.54	74.51	79.78	85.28	65.01	83.83	72.54	79.05	78.22	58.05
41	务川县	76.12	82.18	85.17	92.96	88.85	54.78	87.13	74.74	65.00	76.60	53.83
41	天柱县	76.06	87.14	88.29	87.57	77.69	57.28	82.12	70.51	72.29	81.57	56.16
43	大方县	76.01	87.11	78.70	83.00	84.06	70.80	69.74	66.53	75.43	84.66	60.08
44	施秉县	75.98	90.99	76.49	76.91	84.87	67.61	86.92	63.50	75.33	82.90	54.32

续表

排名	县 （市、区）	总分	开办 企业 （分）	办理建 筑许可 （分）	获得 电力 （分）	获得 用水 （分）	登记 财产 （分）	纳税 （分）	获得 信贷 （分）	政务 服务 （分）	市场 监管 （分）	企业 信心 （分）
45	赫章县	75.85	63.07	82.30	83.09	98.41	80.06	83.38	64.99	67.80	77.02	58.41
46	凯里市	75.73	69.79	79.39	82.30	82.68	81.84	89.71	65.97	72.08	77.76	55.74
47	红花岗区	75.53	94.92	82.03	79.48	78.66	68.86	64.22	57.52	71.90	74.99	82.73
48	江口县	75.53	70.06	85.02	84.23	72.32	75.30	75.91	79.12	67.61	82.01	63.68
49	麻江县	75.48	82.80	73.88	83.59	77.36	84.17	77.25	72.52	74.25	70.47	58.46
50	福泉市	75.44	80.21	73.51	91.24	70.34	56.77	85.41	78.71	63.57	84.08	70.55
51	观山湖区	75.44	81.20	68.63	85.03	76.21	65.11	84.24	76.11	60.04	81.92	75.89
52	岑巩县	75.35	55.41	68.38	83.68	94.41	83.49	83.24	79.01	69.52	79.71	56.63
53	普安县	75.10	73.03	72.11	81.59	90.21	76.01	83.62	73.56	60.55	74.18	66.15
54	兴义市	75.08	98.82	48.27	82.71	83.54	82.62	80.44	76.53	65.41	70.51	61.96
55	罗甸县	75.07	78.13	72.53	89.85	67.68	73.14	84.13	49.22	80.58	92.37	63.10
56	镇宁县	75.05	85.74	81.37	83.92	74.81	68.69	90.54	71.32	67.84	71.74	54.50
57	桐梓县	74.64	79.43	75.89	76.34	78.32	58.74	83.86	70.37	77.94	75.37	70.19
58	望谟县	74.62	81.58	78.34	77.24	80.99	70.83	80.19	73.00	61.33	75.08	67.62
59	花溪区	74.60	77.10	68.54	83.30	70.67	77.00	82.15	79.51	50.80	90.59	66.36
60	湄潭县	74.14	74.41	67.35	90.59	74.03	63.44	72.49	70.97	79.90	81.96	66.27
61	台江县	74.10	75.39	80.22	74.11	84.99	74.60	86.37	68.48	60.19	71.94	64.77
62	安龙县	73.99	72.48	78.37	85.55	54.88	79.55	84.98	76.89	76.08	65.79	65.39
63	余庆县	73.05	75.20	74.62	73.91	68.75	72.28	84.20	60.96	78.03	82.21	60.31
64	镇远县	72.85	80.58	78.82	80.80	69.32	66.74	81.47	66.93	70.74	77.07	56.07
65	惠水县	72.79	81.68	73.87	80.20	67.06	79.56	87.91	63.28	67.81	71.90	54.66
66	织金县	72.77	70.30	83.36	85.33	77.00	77.26	58.92	68.72	78.67	66.97	61.17
67	黄平县	72.45	65.54	78.83	83.84	75.18	81.96	75.02	62.80	71.12	74.49	55.75
68	汇川区	72.18	84.43	66.45	76.99	82.35	60.61	76.09	64.28	82.02	72.15	56.46
69	晴隆县	72.16	78.31	48.27	86.31	91.76	63.75	78.85	75.41	61.25	74.91	62.77
70	松桃县	72.13	78.15	76.15	83.50	71.39	73.91	85.27	56.38	59.53	82.19	54.88
71	息烽县	72.00	85.43	86.33	76.98	72.62	59.17	87.24	66.97	59.42	68.22	57.63

续表

排名	县(市、区)	总分	开办企业(分)	办理建筑许可(分)	获得电力(分)	获得用水(分)	登记财产(分)	纳税(分)	获得信贷(分)	政务服务(分)	市场监管(分)	企业信心(分)
72	平坝区	71.97	84.32	79.60	73.94	92.33	57.11	78.43	52.24	67.95	75.08	58.67
73	印江县	71.93	67.67	75.80	76.81	81.48	75.94	91.69	71.65	54.47	66.45	57.35
74	正安县	71.77	61.21	66.63	78.77	91.39	81.69	88.60	63.92	61.13	63.45	60.94
75	开阳县	71.11	90.24	72.16	81.62	53.00	75.23	88.08	74.78	59.83	63.42	52.73
76	玉屏县	70.90	67.65	76.09	86.42	74.13	55.65	78.93	70.15	53.88	69.55	76.50
77	道真县	70.77	63.52	56.40	82.65	64.52	77.91	94.17	78.03	72.37	78.12	40.00
78	西秀区	70.74	75.51	75.48	74.95	79.62	53.95	84.97	66.63	63.81	73.61	58.88
79	石阡县	70.73	72.10	80.98	73.79	53.26	69.79	87.97	69.59	66.14	80.26	53.45
80	德江县	70.58	64.87	85.76	72.55	74.50	72.61	77.96	59.36	60.68	79.53	57.98
81	瓮安县	70.52	66.93	58.79	79.87	76.10	86.88	86.11	58.67	60.12	69.35	62.39
82	白云区	70.52	60.17	72.10	77.78	81.84	65.83	75.02	76.77	63.21	79.43	53.00
83	乌当区	70.47	74.26	70.55	75.90	70.82	53.44	69.50	67.08	65.15	90.74	67.24
84	三都县	70.36	93.45	64.62	81.02	71.16	69.33	71.79	77.83	82.71	40.00	51.71
85	沿河县	68.35	68.82	48.27	79.89	79.16	66.43	77.00	69.34	58.81	77.90	57.83
86	关岭县	68.28	56.27	65.17	75.84	71.27	77.29	74.43	66.40	61.84	76.82	57.51
87	普定县	67.51	47.98	48.27	76.92	86.17	80.44	88.93	60.11	45.05	77.29	63.98
88	碧江区	65.50	66.68	78.82	78.79	70.56	50.11	61.52	50.12	72.33	67.88	58.15

注：沿河县、普定县、晴隆县办理建筑许可指标因无合格样本，按全省最低分48.27分计算。

资料来源：贵州营商环境研究中心。